重大科技创新
平台建设研究

Research on the Construction of
Major Science and Technology Innovation Platforms

钟永恒 刘 佳 王 辉 等 著

科学出版社

北 京

内 容 简 介

本书围绕重大科技基础设施、基础科学和前沿交叉学科平台、省级重点实验室、共性技术平台和技术创新平台五类创新平台的建设开展研究，系统调研了国内外各类科技创新平台的建设现状、取得的成效，并总结了建设经验和启示，为进一步推动科技创新平台发展、培育新质生产力、赋能高质量发展提供参考和借鉴。同时，本书以湖北省科技创新平台建设现状、成效为例，探讨了完善科技创新平台运行、管理机制的对策，以期为科技创新平台的健康持续发展提供参考。

本书适合科研人员、科技管理部门管理者、科技服务部门相关人员阅读和参考。

图书在版编目（CIP）数据

重大科技创新平台建设研究 / 钟永恒等著. —北京：科学出版社，2024.10
ISBN 978-7-03-076873-5

I.①重⋯ Ⅱ.①钟⋯ Ⅲ.①技术革新-研究-湖北 Ⅳ.①F124.3

中国国家版本馆 CIP 数据核字（2023）第 212772 号

责任编辑：张 莉 陈晶晶 / 责任校对：韩 杨
责任印制：师艳茹 / 封面设计：有道文化

科 学 出 版 社 出版
北京东黄城根北街 16 号
邮政编码：100717
http://www.sciencep.com

北京九州迅驰传媒文化有限公司印刷
科学出版社发行 各地新华书店经销

*

2024 年 10 月第 一 版 开本：787×1092 1/16
2025 年 1 月第二次印刷 印张：16
字数：357 000

定价：118.00 元
（如有印装质量问题，我社负责调换）

《重大科技创新平台建设研究》研究组

组　长　钟永恒

副组长　刘　佳　王　辉

成　员　邓阿妹　何慧丽　李贞贞　张萌萌　范欲晓　胡　然

　　　　　冯建龙　黄钟晨　牛婧红　宋姗姗　孙　源　袁梦雯

　　　　　云昭洁　刘盼盼

科技兴则民族兴，科技强则国家强。中国共产党第十八次全国代表大会召开以来，党中央深入推动实施创新驱动发展战略，提出加快建设创新型国家的战略任务，确立2035年建成科技强国的奋斗目标。中国共产党第二十届中央委员会第三次全体会议通过《中共中央关于进一步全面深化改革　推进中国式现代化的决定》，强调深化科技体制改革。坚持面向世界科技前沿、面向经济主战场、面向国家重大需求、面向人民生命健康，优化重大科技创新组织机制，统筹强化关键核心技术攻关，推动科技创新力量、要素配置、人才队伍体系化、建制化、协同化。加强国家战略科技力量建设，完善国家实验室体系，优化国家科研机构、高水平研究型大学、科技领军企业定位和布局，推进科技创新央地协同，统筹各类科创平台建设，鼓励和规范发展新型研发机构，发挥我国超大规模市场引领作用，加强创新资源统筹和力量组织，推动科技创新和产业创新融合发展。构建科技安全风险监测预警和应对体系，加强科技基础条件自主保障①。这些重要论述为打造高水平科技创新平台助力经济高质量发展提供了根本遵循和行动指南。

科技创新平台作为开展基础研究、行业产业共性关键技术研发、科技成果转化及产业化、科技资源共享服务等科技创新活动的重要载体，是国家创新体系的重要组成部分，是政府实施创新驱动发展战略、增强发展内生动力的重要内容和手段，也是科技创新支撑引领产业转型升级和区域经济发展的重要抓手。科技创新平台可按照区域级别、功能定位、依托主体等进行分类。以区域级别分类为例，科技创新平台主要包括国家级、部委级和地方（或行业协会）级三大块，其中国家级是指由国务院、科学技术部（简称科技部）或国家发展和改革委员会（简称国家发展改革委）等代表国家认定和管理的创新平台，一般按照科学与工程研究、技术创新与成果转化、基础支撑与条件保障等进行布局，主要包括国家实验室、国家重点实验室（含国家研究中心）、国家工程研究中心、国家技术创新中心、国家临床医学研究中心、国家科技资源共享服务平台、国家野外科学观测研究站，以及国家重大科技基础设施、科教基础设施、国家应用数学中心等。国家工程实验室和国家工程技术研究中心合并整合，不再新建。部委级主要包括由工业和信息化部、自然资源部等国家部委以及中国科学院、教育部认定审批的创新平台。地方（或行业协会）级指的是包括我国各省（自治区、直辖市）地方科技厅、发展改革委等部门及行业协会批准建设的创新

---

① 中华人民共和国中央人民政府. 中共中央关于进一步全面深化改革　推进中国式现代化的决定[EB/OL]. https://www.gov.cn/zhengce/202407/content_6963770.htm [2024-07-21].

平台。

本书主要对重大科技基础设施、基础科学和前沿交叉学科平台、省级重点实验室、共性技术平台、技术创新平台五类创新平台的建设开展研究。

重大科技基础设施指为提升探索未知世界、发现自然规律、实现技术变革的能力，由国家统筹布局，依托高水平创新主体建设，面向社会开放共享的大型复杂科学研究装置或系统，是长期为高水平研究活动提供服务、具有较大国际影响力的国家公共设施。重大科技基础设施是国家基础设施的重要组成部分，它不同于一般的基本建设项目，具有鲜明的科学和工程双重属性，其知识创新和科学成果产出丰硕，技术溢出、人才集聚效益显著，因此往往成为打造国家创新高地的核心要素。

重大科技创新平台聚焦国家发展战略和重大科技需求，分为科学与工程研究、技术创新与成果转化、基础支撑与条件保障三类，具有规模大、层次高、产业支撑能力强、系统协同程度高等特征，是科技创新平台中的顶级"装备"，是区域创新体系的高端节点，也是加速科技成果向现实生产力转化的核心助力。中国散裂中子源支撑解决航空发动机叶片的服役寿命问题；中国科学院武汉国家生物安全实验室（武汉 P4 实验室）在世界上首次检测出新冠病毒全基因组序列，首次分离出病毒毒株，为全球科学家开展药物、疫苗、诊断研究提供了重要基础；中国科学院近代物理研究所依托兰州重离子研究装置实现我国首台医用重离子加速器，实现我国在大型医疗设备研制方面的历史性突破。

基础科学和前沿交叉学科平台是围绕基础研究与前沿科技开展交叉研究的学术研究与教学机构。基础科学是指以认识自然现象与自然规律为直接目的，而不是以社会实用为直接目的的研究，其成果多具有理论性，需要通过应用研究的环节才能转化为现实生产力。交叉学科是指不同学科之间相互交叉、融合、渗透而出现的新兴学科。当前，学科交叉融合是大势所趋。实验室、研究中心、研究院所等平台建设是推动基础研究和前沿交叉科学研究的重要途径。随着科学技术的发展，依靠单一学科已无法满足当今经济社会发展的新兴产业需求，因此需要多学科交汇融合来解决技术难题，前沿交叉学科应运而生。2020 年 11 月，国家自然科学基金委员会宣布成立交叉科学部，负责交叉科学领域资助工作，共设置四个领域的受理代码，分别是物质科学领域（T01）、智能与智造领域（T02）、生命与健康领域（T03）和融合科学领域（T04）。2021 年 1 月，国务院学位委员会和教育部联合宣布设置"交叉学科"门类（门类代码为"14"），下设"集成电路科学与工程""国家安全学"等一级学科。基础科学和前沿交叉学科平台承担了基础研究与前沿科技领域开展交叉研究的学术研究与人才培养双重的任务。北京国家应用数学中心提出高性能 X 射线能谱 CT 重建算法，研发新一代光子计数探测器能谱 CT；研发世界首台临床前混合能谱四肢专用骨科 CT，在成像的空间分辨率、密度分辨率等性能指标方面均优于瑞士 SCANCO Medical AG 公司的国际著名骨科 CT；湖北国家应用数学中心研制出新一代国产原子钟——北斗三号组网卫星上配置的星载铷原子钟。

国家实验室体系作为国家战略科技力量的重要组成，在科技发达国家抢占科技制高点、塑造竞争优势过程中发挥着不可替代的作用。省级重点实验室是由我国省级政府确认并支持建设的区域性科技创新平台，承担着科技创新、基础研究和为地方经济服务的任务。省级重点实验室是我国区域科技创新体系的重要组成部分。截至 2022 年 12 月，全国各地区省级重点实验室建设数量达 6400 多家，发表 SCI 论文 13 万余篇，对新材料、电子信息、农业科学、生物医药、装备制造、资源环境、人口健康等领域的技术创新发挥了重要支撑作用。

共性技术平台是指进行共性技术（合作）研发的研究实体，是提高企业技术创新能力和推动创新链及产业链发展的重要基础。从全球来看，比较典型的共性技术服务平台包括美国国家标准与技术研究院、德国弗劳恩霍夫应用研究促进协会、日本产业技术综合研究所、中国台湾工业技术研究院等。这些共性技术平台推动了当地战略性产业的发展，与市场化的技术平台形成了有效的互动和补充。美国国家标准与技术研究院的技术研发成果对于推进美国科技产业发展、改善人民生活水平发挥了重要作用，其研制了世界上最小的原子钟，能够用电池驱动，其准确度相当于 300 年误差 1 秒。中国台湾工业技术研究院屡获美国"华尔街日报科技创新奖"一等奖（获奖率仅为 3%），是世界上第一个连续三年获得此殊荣的研究机构，被业界称为"改变游戏规则者"，其自主研发的喷涂式隔热保温技术（Spray IT）、可重复书写电子纸（i2R e-Paper）等技术属于原始性、根本性创新，具有广泛的应用前景①。

技术创新平台是培育和发展高新技术产业的重要载体，是政府为了满足区域科技创新活动需求而向社会投入的一种服务类产品；也是政府面向产业内众多创新主体特别是中小企业，以支撑企业科技创新和产业发展为目标，以解决产业科技创新活动中的技术瓶颈和满足企业科技创新的共性需求为出发点，通过有效整合大学、科研院所和高科技企业等单位优势资源，形成具有较高科技水准、能够为区域提供完善的科技创新服务、开放稳定的组织系统，能够为区域产业和企业技术创新提供有力支撑条件的一类平台。上海微技术工业研究院已成功开发多套纳米孔工艺设计工具包（Process Design Kit，PDK），包括纳米孔工艺 A、纳米孔工艺 B 等，可直接在互补金属氧化物半导体（Complementary Metal Oxide Semiconductor，CMOS）晶圆上加工微机电系统（Micro-Electro-Mechanical System，MEMS）结构，成功量产多款纳米孔基因测序芯片。浙江清华长三角研究院与清华大学机械工程系、麒盛科技股份有限公司深度合作，开发智能传感器技术，推出了智能床、健康睡眠管理系统等一系列科技成果。

习近平在全国科技大会、国家科学技术奖励大会、两院院士大会上的讲话中指出，坚持创新引领发展，树牢抓创新就是抓发展、谋创新就是谋未来的理念，以科技创新引领高质量发展、保障高水平安全。坚持"四个面向"的战略导向，面向世界科技前沿、面向经济主战场、面向国家重大需求、面向人民生命健康，加强科技创新全链条部署、全领域布局，全面增强科技实力和创新能力②。为进一步推动科技创新平台发展、培育新质生产力、

①　吴金希. 公立产业技术研究院与新兴工业化经济体技术能力跃迁——来自台湾工业技术研究院的经验[J]. 清华大学学报（哲学社会科学版），2014，29（3）：10，136-145.
②　中华人民共和国中央人民政府. 习近平：在全国科技大会、国家科学技术奖励大会、两院院士大会上的讲话[EB/OL]. https://www.gov.cn/yaowen/liebiao/202406/content_6959120.htm[2024-06-24].

赋能高质量发展，本书系统调研了国内外科技创新平台的建设现状、取得的成效和存在的问题，总结出其平台建设经验和启示。同时，以湖北省科技创新平台建设现状、成效为例，探讨了完善科技创新平台运行、管理机制的对策，以期为科技创新平台的健康持续发展提供参考。

　　本书共 6 章，第 1 章为绪论，第 2 章到第 6 章依次对重大科技基础设施、基础科学和前沿交叉学科平台、省级重点实验室、共性技术平台、技术创新平台五类创新平台建设展开详细论述。

　　本书的完成得到了湖北省科技创新人才及服务专项软科学研究项目"湖北省重大科技创新平台建设若干重点问题研究""湖北实现原始创新策源走在全国前列路径研究""自然科学基金运行机制和资助政策研究""省级自然科学基金联合基金运行机制研究"等的资助，在此表示衷心感谢。

　　重大科技创新平台建设涉及创新链、产业链、技术链、人才链、金融链、学科领域布局、政策安排等，问题众多，研究急需创新性和前瞻性。本书作者受专业和水平所限，对诸多问题的理解难免不尽完善，如有不妥之处，希冀各位专家、读者提出宝贵意见和建议，以便进一步修订和完善。

中国科学院武汉文献情报中心　　　钟永恒

科技大数据湖北省重点实验室

2024 年 7 月

Contents | 目　　录

前言

第1章　绪论 ……………………………………………………………………………… 1

1.1　研究背景与意义 ……………………………………………………………… 1

1.2　研究内容 ………………………………………………………………………… 2

1.2.1　重大科技创新平台的内涵 ………………………………………… 2

1.2.2　本书的框架结构 …………………………………………………… 4

1.3　研究对象与研究方法 ………………………………………………………… 4

1.3.1　研究对象 …………………………………………………………… 4

1.3.2　研究方法 …………………………………………………………… 6

本章参考文献 ……………………………………………………………………… 6

第2章　重大科技基础设施建设研究 …………………………………………………… 8

2.1　重大科技基础设施建设现状 ………………………………………………… 9

2.1.1　国外重大科技基础设施建设的现状及态势分析 ………………… 9

2.1.2　我国重大科技基础设施建设的现状及态势分析 ………………… 10

2.2　国外重大科技基础设施建设案例 …………………………………………… 11

2.2.1　美国激光干涉引力波天文台 ……………………………………… 11

2.2.2　澳大利亚植物表型组学设施 ……………………………………… 14

2.2.3　欧洲二氧化碳捕集与封存实验室基础设施 ……………………… 17

2.2.4　微生物资源研究基础设施 ………………………………………… 21

2.2.5　欧洲生物医学成像研究基础设施 ………………………………… 25

2.3　国内重大科技基础设施建设案例 …………………………………………… 29

2.3.1　北京正负电子对撞机 ……………………………………………… 29

2.3.2　合肥同步辐射装置 ………………………………………………… 32

2.3.3　上海同步辐射光源 ………………………………………………… 35

2.3.4　中国散裂中子源 …………………………………………………… 40

2.3.5　子午工程 …………………………………………………………… 45

2.3.6　地球系统数值模拟装置 …………………………………………… 49

2.3.7 未来网络试验设施···51

2.4 国内重大科技基础设施规划及建设方案·····························56

    2.4.1 北京市重大科技基础设施规划及建设方案····················57

    2.4.2 上海市重大科技基础设施规划及建设方案····················61

    2.4.3 广东省重大科技基础设施规划及建设方案····················64

    2.4.4 安徽省重大科技基础设施规划及建设方案····················66

    2.4.5 国内重大科技基础设施建设成效·······························69

2.5 重大科技基础设施建设经验···71

    2.5.1 预研模式···71

    2.5.2 建设投资···72

    2.5.3 管理运营···73

    2.5.4 人才培养···74

2.6 湖北省重大科技基础设施建设现状及发展对策·····················74

    2.6.1 湖北省重大科技基础设施建设现状····························74

    2.6.2 湖北省重大科技基础设施建设成绩····························75

    2.6.3 湖北省重大科技基础设施建设不足····························76

    2.6.4 湖北省重大科技基础设施建设政策建议·······················77

本章参考文献··79

第3章 基础科学和前沿交叉学科平台建设研究····························87

3.1 基础科学和前沿交叉学科平台的界定与政策分析·····················87

    3.1.1 基础科学和前沿交叉学科平台的界定·························87

    3.1.2 基础科学和前沿交叉学科平台建设的政策分析·················88

3.2 国外基础科学和前沿交叉学科平台建设调研·························92

    3.2.1 基础科学平台调研···93

    3.2.2 前沿交叉学科平台调研···95

    3.2.3 国外基础科学与前沿交叉学科平台建设的特点分析·············97

3.3 国内基础科学和前沿交叉学科平台建设调研·························98

    3.3.1 北京市基础科学和前沿交叉学科平台建设情况················100

    3.3.2 上海市基础科学和前沿交叉学科平台建设情况················104

    3.3.3 广东省基础科学和前沿交叉学科平台建设情况················107

    3.3.4 天津市基础科学和前沿交叉学科平台建设情况················109

    3.3.5 浙江省基础科学和前沿交叉学科平台建设情况················111

    3.3.6 江苏省基础科学和前沿交叉学科平台建设情况················111

    3.3.7 安徽省基础科学和前沿交叉学科平台建设情况················112

    3.3.8 湖南省基础科学和前沿交叉学科平台建设情况················114

3.3.9 其他地区基础科学和前沿交叉学科平台建设情况 ······················ 115

3.3.10 国内基础科学和前沿交叉学科平台建设特点分析 ·················· 120

3.4 湖北省基础科学和前沿交叉学科平台建设的现状与发展建议 ············ 121

3.4.1 湖北省基础科学和前沿交叉学科平台建设现状 ·················· 121

3.4.2 湖北省基础科学和前沿交叉学科平台建设建议 ·················· 122

本章参考文献 ·· 123

第4章 省级重点实验室建设研究 ···································· 129

4.1 全国省级重点实验室建设现状 ···································· 130

4.1.1 总体规模 ·· 130

4.1.2 依托单位性质 ·· 131

4.1.3 空间分布 ·· 131

4.2 国内省级重点实验室管理与改革举措研究 ·························· 132

4.2.1 北京市重点实验室管理与改革举措 ·························· 132

4.2.2 广东省重点实验室管理与改革举措 ·························· 134

4.2.3 浙江省重点实验室管理与改革举措 ·························· 138

4.2.4 江苏省重点实验室管理与改革举措 ·························· 140

4.2.5 山东省重点实验室管理与改革举措 ·························· 142

4.2.6 山西省重点实验室管理与改革举措 ·························· 144

4.2.7 重点实验室管理与改革特点 ······························ 146

4.3 湖北省重点实验室建设现状与发展建议 ···························· 148

4.3.1 湖北省重点实验室建设现状分析 ·························· 148

4.3.2 湖北省重点实验室建设取得的成绩 ·························· 153

4.3.3 湖北省重点实验室建设存在的不足 ·························· 153

4.3.4 湖北省重点实验室体系重组与发展建议 ···················· 154

本章参考文献 ·· 155

第5章 共性技术平台建设研究 ······································ 158

5.1 国内外共性技术平台建设现状 ···································· 158

5.1.1 国外共性技术平台建设现状 ······························ 158

5.1.2 国内共性技术平台建设模式 ······························ 160

5.2 国内外共性技术平台建设案例 ···································· 161

5.2.1 国外共性技术平台 ······································ 161

5.2.2 国内共性技术平台 ······································ 164

5.3 国内外共性技术平台建设经验与启示 ······························ 170

5.3.1 国内外共性技术平台建设经验 ···························· 170

5.3.2 国内外共性技术平台建设启示 ···························· 172

5.4 湖北省共性技术平台建设现状与发展建议 ……………………………… 174

　　5.4.1 湖北省共性技术平台建设现状 ………………………………… 174

　　5.4.2 湖北省共性技术平台建设存在的问题 ………………………… 179

　　5.4.3 湖北省共性技术平台建设的政策建议 ………………………… 180

本章参考文献 ……………………………………………………………… 183

第6章 技术创新平台建设研究 ……………………………………………… 185

6.1 技术创新平台建设类型 ……………………………………………… 185

　　6.1.1 国外技术创新平台分类 ………………………………………… 185

　　6.1.2 国内技术创新平台分类 ………………………………………… 187

6.2 国内技术创新平台建设分析 ………………………………………… 189

　　6.2.1 北京市技术创新平台建设情况 ………………………………… 189

　　6.2.2 上海市技术创新平台建设情况 ………………………………… 193

　　6.2.3 广东省技术创新平台建设情况 ………………………………… 196

　　6.2.4 浙江省技术创新平台建设情况 ………………………………… 198

　　6.2.5 江苏省技术创新平台建设情况 ………………………………… 203

　　6.2.6 安徽省技术创新平台建设情况 ………………………………… 206

　　6.2.7 山东省技术创新平台建设情况 ………………………………… 210

6.3 国内外技术创新平台建设案例 ……………………………………… 212

　　6.3.1 斯坦福国际研究院 ……………………………………………… 212

　　6.3.2 日本科学技术振兴机构 ………………………………………… 214

　　6.3.3 上海微技术工业研究院 ………………………………………… 215

　　6.3.4 上海深渊科学工程技术研究中心 ……………………………… 216

　　6.3.5 浙江清华长三角研究院 ………………………………………… 217

6.4 技术创新平台建设特点 ……………………………………………… 218

　　6.4.1 严守组建标准，坚持科学规范管理 …………………………… 218

　　6.4.2 注重引导培育，强化企业创新主体 …………………………… 219

　　6.4.3 加强产学研合作，实现资源整合共享 ………………………… 219

　　6.4.4 紧扣国家战略，推动平台优化重组 …………………………… 220

6.5 湖北省技术创新平台现状与发展建议 ……………………………… 220

　　6.5.1 湖北省技术创新平台现状 ……………………………………… 220

　　6.5.2 湖北省技术创新平台存在的问题 ……………………………… 230

　　6.5.3 湖北省技术创新平台优化整合相关建议 ……………………… 233

本章参考文献 ……………………………………………………………… 235

附录 国内重大科技基础设施名单 ………………………………………… 238

第 1 章

绪　　论

1.1　研究背景与意义

当前，全球科学研究已进入大科学时代，科技创新由分散、封闭、低效的自由探索向大跨度、开放性、有组织的科研活动演变。重大科技创新平台是集聚高端创新资源、培育战略科技力量的基础支撑，是突破科学前沿、解决经济社会发展和国家安全重大科技问题的物质技术基础，具有引领性、开放性和不可替代性。重大科技创新平台由于能够高效地聚集创新主体、优化资源配置、营造良好环境，便于开展长周期、大规模、高风险的研发活动，完成综合性、突破性、战略性的创新任务，因而在国家创新体系中占有举足轻重的地位[1]。

科技创新平台作为开展基础研究、行业产业共性关键技术研发、科技成果转化及产业化、科技资源共享服务等科技创新活动的重要载体，是国家创新体系的重要组成部分，是政府实施创新驱动发展战略、增强发展内生动力的重要内容和手段，也是科技创新支撑引领产业转型升级和区域经济发展的重要抓手[2, 3]。面对百年未有之大变局，提升科技创新能力，建设高水平科技创新平台日益成为综合国力竞争、区域发展竞争的战略制高点。2020年以来，多个代表最顶尖创新平台的国家实验室相继挂牌成立，标志着我国科技创新平台新一轮改革创新取得了突破性进展。截至 2021 年，北京、上海、安徽、广东、江苏、浙江、湖北等地区的科技创新平台建设已经取得初步成效，区域创新格局基本形成。如何深化科技创新驱动发展战略，以推动现有平台的优化发展和新建平台的落地发展，成为值得研究的课题。

目前，湖北省已初步建立起完善的科技创新平台体系，基本形成了覆盖全面、层次合理、规模较大的科技创新平台体系，为科技强省建设和地方经济发展提供了有力保障与支撑。2021 年，7 个湖北省实验室相继揭牌启动，十大重大科技基础设施被列入湖北省重点布局规划。截至 2022 年，武汉市各级各类科技创新平台已达 1823 个，其中国家级 143个、省级 1020 个、市级 660 个。同时，湖北省相继出台《湖北省重大科技基础设施管理办法（试行）》《湖北省新型研发机构备案管理实施方案》《湖北省科技成果转化中试研究基地备案管理办法》《湖北省乡村振兴科技创新示范基地建设实施方案》等平台建设方案，为科技强省战略构建了相对完善的科技创新平台建设体系。

湖北省持续开展科技创新平台内涵建设，通过创新管理和持续经费支持，不断提升平台创新能力，产出了多项具有重大影响力的成果。武汉光电国家研究中心研发的全球首台临床全数字正电子发射断层显像/计算机体层成像（PET/CT）装备，以突破技术瓶颈的方式打破了国际巨头的技术垄断。以武汉大学测绘遥感信息工程国家重点实验室为依托，珞珈一号卫星成功发射。省部共建纺织新材料与先进加工技术国家重点实验室研制的嫦娥五号"织物版"五星红旗飞向太空。武汉中科医疗科技工业技术研究院研发平台成功打造中国首台 9.4 T 超高场动物磁共振成像仪。空间原子钟湖北省工程技术研究中心研制的星载铷钟成功随北斗卫星发射上天。以科技创新平台为支撑，湖北省获得的国家科学技术奖励近 5 年来每年都在 20 项以上，持续排名前列。湖北省科技创新平台的建设发展产生了不少创新成果，但是与经济发达地区相比，湖北省的科技创新平台建设仍存在机制不健全、产学研结合不紧密、任务分工不明确等一些问题，亟须从技术创新平台优化整合入手，加快探索有利于形成技术创新平台新发展格局的实践路径和有效机制[4]。

本书系统调研了国内外部分科技创新平台建设现状、取得的成效和存在的问题，总结出其平台建设经验和启示。同时，以湖北省科技创新平台建设现状、成效为例，探讨完善科技创新平台运行、管理机制的对策，为科技创新平台的健康持续发展提供参考。

1.2 研究内容

1.2.1 重大科技创新平台的内涵

创新平台的概念，最早可追溯到 20 世纪末梅耶（Meyer）提出的产品平台和技术平台。1999 年，美国竞争力委员会在研究报告《走向全球：美国创新新趋势》中首次提出了创新平台的概念，指出创新平台的作用体现在三个方面，即提供创新基础设施与创新资源、提供成果转化的基本条件以及提供市场准入和市场保护[5]。

科技创新平台具有研究开发、资源共享、成果转化、中介服务等功能，可以有效解决创新活动中技术研发与市场需求脱节、科研力量之间相互隔离、科技成果转化成功率低、跨领域共性技术扩散困难等问题，是政府支持科技创新行为的重要载体。科技创新平台可按照区域级别、功能定位、依托主体等进行分类。以区域级别分类为例，科技创新平台主要包括国家级、部委级和地市（或行业协会）级三大块。其中国家级是指由国务院、科技部或国家发展改革委等代表国家认定和管理的创新平台，一般按照科学与工程研究、技术创新与成果转化、基础支撑与条件保障等进行布局，主要包括国家实验室、国家重点实验室（含国家研究中心）、国家工程研究中心、国家技术创新中心、国家临床医学研究中心、国家科技资源共享服务平台、国家野外科学观测研究站[6]，以及国家重大科技基础设施、科教基础设施、国家应用数学中心等。国家工程实验室和国家工程技术研究中心合并整合，不再新建。部委级主要包括由工业和信息化部、自然资源部等国家部委以及中国科学院、教育部认定审批的创新平台。地市（或行业协会）级指的是包括我国各省（自治区、直辖市）地方科技部、发展改革委等部门及行业协会批准建设的创新平台。

重大科技创新平台聚焦国家发展战略和重大科技需求，分为科学与工程研究、技术创新与成果转化、基础支撑与条件保障三类，具有规模大、层次高、产业支撑能力强、系统协同程度高等特征，是科技创新平台中的顶级"装备"，是区域创新体系的高端节点，也是加速科技成果向现实生产力转化的核心助力[1]。近年来，国家还着力加强了综合性国家科学中心建设。综合性国家科学中心是国家科技领域竞争的重要平台，是国家创新体系建设的基础平台。建设综合性国家科学中心，有助于汇聚世界一流科学家，突破一批重大科学难题和前沿科技瓶颈，显著提升中国基础研究水平，强化原始创新能力[7]。

创新链划分为基础研究阶段、技术创新阶段、成果转化阶段、产业化阶段、商品化阶段五个阶段。不同创新阶段有不同的创新任务与供给需求。在基础研究阶段，注重对"从0到1"的原始性创新和颠覆性技术发现。在技术创新阶段，瞄准产业关键核心技术瓶颈进行攻关。在成果转化阶段，通过中试、工业性试验、批量试制试用等，实现基础研究、技术研发、生产和应用推广体系无缝衔接。在产业化阶段，企业及产业孵化，创新产品大规模批量生产。在商品化阶段，大量科技服务机构进入，促进技术服务与推广应用。科技创新平台按照创新链的各阶段可分为基础研究平台、技术创新平台、成果转化平台、产业发展平台、科技服务平台，不同类型的科技创新平台承担着不同的任务，具有不同的使命，共同深度参与从原始创新到技术开发，到科技成果转化，再到产业化的全过程，打开了从科学技术到产业化的通道[8]。各类科技创新平台之间的关系如图1-1所示。

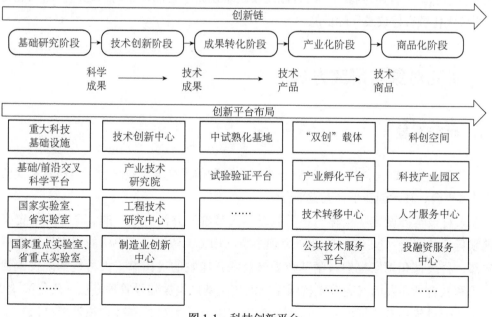

图 1-1 科技创新平台

1.2.2　本书的框架结构

本书包括 6 章，第 1 章为绪论，其余 5 章依次对重大科技基础设施、基础科学和前沿交叉学科平台、省级重点实验室、共性技术平台、技术创新平台五类平台进行详细论述。

第 1 章为绪论，主要介绍本书的研究背景与意义、研究对象与研究方法，重点阐述重大科技创新平台的内涵及本书的框架结构。

第 2 章为重大科技基础设施建设研究。主要介绍国内外重大科技基础设施建设现状，并选取 12 个重大科技基础设施进行重点分析；同时对国内重大科技基础设施规划及建设方案进行调研，对比分析湖北省重大科技基础设施的建设现状、成绩与不足，并提出未来发展的政策建议。

第 3 章为基础科学和前沿交叉学科平台建设研究。梳理国内基础科学和前沿交叉学科平台建设的重点政策，调研国内外基础科学和前沿交叉学科平台建设进展，结合湖北省当前基础科学和前沿交叉学科平台建设进度提出政策建议。

第 4 章为省级重点实验室建设研究。主要梳理全国省级重点实验室的建设现状，并对部分地区重点实验室的管理与改革举措进行重点调研。结合湖北省重点实验室建设现状、取得的成绩与存在的不足，提出湖北省重点实验室体系重组与发展建议。

第 5 章为共性技术平台建设研究。主要介绍国内外共性技术平台建设现状，并选择部分共性技术平台进行重点调研，总结共性技术平台的建设经验，针对湖北省共性技术平台的现状与问题，提出针对性的政策建议与保障措施。

第 6 章为技术创新平台建设研究。梳理国内技术创新平台建设现状，通过案例调研总结国内技术创新平台建设特点。结合湖北省技术创新平台的现状与问题，提出湖北省科技创新平台优化整合建议及保障措施。

1.3　研究对象与研究方法

1.3.1　研究对象

本书重点关注重大科技基础设施、基础科学和前沿交叉学科平台、省级重点实验室、共性技术平台、技术创新平台五类平台。

重大科技基础设施（也称大科学装置、大装置）并没有统一的、全球性的定义。美国国家科学基金会（NSF）、欧洲研究理事会（ERC）[9]，以及中国的国家发展改革委、财政部、科技部和国家自然科学基金委员会联合印发的《国家重大科技基础设施管理办法》[10]和教育部印发的《高等学校国家重大科技基础设施建设管理办法（暂行）》[11]对重大科技基础设施均有不同的定义。本书采用《国家重大科技基础设施管理办法》中对重大科技基础设施的定义，即重大科技基础设施指为提升探索未知世界、发现自然规律、实现技术变革的能力,由国家统筹布局,依托高水平创新主体建设,面向社会开放共享的大型复杂科学研究装置或系统,是长期为高水平研究活动提供服务、具有较大国际影响力的国家公共设施。其科学技术目标是面向国际前沿,为国家经济建设、国防建设和社会发展做出战略性与基础性的贡献。

基础科学和前沿交叉学科平台是开展学科基础与应用研究,促进国内外研究合作与学术交流,推动科技成果转化落地的重要载体。基础科学是整个科学技术的理论基础,孕育重大科技突破。前沿研究引领未来技术更新换代和新兴产业发展。交叉科学具有与单一学科不同的知识体系,可以提供多元化的理论基础和视角,更容易产生创造性的成果,交叉学科平台建设是高校和科研机构开展交叉学科研究的主要组织模式。从 20 世纪 60 年代开始,哈佛大学、斯坦福大学、麻省理工学院、牛津大学、曼彻斯特大学、柏林工业大学、东京大学等国外知名高校先后创建了协调医学、生物学、数学、物理学、化学、计算机科学与技术、材料学等多个学科的学科交叉研究平台。2003 年,麻省理工学院设立了交叉学科研究组织——计算机系统生物学研究所(Computational and Systems Biology Initiative,CSBi),旨在加强麻省理工学院与其他学术组织的合作,通过生物学、计算机科学与工学的相互交叉和融合开展跨学科项目研究。2006 年,牛津大学建立了交叉学科研究平台e-Research 中心,主要开发和应用计算机技术,从而为其他学科提供不同的解决方案。

省级重点实验室是由省级政府确认并支持建设的区域性科技创新平台,承担着科技创新、基础研究和为地方经济服务的任务[12]。截至 2022 年 12 月,全国各省(自治区、直辖市)的省级重点实验室建设数量达 6432 家。

共性技术平台是指进行共性技术(合作)研发的研究实体,对推动共性技术的研发和技术成果转化具有重要作用,是促进行业共性技术突破和产业技术革新的关键之一,对国家和地区打造全球科创中心、吸引全球高技术企业、提升新兴产业的发展水平具有重大的战略性意义[13]。共性技术平台主要由政府、行业协会、企业、高校、科研院所以及其他社会团体独资或者合资兴办,以企业需求为核心,围绕单个或多个产业,提供研究开发、技术推广、设备共用、产品检测、信息服务、技术服务、管理咨询、人员培训、科技金融等多方面服务。本书主要关注共性技术平台中的产业技术研究院。

技术创新平台是政府为了满足区域科技创新活动需求,向社会投入的一种服务类产品;也是政府面向产业内众多创新主体(特别是中小企业),以支撑企业科技创新和产业发展为目标,以解决产业科技创新活动中的技术瓶颈和满足企业科技创新的共性需求为出发点,通过有效整合大学、科研院所和高科技企业等单位优势资源,形成具有较高科技水准、为区域提供完善的科技创新服务、开放稳定的组织系统[14],为区域产业和企业技术创新提供有力支撑。

五类平台既相互区别又相互联系,具体区别如表 1-1 所示。重大科技基础设施、省级重点实验室、基础科学和前沿交叉学科平台均服务于基础研究阶段,共性技术平台、技术创新平台均服务于技术创新阶段。

表 1-1 科技创新平台的区别

项目	重大科技基础设施	基础科学和前沿交叉学科平台	省级重点实验室	共性技术平台	技术创新平台
组建模式	高水平创新主体牵头组建	依托高校、科研机构组建	主要依托高校、科研机构组建，部分依托企业组建	以企业或市州政府为主体，联合高校共同组建	两种模式：一是企业提供主要研究经费，高校或科研院所合作共建；二是以企业为主体
功能定位	提升探索未知世界、发现自然规律、实现技术变革的能力	开展基础科学、交叉学科研究	开展科技创新、基础研究和为地方经济服务	促进行业共性技术突破和产业技术革新	解决产业科技创新活动中的技术瓶颈，满足企业科技创新的共性需求

1.3.2 研究方法

1.3.2.1 文献调研法

文献研究贯穿整个研究过程。本书通过搜集、整理与国内重大科技创新平台建设相关的国内外论文、专著，为课题研究提供充实可靠的理论依据；总结归纳国内外的经验和做法，为湖北省重大科技创新平台功能优化与建设布局提供借鉴。

1.3.2.2 案例研究法

案例研究常常被视为某一议题早期阶段最适合的研究方法，在科技创新领域表现得尤为突出[15]。因此，本书对国内外，尤其是国内先进省（自治区、直辖市）（如北京、上海、安徽、广东）进行深入、全面的分析调查，总结经验教训，为课题研究提供充足的事实依据。

1.3.2.3 专家咨询法

针对国内案例，就部分科技创新平台建设的战略目标、功能定位、重大举措、项目选择、建设布局、管理模式等有针对性地开展实地调研，获取关于建设概况、制度规范及项目报告等方面丰富的资料。

1.3.2.4 比较分析法

对比分析湖北省科技创新平台与国内先进省（自治区、直辖市）的数据，查找出湖北省重大科技创新平台的差距、短板和问题。

本章参考文献

[1] 方维慰. 江苏加强重大科技创新平台建设的对策研究[J]. 金陵科技学院学报（社会科学版），2022，36（2）：1-8.

[2] 李妍，张金水，伍文浩. 广东创新平台体系建设与发展问题研究[J]. 科技管理研究，2018，38（2）：1-6.

[3] 郭海婷，张丽萍. 科技创新平台建设的"晋江经验"与启示[J]. 海峡科学，2022，（1）：99-102.

[4] 王亮伟，蒿巧利，赵晏强. 区域科技创新平台优化发展研究——以湖北省为例[J]. 科技促进发展，2021，17（12）：2088-2092.

[5] 张丽红，陈柏强，平媛. 科技创新平台协同运行机制影响因素研究——以北京市为例[J]. 科技创新与应用，2021，11（19）：16-18.

[6] 中华人民共和国中央人民政府. 三部门关于印发《国家科技创新基地优化整合方案》的通知[EB/OL]. http://www.gov.cn/xinwen/2017-08/24/content_5220163.htm[2017-08-24].

[7] 王涛，王帮娟，刘承良. 综合性国家科学中心和区域性创新高地的基本内涵[J]. 地理教育，2022，338（8）：7-14.

[8] 程宁波，范文博，田丹，等. 科技创新平台体系建构的理论、经验启示及成都路径[J]. 决策咨询，2021，（3）：1-6.

[9] 徐慧芳，侯沁江，陈思思，等. 国家重大科技基础设施的社会经济影响评估研究综述[J]. 科技管理研究，2021，41（13）：25-34.

[10] 国家发展和改革委员会. 关于印发实施《国家重大科技基础设施管理办法》的通知[EB/OL] https://www.ndrc.gov.cn/xxgk/zcfb/tz/201411/t20141124_963666.html[2014-11-24].

[11] 中华人民共和国中央人民政府. 教育部关于印发《高等学校国家重大科技基础设施建设管理办法（暂行）》的通知[EB/OL]. http://www.gov.cn/xinwen/2019-11/08/content_5450021.htm[2019-11-08].

[12] 潘长江，刘涛，丁红燕. 基于协同创新理念推进地方院校省级重点实验室建设的实践探究[J]. 实验室研究与探索，2017，36（4）：236-240.

[13] 唐海燕，霍燃. 共性技术平台，科创中心的催化剂[J]. 科技中国，2018，（8）：27-30.

[14] 谢文栋. 江西省科技创新平台运行机制优化研究[D]. 南昌：江西财经大学，2020.

[15] 何秀. 重大科技创新平台混合治理机制研究[D]. 杭州：浙江大学，2019.

第 2 章

重大科技基础设施建设研究

　　重大科技基础设施指为提升探索未知世界、发现自然规律、实现科技变革的能力，由国家统筹布局，依托高水平创新主体建设，面向社会开放共享的大型复杂科学研究装置或系统，是长期为高水平研究活动提供服务、具有较大国际影响力的国家公共设施[1]。重大科技基础设施是国家基础设施的重要组成部分，它不同于一般的基本建设项目，具有鲜明的科学和工程双重属性，其知识创新和科学成果产出丰硕，技术溢出、人才集聚效益显著，因此往往成为打造国家创新高地的核心要素。一方面，重大科技基础设施是面向科技前沿、解决经济社会发展问题和服务国家重大科技需求的物质基础，以重大科技基础设施为主线，在前沿科学和产业共性技术领域开展关键科技问题研究，将会产出具有国际竞争力的原创科学发现与重大科研成果；另一方面，重大科技基础设施能够牵引、带动多方面的创新，产生强烈的外溢效应。做好重大科技基础设施建设，不仅对基础研究具有极其重要的意义，对我国实现高水平科技自立自强，推动经济高质量发展也具有重大战略意义[2]。

　　《国家重大科技基础设施建设中长期规划（2012—2030 年）》（以下简称《规划》）基于兼顾传统重大科技基础设施领域与学科交叉及新兴学科发展需求、国际发展趋势与国内基础以及学科发展与国家战略需求的三点要求，对能源、生命、地球系统与环境、材料、粒子物理和核物理、空间和天文、工程技术 7 个科学领域进行了系统部署[3]。本章根据《规划》划分的 7 个科学领域，每个领域均有对应的一个或多个典型案例，针对每个案例从设施简介、管理体制、运行体制和建设成效等几个方面进行分析。选取了美国激光干涉引力波天文台（Laser Interferometer Gravitational-wave Observatory，LIGO）、澳大利亚植物表型组学设施（The Australian Plant Phenomics Facility，APPF）、欧洲二氧化碳捕集与储存实验室基础设施（The European Carbon Dioxide Capture and Storage Laboratory Infrastructure，ECCSEL）、微生物资源研究基础设施（Microbial Resource Research Infrastructure，MIRRI）、欧洲生物医学成像研究基础设施（Euro-BioImaging European Research Infrastructure Consortium，Euro-BioImaging ERIC，简称 Euro-BioImaging）、北京正负电子对撞机（Beijing Electron Positron Collider，BEPC）、合肥同步辐射装置、上海同步辐射光源（Shanghai Synchrotron Radiation Facility，SSRF）、中国散裂中子源（China Spallation Neutron Source，CSNS）、子午工程、地球系统数值模拟装置（The Earth System Numerical Simulator，EarthLab）、未来网络试验设施（China Environment for Network Innovations，CENI）12 个重大科技基础设施进行重点分析。

同时，对国内重点城市的重大科技基础设施"十四五"规划及未来建设方案进行调研，对比分析湖北省重大科技基础设施建设现状、成效与不足，并提出未来的发展建议。

2.1　重大科技基础设施建设现状

2.1.1　国外重大科技基础设施建设的现状及态势分析

国外重大科技基础设施建设比较早，最早可追溯到 19 世纪 40 年代的美国曼哈顿计划。受曼哈顿计划的启发和影响，第二次世界大战后，美国、英国、法国、德国、日本等国家开启了重大科技基础设施的建设热潮。随后，美国依托国家实验室、联邦政府资助的研发中心，在核物理、高能物理、天文、能源、纳米科技、生态环境、信息科技等领域布局了一批性能领先的大型设施，如先进光子源及其升级、激光干涉引力波天文台及其多次升级、先进地震学设施、詹姆斯·韦布空间望远镜、大型综合巡天望远镜、深地中微子实验装置等。

欧洲以英国、法国、德国等为代表，在能源、生命科学、资源环境、材料、空间、天文、粒子物理和核物理、工程技术等领域布局建设了数量众多的研究设施。从 2010 年开始，英国财政部每年都会发布国家基础设施发展规划，委托专业研究理事会负责核物理、粒子物理、空间科学和天文学等领域的重大科技基础设施的管理工作。德国亥姆霍兹联合会（Helmholtz Association of German Research Centres，HGF）围绕重大科技基础设施开展重大科技基础设施方面的研究，在能源、环境、健康卫生、实验物理学、关键技术、航天与交通六大关键领域建设观测、卫星、计算、考察、显微、光源、风洞、强磁场、加速器、聚变等重大设施。为了整合资源，提高整体竞争力，欧盟国家还联合建设了一批国际领先的大型研究设施，如欧洲同步辐射装置、大型强子对撞机、甚大望远镜、欧洲自由电子激光、欧洲散裂中子源等。这些设施不仅保持了欧洲在相关领域的科技领先优势，而且促进了全球经济社会发展，促进了欧洲国家之间的和平与合作，提高了技术市场的占有率，为欧洲在全球供应链、产业链中占据高位赢得了主动权。

1986 年，日本提出加强科技振兴基础条件建设逐步推进重大科技基础设施建设的规划，并布局了若干重点突破方向，重点在快中子增殖堆循环技术、新一代超级计算、太空运输系统技术以及深海深地监测与勘探等方向进行了系统布局[4]。表 2-1 显示了国外主要国家和组织在重要领域均有重大科技基础设施布局，凸显了"科学与国家联姻"的重要性[5]。

表 2-1　国外主要国家和组织重大科技基础设施布局　　　　（单位：个）

科学领域	美国	欧盟	英国	德国	法国
能源科学	2	6	2	6	0

续表

科学领域	美国	欧盟	英国	德国	法国
生命科学	2	16	9	10	22
地球系统与环境科学	12	11	15	12	21
材料科学	15	5	12	24	10
空间与天文科学	12	9	5	4	7
粒子物理和核物理	15	4	5	10	8
工程技术科学	5	1	3	4	7
社会人文科学	0	7	10	6	8
合计	63	59	61	76	83

注：表中欧盟的统计数据是指除德国和法国之外的其他欧盟国家的。

资料来源：常旭华，仲东亭. 国家实验室及其重大科技基础设施的管理体系分析[J]. 中国软科学，2021，6：13-22.

2.1.2 我国重大科技基础设施建设的现状及态势分析

我国重大科技基础设施的建设始于20世纪60年代，经历了从无到有、从小到大、从跟踪模仿到自主创新的艰难历程。总的来说，我国重大科技基础设施的建设起步相对较晚，最早可追溯到"两弹一星"时期。党的十八大以来，以习近平同志为核心的党中央高瞻远瞩，全面分析国际科技创新竞争态势，深入研判国内外发展形势，从把创新作为引领发展的第一动力到把高水平科技自立自强作为国家发展的战略支撑，从建设创新型国家到建设世界科技强国，从"三个面向"（面向世界科技前沿、面向经济主战场、面向国家重大需求）到"四个面向"（面向世界科技前沿、面向经济主战场、面向国家重大需求、面向人民生命健康），习近平总书记对科技创新提出一系列新思想、新观点、新论断和新要求，亲自谋划、部署和推动一系列重大战略举措，我国科技创新事业取得了许多新的历史性成就。这一阶段，我国对重大科技基础设施进行了前瞻部署和系统布局，投入力度持续加大。在国家发展改革委的规划组织和投资支持下，"十二五"期间，我国启动建设了高海拔宇宙线观测站、高效低碳燃气轮机试验装置等15项重大科技基础设施；"十三五"期间，我国在基础科学、能源、地球系统与环境、空间和天文以及部分多学科交叉领域，启动建设了高能同步辐射光源、硬X射线自由电子激光装置等9项设施。这两个五年计划，累计项目数接近此前建设总数。根据国家发展改革委的规划，"十四五"期间，拟新建20个左右的国家重大科技基础设施，在数量和质量上有新的跃升。我国重大科技基础设施建设迎来了实现历史性跨越的快速发展期。

目前，我国投入运行和在建的重大科技基础设施总量合计80余项（统计包含分布于各地的子基础设施，具体名单详见附录1），其在各个城市及所属科学领域布局的统计与分类见表2-2。这些重大科技基础设施是国家为谋求重大战略突破而投资建设的，是科学突破的重要保障，部分设施的综合水平迈入全球"第一方阵"。目前，我国重大科技基础设施基本覆盖我国重点学科领域和事关科技长远发展的关键领域[6]。

表 2-2 我国重大科技基础设施的布局 （单位：个）

科学领域	北京市	上海市	广东省	安徽省	陕西省	四川省	湖北省	其他地区	总计
能源科学	1	1	3	5	0	2	3	1	16
生命科学	5	4	1	0	1	1	4	2	18
地球系统与环境科学	7	1	0	0	0	0	1	3	13
材料科学	5	8	0	1	1	0	1	1	17
空间与天文科学	4	0	0	0	0	2	0	6	12
粒子物理和核物理	1	0	1	0	0	1	0	1	4
工程技术科学	0	0	2	2	2	2	1	1	8
总计	23	14	6	8	4	8	10	15	88

资料来源：作者根据我国每个五年规划中关于重大科技基础设施布局的相关资料整理。

2.2 国外重大科技基础设施建设案例

2.2.1 美国激光干涉引力波天文台

引力波是由宇宙中一些最暴力和最有活力的过程引起的时空中的"涟漪"。阿尔伯特·爱因斯坦（Albert Einstein）在 1916 年的广义相对论中预言了引力波的存在。爱因斯坦的研究表明，巨大的加速物体（如相互绕行的中子星或黑洞）会破坏时空，使起伏的时空"波"向远离源头的各个方向传播。这些宇宙涟漪以光速传播，携带有关其起源的信息，以及引力本身性质的线索。最强的引力波是由灾难性事件产生的，如碰撞黑洞、超新星和碰撞中子星。据预测，其他波是由中子星的旋转引起的，这些中子星不是完美的球体，甚至可能是大爆炸产生的引力辐射残余物[7]。

LIGO 探测到的引力波是由宇宙中一些最有能量的事件——碰撞黑洞、合并中子星、恒星爆炸甚至可能是宇宙本身的诞生引起的。探测和分析引力波携带的信息使我们能够以前所未有的方式观察宇宙，为天文学家和其他科学家提供更多的研究信息。LIGO 揭开了宇宙的神秘面纱，并在此过程中迎来了物理学、天文学和天体物理学方面令人兴奋的新研究[8]。

2.2.1.1 设施简介

LIGO 由位于美国华盛顿州的汉福德（Hanford）和路易斯安那州的利文斯顿（Livingston）组成，它利用光和空间本身的物理性质来探测引力波。LIGO 由遍布美国的四个设施组成：两个 4 KM 级的激光干涉引力波探测器（干涉仪）和两个大学研究中心。干涉仪位于华盛顿州（LIGO 汉福德）和路易斯安那州（LIGO 利文斯顿）相当孤立的地区，二者均由激光系统、隔振系统及数据分析系统组成，两地相隔 3002 km 并同时工作，可以避免因局部干扰对单个探测器造成的失误，以确保探测的准确性。每个 LIGO 探测器由两条臂组成，每条臂长 4 km，由 1.2 m 宽的钢制真空管排列成 L 形，并由一个 10 ft①宽、12 ft 高的混凝土罩覆盖，保护真空管不受环境影响[9]。

LIGO 装置是一个地面的中频引力波探测装置[10]，LIGO 的工作带宽为 10～1000 Hz[11]，激光器采用的是 Nd：YAG[12]，而光在法布里-珀罗谐振腔（Fabry-Perot resonator）中的实际行走距离为 1120 km。光源的功率是 20 W，在法布里-珀罗谐振腔中的功率达到 100 kW[13]。LIGO 的目标是双中子星的灵敏度达到 160～190 Mpc[14]。

2.2.1.2 管理体制

LIGO 的管理分为两部分，分别是 LIGO 实验室和 LIGO 科学合作组织（LIGO Scientific Collaboration，LSC）。

（1）LIGO 实验室。LIGO 实验室由加州理工学院、麻省理工学院、LIGO 汉福德和 LIGO 利文斯顿组成，负责 LIGO 探测器的管理及后续升级的研究工作[15]。

（2）LIGO 科学合作组织。负责组织协调 LIGO 的技术、科学研究及数据分析，负责协调 LIGO 科学合作组织的团体或合作的关系，使 LIGO 探测器能够供除加州理工学院和麻省理工学院之外的科学家使用[16]。LIGO 科学合作组织是一个致力于重力波直接探测的科学家组织，其成员由隶属于机构的团体组成，由协作理事会管理。协作理事会由每个小组的代表按比例组成，对所有政策事项进行投票，并选举发言人[17]。

2.2.1.3 运行体制

LIGO 探测器的运营主体是 LIGO 实验室，LIGO 实验室由位于加州理工学院和麻省理工学院的 LIGO 工作人员、科学家和工程师以及华盛顿州和路易斯安那州的两个探测器站点组成。LIGO 实验室的职责包括操作探测器，旨在进一步提高 LIGO 探测器能力的研究和开发，研究引力、天文学和天体物理学的基础物理学，以及公共教育和推广。LIGO 由美国国家科学基金会资助，由加州理工学院和麻省理工学院运营[18]。

2.2.1.3.1 人员管理

作为拥有世界级实验室和设施的主要学术与研究机构，加州理工学院和麻省理工学院是 LIGO 工程师的大本营，他们每天都在寻找提高 LIGO 灵敏度和稳定性的方法，以及物理学家和天体物理学家所努力了解的产生引力波现象的性质。汉福德和利文斯顿的探测器站点是干涉仪的所在地，使 LIGO 成为"天文台"。每个站点约有 40 人，包括工程师、技术人员和科学家，他们保持仪器运行，并监控真空和计算机系统。此外，还包括行政和业务人员，以及教育和公共宣传专业人员，他们负责组织公众参观，为当地学生提供实地考察的机会，并安排定期的公共活动[19]。

2.2.1.3.2 经费支持与设施规划

（1）初始 LIGO 装置。LIGO 装置于 1992 年获得美国国家科学基金会的资助，土建工

---

① 1 ft=30.48 cm。

程启动于 1995 年，于 1999 年基本完成，真空设备开始运行。隔振装置、光学系统和监控系统的安装在 2000 年左右完成。2001 年已开始调试激光干涉仪。2002 年主要是提高引力波探测器的灵敏度和连续工作的可靠性[20]。

（2）先进 LIGO（Advanced LIGO）。2010 年，初始 LIGO 运行结束，先进 LIGO 在观测站开始安装，2015 年 LIGO 升级完成[21]，双天文台升级工程共耗资 2.21 亿美元[22]，将 LIGO 探测微弱引力波的能力提高了 10 倍。

（3）先进 LIGO Plus（Advanced LIGO Plus，ALIGO+）。2019 年 2 月 14 日，LIGO 宣布获得新一轮升级经费。升级版的"先进 LIGO Plus"的深空探测范围将扩大 7 倍。其中，美国国家科学基金会授予 LIGO 的两个运营方——加州理工学院和麻省理工学院 2040 万美元，英国国家科研与创新署（UK Research and Innovation，UKRI）则提供 1410 万美元[23]。此外，澳大利亚研究理事会也贡献了一部分经费。

2.2.1.3.3　开放共享机制与产学研

将多个引力波探测器的数据结合起来，能够增强我们对探测信号的确信度，提升对微弱或遥远源的感知能力，并且更精确地测定源的各项参数，尤其是其在天空中的准确位置。LSC 是一个由科学家组成的团体，其工作重点是直接探测引力波，利用引力波探索引力的基本物理学规律，并将引力波科学这一新兴领域发展成为天文发现的工具；LSC 通过研究和开发引力波探测技术，以及开发和调试引力波探测器，以实现这一目标。LSC 成立于 1997 年，目前由来自全球 18 个国家 100 多个机构的 1000 多位科学家组成。LSC 负责路易斯安那州和华盛顿州的 LIGO 天文台以及德国汉诺威的 GEO600 探测器的科学研究。它围绕三个一般研究领域进行组织：分析 LIGO 和 GEO 数据，搜索来自天体物理源的引力波；探测器的运行和特征描述；以及开发未来的大型引力波探测器[24]。LIGO 实验室是 LSC 的最大成员。

LIGO 探测器可供 LSC 的成员使用，LSC 由世界各地的合作机构的研究人员组成[25]。作为 LSC 最大的成员，LIGO 实验室处于重要地位，LSC 的成员在 LIGO 实验室中担任重要职位。例如，LSC 发言人是 LIGO 实验室理事会的成员，该理事会负责协作的科学方向。LIGO 实验室充分参与协作，通过选举或任命等方式担任协作实体的多个领导职位，实验室在出版物、演示以及与更大的科学界共享 LIGO 数据方面遵循协作规则。反过来，LSC 为实验室开发引力波探测器、运行天文台以及总体推进该领域的使命做出了重大贡献[26]。

2.2.1.4　建设成效

LIGO 代表了中频引力波探测的尖端，是一个用于引力波研究的国家设施，为广大科学界提供了参与探测器开发、观察和数据分析的机会。LIGO 的原始仪器，被称为初始 LIGO 的"概念验证"模型，于 2002～2010 年进行了科学观测。在此期间，并没有发现引力波，但由于在首次运行中积累的经验，探测器工程方面取得了巨大的进步。2010 年标志着初始

LIGO 项目的结束，按照计划，2010～2014 年，两台干涉仪都经过了全面的改造，融入了更先进的工程技术。这一先进 LIGO 项目成功提升了探测器的能力，2015 年 9 月 14 日，LIGO 项目取得了重大突破，首次探测到遥远宇宙中发出并抵达地球的引力波。LIGO 探测器将实现比初始 LIGO 高出 10 倍的灵敏度，从而将我们的观测范围扩大到 100 倍以上的星系。LIGO 联合创始人雷纳·韦斯（Rainer Weiss）、巴里·巴里什（Barry Barish）和吉普·索恩（Kip Thorne）荣获 2017 年诺贝尔物理学奖。

2.2.2　澳大利亚植物表型组学设施

APPF 是世界领先的基础设施之一，是一个由国家研究基础设施平台组成的分布式网络，提供对植物表型组学技术和专业知识的开放访问。APPF 提供的能力和容量使研究人员能够解决澳大利亚与全球植物及农业科学中的复杂问题[27]。

2.2.2.1　设施简介

APPF 成立于 2007 年，于 2009 年开始运营，旨在推动研究人员、政府和行业之间的卓越研究与合作，以提供实际成果[28]。

APPF 的三个节点（Nodes）分别是位于阿德莱德大学的植物加速器（The Plant Accelerator，TPA）、联邦科学与工业研究组织（Commonwealth Scientific and Industrial Research Organisation，CSIRO）农业与食品部的高分辨率植物表型组学中心（The High Resolution Plant Phenomics Centre，HRPPC）和澳大利亚国立大学的植物表型组（Plant Phenomics Group at the Australian National University，PPGANU）。

（1）TPA 位于阿德莱德大学享有盛誉的威特研究区（Waite Research Precinct），是 APPF 的主导机构。TPA 的核心是澳大利亚首个自动化高通量表型学系统，其规模和开放访问政策均独一无二，该系统吸引了全球的研究人员[29]。

（2）HRPPC 位于堪培拉，其主要开发和构建尖端表型分析技术，以支持在受控环境中对模型和盆栽植物进行中等通量表型分析；提供新型植物表型分析解决方案，以支持大规模研究实验和高通量的领域[30]。

（3）PPGANU 在表型组学、生物信息学、硬件和软件开发以及数据可视化方面拥有独特的专业知识，能为 APPF 客户提供必要的研究支持，将表型数据与潜在的基因组变异联系起来。该节点提供现代化的 PC2 设施（即 Physical Containment level 2 facility，生物安全等级为二级的设施），并提供澳大利亚首都特区（ACT）唯一经过检疫认证的植物生长设施。凭借支持开创性植物研究的悠久历史，包括开发开源、高通量表型基础设施和可视化工具，该节点为国内外植物科学研究人员创建了开放数据集[31]。

APPF 的每一个节点都有独特的专用设施，这些设施相互连接，提供端到端的植物表型学解决方案的开放访问。此外，APPF 还为偏远地区的研究人员提供本地或远程使用 APPF 的机会。同时，移动设备的应用使得 APPF 的服务能够迅速部署到澳大利亚的任何一个地方[32]。

APPF 基于对广泛种质收集和大型育种、绘图和突变种群的表型特征的自动图像分析，利用机器人技术、成像和计算来实现对植物生长与功能的敏感、高通量分析。APPF 捕获的表型组学数据能够更快地发现分子标记，并加速种质资源的开发，旨在提高包括主要作物和其他农业重要植物在内的作物产量，以及这些作物对生物胁迫和非生物胁迫（如干旱、盐度以及一系列植物病害）的耐受性，使 APPF 在未来满足全球粮食需求的竞赛中处于领先地位[28]。

2.2.2.2　管理体制

APPF 国家研究基础设施平台的分布式网络采用国家集中布局、各部分管的模式。APPF 由 7 名成员组成的董事会统筹管理，其中包括位于阿德莱德的 APPF 中央管理机构的 4 名独立成员和 3 个研究中心的 3 名代表成员[33]。

2.2.2.3　运行体制

2.2.2.3.1　人员管理

作为一个跨机构设施，APPF 涉及 3 个截然不同但高度互补的研究中心——阿德莱德大学的植物加速器、联邦科学与工业研究组织农业与食品部的高分辨率植物表型组学中心和澳大利亚国立大学的植物表型组。APPF 设施团队人员组成见表 2-3。各团队的人员包括技术专家、研究人员和设施管理人员[29-31]。APPF 中央管理机构的 4 名独立成员与 3 个节点设施的执行董事组成 7 人董事会，共同对 APPF 的人员进行管理。APPF 的 4 名独立成员和 3 个节点执行董事采用竞聘模式上岗。

表 2-3　APPF 设施团队人员组成

团队名称	人数/人
APPF 中央管理机构	4
TPA	14
HRPPC	9
PPGANU	10

2.2.2.3.2　经费支持与设施规划

APPF 总投资超过 5000 万美元[34]，其运营充分利用了国家合作研究基础设施战略（National Collaborative Research Infrastructure Strategy，NCRIS）资金，吸引了来自州政府和主办机构的数百万美元的支持，以及瑞驰数据公司（Rich Data Corporation，RDC）的赠款。NCRIS 是一个由世界级研究基础设施项目组成的国家网络，致力于支持高质量的研究，以推动澳大利亚研究部门和更广泛的经济领域的更大创新。NCRIS 支持具有战略意义的研究项目，使澳大利亚研究人员及其国际合作伙伴能够通过这些研究解决关键的国家和全球挑战。目前，NCRIS 的资金和来自 APPF 的主办机构、阿德莱德大学、联邦科学与工业研究组织和澳大利亚国立大学的大量实物支持并支付了 APPF 设施的大部分运营成本，为设施用户提供了获得先进技术和专业知识的高额补贴。维护基础设施所需的剩余资金来自用户费用、用于支持能力改进的 RDC 赠款以及联邦政府的基础设施投资[35]。

2.2.2.3.3 开放共享机制与产学研

APPF 已成为全世界植物科学家开放获取的重要资源。作为全球首批植物表型分析机构之一，APPF 自 2010 年以来一直是开发和提供植物表型分析技术的先驱。APPF 运用多学科方法，设计并委托了复杂的表型分析平台，这些平台适用于受控环境和领域，促进了数据管理、分析和可视化的软件发展，并积累了广泛的技术经验，以进行大规模的表型组学研究。通过共享资源和知识，APPF 使植物科学家能够以前所未有的规模和详细程度调查植物性能，加速研究成果的产出，从而加速研究成果的产出，不仅促进了新知识的发现，还为澳大利亚在创新农业领域树立了世界级领导者的声誉[36]。

APPF 通过以下方式促进植物和农业科学的新研究项目：①在受控环境和现场提供高质量的生长设施及最先进的自动表型分析平台；②提供植物表型组学方面的高水平咨询和专业知识，包括项目设计、统计、自动成像、图像分析和数据管理；③促进和参与多学科及跨机构的研究合作，以促进和加速国家及国际层面的知识转移；④不断提高现有能力并开发和传播新技术，以满足植物和农业研究界不断变化的需求；⑤提供培训机会，以培养大量的植物表型组学专家；⑥与国家和国际植物表型学界合作；⑦ 与工业界合作和技术转让，以提高粮食作物的产量[36]。

APPF 通过以下方式促进世界一流的植物表型研究和创新：①提供便捷访问最先进植物科学和农业平台的渠道，助力高效研究；②开发新技术和能力，以促进植物表型组学的创新；③促进多学科和跨机构合作，解决农业领域的重大挑战；④促进研究人员与行业之间的科学合作和协作；⑤提高技术人员和下一代科学家在先进技术使用方面的技能；⑥扩大国内外研究网络；⑦保持澳大利亚在植物表型组学领域的知识、技能和潜力[36]。

通过以上研究和创新来实现以下目标：①提供卓越的基础设施和客户服务，以支持卓越的研究和创新；②开发新技术和研究方法；③提高澳大利亚在植物表型专业知识方面的能力，加快研究成果产出和影响；④与研究界、工业界、区域配送中心和政府合作，推动澳大利亚努力应对极端气候多变时期农业面临的挑战[36]。

2.2.2.4 建设成效

APPF 的服务和资源涉及植物表型、生物信息学与生物统计学和研究创新与合作三个主要的重点领域。自 2009 年运营以来，已有 13 个国家在使用，促进研究项目 984 项[36]。

APPF 结合最先进的成像技术、机器人技术、传感器网络和数据分析工具，以帮助准确且无损地测量植物性能，从而加速研究成果和知识转移。为了促进研究创新和协作，APPF 提供多种植物表型组学访问计划和跨学科协作计划。公共和私营部门研究人员得益于阿德莱德大学的植物加速器在大规模表型实验方面的专业设计、管理、运营和分析能力，产出众多高影响力的论文。近年来，该设施表型能力扩展，纳入干旱模拟研究（DroughtSpotter）平台，以支持精准的热和干旱筛选，以及与阿德莱德大学无人驾驶研究飞行器设施（the Unmanned Research Aircraft Facility，URAF）合作提供田野表型服务[29]。

CSIRO 的高分辨率植物表型组学中心融合植物科学和工程的专业知识，致力于开发和构建尖端的表型分析技术。这些技术旨在支持于受控环境中对模型和盆栽植物进行中等通量表型分析，提供创新的植物表型分析解决方案，以满足大规模和高通量的现场研究实验。现场应用包括年处理能力超过 250 000 个地块的地面和空中平台，以及专为温室/现场环境设计的首个高分辨率植物表型分析技术。CSIRO 的高分辨率植物表型组学中心强大的机电一体化和软件工程能力推动了尖端表型组学技术的研发[30]。

2.2.3　欧洲二氧化碳捕集与封存实验室基础设施

碳捕集与封存（carbon capture and storage，CCS）是一项具有地缘政治意义的新兴技术。为了满足国际能源署（International Energy Agency，IEA）提出的 2℃ 的设想，CCS 需要在未来十年内得到迅速的开发和部署。在《欧洲研究基础设施路线图 2018》中，IEA 就 2030 年和 2050 年各地区应如何应用 CCS 提出了建议，强调了在发电和工业领域广泛采用 CCS 的重要性。在欧洲，考虑到预期的增长需求，这意味着到 2030 年和 2050 年分别有 1.8 Gt 及 12.2 Gt 的二氧化碳总量需要被捕集与封存。根据 IEA 的数据，为了实现全球气候目标，这些必要的减排量中有 40% 必须来自欧洲工业界的努力。鉴于这一挑战，欧洲研究基础设施联盟（European Research Infrastructure Consortium，ERIC）建设了 ECCSEL，这是一个泛欧洲的分布式研究平台，旨在为致力于 CCS 技术最前沿的研究实验室提供开放和共享的资源与通道[37]。

2.2.3.1　设施简介

ECCSEL 旨在通过高效、结构化地研发先进 CCS 技术，助力工业和发电实现二氧化碳零排放，从而应对全球气候变化。ECCSEL 是欧洲碳捕集、利用与封存（carbon capture, utilization and storage，CCUS）研究基础设施，其建设历史可以追溯到 2008 年，当时它被列入欧洲研究基础设施战略论坛（European Strategy Forum on Research Infrastructures，ESFRI）发布的欧洲科研基础设施路线图。按计划提交筹备阶段文件后，2011～2014 年设施进入准备阶段；2014～2030 年为项目建设阶段；2016 年项目运行开始[38]。根据《欧洲研究基础设施路线图 2018》[38]，ECCSEL 将建成世界上独一无二的分布式、集成的重大科技基础设施，以有效和结构化的方式致力于第二代与第三代 CCS 技术研发，加强欧洲在 CCUS 领域的领导地位。作为一个综合的欧洲研究基础设施（research infrastructure，RI），ECCSEL 基于欧洲最好的 CCUS 研究设施，结合了三种碳捕集方法（燃烧前捕集、氧化燃烧过程中捕集以及燃烧后捕集）和三种碳封存的方法（在含水层、枯竭的油/气田以及煤层甲烷的封存），将现有的国家基础设施升级到欧洲水平来建设[39]。

ECCSEL 的中央协调办公室位于挪威特隆赫姆，合作伙伴包括工业界、研究机构和大学。ECCSEL 汇集并协调欧洲各国合作伙伴的活动。RI 由 ESFRI 根据其泛欧兴趣和满足欧洲研究界战略研究需求的能力选出（欧盟委员会对 RI 的定义是"为研究团体提供资源和服务，以进行研究和促进创新的设施"）[37]。

ECCSEL 的愿景是：实现工业和发电的二氧化碳低至零排放，以应对全球气候变化。根据这一愿景，ECCSEL 的主要目标是[40]：①在欧洲协调、运营和开发世界一流的分布式 CCUS 研究基础设施；②提供对集成、升级和新建的 CCUS 研究设施的访问；③加强欧洲 CCUS 领域的科学、技术开发、创新和教育；④实现衍生活动和新业务的产生。

ECCSEL 通过采取双重方法来实现其主要任务：①整合、实施、运营和开发分布式资源，包括现有和升级的研究设施及新的研究设施；②促进对改进的和新的 CCS 的卓越实验研究，预计分别在 2020～2030 年和 2030 年以后实现商业化吸收[37]。

2.2.3.2　管理体制

欧盟科研基础设施开放共享管理机构及其隶属关系如下：主管部门是欧盟委员会科研与创新总司（Directorate-General for Research & Innovation），分管部门是欧盟委员会科研与创新总司的开放科学与创新司（Directorate B-Open Innovation and Open Science），具体执行部门是开放科学与创新司的科研基础设施处（Unit B4-Research Infrastructures）。此外，在执行过程中，欧盟委员会还会借助 ESFRI、电子基础设施咨询工作组（e-IRG）、欧洲创新区利益攸关方（ERA staker holder）的力量[41]。ECCSEL 是一个分布式、综合的欧洲研究基础设施，是由法国、意大利、荷兰、挪威和英国五国合作建设的基础设施[39]。ERIC 是 ECCSEL 欧盟法律下的特定法律实体，其目标是通过其成员在非经济基础上建立和运营具有欧洲重要性的研究基础设施[40]。作为一个世界级的基础设施，欧洲二氧化碳捕集与封存实验室-欧洲研究基础设施联盟（ECCSEL ERIC）的总部位于挪威的特隆赫姆。ECCSEL ERIC 的总部负责协调研究基础设施的中央访问和操作。ECCSEL ERIC 的管理结构应包括大会、主任、研究基础设施协调委员会、科学咨询委员会（Scientific Advisory Board，SAB）、工业和环境咨询委员会等；大会为促进实现 ECCSEL 的目标，可以设立任何其他咨询委员会[47]。

大会是 ECCSEL ERIC 的最高权力机构，是 ECCSEL ERIC 的管理和决策机构，负责监督其活动，为 ECCSEL 制定战略和工作计划并监督其管理。大会由 ECCSEL 成员和观察员组成[42]。

主任由大会任命，是首席执行官，即首席科技官和 ECCSEL ERIC 的法定代表人。主任向大会报告，负责联盟的日常管理，执行大会的决定，包括预算的执行，并确保 ECCSEL ERIC 遵守所有相关的法律要求[42]。

科学咨询委员会负责监管 ECCSEL ERIC 提供服务的科学质量，以及该组织的科学政策、程序和未来计划[42]。

2.2.3.3　运行体制

ECCSEL 项目旨在通过开发世界级的分布式实验室基础设施，以供工业和研究使用，从而确立欧洲在该领域的领导地位。该项目最初是由法国、意大利、荷兰、挪威和英国五国合作建设的基础设施。ECCSEL 设立的中央枢纽，负责协调运营在联合标志 ECCSEL 下运营的多个研究设施，ECCSEL 运营中心通过集线器和辐条模型连接到管理国家设施（辐条）的国家节点（集线器）[39]。

2.2.3.3.1　人员管理

根据 ECCSEL ERIC 官网资料，ECCSEL ERIC 的管理结构包括大会、主任、研究基础设施协调委员会，以及科学、工业、道德和咨询委员会等。大会由 ECCSEL 成员和观察员组成，目前参加者由来自 5 个国家（英国、法国、意大利、荷兰、挪威）的 11 人组成。研究基础设施协调委员会由 11 人组成，科学咨询委员会包括 6 人，工业咨询委员会包括 8 人。ECCSEL 由 4 名全职员工和 4 名兼职员工组成，他们共同负责 ECCSEL 的日常运营事务。包括主任在内，ECCSEL 共由 45 人组成[40]。

2.2.3.3.2　经费支持与设施规划

ESFRI 地标 ECCSEL ERIC 用于开发碳捕集、利用与封存的相关技术，建设成本为 100 万欧元，运行成本为 85 万欧元/年[38]。运行成本将由 ECCSEL 设施的用户支付，取决于研究项目、赠款和行业的资助。图 2-1 显示了整个 ECCSEL 项目计划，包括主要事件和相应的资金来源/计划[43]。

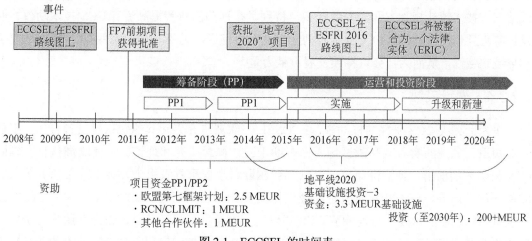

图 2-1　ECCSEL 的时间表

2.2.3.3.3　开放共享机制与产学研

与欧盟委员会和 ESFRI 一致，ECCSEL 为国际研究界提供在优先领域进行研究所需的设施，包括由泛欧科学界确定的具有独特性质的设施、资源或服务，以进行顶级研究。ECCSEL 有助于推动技术发展的前沿超越当前最先进的技术，从而加速 CCS 的商业化和部署。在这项工作中，ECCSEL 将根据其优先事项，在 CCS 领域内积极解决关键问题，并开展顶级科研活动，以促进科学家的成长与发展，建立一个先进的独特研究设施清单，并让欧洲 CCS 社区（主要）和非欧洲 CCS 社区访问这些资源[39]。

此外，为了吸引全球范围内最优秀的研究人员，ECCSEL 致力于营造一个包容性的环境，让来自欧洲和第三国的高级工程师与科学家都能使用到最先进的实验室。ECCSEL 特意为参与项目的国外研究人员保留了 30%的可用时间，以便他们能够访问其研究设施。这一时间的分配将根据项目描述和独立的同行评审流程进行选择，旨在促进思想和研究人员的交流，进而提升智力潜力，共享和利用 CCS 领域特有的知识。此举将激励欧洲研究界努力成为全球最具竞争力和活力的 CCS 知识提供者，帮助研究人员获得对其工作至关重要的最佳研究设施。ECCSEL 将以具有竞争力的条款和条件，授予其设施和相关服务的使用权[43]。

ECCSEL 在评估研究项目时，将优先考虑其科学质量、与 ECCSEL 目标的相关性以及项目的独特性。这些标准旨在确保 ECCSEL 能够推动技术前沿的发展，同时避免研究活动的重复劳动和资源浪费。对于用户访问 ECCSEL 的研究设施，将依据公开招标或特定设施的可用性进行授权。为了确保公平性和有效性，ECCSEL 将定期审查和更新其具体的选择标准[43]。

授予访问权限的程序是[43]：①科学/同行委员会将根据预定义的选择标准评估用户访问项目的提案；②评估提案的资助计划（由 ECCSEL 运营中心和相关研究机构执行）；③最终评估基于特定研究设施的可用性。

ECCSEL 积极促进 CCS 社区内的知识共享和经验交流，通过组织活动、研讨会和会议，以及参与高素质学生和工程师的培训来实现这一目标。此外，ECCSEL 还具备在行业或第三方技术转让规划方面的专业知识，特别是在推动创新和提高流行 CCS 技术功效方面发挥着重要作用。同时，ECCSEL 致力于解决社会问题，特别是如何确保 CCS 链中的安全和环境完整性，从而为社会可持续发展贡献力量[43]。

2.2.3.4 建设成效

作为世界级 CCS 研究的推动者，ECCSEL 与欧洲研究界和其他知识提供者合作，提供专业知识、先进的实验室和测试场所，有助于验证概念研究和理论。它使欧洲保持在国际 CCS 科学界的前沿，使欧洲研究区对欧洲和国际科学家更具吸引力，并加强了研究机构之间的合作。此外，ECCSEL 将促进商业应用的基础和应用研究。通过这种方式，ECCSEL 为从短期和长期的角度系统地响应 CCS 的研发需求提供了科学基础，将为其用户提供以下专业的 CCS 知识[43]：①工程公司和技术供应商可以基于技术发展（创新）前沿的研究来推广他们的最新想法与解决方案；②工厂所有者和行业可能更了解如何投资最先进的技术；③政府可以更好地发挥其塑造未来的关键作用。

通过运营世界一流的 CCS 研究基础设施并提供跨国研究途径，ECCSEL 使研究人员能够产生大量知识，从而产生新的创新解决方案，如与 CCS 相关的更高效的产品、流程和服务，有助于应对社会挑战，特别是气候变化和能源供应安全问题。创新反映在规定的目标和具体工作包的范围以及预期的影响陈述中。目前，ECCSEL 正在向整个欧洲用户社区开放其 RI，以使研究人员能够通过行动为能源供应和气候变化方面的重大社会挑战做出决定性贡献[43]。

2.2.4　微生物资源研究基础设施

微生物资源是促进健康，以及用于生物技术、农业、食品技术和生命科学研究的重要原材料。MIRRI 是一个专门用于研究和探索微生物资源的综合性泛欧平台。它集合了先进的实验设备、技术方法、数据管理系统及专业的研究团队，为微生物学、生态学、生物技术等多个领域的研究提供有力支持[44]。

2.2.4.1　设施简介

MIRRI 是泛欧分布式研究基础设施，用于微生物资源和生物多样性的保存、系统调查、供应和评估。它将资源所有者与研究人员、决策者连接起来，以更有效和高效地提供满足生物技术创新需求的资源与服务。MIRRI 于 2010 年被列入 ESFRI 路线图、欧洲委员会资助的筹备阶段项目，自 2012 年以来一直在运行。MIRRI 补充了欧洲在医疗［如欧洲临床研究基础网络（the European Clinical Research Infrastructure Network，ECRIN）、用于小鼠疾病模型生成、表型分型、归档和分发的欧洲科研基础设施（INFRAFRONTIER）以及生物银行和生物分子资源科研基础设施（the Biobanking and BioMolecular Resources Research Infrastructure，BBMRI）］和生物领域［如欧洲海洋生物资源中心（the European Marine Biological Resource Centre，EMBRC）、欧洲化学生物学开放筛选平台基础设施（the European Infrastructure of Open Screening Platforms for Chemical Biology，EU-OPENSCREEN）、欧洲高致病因子科研基础设施（European Research Infrastructure on Highly Pathogenic Agents，ERINHA）、系统生物学欧洲设施（ISBE）］的 ESFRI 基础设施版图，并与这些机构在“从生物学到医学的数据桥梁”（Building Data Bridges Between Biological and Medical Infrastructures in Europe，BioMedBridges）项目和 H2020 项目［如研究基础设施培训计划（Research Infrastructures Training Programme，RITrain）、协调研究基础设施建设持久生命科学服务（Coordinated Research Infrastructures Building Enduring Life-science Services，CORBEL）］中展开合作。目前，该项目成员包括 10 个欧洲国家的 50 多个微生物域生物资源中心（microbial domain biological resource centres，mBRCs）、培养物收藏和研究机构，其中比利时、法国、拉脱维亚、葡萄牙和西班牙是 MIRRI 的创始成员，希腊、意大利、荷兰和波兰是潜在成员，罗马尼亚是潜在观察员。

MIRRI 通过以下方式为生物科学和生物产业界服务：通过一个单一的点，促进获得最广泛的高质量微生物及其衍生物、相关数据和服务，特别是在健康和食品、农业食品、环境和能源领域。通过为用户提供服务、与其他研究基础设施合作，并与公共当局和政策制定者合作，MIRRI 为生命科学和生物技术的研究与创新，以及可持续、有竞争力和有弹性的生物经济做出了贡献[45, 46]。

2.2.4.2　管理体制

MIRRI 的管理机构由各成员国组成，通过各种委员会发挥管理作用，中央协调单位是管理日常事务的最高权力机构（图 2-2）。为确保 MIRRI 独立于各个国家的利益和影响，以 ERIC 的法律实体形式实施 MIRRI，法律实体与任何成员国的 mBRC 均不存在任何形式的绑定或联系。欧洲成员国以及欧盟联系国、第三国或政府间组织将被邀请签署微生物资源研究基础设施-欧洲研究基础设施联盟（Microbial Resource Research Infrastructure-European Research Infrastructure Consortium，MIRRI-ERIC），并共同遵守其章程。会员国的主要义务是派代表参加 MIRRI 会员大会、为交付适当的产出提供指导、提供旨在在国家层面有发展能力和质量的资金[47]。

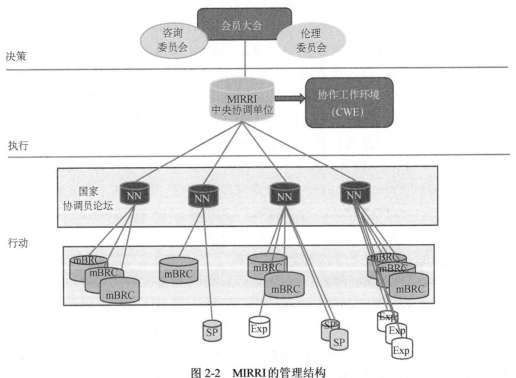

图 2-2　MIRRI 的管理结构

图中，NN—国家节点，mBRC—微生物与资源中心，Exp—专家

MIRRI 结构的三个主要元素（图 2-3）是中央协调单位、理事会和会员大会[48]。

2.2.4.2.1　MIRRI 的中央协调单位

中央协调单位（the Central Coordinating Unit，CCU）作为 MIRRI-ERIC 法律结构的执行中心，成员国的国家活动由相关国家节点（national nodes，NN）协调。全国 mBRCs 网络的规模因参与 mBRC 的数量而异。MIRRI 在四个层面进行指导（图 2-4），接受理事机构会员大会在领导层面做出的决策和指导。管理层将在咨询机构的建议下，将这些决策和指导转化为具体行动。MIRRI-ERIC 将基于一个中央组织——CCU 来运作，该单位将设立在某一成员国中[48]。

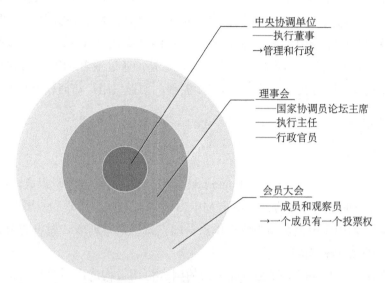

图 2-3　MIRRI 结构的三元素

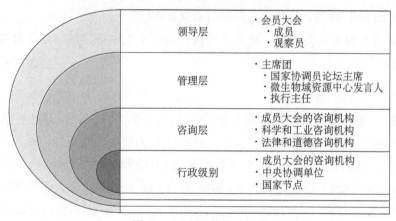

图 2-4　MIRRI 的指导元素

2.2.4.2.2　国家节点

NN 可以位于单个国家 mBRC，也可以是由成员国指定的法人实体代表的国家网络。其是否隶属于已建立的结构，如国家 mBRC 或资助机构，取决于成员国。每个 NN 将有一名协调员陪同会员国代表出席 MIRRI 会员大会。国家协调员的作用是双重的：首先，充当 MIRRI-ERIC 和 NN 之间的主要联络人，负责其国家遵循会员大会关于开发和利用研究基础设施的政策与战略，以解决基础设施问题，以及满足和应对欧洲研究界的需求与挑战，建立一个由所有国家协调员组成的国家协调员论坛（The National Coordinators Forum，NCF），以确保实施会员大会制定的战略；其次，NNs 通过与各个国家利益相关者社区（如大学、生物产业、政策制定者和科学家）合作来促进为用户服务，以获取微生物知识[48]。

2.2.4.2.3 mBRCs 和国家网络

在每个成员国内，NN 中的 mBRC（个人或成员网络）签署 MIRRI 合作伙伴章程，包括数据提供和政策遵守的标准与具体承诺。mBRC 实施了会员大会通过的 MIRRI 工作计划，并提供了一个通向可用资源和专业知识的共同门户。各个 mBRC 保持自己的法律地位。然而，当前的独立 mBRC 政策和管理流程将由合作伙伴 mBRC 进行调整，以协调馆藏、服务、培训和准入政策，并共享专业知识。此外，通过签署 MIRRI 合作伙伴章程，成员 mBRC 同意通过 NN 将其部分活动由 CCU 控制，如提供用户访问权限和专业知识[48]。

2.2.4.3 运行体制

2.2.4.3.1 人员管理

MIRRI 会员大会（the assembly of members，AM）由成员/观察员组成，并由 MIRRI 项目的咨询委员会和伦理委员会协助，决定 MIRRI 的长期战略、管理和发展[47]。

执行董事在 MIRRI 中央协调单位工作人员的支持下，管理 AM 做出的决定，中央协调单位是 MIRRI 的执行秘书处[47]。

国家协调员论坛由执行主任及各成员国的国家协调员构成，后者负责指定 NN 并协调其境内的 MIRRI 活动。NFC 由执行主任主持，辅以两名副主任，共同支持工作计划的制定与执行，并推动 MIRRI 与合作伙伴之间的有效交流[47]。

执行董事与顾问委员会一起，负责根据合作伙伴章程中规定的标准对有志于此的合作伙伴进行评估[47]。

2.2.4.3.2 经费支持与设施规划

高质量的生物科学研究与创新的生物产业是应对当今及未来全球社会挑战，迈向绿色、健康和可持续发展世界的关键贡献者。MIRRI 努力实现这些目标，并将其所有合作伙伴组织的资源、能力和专业知识与全球和欧洲战略议程相匹配，如联合国可持续发展目标，欧盟"地平线欧洲"计划及其多个集群、任务和合作伙伴关系，多个国家和地区的智能专业化研究与创新战略（Research and Innovation Strategies for Smart Specialisation，RIS 3），以及 ESFRI 路线图、战略报告和景观分析（包括其他欧洲战略论坛研究基础设施的行动范围）。为了更好地将其产品和专业知识与全球和欧洲的战略议程以及用户的需求相匹配，MIRRI 制定了 2021～2030 年战略研究与创新议程（Strategic Research and Innovation Agenda，SRIA），并将其重点放在未来十年在健康与食品、农业食品、环境与能源领域内选定的 7 个战略领域[46]。

2.2.4.3.3 开放共享机制与产学研

基于其合作伙伴组织最先进的设施/设备和顶级专业知识，MIRRI 为其用户提供广泛、多样化的高质量服务组合。服务范围涵盖一般服务和特定应用服务。MIRRI 的服务和专业知识可以帮助研究人员和生物产业从项目、技术、产品中获得最大的价值与影响[44]。

MIRRI 提供 400 000 种以上的优质微生物资源和相关数据目录，涵盖所有类型的微生物，如细菌（及其同源噬菌体）、古细菌、真菌（包括酵母）、真核病毒、微藻和其他微生物材料，如微生物组、细胞系、天然或携带质粒、DNA 文库和基因组 DNA 的构建体[46]。

MIRRI 由广泛的多学科专业团队提供顶级科学/技术专业知识，专业团队中包括 H 指数高达 110 以上的科学家[44]。

MIRRI 为其成员国及其合作伙伴组织提供优势资源。成为成员或观察员的组织可以协调和共享一整套资源和服务，获得战略规划和政策制定的关键见解。

2.2.5 欧洲生物医学成像研究基础设施

Euro-BioImaging 是 ESFRI 认可的具有里程碑意义的生物和生物医学成像研究基础设施。通过 Euro-BioImaging，生命科学家可以获得他们在本国机构或合作伙伴中可能找不到的成像仪器、专业知识、培训机会和数据管理服务。所有科学家，无论其隶属关系、专业领域或活动领域如何，都可以从这些由领先的成像设施提供的高质量标准的泛欧开放获取服务中受益[49]。

2.2.5.1 设施简介

Euro-BioImaging 是一个完全分布式的基础设施，其通过汇集欧洲最合格的影像中心，创建一个由专业知识、专有技术、尖端技术和创新平台组成的高质量网络，为学术界和工业界的所有研究人员提供对生物和生物医学成像技术、培训与图像数据服务的开放访问服务。Euro-BioImaging 基础设施由一个中心团队（Hub）协调，并通过 34 个位于 15 个国家和欧洲分子生物学实验室（European Molecular Biology Laboratory，EMBL）的国际知名成像设施（称为节点）提供服务。这个中心由芬兰的图尔库（Turku）作为总部、EMBL 作为生物成像的社区特定部分，以及意大利的都灵作为生物医学成像的社区特定部分构成[49]。

自 2016 年 5 月起，Euro-BioImaging 进行了有限的临时运营。2019 年 10 月 29 日由欧盟委员会正式成立，2019 年 12 月全面投入运营。Euro-BioImaging 服务可通过此 Web 门户访问，其中有一些服务需要登录后进行访问[49]。

Euro-BioImaging 设施的大多数服务由 Euro-BioImaging 节点提供，它们是成员国的国际知名成像设施。表 2-4 是 34 个国际知名成像设施的列表[50]。

表 2-4 Euro-BioImaging 成员国知名成像设施

国家	成像设施
奥地利	奥地利生物成像–相关多模态成像（correlated multimodality imaging，CMI）节点
保加利亚	索菲亚生物成像节点–索菲亚保加利亚高级光学显微镜节点
捷克共和国	布拉格先进光学和电子显微镜节点
捷克共和国	布尔诺先进光镜和医学成像节点
捷克共和国	先进临床前成像中心（Center for Advanced Preclinical Imaging，CAPI）

国家	成像设施
丹麦	丹麦生物成像（Danish BioImaging，DBI）
欧洲分子生物学实验室	欧洲生物成像 EMBL 节点
芬兰	芬兰先进显微镜节点
芬兰	芬兰生物医学成像节点
法国	法国生物成像节点
匈牙利	细胞成像匈牙利欧洲生物成像节点
匈牙利	匈牙利医学和临床前成像节点
以色列	以色列生物成像节点
意大利	意大利先进的光学显微镜节点
意大利	意大利成像多模态平台神经医学节点
意大利	意大利分子成像节点
意大利	的里雅斯特（Trieste）相位对比成像旗舰节点
荷兰	挑战框架旗舰节点
荷兰	相关光学显微镜荷兰旗舰节点
荷兰	荷兰高场成像中心
荷兰	伊拉斯姆斯医学中心光学成像中心-鹿特丹先进光学显微镜节点
荷兰	多模态成像设施-荷兰马斯特里赫特的先进显微与分子成像（Advanced Microscopy and Molecular Imaging，AMMI）节点
荷兰	高通量显微镜荷兰旗舰节点
荷兰	临床前成像中心（Preclinical Imaging Centre，PRIME）-分子成像荷兰节点
荷兰	鹿特丹人口成像旗舰节点
荷兰	阿姆斯特丹·列文虎克高级显微镜中心（Leeuwenhoek Center for Advanced Microscopy，LCAM）-功能成像旗舰节点
荷兰	瓦赫宁根成像和光谱中心（Wageningen Imaging and Spectroscopy Hub，WISH）-先进光显微镜和分子成像节点
挪威	奥斯陆先进光学显微镜节点
挪威	挪威分子成像基础设施
波兰	先进光学显微镜节点
葡萄牙	脑成像网络（Brain Imaging Network，BIN）
葡萄牙	葡萄牙生物成像平台（Portuguese Platform of BioImaging，PPBI）
瑞典	瑞典国家显微镜基础设施
英国	英国节点

Euro-BioImaging 设施的主要使命包括以下两个方面：一是为欧洲及其他地区的所有生命科学家提供最先进的成像技术的访问、服务和培训；二是促进所有利益相关者（包括科学家、工业界、国家和欧洲当局）的联络与合作[51]。

为了实现以上目标，Euro-BioImaging 通过其广泛的访问和服务，促进跨学科研究和跨学科合作。Euro-BioImaging 设施的技术组合非常广泛，Euro-BioImaging 节点可提供大约 50 种不同的生物和生物医学成像技术[51]。

2.2.5.2　管理体制

整个 Euro-BioImaging 基础设施的质量管理分为两个层次：Hub 级别的管理，包括涉及 Hub 功能的所有流程；节点级别的管理，旨在制定被所有遵守 Euro-BioImaging 的节点所采用并共同遵守的管理指南[52]。

Euro-BioImaging 由其中心团队进行管理，并由欧洲生物成像理事会（Euro-BioImaging Board）进行治理。此外，Euro-BioImaging 的治理还包括科学咨询委员会，其职责是监督 Euro-BioImaging 活动的科学、伦理、技术和管理质量。除了科学咨询委员会，Euro-BioImaging 还包括一个由节点代表组成的节点小组（Panel of Nodes），他们为 Euro-BioImaging 的管理层提供关于欧洲生物医学成像活动的建议。最后，欧洲生物成像工业咨询小组（Euro-BioImaging Industry Board Advisory Panel）则为 Euro-BioImaging 的管理层提供关于欧洲生物成像应满足的任何与工业相关的需求或倡议的建议。这些治理结构和咨询机制共同确保 Euro-BioImaging 的高效运作和科学研究的质量，同时满足工业界的需求，推动生物成像领域的持续发展。[49]。

Euro-BioImaging 服务的质量和绩效根据满足 SMART［具体（specific）、可衡量（measurable）、可实现（achievable）、相关性（relevant）、有时限（time-bound）］标准，并与特定目标相关联的关键绩效指标（key performance index，KPI）进行持续监控，实现目标给出了基础设施成功的衡量标准，并定期审查 KPI[52]。

2.2.5.3　运行体制

2.2.5.3.1　人员管理

Euro-BioImaging 构建的是一个虚拟研究环境（virtual research enviroment，VRE），包括许多虚拟实验室（virtual Laboratories，vLabs）产品，可为科学家提供一站式数据访问、高计算能力和协作研究平台，以支持数字科学的要求。Euro-BioImaging 不同于具有实体研究环境的设施，其运营团队的主要职责是对现有节点之间数据共享的协调，以及对新节点的征集工作。

Euro-BioImaging 由其中心团队协调，中心团队包括总裁、生物中心主任、医学中心主任、科学项目经理、对外联络员、运营顾问、软件开发人员、协调人员等共 18 个人，负责协调所有节点之间的协作和连接。Euro-BioImaging 的中心团队包括位于芬兰图尔库的法定所在地、设在 EMBL 的专门服务于生物成像领域的社区特定生物成像中心（Bio-Hub），以及位于意大利都灵的专门服务于生物医学成像领域的社区特定医学成像中心（Med-Hub）[53]。

2.2.5.3.2　经费支持与设施规划

Euro-BioImaging 的数据服务是免费的，但技术服务需要付费，付费的服务用于维持基础设施的运行。为了实现可持续发展，确保第一、第二代以及所有未来的欧洲生物成像节点的技术与服务的前沿性，Euro-BioImaging 设置将继续致力于在所有现有和未来的成像设施中建立一个公开与竞争性的节点选择机制（图 2-5），不断地评估其在中心和节点的服务（即质量评估和管理程序），更新其节点的现有成像技术，识别和评估新的成像技术的开放性，并规范其纳入欧洲生物成像 ERIC。Euro-BioImaging ERIC 定期评估是否需要纳入新的节点，以及是否需要停用现有的节点，并公开发布呼吁，邀请新节点的加入和现有节点的升级申请，如在现有节点中增添新的成像设施或站点[54]。

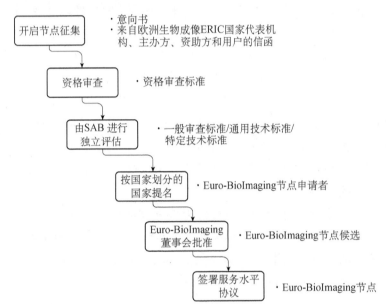

图 2-5　Euro-BioImaging 确定和评估新的生物成像节点以纳入欧洲生物成像 ERIC 的程序[54]

2.2.5.3.3　开放共享机制与产学研

随着成像技术的进步，越来越多的新技术可供用户使用，因此提供正确使用这些技术以及相关的样品制备和数据分析的培训至关重要。Euro-BioImaging 节点为用户、学生和设施工作人员提供了广泛的培训机会。Euro-BioImaging 节点的培训课程涵盖了从基本的入门课程到生物和生物医学成像方面的先进技术。这些课程主要结合了理论和实践学习，用英语授课，任何人都可以申请。

为了促进节点之间的互动并支持相互学习，Euro-BioImaging 团队组织了许多以主题为中心的专家组。这些专家组包括远程访问与培训专家组、通信专家组、图像数据专家组、临床前与医学影像数据管理专家组、生物医学成像设施质量管理专家组、光学显微镜技术专家组、电子显微技术专家组、植物成像专家组、伦理专家组、智能显微专家组、FAIR 图像数据流程专家组 11 个专家组。通过这些专家组来加强 Euro-BioImaging 所有节点之间的协作和联系，并让节点的核心设施工作人员有机会分享他们在许多相关主题上的知识。这些专家组对设施节点的所有员工开放[55]。

2.2.5.4　建设成效

Euro-BioImaging 已与多个欧洲生命科学研究基础设施签署了双边合作协议。此外，Euro-BioImaging 已与全球成像设施签署协议，从而可以促进与这些成像基础设施的合作[56]。

2.3　国内重大科技基础设施建设案例

2.3.1　北京正负电子对撞机

正负电子对撞机是一个使正负电子产生对撞的设备，它将各种粒子（如电子、质子等）加速到极高的能量，然后使粒子轰击一固定靶，通过研究高能粒子与靶中粒子碰撞时产生的各种反应，研究其反应的性质，发现新粒子、新现象[57]。正负电子对撞同样也是一种正负粒子碰撞的机制，正负电子在自然界已有产出，人们研究微电子粒子的结构特性，是当下高能粒子物理量子力学最前沿的科学[58]。世界上已建成或正在兴建的对撞机有十多台。

2.3.1.1　设施简介

世界高能加速器中心之一的 BEPC 是中国第一台高能对撞机，于 1988 年 10 月在中国科学院高能物理研究所建成和对撞成功[59]。BEPC 坐落于北京玉泉路，占地 50 000 m²。BEPC 由注入器（BEL）、输运线、储存环、北京谱仪（Beijing Spectrometer，BES）和北京同步辐射装置（Beijing Synchrotron Radiation Facility，BSRF）等几部分组成。BEL 是一台长为 200 m 的直线加速器，用于为储存环提供 1.1～1.55 GeV 能量的正负电子束；输运线连接 BEL 和储存环，将 BEL 输出的正负电子分别传送到储存环里；储存环是一台周长为 240.4 m 的环型加速器，用于将正负电子加速到需要的能量，并加以储存；用于高能物理研究的大型探测器——BES 位于储存环南侧的对撞点；BSRF 位于储存环第三和第四区，在这里，负电子经过弯转磁铁和扭摆器时发出的同步辐射光经前端区与光束线引至各个同步辐射实验站[60]。这样，正电子和负电子在其中的高真空管道内被加速到接近光速，并在指定的地点发生对撞，通过大型探测器——BES 记录对撞产生的粒子特征。最终，科学家通过对这些数据的处理和分析，进一步认识粒子的性质，从而揭示微观世界的奥秘。

BEPC 有两种运行模式：①兼用模式优化于高能物理对撞实验，同时提供同步辐射光；②专用模式专用于同步辐射研究[60]。BEPC 的主要科学目标是开展 τ 轻子与粲物理和同步辐射研究。

自建成运行以来，BEPC 迅速成为在 20 亿～50 亿 eV 能区居世界领先地位的对撞机，其优异的性能为我国开展高能物理实验创造了条件，并取得一批在国际高能物理界有影响力的重要研究成果。例如，精确测量了 τ 轻子质量、20 亿～50 亿 eV 能区正负电子对撞强子反应截面（R 值），发现了 X（1835）新粒子以及"质子–反质子"质量阈值处的新共振态等，这些成果引起了国内外高能物理界的广泛关注[59]。

BEPC II 是一台粲物理能区国际领先的对撞机和高性能的兼用同步辐射装置，其主要开展粲物理研究，预期在多夸克态、胶球、混杂态的寻找和特性研究上有所突破，能够使我国在国际高能物理领域占据一席之地，在粲物理实验研究方面保持国际领先地位[60]。BEPC II 又可以作为同步辐射光源提供真空紫外至硬 X 光，开展材料科学、生物和医学、凝聚态物理、环境科学、地矿资源以及微细加工技术方面等交叉学科领域的应用研究，实现"一机两用"，为我国众多学科的同步辐射大型公共实验平台，取得了包括大批重要蛋白质结构测定在内的重要结果[60]。

2.3.1.2　管理体制

BEPC 的立项与建造和 BEPC II 的改造升级，是两个不同时代的产物。BEPC 建造期间，国家调动一切可以调动的积极因素，集中力量保障 BEPC 工程的顺利完成。1983 年12 月，成立了由中国科学院、国家计划委员会（简称国家计委）、国家经济委员会（简称国家经委）、北京市领导和专家组成的 BEPC 工程领导小组，在中国科学院设 BEPC 工程领导小组办公室。1986 年，中国科学院院长周光召任 BEPC 工程领导小组组长。BEPC 工程领导小组打破了国内地区、部门之间的界限，以中国科学院高能物理研究所为中心，组织国务院的十几个部委所属的研究所、高等院校、建工部门以及几百家工厂的上万名科技人员、干部和工人等，大家团结协作、群策群力，集中人才、装备、技术等各方面的优势，进行逐项攻关，从设计、组织、质量、管理、投资和国际交流等各个环节与方面入手，确保能够保质保量按期建成。同时，几大部委联合并对 BEPC 工程进行定期的检查和监督，确保按时和按照指令性计划完成[61]。

在 BEPC II 建造期间，成立了工程办公室，在工程指挥部的领导下，工程办公室负责BEPC II 工程建设的组织管理工作，包括计划调度、技术协调、质量管理、档案管理和对外协作管理等工作；负责编制工程的总体关键路径法（critical path method，CPM）计划，检查并督促分总体及重大项目 CPM 计划的实施；协调涉及多个单位的技术及进度问题；负责检查各分总体的进展情况，及时发现和督促解决存在的问题……实行 BEPC II 工程例会制度，并且形成会议纪要，上网可查询监督；加强 CPM 动态管理，解决工程进度中的瓶颈问题[61]。

BEPC II 改造建设期间，根据当时我国的市场经济体制，成立了中科院建筑设计研究院有限责任公司，中国科学院高能物理研究所所长担任项目总经理，同时设立了各个部门的负责人，以企业的操作模式对 BEPC II 进行管理运行改造。确定企业的法人地位，做到权利和责任的统一。同时，利用各种承包制、经理负责制，使责任到人，保证管理的现实性。在监督方面，制定质量评定标准的报告，使监督具有可靠的理论依据；在招标投标方面，按照企业的招标投标法，制定相应的招标投标工作程序，成立招标投标小组，组织专家组保证依法进行操作[61]。

BEPC 国家实验室负责 BEPC 的运行和对外开放。BEPC 国家实验室设立了学术委员会，学术委员会设立高能物理、同步辐射和粒子加速器三个专业委员会。

2.3.1.3　运行体制

2.3.1.3.1　人员管理

中国科学院高能物理研究所在高能物理研究、先进加速器研究和先进射线技术研究及应用三个领域建立与培养了一支规模适当、结构合理、素质优良、适合重大科技基础设施建造及具有多学科综合性研究特点的创新人才队伍，为科学研究、国家重大科技基础设施的建造及大科学实验研究平台的发展打下了坚实的基础。BEPC 国家实验室围绕研究所科技发展目标和"率先行动"计划的总体要求，遵循配置科学、总量控制、结构合理和管理规范的原则设置岗位体系，积极探索建立有重大科技基础设施特点的队伍建设和人才培养的新机制，按照宏观调控、分类管理的方式确定各类人员的岗位总量和结构比例，建立指导、监督、管理相结合的长效机制。实验室围绕科研发展的布局和要求，积极引进高端人才，着力打造高水平的国际化创新人才队伍。

中国科学院高能物理研究所根据科研及工程需要，不定期组织相应的专业培训，同时鼓励技术支撑岗位有专业技能的工人按照国家有关规定外出学习，以获得专业证书并进行相应年检等有关培训。对全所人员进行维护知识产权培训，并签订知识产权保护协议，对部分运行维护人员进行放射性安全培训。中国科学院高能物理研究所内正负电子对撞机相关工作人员总数约 400 人，其中专业职工 200 多人，研究生 100 多人[62]。

2.3.1.3.2　经费支持与设施规划

BEPC 是由中国科学院高能物理研究所负责建造的，总投资 2.4 亿元。它由注入器、输运线、储存环、北京谱仪和北京同步辐射装置等几部分组成[63]。2004 年 4 月，BEPC 一期结束了 15 年来的科学实验任务，进入 BEPCⅡ 全面启动阶段。BEPCⅡ 总投资 6.4 亿元，建设周期为 5 年。BEPC 的主要科学目标是开展 τ 轻子与粲物理和同步辐射研究。

2.3.1.3.3　开放共享机制与产学研

国家重大科技基础设施机时向科学研究免费开放，用户可以根据实验需求，选择相应的实验线站申请机时。作为一个多学科的大型实验平台，BSRF 为我国众多科研领域的研究工作提供了强有力的实验手段。BSRF 于 1991 年开始对外开放，经过多年的开放运行，已经形成了一支稳定的、高水平的用户队伍，人员来自大学、中国科学院和各部委的研究所等单位。每年有近百个科研单位的 400 多个课题利用 BSRF 平台开展高水平的科学研究工作，研究内容涉及凝聚态物理、材料科学、生命科学、医学、地矿、资源、环境科学、化学、化工、微机械技术和微电子等不同学科与领域，取得了大批重要的科研成果[64]。

BEPC 的北京谱仪自 2008 年改造完成运行至 2022 年末，一直保持着良好的运行状态，共有来自 17 个国家、80 家科研机构的约 500 名科研人员围绕其合作开展科研工作，是当前国内正在运行的最大的国际合作组。BSRF 用户共享率达到 94.68%，共发表文章 924 篇，其中 1 区文章 526 篇，在《科学》（Science）发表 3 篇，在《自然》（Nature）发表 1 篇[65]。

2.3.1.4　建设成效

BEPC Ⅱ 于 2018～2022 年连续 5 次在科技基础设施运行评比中获得运行一等奖[65]，BEPC 的稳定运行，很好地完成了高能物理实验取数计划和同步辐射开放运行任务。该设施实现稳定对撞流强高于 910 mA，使我国已经完全掌握高流强加速器技术，突破了在暗电流、探测器噪声、流强、阻抗、多束团不稳定性抑制等环节的所有技术障碍。

同时，BEPC Ⅱ 的对撞能量达到 2.472 GeV，完成了具有重要物理意义的粲重子的首次测量。第三代北京谱仪（BES Ⅲ）利用 100 亿 J/ψ 数据开展超子的实验研究，成为这一领域世界上的新热点，BES Ⅲ 已经成为在强子结构和对称性研究领域领跑世界的重要实验装置，备受世界关注。BSRF 专用模式开放运行，用户共享率达到 97.67%。黄维院士和南京工业大学陈永华教授团队借助同步辐射 X 射线吸收谱，揭示了钙钛矿材料前驱体溶液的结构特性，解决了传统钙钛矿光伏材料在制备过程中的世界性难题，实现了光伏领域"从 0 到 1"的重大突破[66]。另外，北京正负电子对撞机改造工程推动了我国精密加工能力的进步，对于我国飞机关键部件加工水平的提高具有显著作用。其中，BEPC 发现了四夸克粒子 Zc（3900），引领了国际高能物理研究的发展方向[67]。

2.3.2　合肥同步辐射装置

合肥同步辐射装置主要是研究粒子加速器后光谱的结构和变化，进而推知这些粒子的基本性质[68]。合肥同步辐射装置面向国家战略需求和前沿基础科学研究，致力于提升机器性能，发展新的实验技术和方法，积极引进和培养国内外高水平用户，为国内外众多学科领域提供独特的大型综合交叉研究平台，重点发展能源高效利用、节能材料、大气环境、纳米科技、量子调控、物质与生命交叉等前沿学科领域的前沿课题研究。同时，围绕电子加速器前沿科学和用户需求，开展先进光源物理和关键技术研究，推动我国在若干领域的科学研究达到国际领先或国际先进水平。

2.3.2.1　设施简介

国家同步辐射实验室（National Synchrotron Radiation Laboratory，NSRL）坐落于安徽省合肥市中国科学技术大学西校区，是我国批建的第一个国家实验室，建立了我国第一台以真空紫外和软 X 射线为主的专用同步辐射光源，即合肥同步辐射装置（简称合肥光源）。

合肥光源的建设历经 HLS-Ⅰ和 HLS-Ⅱ两个阶段。HLS-Ⅰ包括一期工程（1983 年立项，1991 年通过验收）和二期工程（1999 年开工建设，2004 年通过验收）。在此期间，合肥光源坚持稳定运行、优质开放的原则，为我国物理学、化学、材料科学、能源环境科学等领域提供了一个优良的实验平台，并取得了一系列研究成果。

HLS-Ⅱ的建设于 2010 年 8 月立项，2012 年 5 月开工，2014 年底完成新建直线加速器、储存环及 5 条光束线站的首批任务。2016 年 1 月投入正式运行，同时边运行边建设，逐步完善通用辅助设施的基础设施改造，实施恒流运行等改造，不断提升光束线站性能。目前 HLS-Ⅱ已建设完成，达到三代光源运行水平。

合肥光源目前拥有 10 条光束线及实验站，5 条插入元件线站为燃烧、软 X 射线成像、催化与表面科学、角分辨光电子能谱、原子与分子物理光束线和实验站，以及 5 条弯铁线站，分别为红外谱学和显微成像、质谱、计量、光电子能谱、软 X 射线磁性圆二色及软 X 射线原位谱学光束线和实验站[69]。此外，还有 3 个出光口为未来发展预留空间。

作为国家重大科技基础设施和合肥大科学中心的重要组成部分，NSRL 将继续面向世界科技前沿、经济主战场和国家重大需求，为各领域科学家提供长期、可靠、稳定的技术支撑[70]。

2.3.2.2 管理体制

合肥光源由 NSRL 负责运行，NSRL 目前采用的是分级分类管理模式，并在单位党委领导下，实行主任负责制。实验室的组织架构如图 2-6 所示。

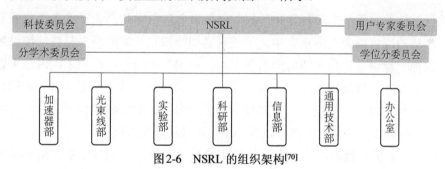

图2-6 NSRL 的组织架构[70]

NSRL 内部采用行政主管部门的聘用制度来选聘实验室主任，分学术委员会是实验室的学术指导机构，用户专家委员会分为校外和校内两组用户专家委员会。主任是具有一定级别的国家干部，严格遵守党管干部的原则，并接受上级管理部门的审计考核，在重大问题的决策上，主任需征求党委会意见，接受党委会监督。

2.3.2.3 运行机制

2.3.2.3.1 人员管理

在中国科学技术大学的支持下，NSRL 制定并实施《国家同步辐射实验室队伍建设总体实施方案》，建立起适合实验室工程技术研究队伍特点的支撑岗位管理模式。通过人才助推计划，加强人才团队建设，助推青年人才成长，优化内部人才培养梯队。围绕 NSRL 的科研发展布局，实验室积极引进高端人才，着力打造高水平的国际化创新人才队伍，培育若干重点领域的创新团队，以应对未来科学发展的重大挑战。充分发挥现有高端人才的力量，积极联系和引进优秀人才，凝聚队伍，牵头形成创新团队，带动实验室整体队伍建设水平。建立聘期制科研人员引进和管理制度，成立一支高水平的流动科研人员队伍，作为实验室研究力量的有益补充。

在工作人员的考核方面，依照中国科学技术大学的相关规定，对受聘人员进行年度考核或受聘期考核。年度考核是对受聘教师在本年度基本工作履行情况的考核，考核标准的建立基于绝大多数教师能够达到的合理标准。年度考核结果是教师晋升与薪酬调整的依据。薪酬调整具有可均摊性，如上一年度的考核未达标，缓发岗位津贴的50%；下一年度如果完成了两个年度的岗位责任，则补发上一年度缓发的岗位津贴。受聘期考核是指对受聘人员在聘期内的表现进行考核。除特殊情况外，教师聘任的一个受聘周期为3年，聘期结束后可根据考核结果续聘。受聘期考核一般发生在教师当前合同聘期结束前3~6个月。若在一个受聘周期内不能完成平均岗位责任，则降低岗位级别；若连续两个受聘周期不能完成平均岗位责任，则取消岗位聘任资格。

2.3.2.3.2 经费支持与设施规划

NSRL 一期工程总投资 8040 万元，二期工程建设中国家投资 11 800 万元[70]。

2.3.2.3.3 开放共享机制与产学研

中国科学技术大学是中国科学院所属的一所以前沿科学和高新技术为主，兼有特色管理和人文学科的综合性全国重点大学。学校紧紧围绕国家急需的新兴科技领域设置系科专业，创造性地把理科与工科（即前沿科学与高新技术）相结合，汇集了国内众多富有声望的科学家，培养了一批批新兴学科、边缘学科、交叉学科的尖端科技人才。NSRL 位于安徽合肥中国科学技术大学西校区，享受校园的配套服务。中国科学技术大学的尖端科技人才能够充分发挥同步辐射装置的作用，推动中国科技事业的发展。

NSRL 致力于提升机器性能，发展新的实验技术和方法，积极引进和培养国内外高水平用户，围绕前沿科学领域和国家重大需求，为国内外众多学科领域提供独特的大型综合交叉研究平台。实验室积极主动开拓全方位交流渠道，通过合作交流、高端用户研讨会等形式，邀请高水平用户积极参与实验室的建设，注重倾听对线站建设、实验技术发展的建议和需求。

NSRL 是中国科学院博士生重点培养基地。目前，依托重大科技基础设施，中国科学技术大学和中国科学院合肥物质科学研究院联合共建了核科学技术学院，形成了本科—硕士—博士完整的教育体系，进一步推动了核科学与技术学科的发展。自成立以来，NSRL一直致力于培养基于重大科技基础设施交叉学科的领军人才，培养了大批在国际加速器及同步辐射领域具有影响力的专家。

2.3.2.4 建设成效

NSRL 瞄准国际前沿和国家重大需求，凝练科学目标和研究领域，联合国内外的高水平用户，在材料科学、生物科学、能源催化等基础研究和基础应用研究领域取得了一系列重要成果。据统计，1993～2020 年，NSRL 发表的论文为 4000 余篇，在国际著名学术期刊《科学》《自然》中皆有重要的研究成果发表；发明和实用新型专利达 230 余项。目前，NSRL 的运行开放达到国际同类装置的先进水平，平均每年的运行时间超过 7000 h，开机率优于 99%，为国内外用户提供了 40 000 h 以上的优质机时[71]（表 2-5）。

表 2-5 2013～2020 年 NSRL 的研究成果目录

年份	论文总数/篇	科学引文索引（SCI）收录论文数/篇	国外发表论文数/篇	用户相关论文数/篇	获省部级以上奖项数/项	发明专利授权数/项	实用新型专利授权数/项
2020	305	299	301	305	—	34	13
2019	336	324	332	336	1	22	13
2018	403	364	385	295	4	16	14
2017	325	325	316	290	1	19	5
2016	159	106	190	92	—	14	2
2015	173	147	156	46	—	26	—
2014	132	88	108	16	—	4	1
2013	198	128	139	84	1	—	—

资料来源：根据 NSRL 年报[72]数据整理。

自 20 世纪 90 年代以来，合肥光源在长期的运行开放中，解决了能源与环境、生命科学、先进功能材料等领域的一系列重要科学问题[73]，催生了一批新技术、新产品，成为促进战略性新兴产业的科技创新驱动力，为国民经济和社会发展提供了科技支撑。面向我国的重大战略需求，合肥光源在先进薄膜材料、大光栅技术、航空发动机燃烧、煤化工能源转化和标准探测器定标与传递等领域，做出开创性的研究工作。例如，依托同步辐射光源，成功实现了大口径高阈值光栅的产业化，将为我国的高端激光器、光刻机等设备提供核心器件；研究人员利用合肥光源，成功实现了煤基合成气一步法高效生产烯烃的原理研究，为煤化工发展提供了全新解决方案。研发的聚乙烯醇（PVA）偏光膜基膜，突破了高性能薄膜技术壁垒，解决了薄如蝉翼的高分子膜制约新能源汽车、新型显示和 5G 通信等战略性新兴产业发展的"卡脖子"问题；研制出多种真空紫外和软 X 射线同步辐射光栅，打破了国外的技术封锁，为神光 Ⅱ、神光 Ⅲ 工程提供了保证；发展了中能 X 射线泽尔尼克相衬成像技术，并将建成世界上第一台中能泽尔尼克相衬显微镜原型机；研制成功了 2 MeV 邮件消毒用加速管、10 MeV 和 20 kW 辐照加速管、16 MeV 医疗用电子加速管、X 射线探伤加速管等系列产品，部分成果为国际首创，广泛应用于食品安全和药物开发等行业。

2.3.3 上海同步辐射光源

同步辐射光源是指产生同步辐射的物理装置，是一种利用相对论性电子（或正电子）在磁场中偏转时产生同步辐射的高性能新型强光源。电子同步加速器的出现，尤其是电子储存环的发展，推动了同步辐射的广泛应用[74]。同步辐射的早期研究是在电子同步加速器上进行的，有人把它称为第零代光源；第一代光源是寄生于高能物理实验专用的高能对撞机的兼用机；第二代光源是基于同步辐射专用储存环的专用机；第三代光源为性能更高且储存环之直线段可加装插件磁铁组件之同步辐射专用储存环的专用机；现在正在研究的自由电子激光器是新一代高强度光源设施[74]。

2.3.3.1 设施简介

SSRF 是中国（统计不含台湾）首台第三代同步辐射光源，坐落于上海浦东区张江高科技园区，由国家、中国科学院和上海市政府共同投资建设，于 2004 年 12 月末开工建设，2009 年 4 月末竣工，5 月 6 日正式对用户开放，SSRF 的总体性能位居国际先进水平。SSRF 首批建成 7 条光束线站，2015～2018 年，"梦之线"、蛋白质设施 5 线 6 站、SiP·ME² 研究平台等陆续建成。2021 年，已有 15 条光束线 19 个实验站开放运行[75]。

与其他人工光源相比，SSRF 具有宽波长范围、高亮度、高强度、高准直性、高偏振与准相干性、可准确计算和高稳定性等优异特性，可用于从事凝聚态物理、原子分子物理、团簇物理、生命科学、材料科学、环境科学、信息科学、化学、医学、药学、地质学等多学科的前沿基础研究，以及微电子、生物工程、医疗诊断、医药、石油、化工和微加工等高技术开发应用方面的实验研究[75]。

SSRF 是国家重大科技基础设施，是支撑众多学科前沿基础研究、高新技术研发的大型综合性实验研究平台，对基础研究、应用研究、高新技术开发研究等各领域的用户开放。SSRF 的运行、维护和改进提高由中国科学院上海高等研究院负责[75]。

SSRF 正式对用户开放的开始时间是 2009 年 5 月 6 日，除集中维护检修期外，每年向用户提供 4000～5000 h 的优质机时。所有用户均可通过申请、审查、批准程序获得 SSRF 的实验机时[75]。

SSRF 围绕科学前沿、国家重大需求与产业的核心问题支撑用户开展创新研究，其以工程建设、运行开放、关键技术研发和科学研究四位一体可持续发展的总思路，聚焦重大基础科学突破和关键核心技术发展，为国内外用户提供了一个跨学科、综合性、多功能的大科学研究平台。在凝聚态物理、材料科学、生命科学、化学、能源与环境科学等多个学科的前沿基础研究和高新技术研发领域产生了一批具有国际影响力的研究成果，同时推动了相关学科的发展，为我国科学家参与国际竞争提供了强大助力，也进一步推动了我国包括同步辐射在内的大科学装置的发展[75]。

2.3.3.2 管理体制

2014 年 12 月 23 日，中国科学院正式发文启动上海大科学中心筹建工作。大科学中心实行理事会领导下的中心主任负责制，并设立科技委员会和用户委员会。在大科学中心筹建期，由中国科学院上海应用物理研究所所长和上海生命科学研究院生物化学与细胞生物学研究所所长任筹建组正副组长。

上海大科学中心按照设计、建设、技术研发和工程组织团队，专业化的技术支撑和运行服务团队以及国内外高水平、多学科研究团队三类组建技术研发部、设施运维部、综合管理部与科学研究部（图 2-7）[76]。

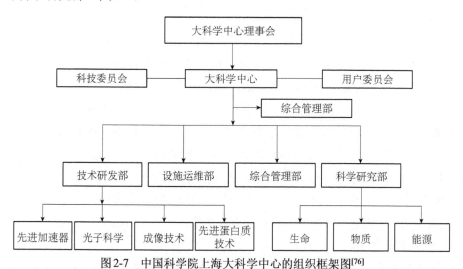

图2-7 中国科学院上海大科学中心的组织框架图[76]

其中，技术研发部负责设计、建设重大科技基础设施，创新和研发依托重大科技基础设施的重大关键核心技术，发展先进实验方法，与国内高水平研究团队协同发展先进的实验技术与方法，形成装置—方法—研究相互促进、共同发展的良性研发团队。目前下设有先进加速器、光子科学、成像技术和先进蛋白质技术四个部门，分别设有先进光源、新原理新技术、应用型加速器、先进实验方法学、X 射线光学技术、同步辐射成像、原子分子影像、荧光超分辨成像 8 个研究组和实验室。

设施运维部主要负责重大科技基础设施的运行维护，提供高效、稳定、良好运行的开放平台，形成系统化、专业化的技术支撑和运行队伍。

综合管理部协助中心主任负责重大科技基础设施运行开放、重大科技基础设施建设项目的全过程技术管理，负责重大科技基础设施项目所特有的计划进度、经费管理、质量控制的"三要素"全过程管理，同时兼任中心办公室职责，协调与依托单位的职能管理接口，确保中心的日常运行。

科学研究部负责开展依托重大科技基础设施开展国际一流的重大前沿研究和综合交叉前沿研究，面向国家重大战略需求、社会和经济转型发展要求中的重大科技问题，提供解决方案，实现原始性创新和突破。目前下设有生命、物质、能源三个部门，分别设有染色体的多尺度结构解析、跨膜动态生物过程、非编码 RNA 与蛋白质相互作用网络、实验表征与测量、理论技术与模拟、材料合成与成长、凝聚态物理、太阳能高效利用、碳能源转化、新能源电池 10 个研究组和实验室。

2.3.3.3 运行机制

2.3.3.3.1 人员管理

SSRF 围绕重大科技任务，以建设高水平专业团队、凝聚与培育领军人才、培养青年科技人才为抓手，同时注重提高研究生培养质量，优化研究生生源，加强培养过程中的科学管理，多措并举，形成了一支精干、高效、充满活力的高素质人才队伍。

1）人才培养与引进

（1）精心谋划未来队伍建设蓝图。立足于机遇与挑战并存的发展形势，明确未来队伍建设中急需解决的问题，明确队伍建设目标，提出机制改革创新和人才环境建设的主要任务，制定实现人才队伍建设目标的重要举措，完善人才队伍规划。

（2）打造高水平专业团队。结合建设和运行任务，继续加强大科学工程队伍建设。以强强联手组建国际合作团队等方式，实质性地推进重大科技任务，提升国际影响力。立足国际前沿，结合工程建设任务凝练学科方向，确立科研目标，着力发展关键核心技术。一批光源专业技术团队成为国内的佼佼者，并被国际同行高度认可。

（3）凝聚造就科技领军人才。贯彻落实国家、中国科学院高层次人才工作精神，结合SSRF和上海大科学中心建设实际情况，依托重大科技任务，开展高端海外人才的引进工作。

2）人才队伍建设

（1）全力推进青年科技创新人才培养。通过"青年科技之星""青年学者发展协作组""博学论坛"等形式，创造有利于青年人成长、成才的环境。根据各学科青年科技人员的分布情况和SSRF的建设需求，扩大"青年学者发展协作组"的力量。举办本年度"博学论坛"，在单位内外产生较大影响。同时，选拔、推荐优秀青年人才参与社会竞争，积极争取各类人才项目资助。

（2）努力提升队伍国际化水平。开拓用人新模式，"引才"与"引智"并举，吸引国际知名学者参与重大科技任务和青年科技人才培养工作。创造条件促进科技骨干赴国际知名科研机构或高校进行交流、合作与学习，了解世界科技前沿，提升把握学科发展方向和主持科研项目的能力，促进知识与技能的更新。

2.3.3.3.2 经费支持与设施规划

SSRF工程由国家、上海市人民政府和中国科学院三方投资，总投资计划约12亿元，三方各出资4亿元[77]。在建设过程中，上海市政府提供300亩①的园区用地，中国科学院负责组建队伍并提供相应的人员费用。运营团队依托中国科学院应用物理研究所，同时每年1亿多元的运行经费由中国科学院提供[78]。

SSRF工程建设内容包括一台150 MeV的电子直线加速器、一台周长180 m的全能量增强器、一台周长432 m的3.5 GeV电子储存环，以及首批7条光束线和实验站。历经10年的立项和52个月的紧张建设，最终实际总投资14.344亿元，于2010年1月通过国家验收[79]。

2.3.3.3.3 开放共享机制与产学研

SSRF是国家重大科技基础设施，是支撑众多学科前沿基础研究、应用研究、高新技术研发的大型综合实验研究平台，向各领域用户开放申请。SSRF每年向用户供光4000～

---

① 1亩≈666.7 m²。

5000 h, 所有用户均可通过"申请—评审—批准"程序获得 SSRF 的实验机时[80]。

SSRF 每年支持数百家单位的上千个课题组开展科学研究, 用户群体遍及全国各地, 为进一步提升用户体验、提高用户管理效率, 2016 年 9 月 5 日正式推出"上海光源用户之声"微信公众号。"上海光源用户之声"与中国科学院重大科技基础设施共享服务平台、SSRF 用户实验自助系统进行实时数据互通, 使用户更便捷地了解课题申请—执行的各阶段进展, 通过一站式服务, 使 SSRF 用户通过手机即可完成了解光源—课题申请—实验执行—后续反馈的全流程操作。

截至 2022 年, SSRF 已经服务了全国各研究单位的 3100 多个研究组、34 000 多名用户, 其中 50%左右来自高校, 30%左右来自科研机构, 13%左右来自企业, 7%左右来自医院[81]。在中国科学院的所有院所中, 大约 80%的研究所都有科研人员到 SSRF 做过实验。从学科分布来看, 生物学和生命科学的用户占 25%左右, 化学、材料、能源等领域的用户也很多。

这些用户在 SSRF 总计完成了 15 000 项课题研究, 产出了许多科技成果。比如, 泽布替尼是百济神州研发的第一款抗癌新药, 目前在美国和中国都已获批上市。这是一款基于结构设计和筛选出来的药物, 在其研制过程中, 所有分子结合的结构数据都是在 SSRF 获得的。

2.3.3.4　建设成效

SSRF 的总体性能位居国际同类装置前列, 支撑用户在材料科学、结构生物学、凝聚态物理、化学和医学等众多学科领域的前沿和应用研究中完成 15 000 项左右的课题研究, 产出许多具有国际影响力的成果, 发表 SCI 论文 7000 多篇, 包括《自然》、《科学》和《细胞》(Cell) 著名期刊论文近 140 篇。有 9 项成果入选年度"中国科学十大进展", 5 项成果入选年度"中国十大科技进展新闻", 20 项成果入选其他类国内外科技进展和科技奖项。同时, SSRF 在国家重大技术攻关、流行病毒传播机制研究、产业技术应用等方面取得优异成绩, 已成为我国服务用户最多、产出成果最多的大科学装置[82], 其用户典型成果[82]如下。

(1) 在生物科学领域, SSRF 推动了我国结构生物学的发展, 改变了我国科学家开展前沿领域研究对国外同步辐射装置依赖的局面, 支撑用户在结构生物学、细胞生物学及功能基因组学的多学科交叉研究。同时, SSRF 在蛋白质复合物、膜蛋白及与埃博拉、寨卡等流行病毒相关的蛋白质结构与功能的研究中取得具有国际影响力的重要成果, 如转录激活样效应蛋白特异性识别 DNA 结构机理的研究入选 2012 年度"中国科学十大进展"。2020 年初, 我国科研人员依托 SSRF 率先解析了新冠病毒关键蛋白的高分辨结构、S 蛋白与人受体相互作用的高分辨结构, 为抗新冠病毒药物的研发奠定了重要基础[82]。

(2) 在材料科学领域, 支撑用户在半导体磁性材料、晶体材料、铁基超导材料、压电/铁电材料、高分子材料等高性能材料等研究方面, 取得了多项具有重要应用前景与广泛用途的研究成果, 如具有最优强度 (2.2 GPa) 和延展性 (16%) 的超级钢的突破性研究、新型铁基硫族化合物超导体在高压下重现超导新现象的发现、铷离子对提升钙钛矿太阳能电池寿命的机理和离子精确"装订"石墨烯膜等[82]。

（3）在催化研究方面，支撑用户在甲烷转化光解水、电催化、燃料电池、锂电池和 CO 氧化等方面的研究，并取得多项突破性成果。其中甲醇重整制氢和甲烷的高效转化等研究成果入选年度"中国科学十大进展"。此外，由我国科学家首先提出的"单原子催化"理论在 SSRF 首次完成实验验证，并且采用套单原子催化剂的全球首套烯烃多相氢甲酰化工业装置开车成功，其产品质量达到国际优级品标准[82]。

（4）在凝聚态物理领域，SSRF 支撑用户致力于新型费米子等基本问题探索，迄今已发现四种重要新费米态，其中三种是我国科学家利用 SSRF 发现的。他们在 TaAs 晶体中首次成功观测到了费米弧表面态，实验证实了"外尔费米子"的存在，这一工作入选 2015 年"中国科学十大进展"和"中国十大科技进展新闻"，以及美国《物理评论》（*Physical Review*）125 周年 49 篇精选论文。该团队随后完成的"发现三重简并费米子"入选 2017 年"中国科学十大进展"和"中国十大科技进展新闻"[82]。

2.3.4 中国散裂中子源

自 1932 年中子被发现以来，科学家一直不断努力地尝试创造能产生高通量中子束的中子源。反应堆和散裂源能够提供高通量的中子源，核反应堆提供一种稳定连续的中子源，通常使用的核燃料为 ^{235}U，每次核裂变过程中产生一个有效中子，同时释放 180 MeV 的热量[83]。20 世纪六七十年代，反应堆中子束通量就已经达到了饱和。法国的 ILL［格勒诺布尔（Grenoble）］是全球公认通量最高的反应堆，其通量仅为 1.5×10^{15} cm^2/s[84]。随着科技的进步，反应堆中子束通量无法满足相应研究体系的要求，因此小样品的快速、高分辨的中子散射测量急需新一代通量更高、波段更宽的中子源[85]。

散裂中子源是通过加速器产生的高能质子束来轰击重金属靶从而产生中子的重大科技基础设施，每个高能质子轰击重金属靶后可产生 20～40 个中子，每产生一个中子释放的热量仅仅为反应堆的 1/4 左右（约 45 MeV），脉冲散裂中子源的建成突破了反应堆中子源的中子通量的极限[86]。打靶束流功率可达 100 kW、脉冲重复频率为 25 Hz 的 CSNS 脉冲中子通量设计指标将超过世界上目前正在运行的所有散裂中子源。CSNS 将涵盖我国材料科学、纳米科学、凝态物理、工业应用、国防科研、生命科学等领域的研究需求，建成后有望在发现新型高温超导材料、形成氢离子运动的凝聚态物理新理论、DNA 分子识别的纳米自组装、蛋白质相互作用等一系列领域取得重大突破。

2.3.4.1 设施简介

CSNS 位于国家"十一五"期间重点建设的 12 个重大科技基础设施之首，将为我国生命科学、材料科学、物理学、新能源、资源环境和工业应用等提供一个先进、功能强大的科研平台，成为继美国散裂中子源、日本散裂中子源和英国散裂中子源之后全球第四台脉冲型散裂中子源[87]。CSNS 由中国科学院和广东省人民政府共同建设，中国科学院高能物理研究所为项目法人，中国科学院物理研究所为参建单位[88]。

CSNS 位于东莞市大朗镇水平村南约 2.2 km 处，由主装置区、辅助设备区、实验配套区组成。该工程场地长约 593 m，宽约 450 m，一期占地面积约 400 亩，其工程项目总建筑面积为 69 823.8 m²。其中，主装置隧道总长 600 多 m，为满足货运车辆对大型实验装置设备运输的要求，园区的内部道路宽 7 m，主道单侧均设有宽 2 m 的科研人员步行通道[89]。CSNS 装置的专用道路总长 4.449 km，由 3.736 km 的主线和 0.713 km 的连接线组成。

CSNS 是发展中国家的第一台散裂中子源，是一个用中子来了解微观世界的工具，包括 1 台 1.6 GeV 的快循环质子同步加速器、1 台 80 MeV 的负氢离子直线加速器、2 条束流输运线、3 台谱仪和 1 个靶站及相应的配套设施[90]。CSNS 每秒产生的中子数量高达 2 亿亿个/cm²[91]，已经进入世界四大散裂中子源行列。CSNS 作为中国国内最大的重大科技基础设施，自 2001 年呈交项目建议书到 2018 年通过国家验收并投入正式运行，前后历经 17 年时间。

CSNS 有力地提高了我国在高能物理和其他相关学科领域的科学地位，有助于带动和提升众多相关产业的技术进步并产生巨大的经济效益。

2.3.4.2　管理体制

CSNS 项目是由中国科学院高能物理研究所和广东省人民政府共同申请的，由中国科学院高能物理研究所和广东省人民政府共同成立了工程领导小组、工程指挥部和工程经理部[92]。其中，工程领导小组和工程指挥部是 CSNS 的领导机构，参与其中的人员来自中国科学院、广东省和相关国家部门、建设单位等。工程领导小组组长由中国科学院和广东省主要领导担任，建设单位法人代表担任工程指挥部总指挥，CSNS 工程经理部负责工程具体工作。CSNS 组建了科技委员会和国际顾问委员会，并成立了 CSNS 国家实验室及相应的学术机构。CSNS 工程领导小组每年至少召开一次会议，探讨 CSNS 设计和建设过程中的一些重大问题。

由中国科学院、广东省人民政府以及其他有关国家部门成立的 CSNS 工程指挥部下设有科技委员会、用户委员会、工程经理部、国际顾问委员会等。CSNS 科技委员会和用户委员会是咨询组织，主要负责提供参考意见，参与决策。工程具体工作由 CSNS 工程经理部负责，工程经理部每周召开例会。CSNS 的主要内容集中在工程经理部下设的三个分总体（加速器分总体、实验分总体、公用设施分总体）和一个工程办公室。

其中，加速器分总体负责的领域有加速器物理、前端、漂移管直线、直线射频、脉冲电源、准直、束流扩展应用等。

实验分总体负责的领域有中子物理、中子光学、靶体、数据采集、样品环境、靶站机械、谱仪机械、谱仪软件、探测器、慢化器与反射体、高通量粉末衍射仪、遥控维护及废物处理、多功能反射仪、屏蔽体、小角散射仪、计算机网络等。

公用设施分总体负责的领域有水冷系统、设备安装、辐射防护、供配电及电缆铺设、空调及压缩空气等。

工程办公室主要负责环保安全、质量管理、工程进度、系统协调、招投标管理、用户管理及服务等。

CSNS 的工程组织管理结构图[93]如图 2-8 所示。

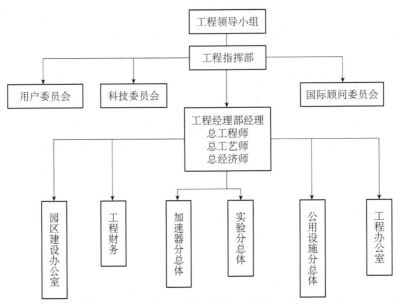

图2-8　CSNS 的工程组织管理结构图

为了加强 CSNS 的管理，建立了东莞分部[94]，后更名为东莞研究部，为中国科学院高能物理研究所内设异地科学研究单元。东莞分部下设 3 个研究机构，分别是中子科学部、加速器技术部、技术支持部，并设置了相关职能部门，包括党政联合办公室、科研计划办公室、人力资源办公室、资产财务办公室、装置办公室、行政管理办公室、科技合作办公室、技术安全办公室。东莞分部作为一项异地建设工程，将从推动科技、经济和国防发展的角度积极推动散裂中子源项目与国家散裂中子源科学中心的建设，努力将其建成为我国的中子、质子多学科研究和应用中心。

2.3.4.3　运行体制

中国科学院高能物理研究所作为 CSNS 的法人单位，其百余名科技人员参与了 CSNS 的概念设计和预制研究，参与了对 CSNS 的离子源、射频四级（radio frequency quadrupole，RFQ）加速器、直线射频及控制、漂移管腔及线圈、磁铁线圈及电源、环射频铁氧体腔、中子导管、陶瓷真空盒等 20 多项关键技术样机研发和靶体材料的实验研究，在 CSNS 项目进展的始末都有中国科学院高能物理研究所的专家参与计划和论证。中国科学院高能物理研究所对该项目的建设发挥了巨大的作用。作为共建单位，中国科学院物理研究所承担的任务包括：协助组织靶站和谱仪工程的建设；在中国散裂中子源项目中，支持中国科学院物理研究所人员按其所担任职务承担相应的责任；培养和发展中子散射用户。

2.3.4.3.1　人员管理

CSNS 项目建设队伍在高峰时期达到约 600 人，汇聚了我国老中青三代杰出科学家和技术人才。CSNS 项目 2019 年年报显示[95]，设施人员总数为 329 人（表 2-6），实验室的主管人员和各分支机构、项目的负责人大部分由中国科学院的科学家与教职人员同时担任。考虑到实验室研究中的深度学科交叉特性，在实际管理中，每个人可以承担不同组的多个研究身份[96]。除此之外，作为粤港澳大湾区的科创重点，CSNS 项目积极探索与重大科技基础设施发展相匹配的人才培养新机制，以打造国际创新人才队伍为着力点，积极加大高端人才的引进力度，并与国内外著名学府、国家实验室等科研机构建立长期合作，加强创新型人才培养。

表 2-6　CSNS 项目人员分布　　　　　　　（单位：人）

设施人员总数	按岗位分			按职称分			其中，研究生学历			其中，在站博士后	其中，引进人才*
	运行维护人员	实验研究人员	其他	高级职称	中级职称	其他	毕业博士	毕业硕士	在读研究生		
329	157	129	43	107	196	26	2	3	44	17	21

*指引进的高端人才。

2.3.4.3.2　经费支持与设施规划

根据 CSNS 项目 2016 年年报，项目预计总投资 23.6632 亿元，其中国家投资 18.6632 亿元，广东省配套投资 5 亿元，项目建设周期为 6.5 年。CSNS 项目主要建设 1 台快循环质子同步加速器、1 台负氢离子直线加速器、2 条束流运输线、3 台谱仪、1 个靶站及配套设施和土建工程[90]。

2.3.4.3.3　开放共享机制与产学研

CSNS 的科学目标是建设成为世界一流的大型中子散射的多学科研究平台，为物理学、材料学、生命科学、化学、资源环境等领域的基础研究和高新技术产业开发提供强有力的研究手段[97]。2019 年 9 月底，CSNS 正式对外开放，面向全世界的用户开放，为科学研究和工业研发服务，在物理、化学、生物、能源、材料等领域都有广泛的应用。

CSNS 具有高效中子通量、少量放射性核废料等特征，其集成了中子物理、加速器物理和中子散射等 20 世纪物理学三大领域的科技成果，将广泛应用于众多基础学科（如生物工程、材料科学、凝聚态物理、核物理、核医学、化学、核化学等）中。CSNS 可以支撑对新的高温超导材料的探索和高温超导机理的全面认识，在量子调控与自旋霍尔效应、适合氢离子行为的凝聚态物理新理论、膜蛋白与细胞新陈代谢、DNA 分子识别的纳米自组装、蛋白质相互作用等[85]一些重要研究领域获得突破。

CSNS 能够为基础与应用科学研究、工程和工业应用等领域的用户提供开放的大型中子散射研究与应用平台，目前我国中子散射的用户按应用方向可划分为以下 4 个领域。

（1）量子和无序材料。磁性和超导的弹性与非弹性散射相关材料、磁性薄膜中磁结构和磁相互作用、磁制冷材料的晶体结构和磁结构、关联电子体系等；有机材料的自旋密度分布和波、分子磁体；无序物质的原子动力学研究、多组分体系和特殊原子类型的动力学；无序、掺杂、相变、热动力学、化学和生物性质等方面。

（2）材料科学和工程。应力应变测量，中子在工程部件和工程材料的应用；研究形变和破坏的机制，工程设计和评估的模型验证，过程控制和优化；优化能量存储体系和能量转换装置的过程与材料；理解浸润过程、性质和浸润表面相互作用之间的关系等方面。

（3）软物质和生物科学。研究生物大分子的结构和动力学；研究蛋白质晶体学，对高分子体系实现功能性重要质子的精确定位；天然高分子材料、纳米材料、生物医用材料；功能性团簇的关联和自组装；药品和输运等。

（4）能源与环境科学。清洁能源材料（氢能源材料和燃料电池材料、锂离子电池材料、太阳能电池薄膜等）；新能源（包括页岩气、可燃冰、核能等）；复杂环境及非环境条件下（包括应变）的多晶聚合；高温高压下纳米多孔性、水合的、名义上无水的矿物合成物中的水分子动力学研究；时间分辨的中子反射线照射术研究流变学，研究高压下流体和溶胶的物理和化学问题；火山爆发和地震学等[98]。

在推进自身建设过程中，中国科学院高能物理研究所散裂中子源科学中心、东莞理工学院、香港城市大学、澳门大学共同建设了粤港澳中子散射科学技术联合实验室；中国科学院高能物理研究所与东莞理工学院先后成立了中子探测与快电子技术实验室（2009 年 12月）、中国散裂中子源机电技术研发联合实验室（2010 年 12 月）、中国散裂中子源先进材料联合实验室（2012 年 5 月）[99]和粤港澳中子散射科学技术联合实验室（2020 年 1 月）[100]等联合实验室。粤港澳中子散射科学技术联合实验室依托中国散裂中子源，进行中子散射科学技术相关学科的研究，并引进和培养了中子散射专业学科高水平的人才，为粤港澳大湾区综合性国家科学中心提供了重要的研究平台[101]。中国散裂中子源先进材料联合实验室着眼于 CSNS 项目的工程建设和科研应用，围绕中子散射谱仪在先进材料研究中的多学科应用展开研究[101]。中国散裂中子源机电技术研发联合实验室立足 CSNS 项目中靶站系统的建设，合作项目覆盖了机构设计、机械电子、遥控维护、低温实验、材料科学、精密检测和水净化工程等学科领域[102]。中子探测与快电子技术实验室是主要围绕中子探测技术研究的实验室。联合实验室能够有效利用多方的资源和优势，为散裂中子源设施提供关键材料研发和实验设备支持，同时推动人才培养和成果转化等方面的深度合作，进而带动和提升学校与当地企业的技术进步，为地方经济社会转型升级提供人才支撑和智力支持。

CSNS 是一个多学科应用的平台型重大科技基础设施，其建设所遵循的基本原则是用户优先。自 2004 年以来，CSNS 项目组每年夏天都组织散裂中子源多学科应用研讨会，邀请国内外专家学者讲授有关中子源的知识和谱仪的特点，尤其是在物理学、材料科学、能源科学、化学、生物学等多学科的应用。同时，CSNS 组织成立了中子散射用户联盟，明确了用户联盟的任务和日常工作原则与重点，为中子散射用户委员会的成立打下了良好的基础。

2.3.4.4　建设成效

CSNS 涵盖我国材料科学、化学、凝聚态物理学等多学科领域，同时兼顾工业应用、生命科学等领域研究的应用需求[103]。该设施在解决重点领域和战略产品"卡脖子"问题等方面发挥了重要作用，推动解决了一批关键核心技术，引领带动了相关产业的发展。

通过 CSNS，科研人员首次获得了多种型号发动机的高温合金叶片、单晶叶片、3D 打印叶片在不同工艺、不同服役状况下的内部应力数据，填补了国内深层高精度应力测试与评价的空白，支撑解决了国产叶片的材料设计、制备和加工工艺。

自 2018 年 9 月以来，CSNS 已完成 6 轮运行，注册用户超过 3400 人，云集了清华大学、北京大学、中国科学院、香港大学、剑桥大学等颇具影响力的高等院校和科研机构，完成课题 700 多项，相关研究成果在《科学》、《自然-通讯》（*Nature Communication*）、《先进材料》（*Advanced Materials*）和《美国化学会志》（*Journal of the American Chemical Society*）等期刊发表，为国家重大需求和产业需求提供了技术支撑[104]。

2.3.5　子午工程

子午工程全称为东半球空间环境地基综合监测子午链，是我国空间天气领域的国家重大科技基础设施，于 1993 年由我国科学家创新性地提出。中国科学院国家空间科学中心为该项目的法人单位，中国科学院、教育部、中国气象局、工业和信息化部、中国地震局、自然资源部等 8 个部委的 15 家单位参加了建设[105]。2006 年，国家发展改革委正式批复子午工程并明确采取分步走的发展战略。

2.3.5.1　设施简介

子午工程利用东经 120° 子午线附近，北起漠河，经北京、武汉，南至海南并延伸到南极中山站，以及东起上海，经武汉、成都，西至拉萨的沿北纬 30° 纬度线附近现有的 15 个监测台站，建成一个主体结构以链为主、链网结合的重大科技基础设施[106]。

子午工程的科学目标是通过对从太阳大气到近地空间的全链条、全国覆盖、高时空分辨的监测，来探索空间天气事件的传播、演化和影响我国空间环境的路径与规律[107]；揭示我国不同区域上空的空间环境的变化特征和差异，以及青藏高原和南海等特殊区域空间环境变化的精细过程；研究我国特殊地质和地理条件下固体地球、低层大气和近地空间环境的耦合过程。

子午工程的应用目标是提供中国地区全域覆盖的、高时空分辨的、实时的空间环境地基监测数据，为我国航天器的发射和在轨运行以及南海等区域通信导航的保障服务提供科技支撑；构建自主的空间天气预报模式，实现我国空间天气建模与预报能力的跨越式发展；拓展空间环境地基监测数据的应用范围，促进相关交叉学科的发展。

子午工程一期于 2008 年开工建设，2012 年建成。工程沿东经 120°、北纬 30° 布局 15 个综合性台站，形成东半球空间环境地基综合监测子午链。一期工程以链为主、链网结合，主要覆盖我国东部地区。工程综合运用地磁（电）、无线电、光学和探空火箭等多种监测手段，连续监测地球表面 20～30 km 至几百 km 的中高层大气、电离层和磁层，以及地球半径十几倍以外的行星际空间环境中的磁场、电场、大气风速、密度、温度、成分、太阳风速度等空间环境参数[108]。

子午工程二期于 2019 年开建，其在一期工程的基础上，新增 16 个台站，形成沿东经 100°、东经 120°、北纬 40°、北纬 30°"井"字形布局的 31 个台站以及由近 300 台（套）监测设备组成的空间环境监测网络。子午工程二期由三部分组成，分别为空间环境监测系统、数据通信系统和科学应用系统。

空间环境监测系统采用地磁、无线电和光学等手段，对我国上空的地磁、中高层大气、电离层形成网络化的监测能力；在极区高纬、北方中纬、海南（南方）低纬和青藏高原 4 个重点区域建设国际先进的大型监测设备，对空间环境的精细"显微"进行探测；建设一系列太阳-行星际的先进监测设备，实现对日地空间全链条的监测能力，首次从地面实现对日地空间环境全圈层、多要素综合的立体式探测[109]。

为实现监测网络的科学高效运行、多学科综合监测数据的集成融合，促进重大科研应用成果的产出，子午工程二期还将在中国科学院国家空间科学中心怀柔园区建设子午工程综合信息与运控中心，部署数据通信系统以完成数据的实时汇集、加工和分发服务，科学应用系统来完成科学运行管理、空间环境预报服务以及空间环境监测数据应用和研究等任务，形成针对自主科学研究、保障空间环境预报以及促进学科交叉应用的 50 余种综合产品，提升空间天气数据融合和模式研发能力，推动我国在日地空间天气领域取得原创性成果[110]。

2.3.5.2 管理体制

子午工程建设完成后，中国科学院、教育部、工业和信息化部、中国地震局、国家海洋局和中国气象局等单位联合组建了国家空间天气科学中心，负责子午链的运行管理和发展，使子午工程成为资源充分开放共享的国家公共科研平台。2015 年 2 月 4 日，第一届国家空间天气科学中心理事会第一次会议召开，国家空间天气科学中心科技委员会暨子午工程用户委员会成立。如图 2-9 所示，中心设立理事会，实行理事会领导下的主任负责制，依托中国科学院，挂靠在中国科学院国家空间科学中心。设立科技委员会和用户委员会负责子午工程运行的科技咨询与监督，科技委员会是中心的学术指导、咨询和评议机构；用户委员会是中心数据共享的监督和评议机构，提出年度运行需求，反映用户的意见及要求。

中心下设办公室，承担子午工程的年度运行计划制定及合同管理、运行经费预算和执行管理、考核评估、信息宣传等工作，承担科技委员会和用户委员会的秘书工作；设立国际子午圈计划办公室，负责开展基于子午工程的国际子午圈重大国际合作与交流。科学运行中心负责 99 个运行单元，包括 38 个台站，87 台（套）设备，8 个节点站、数据中心、科学中心和 2 个预报平台的运行管理[111]。

各单位负责对所属台站负责，数据基本独立，最后汇集到数据中心，提供给全社会研究人员。

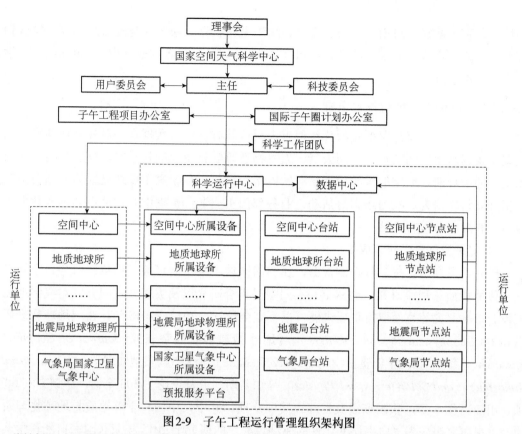

图2-9　子午工程运行管理组织架构图

资料来源：空间环境地基综合监测网. 组织架构[EB/OL]. http://www.meridianproject.ac.cn/project-org.html[2023-07-27].

2.3.5.3　运行机制

2.3.5.3.1　人员管理

　　截至 2022 年 12 月 31 日，子午工程设施有正式职工 293 人，在岗位分布上，有 167 人负责设施的日常运行与监控，他们确保各项设备与系统能够稳定运行，为整个工程的顺利推进提供坚实保障。同时，由 70 人组成的维护团队负责设施的定期维护、检修及故障处理，他们的精湛技艺和辛勤付出，确保了设施能够长期处于良好的工作状态。此外，还有 26 人在管理岗位，他们负责工程的整体规划、协调与管理，为团队的高效运作提供有力支持。除了这些主要岗位外，还有 30 名其他人员，他们在各自的领域为工程贡献着自己的力量。在职称方面，子午工程设施拥有 73 名高级职称人员，他们拥有深厚的专业知识和丰富的实践经验，是工程的技术骨干和管理精英；同时，197 名中级职称人员构成了团队的中坚力量，还有 23 名其他人员。整个团队人员结构合理，岗位职责明确，职称分布均衡，为子午工程设施的稳定运行和持续发展提供了有力的人才保障[112]。

2.3.5.3.2　经费支持与设施规划

　　工程建设总投资 1.672 亿元。子午工程东起上海，经武汉、成都西至拉萨的沿北纬 30°纬度线附近，现有 15 个监测台站、38 个站点、87 套检测设备。空间环境监测系统台站分别位于北京、武汉、海南、南极、漠河、满洲里、长春、新乡（马陵山）、上海（杭州）、合肥、拉萨、重庆、成都、曲靖和广州（肇庆、邵阳），包含地磁（电）、无线电、光学、探空火箭 4 个监测分系统。

2.3.5.3.3 开放共享机制与产学研

子午工程是国家部署拟建的公益型重大科技基础设施，数据全部对外开放共享，用户主要是我国从事空间物理、空间天气、大气物理等学科研究的科学家，以及从事空间天气预报、通信导航、航空航天等应用事业的机构和单位。科学家主要通过数据网站自由下载数据开展科学研究、实习培训等活动，业务部门主要通过数据中心定期主动推送数据供其应用，取得了丰硕的成果。

1）促进原创科学研究成果

研究人员利用子午工程探测数据，在我国区域上空空间环境变化特征研究、空间天气扰动传播和演化规律研究、地球空间不同圈层耦合研究以及灾害性空间天气对我国地面基础设施影响研究等方面取得重要进展。据不完全统计，2012～2018 年，在《地球物理研究通讯》（*Geophysical Research Letters*）、《地球物理学研究杂志》（*Journal of Geophysical Research*）、《地球物理学年鉴》（*Annales Geophysicae*）、《大气与日地物理学杂志》（*Journal of Atmospheric and Solar-terrestrial Physics*）等知名期刊上发表论文 300 余篇，申请专利 60 多项，出版著作 3 部，获国家级及省部级奖项 9 项。其中，中国科学院地质与地球物理研究所万卫星研究组题为"电离层变化性的驱动过程"的研究于 2015 年荣获国家自然科学奖二等奖。

2）服务国家重大航天任务空间环境保障

自运行以来，子午工程积累了丰富的空间环境监测数据，为我国载人航天、探月工程、先导科学卫星等系列重大航天发射任务提供空间环境保障和服务近百次，有效地满足了国家重大航天任务在空间环境保障方面的战略需求。同时，子午工程为空间天气预报保障研究提供了有力的数据支持，促进了空间天气自主预报模式的发展和进步；利用子午工程全球定位系统（global positioning system，GPS）和总电子含量（total electron content，TEC）的数据建立了中国地区电离层同化模型，有效地提高了电离层 TEC 模式的精度；利用电离层临界频率（foF2）数据形成电离层状态描述产品，为通信导航用户提供电波环境信息；利用地磁数据改进了地磁预报的时效性，利用风场数据提高了同化模式的精度，对空间天气业务发展起到了重要的推动作用[113]。

2.3.5.4 建设成效

子午工程启动以来，其空间环境监测数据打破了基于国外数据开展研究的现状，在我国区域上空空间环境变化特征研究、地球空间环境圈层耦合以及空间天气子午线扰动现象大尺度传播等关键科学问题上取得了重大突破。同时，还服务国家重大战略需求，支撑了一大批重要原始创新科学成果不断涌现，为国家重大航天任务活动保驾护航。基于子午工程，系统揭示了大气层-电离层耦合、磁层-电离层耦合及太阳辐射光化学三类过程对电离层变化性的驱动机理，对揭示日地系统能量传输与耦合具有重大科学意义，对提升空间环境预报能力具有重要价值。具有代表性的成果包括以下几个方面。①2019～2020 年，以太阳超级耀斑扰动磁层空间、极区空间天气的"太空台风"现象新发现等为代表的一批重要研究成果发表在《自然-物理学》（*Nature Physics*）、《自然-通讯》、《美国国家科学院院刊》（*Proceedings of the National Academy of Sciences of the United States of America*）和《地球物理学研究杂志》等相关领域的主流期刊上，项目共计在国内外期刊发表研究论文 45 篇，部分成果应用于载人航天、鸿鹄专项等国家重大任务和空间天气对地面电力基础设施危害的评估。②2021 年，极区研究取得重大突破，发表于《自然-通讯》，被《自然》选为研究亮点，并以"新发现的太空台风可倾泻电子'雨'"（The First Known Space Hurricane Pours Electron "Rain"）为题进行了报道；被美国 THEMIS 的月球轨道卫星 ARTEMIS 卫星网站选为研究亮点长期贴在其主页上；被《中国科学报》、英国《BBC 科学聚焦杂志》、美国《国家地理》杂志、美国地球物理学会（AGU）会刊《地球与空间科学新闻》（*Earth & Space Science News*）等近千家国内外媒体报道，并作为独立词条登上了维基百科（Wikipedia）。③瞬时太阳辐射变化对磁层影响取得重大突破，成果发表于《自然-物理学》，该研究为探索和理解太阳耀斑对其他行星的影响提供了新的线索，将为科学家研究空间天气、行星大气和系外行星宜居性等提供参考[114]。

2.3.6　地球系统数值模拟装置

2.3.6.1　项目简介

EarthLab 是国家发展改革委批复的"十二五"重大科技基础设施，是我国首个具有自主知识产权，以地球系统各圈层数值模拟软件为核心，软、硬件协同设计，规模及综合技术水平位于世界前列的专用地球系统数值模拟装置[115]，建设周期为 4 年，2021 年 6 月试运行，2022 年 10 月完成验收。EarthLab 的核心科学目标是深入认识地球环境复杂系统的基本规律，研究地球系统大气圈、水圈、冰冻圈、岩石圈、生物圈的物理、化学、生物过程，探究各圈层的相互作用对地球系统整体和我国区域环境的影响。融合模拟与观测数据以提高预测的准确性，实现对地球系统复杂过程在中尺度分辨率的定量描述与模拟，使我国地球系统科学整体上向国际一流水平跨越，为国家在防灾减灾、应对气候变化、生态环境治理等重大问题上提供科学支撑[115]。EarthLab 的工程目标是构建具有我国自主知识产权、软硬件结合和面向地球系统的先进模拟装置。装置的全球模式水平分辨率高达 10～25 km，垂直分辨率为 50～100 层；区域高精度模式空间分辨率可达 1～3 km。系统的峰值计算能力不低于 15 PF，存储总容量不低于 30 PB；具备国内第一个支撑地球系统数值模拟的完整数据库和资料同化系统，具备面向地球系统的国际领先的支撑管理软件平台和国际先进的可视化能力。

设施建设内容包括地球系统模式数值模拟系统、区域高精度环境模拟系统、超级模拟支撑与管理系统、支撑数据库和资料同化及可视化系统、面向地球科学的高性能计算系统及基础建设[115]。

2.3.6.2 管理体制

EarthLab 是北京综合性国家科学中心首批部署的重大科技基础设施之一。项目建设法人是中国科学院大气物理研究所,清华大学为共建单位,项目建设地点为北京市怀柔科学城东部组团密云经济开发区,装置的建设得到了国家发展改革委、北京市、中国科学院、怀柔科学城管委会和密云区的支持。

为更好地推进装置建设进程,顺利完成项目立项申报、开工准备、工程实施、项目验收等工作,EarthLab 工程建立了工程经理部、科技委员会、工程办公室、各系统建设组的组织管理架构,明确了岗位设置与职责划分(图 2-10)[116]。中国科学院和教育部联合批复了工程经理部及科技委员会。其中,工程经理部负责组织和协调项目的各项建设工作,科技委员会是该项目建设的学术指导机构。

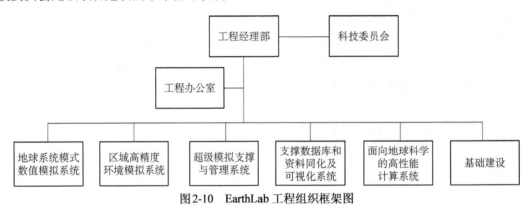

图2-10 EarthLab 工程组织框架图

2.3.6.3 运行机制

2.3.6.3.1 人员管理

中国科学院大气物理研究所和清华大学参加 EarthLab 工程建设的人员共计达到 200 多人,其中包括国家杰出青年科学基金获得者 6 位、优秀青年科学基金获得者 2 位等。为了激励参加人员的积极性,中国科学院大气物理研究所出台了绩效加分、建设津贴补助等一系列激励措施,并且工程经理部与每个参建人员签订年度工作责任书,保证每个人的职责落到实处[117]。

在项目建设管理过程中,为有序、顺利、高效地展开地球系统数值模拟装置的相关工作,清华大学地球系统科学系向学校积极建议并于 2019 年 1 月 31 日获批成立了地球系统数值模拟装置工程领导小组。根据地球系统数值模拟装置建设和运行的需求,装置陆续招聘相关人员,参与装置的建设工作,建成后兼顾装置运行、用户支撑等工作。招聘岗位主要集中在地球系统模式开发、模式代码编写优化及并行计算、大数据、可视化(含视觉设计)、资料同化、人工智能、硬件网络支持以及装置层面集成等方面。这为大装置的建设和发展做好了人才储备。

2020 年，中国科学院大气物理研究所出台了《地球系统数值模拟装置人才管理办法》，旨在正确评价参与装置建设职工的德才表现和工作实绩，激励督促职工提高业务素质，认真履行职责，并为其奖惩、培训、辞退以及调整工资等待遇提供依据，促进装置组建并稳定一支专职的工程建设、技术研发和运行管理团队。

2.3.6.3.2　经费支持与设施规划

项目总投资 125 521 万元，建筑面积为 24 310 m²，建设周期为 4 年[115]。截至 2020 年底，中央预算到位 59 402 万元，北京市配套建设资金达 20 000 万元。

2.3.6.3.3　开放共享机制与产学研

EarthLab 是国家部署拟建的重大科技基础设施，是面向社会开放共享的大型复杂科学研究装置，可长期为高水平地球系统模式研发与应用提供服务和支撑，是具有较大国际影响力的国家公共设施。

2.3.6.4　建设成效

EarthLab 的建成将服务于应对气候变化、防灾减灾、生态环境建设等国家重大需求，为国际气候与环境的谈判提供有力的科学支撑，进而提升我国国际话语权。EarthLab 能够全面地考虑地球系统的各种过程，并在此基础上建立"生态-气温-二氧化碳浓度-碳排放量"的清晰关系，为我国制定相关战略决策提供坚实有力的科技支撑，以推动国家走向低碳、无碳的发展道路[118]，提升我国应对环境问题的能力，促使我国防灾减灾水平跃升到新高度。

2.3.7　未来网络试验设施

2.3.7.1　设施简介

作为我国信息通信领域唯一的国家重大科技基础设施，CENI 是国务院《国家重大科技基础设施建设中长期规划（2012—2030）年》中优先安排的重大科技基础设施之一。CENI 由江苏省人民政府作为主管部门，教育部、中国科学院、深圳市人民政府作为共建部门，江苏省未来网络创新研究院作为项目法人单位，与清华大学、中国科学技术大学、深圳信息通信研究院联合共建[119]，建设周期为 5 年（2019～2023 年）。

自 2019 年启动建设以来，CENI 基本覆盖了南京、北京、深圳、合肥、上海、广州、武汉、南昌、西安、沈阳、重庆等我国主要大型城市，已具备大规模、跨广域、超高速、低时延等确定性网络对外服务能力。

CENI 是一个开放、易使用和可持续发展的大规模通用试验设施，为未来网络创新体系结构的研究提供了简单、高效、低成本的试验验证环境，支撑了我国网络科学与网络空间技术研究在关键设备、路由控制技术、网络操作系统、网络虚拟化技术、安全可信机制和创新业务系统等方面取得重大突破。CENI 支持互联网运营和服务网络场景的验证，探索适合我国未来网络发展的技术路线和发展道路[120]。

CENI 具有以下几个科学目标。

（1）支持科学技术的研究。支持互联网体系架构的创新研究，解决和改善互联网体系结构在扩展性、安全性、实时性、移动性与管理性等方面面临的重大技术挑战；支撑"互联网+"国家战略需求，满足"十三五""十四五"期间国家关于下一代互联网、网络空间安全、新型网络、天地一体化网络等重大科技项目的试验验证需求，获得超前于产业 5～10 年的创新成果[121]。

（2）支持网络关键技术和核心设备的研发与标准化。支持网络核心器件、设备与系统的测试试验，可验证适合互联网运营和服务模式的网络场景，探索适合国家未来网络发展的技术路线和发展道路，促进产业的创新与发展[121]。

（3）提升我国网络空间竞争力。支持国家网络空间安全监测、防范技术的攻防演练与安全保障能力的验证，使我国在网络空间国际竞争中掌握主动权[121]。

2.3.7.2　管理体制

CENI 项目被国务院列为我国"十二五"时期 16 个国家重大科技基础设施项目之一，是迄今我国在网络和信息领域的第一个大科学工程项目。CENI 的法人单位是江苏省未来网络创新研究院。该院是由南京市政府、北京邮电大学、中国科学院计算技术研究所、清华大学、中国电子科学研究院等作为理事单位组建的省属科研事业法人单位，具体组织架构[122]如图 2-11 所示。

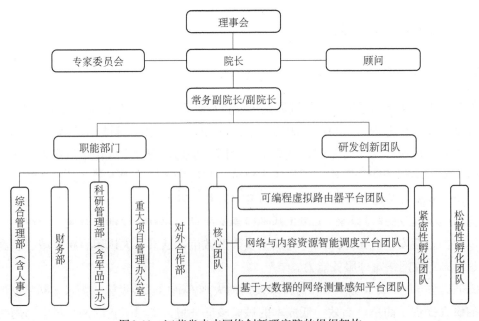

图2-11　江苏省未来网络创新研究院的组织架构

理事会目前由南京市政府委托的南京市工信局、江宁开发区及北京邮电大学、中国科学院计算技术研究所、清华大学、中国电子科学研究院等多方组成。

江苏省未来网络创新研究院由 16 位院士和资深专家组成顾问、专家委员会，汇聚了来自中国科学院计算技术研究所、北京邮电大学、清华大学、耶鲁大学、国际商业机器公司（IBM）和华为等在内的 59 个创新创业团队千余人的高层次研发队伍。以建设国内领先、国际先进的通信与网络创新基地及产业高地为目标，致力于成为引领我国未来网络发展方向的行业龙头、率先实现通信与网络关键技术突破的科研领头和新一代信息技术发展的产业源头[123]。

江苏未来网络集团有限公司于 2018 年受 CENI 项目法人单位研究院的正式委托，运营 CENI 科研网，包括 CENI 网络的日常运营管理工作和开放共享服务工作。产业公司是由市、区、开发区、镇四家国有引导基金和核心技术团队持股平台共同出资成立的混合所有制科技型企业，注册资本为 4.16 亿元，专门从事未来网络关键技术和科研成果的转化工作，是新一代网络技术转移的主要载体与科研成果产品化、中试熟化、产业化的生态平台。公司的主要业务是聚焦工业互联网、人工智能、物联网、医疗大数据、传统网络转型升级五大领域，以自研新一代网络技术和未来网络试验设施为支撑，以综合解决方案为载体，推动新一代网络技术的普及和应用。公司的运营组织架构如图 2-12 所示。

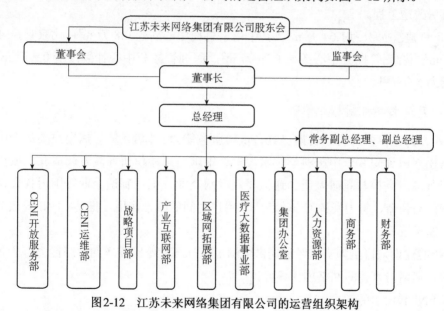

图 2-12　江苏未来网络集团有限公司的运营组织架构

资料来源：江苏未来网络集团有限公司. 组织架构[EB/OL]. https://www.fngroup.cn/aboutGroup?type=organization#organization [2024-07-04].

2.3.7.3　运行体制

2.3.7.3.1　人员管理

CENI 的团队人员前期主要来自理事单位和参建单位的自主研发人员，在设施建设中，以院士的影响力，根据需要通过全球招聘来聚集国内外战略科技创新领军英才，形成信息领域全球著名的创新人才高地。CENI 依托运行单位，采用多元化人才聘用模式，根据科研和管理需要，可通过双聘任务合同制、人才派遣、聘期制等多种方式聘用非全职科研人员。制定以能力与贡献为标准的、具有全球竞争力的薪酬机制和其他激励机制。坚持以完成目标任务为导向，强化对人员或团队的定期考核。

2.3.7.3.2 经费支持与设施规划

CENI 项目预计总投资 16.7 亿元，其中国家投资 9 亿元，其余由地方配套资金及主管部门、项目承担单位自筹解决[124]。

CENI 总体科学技术方案的设计遵循需求驱动发展、统一顶层设计、稳定先进兼顾和资源充分共享等基本原则。CENI 建设覆盖全国 40 个城市的试验设施，支撑不少于 128 个异构网络，支持 4096 个并行试验，支持与现有网络（IPv4/IPv6）的互联互通[124]。具体建设内容包括：①建设试验基础设施，覆盖 40 个城市的 133 个试验节点通过与现有网络的互联，提供不同分层试验服务能力；②建设四个创新实验中心，研制与基础设施建设相关的核心设备与系统；③建设"一总三分"运行管控中心，建设试验设施的运行管控体系及相关系统；④建设示范应用环境，研发并建设典型的示范应用实例，使试验设施具备提供第三方试验应用的能力；⑤建设建筑改造工程及公用配套设施，完成相关土建工程建设及二级节点机房改造工程。

CENI 总建筑面积为 1.64 万 m^2，其中南京总控中心新建 0.8 万 m^2，北京管控分中心改造 0.4 万 m^2，合肥管控分中心改造 0.24 万 m^2，深圳管控分中心计划改造 0.2 万 m^2。项目建设周期为 5 年[122]。

2.3.7.3.3 开放共享机制与产学研

CENI 经共建单位努力，目前已具备试验服务能力。CENI 第一届用户委员会由江苏省未来网络创新研究院联合中国科学技术大学、中国信息通信研究院发起成立，成员单位覆盖电信运营商、高校与科研院所、通信与互联网企业、工业制造企业等国内代表，今后将肩负起责任与使命，努力发挥 CENI 和广大用户之间的纽带作用，推动 CENI 开放共享等各项工作快速推进。

CENI 的建设宗旨是为实体经济提供可满足各行各业不同需求的网络能力，为各行各业提供开放、灵活与方便的网络创新环境。

1）CENI 科研服务能力

CENI 具备实现和验证新型体系结构、新理论、新方法、新技术、新应用的能力，具体包括以下几方面的内容。

（1）支持多协议层次试验。CENI 具备验证各种新型网络体系架构的试验能力，具备验证解决现行网络根本性问题的创新方案及技术的试验能力，提供从物理层到应用层甚至跨层技术的全方位试验能力。

（2）支持不同网络的联邦互联。为实现大规模、统一的试验验证，CENI 整合多种平台（包括各种异构网络试验平台，以及不同共建单位建设与运营的试验平台），提供统一的资源管理与调度，并向用户提供灵活、开放、统一的服务接口。

（3）支持异构资源的开放接入。CENI 支持器件级、设备级、系统级、网络级等不同级别异构资源的开放接入和快速灵活加载。

（4）支持不同试验的并行无干扰运行。CENI 通过虚拟化技术，实现底层物理资源的抽象与隔离，以支持大量用户间相互无干扰的并行试验。

（5）支持真实大规模网络场景的模拟。CENI 通过与真实网络进行可控的交互，可以引入真实的流量与用户，使用现网资源进行大规模验证。得益于 CENI 在全国乃至全球范围广泛的试验节点布局，用户可以基于真实的地理分布特征进行大规模的试验验证。

（6）支持灵活高效的试验方式。CENI 提供统一的接入认证机制，支持用户随时随地接入并完成试验；通过资源抽象，向用户提供统一编程接口，支持软件定义试验（software defined experimenting，SDE）。提供试验部署与控制工具、测试/测量/可视化分析工具、Benchmark 与试验数据共享等完备的试验工具集。

2）面向科研的公益服务和有偿服务

为国内从事未来网络关键技术研究的科研单位及科研人员提供试验平台，服务对象包括科研机构、高等院校、互联网企业、通信及网络硬件制造企业等。

（1）基础资源服务。提供 CENI 网络资源和基本的数据采集、存储、计算等。

（2）配套资源服务。按照客户需求制订接入方案、搭建网络环境及所需配套服务。

（3）测试验证服务。提供定制化软硬件测试环境，并形成测试报告和风险评估建议等。

（4）商业运营服务。提供网络建设咨询、运维托管服务等。

3）面向教育的科普服务

面向公众组织开展科普教育活动，承担面向青少年和一般社会公众进行科普等社会责任。通过不断加强科普能力建设，丰富科普内容，创新科普活动方式，打造未来网络技术国家科普示范基地，带动和推进社会科普事业的发展，更好地发挥国家重大科技基础设施在科普、宣传、教育等方面的积极作用。

2.3.7.4　建设成效

作为应用支撑型国家重大科技基础设施，CENI 秉承"建设和创新并行"的理念，推动全球首个大网级网络操作系统上线运行，支持"开放协同可控的软件定义网络关键技术与系统""大规模确定性骨干网络架构及关键技术研究""工业互联网高质量企业网基础网络服务平台项目""区域一体化工业互联网公共服务平台""工业互联网标识资源搜索系统"等部级以上重要项目十余项。同时，与紫金山实验室、华为公司、中国宝武钢铁集团有限公司等数十家单位深入合作，在工业互联网、确定性网络、区块链、智驱安全等多个领域成功开展了一系列创新应用试验[125]。

CENI 秉持"边建设，边运行，边产出"的原则，取得以下 4 个核心成果[126]。

1）中国网络操作系统

在 2019 年 5 月第三届未来网络发展大会上，刘韵洁院士发布 CENI 项目使用的全球首个大网级网络操作系统——中国网络操作系统（China Network Operating System，CNOS），该系统向下可兼容各品牌厂商设备，向上能为工业互联网、能源互联网等业务场景提供差异化的网络服务能力，具有全场景、全兼容、高性能的特性和发挥承上启下的重要作用。相比于传统网络操作系统，CNOS 新增三大功能。①状态实时感知：CNOS 可以对全局网络信息进行实时数据采集，包含实时节点、链路、流量与故障告警等信息。②业务按需服务：CNOS 可以按需提供租户级虚拟网络，各虚拟网络之间并行工作、互不干扰。③资源智能控制：CNOS 可实现全局网络资源的智能优化与分析，做到故障快速自收敛、网络资源自动重分配，以及网络的自学习与自优化。

2）服务定制网络体系架构

基于核心团队多年的深厚积淀，未来网络在全球率先提出服务定制网络（service customized network，SCN）体系架构，使网络功能从仅是信息传输进一步转变成能力服务。从尽力而为到差异化、确定性、按需使用，为向生产型互联网的转型探索一条革新式的技术路径。

3）白盒交换机

白盒交换机基于 P4 协议无关数据面，可实现高性能数据交换，支持虚拟防火墙、Web应用防护系统（WAF）、DDoS 防护等虚拟按需功能；基于 SONiC 的通用控制面，兼容交换机、网关设备，具有安全功能配置能力的新南向协议；支持流量调度，实现安全功能集群化部署、安全功能动态扩容等。

4）可编程虚拟路由器

可编程虚拟路由器是 CENI 网络的重要组成部分，以其为核心搭建的实验平台具有开放性、虚拟化、可编程等优势，可协助网络研究人员完成在未来网络技术创新过程中的实验验证，以及模拟现有网络的问题并验证其解决方案。

2.4 国内重大科技基础设施规划及建设方案

中华人民共和国成立后特别是改革开放以来，国家不断加大对科研的投入，重视重大科技基础设施建设。近年来，我国布局建设了三大国际科技创新中心和四大综合性国家科学中心，形成了"3+4"的区域创新格局。"3"指北京、上海、粤港澳大湾区三个国际科技创新中心[127]。其中，北京国际科技创新中心集中了大量优质科教资源，具有非常丰富优质的创新资源，主要任务是打造全国科技创新的策源地，这也是北京国际科技创新中心的重要使命。上海国际科技创新中心主要是集中打造集成电路、人工智能和生物医药三大产业创新高地，在全球拥有影响力和话语权。粤港澳大湾区国际科技创新中心着重发挥广东改革开放前沿、港澳国际化程度高的优势，打造全球最大的中试验证和成果应用推广基地。"4"指北京怀柔、安徽合肥、上海张江和大湾区四个综合性国家科学中心，这是国际科技创新中心的内核支撑，主要任务是建设重大科技基础设施和高水平创新平台，整合优质创新资源，打造世界级原始创新高地。

2.4.1 北京市重大科技基础设施规划及建设方案

2.4.1.1 总体规划概况

北京作为我国科技基础最雄厚的区域之一，其重大科技基础设施建设的目标是到 2025 年，北京国际科技创新中心基本建成；到 2035 年，北京国际科技创新中心的创新力、竞争力、辐射力达到全球领先，形成国际人才的高地，支撑我国建设科技强国。《北京市国民经济和社会发展第十四个五年规划和二〇三五年远景目标纲要》提出[128]，以北京怀柔综合性国家科学中心为牵引，集聚国际国内优质创新资源，形成一批引领原始创新的国家战略科技力量。《北京市"十四五"时期国际科技创新中心建设规划》提出，突破怀柔科学城，强化以物质为基础、以能源和生命为起步科学方向，深化院市合作，加快形成重大科技基础设施集群，营造开放共享、融合共生的创新生态系统，努力打造成世界级原始创新承载区，聚力建设"百年科学城"。在重大科技基础设施布局方面，怀柔科学城主要围绕物质科学、空间科学、地球系统科学、生命科学、智能科学五个学科方向建设。

《北京市"十四五"时期国际科技创新中心建设规划》提出，要充分发挥北京怀柔综合性国家科学中心在服务国家创新战略中的支撑作用，探索重大科技基础设施建设、运营和管理机制。依托重大科技基础设施加大服务国际科技合作交流的力度，加快聚集相关领域国际的顶尖科学家，组建稳定、专职的研制、工程和管理人员队伍。聚焦重点科学方向和国家重大战略的需求，凝练提出基础前沿领域原创性研究的选题，探索新型科研组织形式，支持科学家勇闯创新"无人区"，实现前瞻性基础研究、引领性原创成果的重大突破。建立重大科技基础设施与国家实验室、新型研发机构和高新技术企业等对接服务资源共享机制。

在基础研究投入方面，根据《北京市 2020 年预算执行情况和 2021 年预算》[129]中的北京市 2021 年市级一般公共预算支出计划情况明细表，2021 年北京市基础研究支出是 232 595 万元，其中重大科学工程支出 55 000 万元，占比 23.65%，其他基础研究的占比分布具体详见图 2-13。

截至 2019 年，北京落地的重大科技基础设施有 23 个，其中怀柔科学城布局了 5 个，占比 21.74%，是北京地区重大科技基础设施最密集的区域[130]，支撑北京科技创新中心的建设。同时，也是我国建设创新型国家和世界科技强国的重要支撑。

2.4.1.2 重大科技基础设施建设进展

北京是国家重大科技基础设施的主要集聚地区之一，"十一五"期间的 12 个项目中北京有 6 个，"十二五"期间的 20 个项目中北京有 5 个，"十三五"期间的 10 个优先项目中北京有 3 个，5 个深化后备项目中有 3 个落户北京[131]。目前北京市拥有 23 个重大科技基础设施（表 2-7），其中怀柔科学城有 5 个，北京所有国家重大科技基础设施中建成的有 19 个，在建的有 4 个。

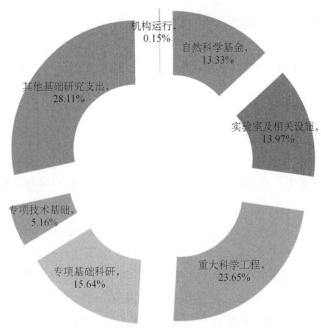

图 2-13 2021 年北京市基础研究支出占比分布

注：因四舍五入原因，百分比相加之和不一定等于 100%，特此说明，全书余同。

表 2-7 北京重大科技基础设施装置统计表

序号	重大科技基础设施名称	批复部门	建设单位	建设地点	状态
1	HI-13 串列加速器		中国原子能科学研究院	北京	1986 年建成
2	中国遥感卫星地面站		中国科学院遥感与数字地球研究所	全国布局	1986 年建成
3	北京正负电子对撞机	国务院	中国科学院高能物理研究所	北京	1988 年建成
4	北京同步辐射装置	中国科学院高能物理研究所	中国科学院高能物理研究所	北京	1991 年建成
5	2.16 m 光学天文望远镜		中国科学院、北京天文台、南京天文仪器厂、自动化研究所	河北兴隆	1989 年建成
6	农作物基因资源与基因改良工程	原国家发展计划委员会	中国农业科学院	北京	2010 年建成
7	中国地壳运动观测网络	原国家科技领导小组	中国地震局、总参测绘局、中国科学院、国家测绘局	全国布局	2000 年建成
8	中国大陆构造环境监测网络	国家发展改革委	中国地震局、总参测绘局、中国科学院、国家测绘局、中国气象局和教育部	全国布局	2012 年建成
9	东半球空间环境地基综合检测子午链	国家发展改革委	中国科学院国家空间科学中心	全国布局	2012 年建成
10	重大工程材料服役安全研究评价设施	国家发展改革委	北京科技大学	北京	2010 年建成
11	国家蛋白质科学研究（北京）设施	国家发展改革委	军事科学院军事医学研究院、清华大学、北京大学和中国科学院生物物理研究所	北京	2012 年建成
12	国家农业生物安全科学中心	国家发展改革委	中国农业科学院植物保护研究所	北京	2013 年建成
13	高能同步辐射光源验证装置	国家发展改革委	中国科学院高能物理研究所、北京科技大学	北京	2019 年建成

续表

序号	重大科技基础设施名称	批复部门	建设单位	建设地点	状态
14	极低频探地（WEM）工程	国家发展改革委	中国船舶集团有限公司、中国地震局和中国科学院	全国布局	2020 年建成
15	遥感飞机	原国家计委	中国科学院	北京	1986 年建成
16	陆地观测卫星数据全国接收站网	国家发展改革委	中国科学院遥感与数字地球研究所	北京	2017 年建成
17	航空遥感系统	国家发展改革委	中国科学院电子学研究所	北京	2021 年建成
18	转化医学国家重大科技基础设施（北京）	国家发展改革委	北京协和医院、中国人民解放军总医院	北京	2021 年建成
19	高能同步辐射光源装置	国家发展改革委	中国科学院高能物理研究所	北京	在建
20	地球系统数值模拟装置	国家发展改革委	中国科学院大气物理研究所为法人单位，清华大学、中科曙光和中国气象局等为共建单位	北京	2022 年完成验收
21	综合极端条件实验装置	国家发展改革委	中国科学院物理研究所、吉林大学	北京	在建
22	多模态跨尺度生物医学成像设施	国家发展改革委	北京大学	北京	在建
23	空间环境地基综合监测网二期（子午工程二期）	国家发展改革委	中国科学院国家空间科学中心、中国地震局地球物理研究所、北京大学、中国科学技术大学、中国科学院地质与地球物理研究所等 14 家单位	北京	在建

资料来源：作者根据历次五年规划公布的国家重大科技基础设施整理。

落地北京怀柔科学城的 5 个重大科技基础设施的建设进展如下。

第一，由中国科学院高能物理研究所作为法人单位的高能同步辐射光源验证装置的总投资 47.6 亿元，占地 976 亩，预计 2025 年建成运行。建成的高能同步辐射光源将是我国第一台高能同步辐射光源，也是世界上亮度最高的第四代同步辐射光源之一。高能同步辐射光源将在我国能源、环保、医药、石油、化工、生物工程、航空航天、先进材料和微细加工等领域为原创性、突破性创新研究提供重要的支撑平台，推动技术创新，提升企业核心竞争力，推动相关的高科技产业发展[132]。

第二，多模态跨尺度生物医学成像设施的项目法人单位是北京大学，是怀柔科学城目前唯一聚焦生命科学的国家重大科技基础设施，总投资 17.35 亿元，占地 100 亩，已于 2023 年 12 月 29 日启动试运行[132]。多模态跨尺度生物医学成像设施建成后，将以前所未有的综合能力、成像手段和研究范式，形成跨尺度、多模态、自动化、高通量的生物医学成像全功能研究平台，实现高端生物医学影像仪器装备的"中国创造"，成为生命医学领域世界一流的重大科技设施[132]。

第三，综合极端条件实验装置是中国科学院在国家发展改革委支持下部署的国家重大科研装备研制项目，于 2017 年 9 月开工，项目占地 180 亩，总投资 15.76 亿元。

第四，地球系统数值模拟装置的项目建设法人为中国科学院大气物理研究所，清华大学等单位为共建单位，项目总投资 12.55 亿元，建筑面积为 24 310 m²，建设周期为 4 年，项目于 2018 年 11 月全面开工，2022 年 3 月已完成验收。

第五，空间环境地基综合监测网（子午工程二期）由中国科学院国家空间科学中心作为项目法人单位，全国 16 家单位参加建设，于 2019 年开工建设，工程建设周期为 4 年。

从中国第一台重大科技基础设施 BEPC 到最新启用的地球系统数值模拟装置，北京市一系列重大科技基础设施的建设，不断提升着我国的基础研究和原始创新能力，为建设世界科技强国、实现高水平科技自立自强提供了有力支撑。

2.4.1.3 重大科技基础设施建设特点

2.4.1.3.1 区域分布

北京落地的 23 个重大科技基础设施中，东半球空间环境地基综合检测子午链、中国遥感卫星地面站、极低频探地工程、陆地观测卫星数据全国接收站网、中国地壳运动观测网络、中国大陆构造环境监测网络在全国布局、2.16 m 光学天文望远镜地处河北兴隆，其他设施均位于北京。

从图 2-14 可以看出，北京落地的 23 个重大科技基础设施中有 15 个位于北京，其中位于怀柔科学城的有 5 个，占比 33.33%，怀柔科学城是北京市重大科技基础设施的密集地。依托这些重大科技基础设施，怀柔科学城发展为定位清晰、高度密集、先进高端设施平台集群地，支撑科研人员的原始创新，提高我国在基础研究和前沿交叉领域的源头创新能力与科技综合实力。

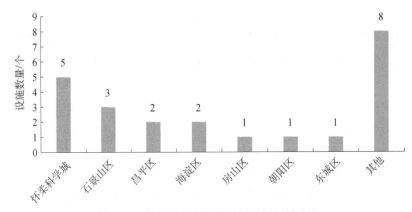

图 2-14 北京重大科技基础设施的区域分布

2.4.1.3.2 领域分布

在重大科技基础设施发展的国际趋势和国内基础上，《国家重大科技基础设施建设中长期规划（2012—2030 年）》将重大科技基础设施部署领域划分为能源科学、生命科学、地球系统与环境科学、材料科学、空间和天文科学、粒子物理和核物理科学、工程技术科学7 个领域，从预研、新建、推进和提升 4 个层面逐步完善重大科技基础设施体系[133]。根据该规划划分的 7 个学科领域，结合图 2-15 可以看出，北京落地的重大科技基础设施除了没有工程技术科学领域的，其他领域均涵盖了，在地球系统与环境科学领域布局了 7 个重大科技基础设施，在生命科学领域和材料科学领域各布局 5 个，在空间和天文科学领域布局了 4 个，在能源科学、粒子物理和核物理科学领域各布局 1 个。"十一五"之前，北京的重大科技基础设施主要以中国科学院为承建单位，集中在以物理学为主的地球系统与环境科学领域。"十一五"以后，重大科技基础设施的承建单位不仅仅是中国科学院，高校、其他事业单位以及企业都有参与进来，建设地址也由集中建设向分散、多地建设发展，设施类型也朝多领域、集成化、复杂化综合设施发展。

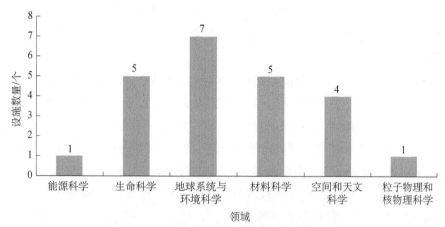

图2-15　北京重大科技基础设施的领域分布
资料来源：作者根据相关文献整理。

2.4.2　上海市重大科技基础设施规划及建设方案

2.4.2.1　总体规划概况

作为全国科研重镇的上海，牵头发起或参与国际大科学计划和大科学工程，是发挥自身的科研资源富集和国际化水平高等优势，建设具有全球影响力的科技创新中心的必然举措[134]。上海张江综合性国家科学中心是上海重大科技基础设施的聚集地，其四大重要建设任务之首是建立世界一流的重大科技基础设施集群。上海张江综合性国家科学中心的建设和发展侧重于基础研究与应用研究相结合，聚焦能源、环境、物质生命和材料等科学领域，集中布局和规划建设国家重大科技基础设施，提升我国在交叉前沿领域的源头创新能力与科技综合实力[135]。

《上海市建设具有全球影响力的科技创新中心"十四五"规划》中[136]提出，"十四五"时期，上海立足国家重大战略需求，组织优势力量，围绕上海张江综合性国家科学中心的建设，开展重大原创性布局攻关，依托重大科技基础设施，支撑原创科技成果产出，加速形成科学发现新高地。在建设世界级的重大科技基础设施集群方面，持续布局重大科技基础设施，探索构建地方支持大设施建设的制度体系，推进构建多主体参与建设和使用的协同创新网络，持续提升大设施对基础研究、技术攻关、经济社会发展的支撑引领作用。重点方向如下。

一是形成"在用一批、在建一批、在研一批、谋划一批"的总体格局。加快推进上海光源二期、海底科学观测网、硬 X 射线、高效低碳燃气轮机等设施建设，推动钍基熔盐堆研究设施等重大科技基础设施在上海落地，基本建成全球规模最大、种类最全、综合能力最强的光子重大科技基础设施集群，稳步构建生命科学领域设施集群，在能源、海洋和空天等领域提前进行谋划布局。

二是加强制度建设，提升设施运行效能。完善参与国家重大科技基础设施规划论证、组织建设和运行管理的全生命周期的制度安排。加强前瞻性、针对性和储备性重大科技基础设施的谋划布局。做好人才、技术和工程的储备，加大在建设施的工程管理、技术攻关和配套条件建设力度。

三是推动开放共享。支持设施的关键技术研究、实验技术、实验仪器设备的研发和设施开放共享，构建高校、科研院所和企业等各类主体参与的多元协同创新网络。

从《关于上海市 2020 年预算执行情况和 2021 年预算草案的报告》中可以看到，在加快推进科技创新方面，上海市安排科技创新计划专项资金和市级重大科技专项资金等 82.60 亿元，加大了对重大基础研究、应用基础研究和重要领域关键核心技术的攻关投入力度[137]。根据上海市科学技术委员会 2021 年度本级预算，2021 年上海在基础研究方面计划投入 689 053 084 元，其中用于机构运行 6 986 434 元，用于专项基础研究 647 800 000 元，用于专项技术基础研究 32 231 650 元，用于其他基础研究 2 035 000 元[138]。

2.4.2.2 重大科技基础设施建设进展

在国家相关部委的支持下，上海在建和建成的国家重大科技基础设施有 14 个（表 2-8），投资总规模超过 200 亿元[139]。国家重大科技基础设施中已建成（含试运行）的有 8 个，在建的有 6 个。其中，上海张江科学城有 8 个光子科学相关的重大科技基础设施，已建成的有 4 个，分别为国家蛋白质科学研究（上海）设施、上海同步辐射光源、超强超短激光实验装置和软 X 射线自由电子激光试验装置；在建的有 4 个，分别为活细胞结构与功能成像等线站工程、软 X 射线自由电子激光用户装置、上海光源线站工程暨光源二期、硬 X 射线自由电子激光装置。

表 2-8　上海重大科技基础设施装置分布表

序号	重大科技基础设施名称	批复部门	建设地点	状态
1	上海同步辐射光源	国家计委	张江高科技园区	2009 年建成
2	国家蛋白质科学研究（上海）设施	国家发展改革委	张江高科技园区	2014 年建成
3	软 X 射线自由电子激光试验装置	国家发展改革委	张江高科技园区	2020 年建成
4	超强超短激光实验装置	国家发展改革委	张江高科技园区	2020 年建成
5	软 X 射线自由电子激光用户装置	国家发展改革委	张江高科技园区	在建
6	活细胞结构与功能成像等线站工程	国家发展改革委	张江高科技园区	在建
7	硬 X 射线自由电子激光装置	国家发展改革委	张江高科技园区	在建
8	上海光源线站工程暨光源二期	国家发展改革委	张江高科技园区	在建
9	神光 I 高功率激光实验装置	—	上海嘉定	1987 年建成，现已退役

序号	重大科技基础设施名称	批复部门	建设地点	状态
10	神光Ⅱ高功率激光实验装置	国家 863 计划	上海嘉定	2001 年试运行
11	国家肝癌科学中心	国家发展改革委	上海嘉定	试运行
12	国家海底科学观测网	国家发展改革委	临港地区	在建
13	高效低碳燃气轮机试验装置	国家发展改革委	临港地区	在建
14	转化医学国家重大科技基础设施（上海）	国家发展改革委	瑞金医院、 上海交通大学闵行校区	2016 年试运行

此外，上海在嘉定布局了 3 个国家重大科技基础设施，包括神光Ⅱ高功率激光实验装置、国家肝癌科学中心和已退役的神光Ⅰ高功率激光实验装置；临港地区布局了 2 个国家重大科技基础设施，分别为高效低碳燃气轮机试验装置和国家海底科学观测网；黄浦和闵行联合布局的转化医学国家重大科技基础设施（上海），目前已开展试运行[140]。

上海正在运行的重大科技基础设施取得了诸多重大创新成果，助推我国科技进步和发展。2020 年，上海同步辐射光源克服新冠疫情影响，积极采取措施保持稳定高效运行。2020 年 1 月 26 日，上海光源科学家用户团队率先公布了 2019 新型冠状病毒 3CL 水解酶的高分辨率晶体结构，助力病原体研究及药物发现，在科技抗疫方面发挥了"国之重器"的支撑作用。2020 年全年，上海光源、蛋白质中心等设施组织完成年度用户课题申请 1500 余份，申请用户达 2634 人次，发表在国际顶级期刊《科学》《自然》《细胞》上的论文达 29 篇，已成为多个学科领域前沿研究和高技术发展不可或缺的实验平台。

另外，上海还牵头发起和参与了"全脑介观神经联接图谱""国际人类表型组"等一系列国际大科学工程。下一步，上海将坚持重大科技基础设施服务于"四个面向"的根本要求，按照国家部署，持续推进已有重大科技基础设施建设，完善项目投资、建设和运行管理体制机制，积极争取新的国家重大科技基础设施在"十四五"期间落户上海，进一步推动重大科技基础设施服务于国家重大战略科技任务、基础研究和产业技术攻关。

2.4.2.3　重大科技基础设施建设特点

2.4.2.3.1　区域分布

上海建成和在建的 14 个重大科技基础设施全部位于张江示范区，上海张江示范区的设施数量、投资额和建设进度领先全国，服务用户遍布全球。其中，张江科学城共布局了 8 个与光子科学相关的重大科技基础设施，占比 50% 以上，这些设施建成后，在上海张江科学城将形成全球规模最大、种类最全和综合能力最强的光子大科学领域的设施集群。另外 6 个重大科技基础设施中有 3 个布局在嘉定，2 个布局在临港地区，1 个属于黄浦和闵行联合布局。从以上数据可以看出，上海在张江科学城地区建设世界级大科学设施集群已初步成形。

2.4.2.3.2　领域分布

上海落地的重大科技基础设施涵盖光子、物质、生命、能源、海洋等多个前沿科技领域。按照《国家重大科技基础设施建设中长期规划（2012—2030 年）》对重大科技基础设施部署领域进行划分，上海重大科技基础设施主要分布于材料科学、生命科学、能源科学和地球系统与环境科学四个领域（图 2-16），装置部署以材料科学为核心，逐渐向服务于多学科研究、以材料领域为优势的重大科技基础设施集群方向发展。未来，张江科学城将积极推进系统生物学研究和药物靶标科学等生命科学基础设施建设，构建生命科学研究的基础设施集群。在光子科学和微纳电子、量子科技及空天、脑科学与生物医药、人工智能、海洋、物质、能源等领域，前瞻性地布局谋划一批面向未来的重大科技基础设施、国家重点实验室和国家研究中心[141]。

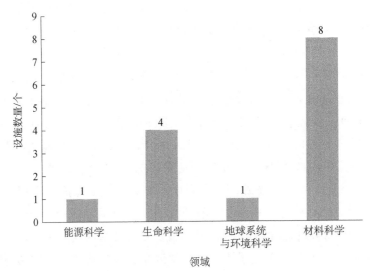

图 2-16　上海重大科技基础设施的领域分布

2.4.3　广东省重大科技基础设施规划及建设方案

2.4.3.1　总体规划概况

根据《广东省国民经济和社会发展第十四个五年规划和 2035 年远景目标纲要》[142]和《广东省科技创新"十四五"规划》[143]，广东省的重大科技基础设施建设行动计划是围绕国家战略需求，以大湾区综合性国家科学中心建设为主要牵引，推进重大科技基础设施集群建设，建设世界一流的创新基础设施集群，按照"学科集中、区域聚集"和"谋划一批、建设一批、运行一批"的原则，聚焦材料、海洋、信息、生命、能源等重点学科领域，有序推进重大科技基础设施集群的布局建设。在信息科学领域，推动国家超级计算广州中心、深圳中心扩容升级，加快建设未来网络实验装置（深圳）、鹏城云脑智能超级算力平台、珠海智能超算平台等。在生命科学领域，加快建设国家基因库二期、合成生物研究重大科技基础设施、脑解析与脑模拟重大科技基础设施等，谋划建设人类细胞谱系装置、精准医学影像大设施等。在材料科学领域，加快建设中国（东莞）散裂中子源二期，谋划建设先进阿秒激光设施、南方先进光源装置等。在海洋科学领域，加快建设新型地球物理综合科学考察船、天然气水合物钻采船，谋划建设冷泉生态系统装置、极端海洋动态过程多尺度自主观测科考设备、海底科学观测网南海子网等。在能源科学领域，加快建设强流重离子加速器、加速器驱动嬗变研究装置等。在基础物理领域，加快建设江门中微子实验站等。在航空航天领域，推进智能化动态宽域高超声速风洞建设。完善重大科技基础设施的管理运营和开放共享机制，依托重大科技基础设施，推动各类创新主体开展技术研发、成果转化和产业化[144]。

在基础研究投入方面，根据《广东省国民经济和社会发展第十四个五年规划和2035年远景目标纲要》[142]中的"附件2 广东省'十四五'规划重大建设项目汇总表"，"十四五"规划内，广东省计划在创新基础设施方面投入1630亿元，其中重大科技基础设施计划投入480亿元，实验室研究平台投入450亿元，产业技术创新平台投入700亿元，具体占比见图2-17。

图2-17 广东省"十四五"规划在创新基础设施方面的投入分布

2.4.3.2 重大科技基础设施建设进展

根据调研信息，近年来，在国家相关部委的支持下，广东省建成和在建的国家重大科技基础设施有7个（表2-9）。广东以光明科学城、松山湖科学城、南沙科学城等重点区域为主阵地，布局建设一批具有世界一流水平的重大科技基础设施，中国散裂中子源、"实验1"科考船、大亚湾反应堆中微子实验站、国家基因库等设施已建成并顺利运营，惠州的强流重离子加速器和加速器驱动嬗变研究装置、深圳的未来网络试验设施等一批重大科技基础设施正在推进建设。强流重离子加速器和加速器驱动嬗变研究装置是"十二五"期间的国家重大科技基础设施，总投资68亿元，已于2018年启动，预计2025～2026年建成投用。未来网络试验设施是国务院《国家重大科技基础设施建设中长期规划（2012—2030年）》中优先安排的设施之一，分别在南京、北京、合肥和深圳建设"一总三分"运行管控中心以及四个创新实验中心；未来网络试验设施的总投资为15.6亿元，其中，深圳项目投资2.37亿元，国家安排资金1.05亿元，建设周期为5年。作为国家重大科技基础设施，中国散裂中子源是粤港澳大湾区国际科技创新中心和大湾区综合性国家科学中心建设的关键支撑平台，自2018年建成运行以来，已完成用户实验课题约700项，累计发表论文120多篇[145]，在新型能源材料、航空材料等领域取得一批重要成果。

表 2-9　广东重大科技基础设施分布表

序号	重大科技基础设施名称	批复部门	建设地点	状态
1	中国散裂中子源	国家发展改革委	东莞	2018 年建成
2	"实验 1"科考船	中国科学院	广州	2009 年建成
3	大亚湾反应堆中微子实验站	科技部	深圳	2011 年建成，2020 年退役
4	国家基因库	国家发展改革委、财政部、工业和信息化部、国家卫生健康委员会（原卫生部）	深圳	2016 年建成
5	强流重离子加速器	国家发展改革委	惠州	在建
6	加速器驱动嬗变研究装置	国家发展改革委	惠州	在建
7	未来网络试验设施	国家发展改革委	深圳	在建

2.4.3.3　重大科技基础设施建设特点

2.4.3.3.1　区域分布

广东省已建和在建的 7 个重大科技基础设施中，中国散裂中子源位于东莞松山湖科技产业园区，国家基因库、大亚湾反应堆中微子实验站和未来网络试验设施分别位于深圳市大鹏新区、深圳大亚湾核电站基地与深港科技创新合作区，强流重离子加速器和加速器驱动嬗变系统位于惠州的惠东县黄埠镇。从地域来看，中国散裂中子源、大亚湾反应堆中微子实验站、未来网络试验设施、强流重离子加速器和加速器驱动嬗变研究装置等重大科技基础设施落地区域均位于大湾区综合性国家科学中心。根据"十四五"规划，目前将有 4 个重大科技基础设施在广东落地，其中落户于东莞的中国散裂中子源二期工程和先进阿秒光源、落户于广州的人类细胞谱系和冷泉生态系统研究装置，落地区域均为大湾区综合性国家科学中心。可见，重大科技基础设施在大湾区已形成集群之势。

2.4.3.3.2　领域分布

按照《国家重大科技基础设施建设中长期规划（2012—2030 年）》对重大科技基础设施部署领域进行划分，广东省的重大科技基础设施主要分布于能源科学、生命科学、粒子物理和核物理、工程技术科学和地球系统与环境科学 5 个领域（图 2-18）。装置部署在能源科学领域的有 3 个，部署在其他 4 个领域的均有 1 个。可以看出，广东重大科技基础设施的数量虽然相比于北京、上海较少，但是在领域分布上较广。

2.4.4　安徽省重大科技基础设施规划及建设方案

2.4.4.1　总体规划概况

《安徽省国民经济和社会发展第十四个五年规划和 2035 年远景目标纲要》[146]和《合肥市推动长三角地区更高质量一体化发展重点工作推进方案》[147]明确提出建设具有全球影响力的合肥综合性国家科学中心。合肥在量子信息、未来网络、生物医药、核聚变、类脑智能技术及应用、智能语音与人工智能等优势领域，积极参与国际或国家大科学计划。发挥

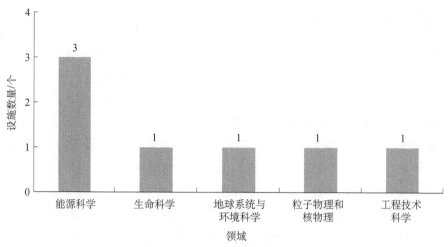

图 2-18　广东省重大科技基础设施的领域分布

合肥同步辐射装置、全超导托卡马克核聚变实验装置、稳态强磁场实验装置的作用，持续产出重大科技成果。开展中国聚变工程实验堆关键技术研究和建设前期工作。深度参与国际热核聚变实验堆等国际大科学工程建设。提出加快合肥综合性国家科学中心重大科技基础设施的集中区建设，加快建设未来网络试验设施（合肥分中心）、聚变堆主机关键系统综合研究设施、高精度地基授时系统（合肥一级核心站）、雷电防护与试验研究重大试验设施，积极争取合肥先进光源、大气环境模拟系统、空地一体量子精密测量实验、强光磁集成实验设施等项目落地，按照国家统一规划部署，结合地方创新发展实际，聚焦集成电路、电子信息、人工智能、机器人、量子信息、智能汽车等产业领域，主攻"芯屏器合"关键核心技术，建设一批重大科技基础设施和重大研发平台，打造一批企业创新联合体、新型研发机构和"双创"示范基地，提升产业自主创新能力和核心竞争力，推动合肥代表国家在部分尖端领域抢占未来产业竞争制高点。

在合肥综合性国家科学中心的建设中，不但要强化组织保障，还要强化资金、土地和人才等各类要素保障[148]。

目前，合肥市财政建立了科学中心稳定支持机制，安排约 30 亿元/年的预算来支持科学中心重点项目的建设。仅 2021 年上半年，已累计拨付科学中心建设资金约 21.2 亿元。截至 2021 年末，合肥市财政累计支持科学中心重点项目约 115 亿元[148]。

在土地保障方面，累计为量子创新院等国家战略重大项目提供建设用地约 2200 亩，土地指标全部由市级解决。合肥市全力以赴地做好合肥综合性国家科学中心能源、人工智能和大健康研究院的保障工作，提供了超过 20 万 m^2 的物理空间[148]。

近年来，合肥市先后推出了一系列针对性人才政策，如创新创业 8 条、人才新政 10 条、高校毕业生就业创业 9 条等。近五年来，合肥市投入各类人才的资金约 153 亿元，常态化开展"智汇合肥高校行"等引才活动，探索实施事业单位编制周转池制度等改革举措，为国家战略科技力量的建设提供强有力支撑[148]。

2.4.4.2 重大科技基础设施建设进展

合肥市重大科技基础设施建设起步早，最早起步于 20 世纪 80 年代。根据调研，合肥市共有 8 个重大科技基础设施（表 2-10）。目前，合肥同步辐射装置、合肥 HT-6M 受控热核反应装置、全超导托卡马克聚变实验装置、稳态强磁场实验装置 4 个重大科技基础设施已投入运行，并陆续取得重大突破。合肥 HT-7 托卡马克已于 2013 年退役；未来网络实验设施（合肥分中心）、聚变堆主机关键系统综合研究设施和高精度地基授时系统（合肥一级核心站）3 个重大科技基础设施正在筹建中。其中，聚变堆主机关键系统综合研究设施由安徽省政府和中国科学院筹建，项目落户合肥市，已于 2018 年启动；未来网络实验设施（合肥分中心）与高精度地基授时系统（合肥一级核心站）可研报告已获国家发展改革委批复。目前，合肥市不断推进空地一体量子精密测量实验设施、先进光源（HALS）、雷电防护与试验研究重大试验设施 3 个重大科技基础设施能够纳入国家重大科技基础设施建设发展"十四五"和中长期规划。

表 2-10 安徽重大科技基础设施装置分布表

序号	重大科技基础设施名称	批复部门	建设地点	状态
1	合肥同步辐射装置	国家计委	合肥	1989 年建成
2	合肥 HT-6M 受控热核反应装置	中国科学院	合肥	1991 年建成
3	稳态强磁场实验装置	国家发展改革委	合肥	2010 年建成
4	聚变堆主机关键系统综合研究设施	国家发展改革委	合肥	在建
5	全超导托卡马克核聚变实验装置	国家计委	合肥	2007 年建成
6	合肥 HT-7 托卡马克	中国科学院	合肥	2013 年退役
7	高精度地基授时系统（合肥一级核心站）	国家发展改革委	合肥	在建
8	未来网络实验设施（合肥分中心）	国家发展改革委	合肥	在建

2.4.4.3 重大科技基础设施建设特点

2.4.4.3.1 区域分布

合肥综合性国家科学中心依托科学岛及周边三十岗乡等区域，规划建设总面积约 19.2 km² 的重大科技基础设施集中区，推动重大科技基础设施的集聚发展，目前在建和已建的重大科技基础设施有 8 个，是全国重大科技基础设施最集聚的区域之一[149]。

合肥规划的重大科技基础设施集中区共分为三期：一期为聚变堆主机关键系统综合研究设施项目，二期为大气环境立体探测实验研究设施项目，三期为重大科技基础设施预留区[149]。

2.4.4.3.2 领域分布

按照《国家重大科技基础设施建设中长期规划（2012—2030 年）》对重大科技基础设施部署领域进行划分，合肥目前的 8 个重大科技基础设施主要分布于能源科学、工程技术科学与材料科学三个领域（图 2-19），装置部署以能源科学领域为重心，已经形成了重大科技基础设施集群，聚焦信息、能源、健康、环境四大领域。

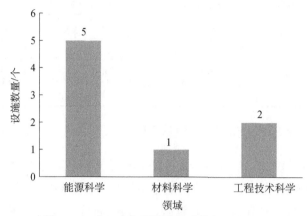

图 2-19　合肥重大科技基础设施的领域分布

2.4.5　国内重大科技基础设施建设成效

在国家有关部门的统一部署下，我国重大科技基础设施布局逐步完善，运行更加高效，产出更加丰硕，对促进我国科学技术事业发展起到了巨大的支撑作用，为解决国家发展中遇到的关键瓶颈问题做出了突出贡献，其技术溢出也显著促进了经济社会发展，并依托设施逐步形成了一批在国际上有重要影响的国家科技创新中心和人才高地。

从中长期发展来看，面向国家重大战略部署，全国各地都在聚焦重点、择优择需、创新机制和部署新建符合自身发展实际需要的重大科技基础设施集群。上海张江、北京怀柔、安徽合肥、大湾区 4 个综合性国家科学中心，是国际科技创新中心的内核支撑。主要任务是通过建设重大科技基础设施和高水平的创新平台，整合区域的优质创新资源，打造世界级原始创新高地。4 个综合性国家科学中心布局的重大科技基础设施如表 2-11 所示。这些重大科技基础设施是国家为解决重大科技前沿、国家战略需求中的战略性、基础性和前瞻性的科技问题，谋求重大突破而投资建设的，是国家重大科技基础设施的重要组成部分。随着全面创新改革试验的深入以及综合性国家科学中心等区域创新战略的实施，我国重大科技基础设施在局部区域显示出明显的集群效应，对经济社会发展的引领带动效应也日益显著。

表 2-11　4 个综合性国家科学中心正在建设或布局的重大科技基础设施

名称	批准时间	聚焦领域	重大科技基础设施情况	合作大学等
北京怀柔综合性国家科学中心	2017 年 5 月	物质、空间、地球系统、生命、智能	多模态跨尺度生物医学成像设施、高能同步辐射光源装置、综合极端条件实验装置、空间环境地基综合监测网二期、地球系统数值模拟装置	中国科学院大学
上海张江综合性国家科学中心	2016 年 3 月	生命、材料、环境、能源、物质	上海光源线站工程、软 X 射线自由电子激光用户装置、超强超短激光实验装置、活细胞结构与功能成像等线站工程、硬 X 射线自由电子激光装置等	上海交通大学、上海科技大学

名称	批准时间	聚焦领域	重大科技基础设施情况	合作大学等
合肥综合性国家科学中心	2017年1月	信息、能源、健康、环境	聚变堆主机关键系统综合研究设施	中国科技大学、合肥工业大学、安徽大学
大湾区综合性国家科学中心	2019年8月	信息、生命、材料、海洋、能源	脑解析与脑模拟重大科技基础设施、多模态跨尺度生物医学成像装置、合成生物研究重大科技基础设施、空间引力波探测地面模拟装置等	南方科技大学、清华大学深圳研究院

2.4.5.1 重大科技基础设施的集群效应明显

从分布区域来看,仅北京地区就有北京正负电子对撞机、东半球空间环境地基综合检测子午链、高能同步辐射光源验证装置和地球系统数值模拟装置等23个装置;上海同步辐射光源、国家蛋白质科学研究(上海)设施、上海"神光"高功率激光装置、高效低碳燃气轮机试验装置等设施集中落户上海;广东省建有中国散裂中子源、大亚湾反应堆中微子实验站、国家基因库等重大科技基础设施;合肥同步辐射装置、全超导托卡马克核聚变实验装置、稳态强磁场实验装置等集中布局在合肥综合性国家科学中心。从以上内容可以看出,重大科技基础设施的区域集群效应日趋明显,不同区域聚焦的重点领域各有侧重,形成了错位发展的态势。

近年来,有关部门将重大科技基础设施作为国家创新高地建设的核心内容,加快推动上海、北京、粤港澳大湾区科技创新中心建设;依托设施集群,建设上海张江、安徽合肥、北京怀柔和粤港澳综合性国家科学中心。这一战略举措不仅加快了重大科技基础设施的建设进度,而且显著提升了这些国家创新高地的科技实力和创新能力。据不完全统计,"十二五""十三五"期间规划布局的24个重大科技基础设施中有15个项目整体或部分集聚在综合性国家科学中心,涉及总投资300多亿元[150]。

2.4.5.2 重大科技基础设施的带动效应突出

近年来,随着在重大科技基础设施方面投入力度的加大,我国逐渐形成了覆盖粒子物理和核物理、材料、能源、工程技术等七大科学领域的设施体系,在探索未知世界、解决人类发展面临的难题、催生革命性技术突破、服务国家战略需求、提升生命健康品质等方面发挥着重要的作用;同时,重大科技基础设施对经济社会发展的带动作用也越发明显。一方面,重大科技基础设施的建设,推动了产业链、创新链、金融链、政策链和人才链的深度融合,打造了"政产学研资"紧密合作的创新生态;另一方面,依托重大科技基础设施,能够深化国内外创新主体的合作,整合国家和地方的创新力量,构建长期稳定的协同创新网络。同时,重大科技基础设施还是解决影响产业长期健康发展关键问题的重要手段,通过开展实验室技术的熟化、产业前沿技术的研发和竞争前商品的试制等方法,来创制产业技术标准,加快新旧动能的接续转换,推动产业技术的变革。同时,重大科技基础设施还是深化科技体制机制的改革,探索先行先试成果的转化、科技金融、人才激励等改革举措的重要载体,通过加大原始创新成果的转移转化,新技术的传播、新模式的扩散,新业态的培育、新产业的孵化，形成"探索—攻关—熟化—转化"的新模式，推动世界级原创成果的诞生，在供给侧结构性改革和创新型国家建设方面提供强有力的支撑[151]。

因此，重大科技基础设施有很强的外部辐射效应，不仅能显著提升所在区域的科技实力和创新能力，而且有利于提升所在区域的人才环境和形象，吸引大批高端人才和企业，持续支撑和促进地方经济社会发展。比如，散裂中子源落户广东东莞，显著改善了当地的人才环境，促进了高端产业落户，对东莞及大湾区的产业转型升级和经济发展起到了积极作用。正因为如此，许多地方党委政府都非常重视争取重大科技基础设施落户，并对重大科技基础设施建设和运行给予大力支持。

2.4.5.3 重大科技基础设施突破效应展现

重大科技基础设施作为提供极限研究手段的大型复杂科学研究系统，拥有"人无我有、人有我优"的先天条件，在将前沿科学理论转化为现实科技成果方面发挥着重要作用，可以解决事关国家安全和社会发展全局的重大问题。

当前，国际形势复杂多变，美国不断加码对华为等高新技术企业的封锁；同时，部分西方国家对我国实行的高技术封锁正逐步扩大到日常科学交流与合作，在重大科技基础设施的建设方面尤为突出[152]。重大科技基础设施作为国家战略科技力量的重要组成部分，是"皇冠上的明珠"，极有可能成为我国突破国际技术封锁的关键科技力量，成为实现核心技术自主可控的重要保障，成为将创新自主权和发展主动权牢牢掌握在自己手中的"核武器"。

因此，我国应不断加强战略威慑性科技力量系统的谋划与科学布局，持续加大重大科技基础设施的建设力度，掌握底层关键技术，从根本上来改变我国产业发展"缺芯少魂"的现象，减少核心技术"卡脖子"的风险，在前沿科学、产业共性技术领域，攻破产生一批具有国际竞争力的原始创新成果，构建支撑高端引领和产业转型的先发优势，提升产业的核心竞争力，赢得发展主动权，将重大科技基础设施打造成为实至名归的"镇国之宝"。

2.5 重大科技基础设施建设经验

2.5.1 预研模式

重大科技基础设施的全生命周期，主要分为预先研究、立项设计、工程建设和运行发展四个阶段。预先研究可细分为概念研究和工程技术验证两部分：概念研究主要包括科学新思想探索、科学目标凝练和科学用户挖掘及聚焦，以及对工程总体方案的初步探究和选择；工程技术验证主要包括新原理、新方法和新技术在工程中的验证，对大批量使用的部件样机或技术难度较大设备的模型机的研制，以及对不同的技术方案通过实验研究进行的优选等[153]。因此，鉴于重大科技基础设施聚焦的科技问题难度较大和集成度较高，承建单位既要具备国内公认的学术领先地位和较强的国际影响力，还要通过前期深入研究，在多次论证的基础上，明确科学（工程）目标，凝练拟解决的关键科学问题，组织一定规模、一定水准的科研队伍开展长期的预研和探索，攻克大量的科学难关之后，才可以提出承建申请。

坐落在浦东张江高科技园区，由国家、中国科学院和上海市人民政府共同投资建设的上海同步辐射光源，经过 11 年预研优化和 5 年技术攻关建造，如今已稳定高效运行了 13 年[154]。在工程预先研究阶段，总经费为 8000 万元，其中国家投入 2000 万元，上海市政府投入 6000 万元，预研经费约占工程总投资（12 亿元，含预制研究的 8000 万元）的 6.7%[155]。根据国际第三代同步辐射装置的技术特点，工程指挥部主持研制了 41 项单元技术，其中有 22 项为国内首次研制，26 项设备的技术指标达到国际先进水平[82]。随后，科研人员又进行了物理方案优化和 100 MeV 直线加速器研制等设计与预研工作。

从以上实例可以看出，预先研究除了包含对一个重大科技基础设施的科学意义探索和科学目标凝练外，还需对重大科技基础设施总体技术方案的研究和选择，以及对关键工程技术的验证，以上至少需要 10 年的探索和研究过程，对建设任务的顺利完成起着至关重要的作用，同时会对后续的运行及发展产生深远的影响。经费充足、人员队伍稳定、国际先进建设经验借鉴与吸取，以及国际专家的支持等是成功地完成预先研究工作的必要保障。

2.5.2 建设投资

重大科技基础设施的建设与国家创新政策的布局不可分割。重大科技基础设施具有跨学科团队综合、引领前沿科技探索和技术关联外溢效应显著等突出特点，难以由企业独立承担，需要政府统筹规划[156]。我国重大科技基础设施的建设，坚持根据国家发展战略需要统一规划和部署，其决策、建设和运行始终坚持体现国家意志、面向国家科技发展的战略需求、服务国家目标。设施立项的决定性依据就是具有明确的国家使命，能够在占领科技制高点中发挥关键作用，能够为解决我国科技、经济和社会发展中的重大问题提供决定性支撑。

一直以来，科研院所和高校都是我国重大科技基础设施的建设依托单位，国家发展改革委是重大科技基础设施的投资主体。近年来，地方政府与科研机构越来越重视该工作，为争取装置的落户全力提供配套资金。例如，中国散裂中子源是全世界四台脉冲型散裂中子源之一，项目预计总投资 23.6632 亿元，其中国家投资 18.6632 亿元，广东省配套投资 5 亿元。此外，省、市政府还投入了 7.4 亿元用于园区征地等。世界上最先进的第三代同步辐射光源之一的上海同步辐射光源总投资 14 亿元，其中国家发展改革委、上海市和中国科学院各出资 4 亿多元。未来网络试验设施项目预计总投资 16.7 亿元，其中国家出资 9 亿元，其余由地方配套资金及主管部门、项目承担单位自筹解决[125]。目前，在重大科技基础设施建设中，除政府和科研机构作为投资方外，社会资本的参与也成为新趋势。

2.5.3 管理运营

2.5.3.1 日常运营与维护

重大科技基础设施具有通用性和交叉性的特征，需要科学家与工程师共同设计实验方案，搭建不同的实验环境，调整技术参数，方可完成实验并取得数据。在上述过程中，由于实验室模拟的是极高温、极低温或高传染/致病性实验环境，因此安全运行是底线。

针对用户管理，学术用户的需求是各国家实验室的优先保障，对非学术用户的商业使用申请则规定不同。以英国为代表的国家认为，重大科技基础设施是国家投资建设的，应适当惠及所有用户。以美国为代表的国家坚持公共利益绝对化原则，认为接受支付用户费的商业申请可能会破坏依据科学家对重大科技基础设施使用权进行专家评审的基本原则，而且商业申请支付的用户费的波动性会对国家实验室的预算管理和日常运维造成干扰[5]。

2.5.3.2 升级改造及退役

重大科技基础设施的升级改造是延长其性能的窗口期，可以最大限度地提高设施效费比。升级改造贯穿重大科技基础设施的全生命周期，其在设计之初就需要预留升级空间、升级接口和相关升级工程通道。重大科技基础设施的升级改造在立项时，需考虑与国家科技发展战略的契合度、技术可行性与前沿性和环保规定等。在升级改造的过程中，需要解决以下 3 个问题：①设计方、施工方、设备供应方的活动协调要统一，防止机构的临时性、人员的非专业性等影响升级改造的工程质量；②重大科技基础设施的跟踪管理与前瞻性调控，需提前为后面的升级改造留出窗口期；③时间控制，升级改造的周期短，工程的复杂度更高，防止派生不良影响。

如果重大科技基础设施已经无法再升级改造或翻修，就需要做退役处理。从国外国家实验室在做重大科技基础设施的退役处理经验看，拆解取得的设施设备通常仍具有使用价值，清理后可作为同类设施的备件进行封存，对于已经完全丧失使用价值的部件可捐献给博物馆，作为历史资料或科普场馆的实体样本[5]。

2.5.3.3 国际合作与产学研合作

作为提升我国科技创新基础能力的重要力量，国家重大科技基础设施的建设运行都十分复杂与精密，通常会涉及众多的学科和专业技术领域，因而其建设、运行与管理趋向于开放与国际合作。我国的《国家重大科技基础设施管理办法》第二十二条更是明确指出要"积极开展国际科技合作和交流，参与重大国际科技合作计划"。因此，依托国家重大科技基础设施开展国际合作，既是实践其开放共享功能的重要举措，也是有效提升我国前沿基础科学研究国际影响力的有效途径[157]。重大科技基础设施建成后，依托设施，吸引大批高水平国内外人才开展科学研究和科技合作。例如，散裂中子源的高度开放共享，吸引了大批国内外的用户（包括科学家和工程技术人员）开展科学研究和技术攻关。据统计，自 2018 年以来，散裂中子源注册用户超过 2600 人（包括国外用户 40 余人），共完成 600 余项课题，有力地推动了我国中子散射应用和关键技术的重大发展[158]。

2.5.4　人才培养

我国大部分重大科技基础设施在建设和运行期间采用专职与兼职相结合的聘任方式，遵循事业单位的人事管理制度，其人员结构相对稳定，但人员的灵活性不足、工作效率不高。在建设重大科技基础设施的背景下，为了能够高效地开展协同攻关，人才培养需要创新体制机制，充分调动研究人员的积极性，并做好服务保障工作。例如，转化医学国家重大科技基础设施（上海）设立专门的招聘委员会，遵循公平、公正、公开的原则，面向国内外招聘首席科学家，依靠专家、同行评议，进行择优录取。北京正负电子对撞机在人才培养方面，根据科研及工程需要，不定期组织相应的专业培训，同时鼓励技术支撑岗位有专业技能的工人按照国家有关规定外出学习获得专业证书并进行相应年检等。上海同步辐射光源在人才队伍建设工作中，全力推进青年科技创新人才培养，通过"青年科技之星""青年学者发展协作组""博学论坛"等形式，营造有利于青年人成长与成才的环境。

2.6　湖北省重大科技基础设施建设现状及发展对策

2.6.1　湖北省重大科技基础设施建设现状

根据调研，近年来，湖北省已建和在建的重大科技基础设施有 10 个（表 2-12）。其中国家脉冲强磁场实验装置和精密重力测量国家重大科技基础设施分别是"十一五"和"十二五"期间国家发展改革委批复建设的。武汉大学筹划建设的武汉先进光源研究中心、华中科技大学筹划建设的磁约束氘氚聚变中子源预研装置和华中农业大学筹划建设的农业微生物设施 3 个设施得到教育部批复，并列入教育部"十四五"重大科技基础设施培育项目库，给予专项培育经费支持；脉冲强磁场实验装置优化提升、深部岩土工程扰动模拟设施和作物表型组学研究（神农）设施 3 个设施于 2021 年通过国家发展改革委批复；高端生物医学成像设施得到湖北省发展改革委批复。

表 2-12　湖北省重大科技基础设施分布表

序号	重大科技基础设施名称	建设单位	科学领域	批复单位
1	国家脉冲强磁场实验装置	华中科技大学	能源科学	国家发展改革委
2	脉冲强磁场实验装置优化提升	华中科技大学	能源科学	国家发展改革委
3	高端生物医学成像设施	华中科技大学	生命科学	湖北省发展改革委
4	武汉先进光源研究中心	武汉大学	材料科学	教育部
5	深部岩土工程扰动模拟设施	中国科学院岩土力学研究所	工程技术科学	国家发展改革委

续表

序号	重大科技基础设施名称	建设单位	科学领域	批复单位
6	农业微生物设施	华中农业大学	生命科学	教育部
7	磁约束氘氚聚变中子源预研装置	华中科技大学	能源科学	教育部
8	作物表型组学研究（神农）设施	中国科学院遗传与发育生物学研究所、中国科学院武汉植物园	生命科学	国家发展改革委
9	武汉国家生物安全实验室	中国科学院武汉病毒研究所	生命科学	
10	精密重力测量国家重大科技基础设施	华中科技大学、中国科学院测量与地球物理研究所、中国科学院武汉物理与数学研究所、中国地质大学（武汉）和中山大学	地球系统与环境	国家发展改革委

资料来源：作者根据文献整理

2.6.2　湖北省重大科技基础设施建设成绩

近年来，湖北武汉科教资源丰富，创新禀赋优越，在重大科技基础设施的建设与布局方面取得了显著进展，其投入运行和在建的重大科技基础设施总量有 10 个，已经赶超北京和上海，位居全国前列。总的来说，湖北省重大科技基础设施布局逐步完善，运行更加高效，也有一定成果产出，对促进我国科学技术事业发展起到了巨大的支撑作用，为解决国家发展中遇到的关键瓶颈问题做出了突出贡献，其技术溢出也显著促进了经济社会发展。

具体来看，湖北省重大科技基础设施的技术水平更先进，部分技术已进入全球领先行列。例如，2014 年通过国家验收的武汉脉冲强磁场实验装置的多项核心技术指标达到国际一流水平，其中脉冲磁场强度达到 94.8 T，使我国成为继美国、德国后世界上第三个突破 90 T 大关的国家，磁场强度水平位居世界第三、亚洲第一，装置的建成使我国脉冲强磁场技术实现了从"跟跑"到"并跑""领跑"。重大科技基础设施产生的一些成果更是在国际上产生了重大影响力，如由中国科学院和武汉市政府共同建设的武汉国家生物安全实验室。2020 年初新冠疫情暴发之初，武汉国家生物安全实验室，在世界上首次检测出新冠病毒的全基因组序列，首次分离出病毒毒株，为全球科学家开展药物、疫苗、诊断研究提供了重要基础[158]。同时，该实验室在新冠病毒病原鉴定、快速检测、抗病毒药物筛选、疫苗研制等重要工作中也做了很多非常重要的工作，为抗击新冠疫情做出了不可替代的贡献。

布局更完整，表现在生命科学、能源和材料等优势领域的设施建设进一步巩固与发展，环境科学、地球系统与工程技术等薄弱领域明显加强，设施布局明显优化，尤其是位于东湖高新区光谷科学岛的重大科技基础设施［即作物表型组学研究（神农）设施］正在填补国内空白。

运行更高效，表现在重大科技基础设施的管理运行更加规范，开放共享水平显著提高，集群化和集约化的发展趋势更加明显，这些都将有力地促进学科交叉融合和技术综合集成，有力推动产学研协同创新，保障重大科技成果的高效产出。比如，截至 2021 年底，武汉脉冲强磁场实验装置已累计开放机时 65 593 h，为北京大学、清华大学、中国科学院物理研究所、哈佛大学、剑桥大学、德国德累斯顿强磁场实验室等 106 个国内外科研单位提供科学研究服务 1480 项，在《自然》、《科学》、《物理评论快报》（*Physical Review Letters*）等期刊发表论文 1194 篇，取得了一大批原创成果[159]。包括北京大学谢心澄院士团队在量子领域发现了近 90 年来的第三种规律的新型量子振荡现象、清华大学薛其坤院士团队发现了具有最高临界电流密度的二维超导体等，大幅提升了我国物理、化学、材料等领域前沿基础科学的原始创新能力和国际竞争力。

湖北省在重大科技基础设施发展方面展现出了明显的集群化趋势。其中，武汉已成功获得创建具有全国影响力的国家科技创新中心和湖北东湖综合性国家科学中心的资格。同时，湖北省正重点有序推进精密重力测量、高端生物医学成像、脉冲强磁场实验装置优化提升、作物表型组学研究（神农）、深部岩土工程扰动模拟等设施的建设工作。此外，湖北省还致力于提升现有重大科技基础设施的功能和开放度，并计划在光谷科学岛打造世界一流的重大科技基础设施集群。这些举措将进一步推动湖北省在科技创新领域的发展，提升其在国内外的影响力。

2.6.3 湖北省重大科技基础设施建设不足

在充分肯定成绩的同时，也要看到湖北省的重大科技基础设施建设起步相对较晚，建成运行中的设施较少，建设进度有待加快，省财政预算还需增加，团队建设与人才激励政策尚有不足，科技水平和产出效率还需提高，整体水平与建设科技强省的目标要求还有较大差距。

2.6.3.1 建设进度有待加快

根据《国家重大科技基础设施建设中长期规划（2012—2030 年）》划分的 7 个科学领域，湖北省 10 个重大科技基础设施占了 5 个科学领域。因此，湖北省的重大科技基础设施布局的数量和涉及的领域与国内其他省（自治区、直辖市）相比存在一定优势。但是，目前湖北省运行中和即将建成的重大科技基础设施仅有 3 个，新布局的 7 个重大科技基础设施目前仍处于立项状态，还没有开工。与上海、安徽、北京等省（直辖市）的重大科技基础设施相比，运行中的重大科技基础设施严重不足，新布局的建设进度需要加快。

2.6.3.2 财政预算存在不足

与国内先进省（直辖市）北京、上海、广东和安徽合肥相比，湖北省在基础研究，尤其是在重大科技基础设施方面的预算存在不足。2021 年北京市基础研究支出 232 595 万元，其中重大科学工程支出 55 000 万元，占比 26.65%。2023 年上海市财政局对基础研究的投入金额为 62.6 亿元，其中重大科学工程投入金额为 11.8 亿元。广东省以"十四五"规划为目标，对重大科技基础设施进行单独的预算，计划在重大科技基础设施投入 480 亿元，平均每年投入 9.6 亿元。2023 年安徽省在基础研究方面投入 5.03 亿元，其中实验室及相关设施投入 1 亿元。湖北省 2023 年在基础研究方面投入 3.497 亿元，其中实验室及相关设施投入 2987 万元。

2.6.3.3　成果转化能力有待提升

建设高水平、引领型的重大科技基础设施固然重要，但是运行好、使用好这些设施，发挥其最大效益也很重要。重大科技基础设施的研制本身难度过大，科学家在争取投资时对促进技术产业发展仅仅是"附带承诺"，从管理政策上长期缺少对科学转换为技术进而推动经济增长的价值导向和资源投入。目前大部分重大科技基础设施不断推进开放共享，吸引国内外大批用户开展科研工作。但是对于这些用户，围绕国家紧迫的战略需求，开展定向性科学问题研究不多，制约了依托重大科技基础设施开展高水平科学研究、产出重大原创成果、解决关键核心技术问题的能力。如何将依托重大科技基础设施的科学发现转化为技术甚至是产业，需要价值引导和政策支持。因此，重大科技基础设施在完成国家层面的任务之外，为促进所在地的产业创新发展做出贡献的能力不足。

2.6.3.4　团队建设有待加强

团队建设的核心是人才，重大科技基础设施在建设和运行过程中，集聚和培养了一大批懂科学、懂技术、懂工程、懂管理的领军人才，建成后还依托重大科技基础设施吸引大批高水平国内外人才开展科学研究和科技合作。但是，人才不但要能引得来，还要留得住、用得好。从国际上来看，重大科技基础设施项目存在容易忽略个人贡献、难以对青年科学家提供足够的激励等问题。中国重大科技基础设施由于国拨经费中不能列支人员费和激励在编人员，而地方、部门、单位经费又存在配套滞后、预期不稳定等问题，仅依靠事业单位的平均薪酬水平难以吸引、保留、激励与设施水平对应的科技人才。湖北省同样对重大科技基础设施相关科技人才的激励机制还不健全，人才引进的支持政策相对缺乏，科研资金、项目资金的激励引导作用亟待提高。

2.6.4　湖北省重大科技基础设施建设政策建议

2.6.4.1　加快已有重大科技基础设施建设

目前，湖北省武汉市已建成运行的重大科技基础设施有国家脉冲强磁场实验装置和武汉国家生物安全实验室，其中武汉国家生物安全实验室是中国首个正式投入运行的 P4 实验室。精密重力测量国家重大科技基础设施目前正在建设中[160]。另外的 7 个将要开建的重大科技基础设施〔高端生物医学成像设施、脉冲强磁场实验装置优化提升、武汉先进光源研究中心、深部岩土工程扰动模拟设施、农业微生物设施、磁约束氘氚聚变中子源预研装置和作物表型组学研究（神农）设施〕主要集中在生命科学、材料科学、工程技术科学、能源科学等领域。目前，湖北省的各级政府部门应该始终把这 7 个重大科技基础设施的建设和运行保障作为战略（政治）任务来推进，在建设过程中，坚持高位推进，成立各级领导小组、工作专班，重要领导人由党政主要领导担任，能够及时协调解决项目建设中存在的困难和问题，确保项目建设有力、有序地快速推进。同时，增强现有重大科技基础设施的功能和开放度，在光谷科学岛打造世界一流的重大科技基础设施集群。湖北省的各级政府部门可以沿着以上科学技术发展思路，加快应用基础研究与关键"卡脖子"技术突破，引领前沿技术的突破，提供关键设备供给，促进基础研究与应用基础研究的深度融合。

2.6.4.2 加大重大科技基础设施资金投入

重大科技基础设施的投入资金比较大，需要数十亿元甚至上百亿元，不光是建设费，其运行费和升级改造费等同样巨大，每年运行费约为建设经费的10%。建议针对重大科技基础设施加大建设和科研资金投入，增加基础研究的经费预算，设立重大科技基础设施专项资金，用于重大科技基础设施的落地配套资金。探索多元化的投资建设模式，围绕重点产业关键核心技术攻关的需求，在重大科技基础设施建设中，引导社会资本参与，深化与高校、科研研究机构、企业等基础研究机构深度合作，促进重大科技基础设施科学效益、经济社会效益的持续提高。进一步破除体制机制的障碍，探索新型的研究组织范式，为重大科技基础设施的高质量和全方位发展提供创新生态。

2.6.4.3 强化政产学研合作，加快高端科技产业发展

支持科研人员依托重大科技基础设施产出更多重大原创成果，解决重点领域的"卡脖子"问题，支撑产业创新发展。以重大科技基础设施为核心，建设多学科的研究平台，形成多学科的、多种装置的聚集效应。出台一些优惠政策，促进产业链、创新链、金融链、政策链和人才链深度融合，加快相关重大科技基础设施建设核心科技的发展；依托设施，深化与国内外创新主体的合作，整合国家，尤其是湖北的创新力量，建立完整高效的产学研一体化成果转化链，构建长期稳定的协同创新网络[161]。同时，湖北省政府也要做好相关产业的承接服务，推进相关企业发展，协助研发中心迅速转化先进的科技成果，促进社会产业经济的发展。

2.6.4.4 聚集建设高质量人才队伍

在聚集人才的过程中，以项目需求和能力为核心，采用灵活的聘用方式，建立完善的人才晋升机制。湖北省依托重大科技基础设施的建设发展需求，明确所需人才的类型与范围，重点引进与重大科技基础设施相关的高层次人才和高技能人才，注重高科技人才团队建设，并以此形成人才聚拢效应。着力建设吸引和集聚人才的平台，秉承人才优先发展理念，"筑巢引凤"，先行先试，建立新的人才发展体制机制；鼓励采用以合同聘用和项目聘用制为主的人员聘用方式，根据重大科技基础设施需求随时优化人员结构，对重大科技基础设施的核心人员给予事业编制，项目聘用人员的薪酬依据所参与项目进行结算，通过绩效奖金激发其工作热情；建立相应的退出机制，为人才良性流动奠定管理体制基础。提升高校、科研院所、科技园区的综合实力，围绕现阶段国家急需突破的重大科研攻关项目，

有针对性地发展相关科学领域的学科建设。加快推进湖北省本地大学相关科研中心机构的设立，加快建立科研人员良性发展的激励机制，充分调动高素质科研人才的潜在科研能力。

本章参考文献

[1] 中华人民共和国国家发展和改革委员会. 关于印发实施《国家重大科技基础设施管理办法》的通知[EB/OL]. https://www.ndrc.gov.cn/xxgk/zcfb/tz/201411/t20141124_963666.html?code=&state=123[2014-11-24].

[2] 科技日报. 中国科学院院士王贻芳：建设大科学装置要有创新性和领先性[EB/OL]. http://digitalpaper.stdaily.com/http_www.kjrb.com/kjrb/html/2022-09/26/content_542127.htm?div=0[2022-09-26].

[3] 中华人民共和国国家发展和改革委员会. 国家发展改革委有关负责人就《国家重大科技基础设施建设中长期规划（2012—2030 年）》答记者问[EB/OL]. https://www.ndrc.gov.cn/xwdt/xwfb/201304/t20130417_956132.html?code=&state=123[2013-04-17].

[4] 李勇，李发科. 国家重大科技基础设施建设的山东路径探析[J]. 科学与管理，2021，41（2）：88-94.

[5] 常旭华，仲东亭. 国家实验室及其重大科技基础设施的管理体系分析[J]. 中国软科学，2021，(6)：13-22.

[6] 李梦茹，孙若丹. 浅析重大科技基础设施在基础研究中的关键作用[C]//2018 年北京科学技术情报学会学术年会——"智慧科技发展情报服务先行"论坛论文集. 北京，2018：21.

[7] LIGO Caltech. What are Gravitational Waves? [EB/OL]. https://www.ligo.caltech.edu/page/what-are-gw [2022-03-10].

[8] LIGO Caltech. Why Detect Them?[EB/OL]. https://www.ligo.caltech.edu/page/why-detect-gw[2022-03-10].

[9] 陈丽清. 激光干涉仪引力波探测器[J]. 物理教学，2022，44（11）：2-5，23.

[10] 乔琛凯. 聊聊引力波和中国引力波探测[EB/OL]. https://blog.sciencenet.cn/blog-1001977-9565 58.html [2016-02-16].

[11] LISA-Laser Interferometer Space Antenna -NASA. Home Page[EB/OL]. https://lisa.nasa.gov/index.html# why[2022-03-10].

[12] 柯惟力. 世界引力波探测发展[J]. 世界科技研究与发展，2003，(1)：85-89.

[13] 施郁. 爱因斯坦在 1916：从引力波到量子电磁辐射理论[J]. 科技导报，2016，34（8）：107-112.

[14] Observing Plans. IGWN[EB/OL]. https://observing.docs.ligo.org/plan/[2022-03-10].

[15] LIGO Caltech. About. [EB/OL]. https://www.ligo.caltech.edu/page/about[2022-03-10].

[16] 新浪科技. LIGO 三剑客荣获诺贝尔物理学奖，中国学者共享荣光[EB/OL]. https://tech.sina.com.cn/d/2017-10-03/doc-ifymmiwm4660732.shtml[2017-10-03].

[17] Ligo. LIGO SCIENT/FIC COLLABORATION[EB/OL]. https://dcc.ligo.org/public/0166/M2000029/003/M2000029-v3.pdf[2022-03-10].

[18] 陈国栋，贾培发，刘艳. 世界最大的引力波探测仪——LIGO[J]. 国外科技动态，2005，（2）：24-25.

[19] LIGO Caltech.Facilities. [EB/OL]. https://www.ligo.caltech.edu/page/facilities[2022-03-10].

[20] 激光制造网. 激光干涉引力波探测器——人类的宇宙助听器[EB/OL]. http://www.laserfair.com//news/201606/28/60953.html[2016-06-28].

[21] LIGO Caltech. Timeline[EB/OL]. https://www.ligo.caltech.edu/page/timeline[2022-03-10].

[22] David A. Catching gravity，rolling[J]. Physics World，2015，28（9）：25-28.

[23] 虞涵棋. LIGO 再获三千万美元升级经费，美意日印引力波探测或组网[EB/OL]. https://www.thepaper.cn/newsDetail_forward_2992197[2019-02-15].

[24] LIGO Scientific Collaboration. Learn about the LSC[EB/OL]. https://www.ligo.org/about.php[2022-03-10].

[25] LIGO Caltech. Mission [EB/OL]. https://www.ligo.caltech.edu/page/mission[2022-03-10].

[26] LIGO Caltech. Our collaborations[EB/OL]. https://www.ligo.caltech.edu/page/ligo-scientific-collaboration[2022-03-10].

[27] Plant phenotyping tools and research. Plant phenomics[EB/OL]. https://www.plantphenomics.org.au/[2022-01-29].

[28] The Australian Plant Phenomics Facility. Our Purpose[EB/OL]. https://www.plantphenomics.org.au/about-us/#what-we-do[2022-01-21].

[29] The Australian Plant Phenomics Facility. The Plant Accelerator® at the University of Adelaide[EB/OL]. https://www.plantphenomics.org.au/contact/#adelaide[2022-01-21].

[30] The Australian Plant Phenomics Facility. The High Resolution Plant Phenomics Centre（HRPPC）at CSIRO [EB/OL]. https://www.plantphenomics.org.au/contact/#adelaide[2022-01-21].

[31] The Australian Plant Phenomics Facility. The Plant Phenomics Group at ANU[EB/OL]. https://www.plantphenomics.org.au/contact/#adelaide[2022-01-21].

[32] The Australian Plant Phenomics Facility. Plant Phenotyping Resources[EB/OL]. https://www.plantphenomics.org.au/resources/#fact-sheets-and-brochure[2022-01-21].

[33] The Australian Plant Phenomics Facility.Our Board[EB/OL]. https://www.plantphenomics.org.au/about-us/#what-we-do[2022-01-21].

[34] 胡伟娟，凌宏清，傅向东. 植物表型组学研究平台建设及技术应用[J]. 遗传，2019，41（11）：1060-1066.

[35] The Australian Plant Phenomics Facility. NCRIS community[EB/OL]. https://www.plantphenomics.org.au/about-us/#what-we-do[2022-01-21].

[36] The Australian Plant Phenomics Facility[EB/OL]. https://www.plantphenomics.org.au/about-us/#what-we-do[2022-01-21].

[37] Grønli M，Lilliestråle A，BredesenM A，et al. ECCSEL—European carbon dioxide capture and storage laboratory infrastructure[J]. Energy Procedia，2011（4）：6168-6173.

[38] ESFRI Roadmap 2018. Foreword[EB/OL]. http://roadmap2018.esfri.eu/media/1066/esfri-roadmap-2018.pdf[2018-09-11].

[39] ECCSEL[EB/OL]. https://www.eccsel.org/[2022-01-17].

[40] ECCSEL.Mission and Vision[EB/OL]. https://www.eccsel.org/about-eccsel/mission-vision/[2022-01-17].

[41] 贾无志. 欧盟科研基础设施开放共享立法及实践[J]. 全球科技经济瞭望，2018，33（5）：28-32.

[42] ECCSEL. Organisation/Governance[EB/OL]. https://www.eccsel.org/about-eccsel/organisation-governance/[2022-01-17].

[43] Quale S，Rohling V. The European Carbon Dioxide Capture and Storage Laboratory Infrastructure（ECCSEL）[J]. Green Energy & Environment，2016，1（3）：180-194.

[44] MIRRI-ERIC[EB/OL]. https://www.mirri.org/[2022-01-15].

[45] MIRRI-ERIC. MICROBIAL RESOURCE RESEARCH INFRASTRUCTURE [EB/OL]. https://www.mirri.org/[2022-01-15].

[46] MIRRI-ERIC[EB/OL]. https://www.mirri.org/wp-content/uploads/2021/03/MIRRI_SRIA2021-30_Web-version_20210319.pdf[2022-01-15].

[47] MIRRI-ERIC. Governance & People[EB/OL]. https://www.mirri.org/about/governance-people/[2022-01-15].

[48] Stackebrandt E，Schüngel M，Martin D，et al. The microbial resource research infrastructure MIRRI：strength through coordination[J]. Microorganisms，2015，3（4）：890-902.

[49] Euro BioImaging. About Euro-BioImaging[EB/OL]. https://www.eurobioimaging.eu/about-us/about-eubi[2022-01-10].

[50] Euro BioImaging. Euro-BioImaging Nodes[EB/OL]. https://www.eurobioimaging.eu/about-us/eurobioimaging-nodes[2022-01-10].

[51] Pfander C，Bischof J，Childress-Poli M，et al. Euro-BioImaging-Interdisciplinary research infrastructure bringing together communities and imaging facilities to support excellent research[J]. iScience，2022，25（2）：103800.

[52] Euro BioImaging. Quality management[EB/OL]. https://www.eurobioimaging.eu/about-us/quality-management [2022-01-10].

[53] Euro BioImaging. Euro-BioImaging Hub Team[EB/OL]. https://www.eurobioimaging.eu/about-us/eurobioimaging-hub-team[2022-01-10].

[54] Euro BioImaging. Euro-BioImaging ERIC：Procedure for identification and evaluation of new Euro-BioImaging Nodes[EB/OL]. https://www.eurobioimaging.eu/upload/document_gallery/Call%20for%20Nodes%202021%20-%20Procedure.pdf[2022-01-10].

[55] Euro BioImaging. Euro-BioImaging Expert Groups[EB/OL]. https://www.eurobioimaging.eu/about-us/expert-groups#first[2022-01-10].

[56] Euro BioImaging. Collaborations with partners[EB/OL]. https://www.eurobioimaging.eu/about-us/collaborations-with-partners[2022-01-10].

[57] 北京正负电子对撞机正式通过验收[J]. 现代工业经济和信息化，2013（13）：62.

[58] 芮厘. 撞击的科学[N]. 中国科学报，2013-12-13（11）.

[59] 倪思洁. 中国首个大科学装置诞生记[N]. 中国科学报，2024-03-25（4）.

[60] 北京正负电子对撞机国家实验室. 北京正负电子对撞机概况[EB/OL]. http://bepclab.ihep.cas.cn/bepcgk/201309/t20130930_127309.html[2021-12-28].

[61] 张恒力, 高元强. 我国大科学工程改造升级的管理与运行——以北京正负电子对撞机重大改造工程（BEPC Ⅱ）为例[J]. 中国科技论坛, 2007, (2): 39-42, 88.

[62] 谢起慧, 李苏蕊, 王薇. 我国大科学装置科普化的模式探索——基于北京地区三类装置的比较[J].科技传播, 2021, 13 (7): 29-31, 38.

[63] 北京: 正负电子对撞机[J]. 中国地名, 2009, (11): 75.

[64] 中国科学院高能物理研究所. 北京同步辐射装置发展的四个阶段[EB/OL]. http://www.ihep.cas.cn/kxcb/kpcg/bsrf/201406/t20140620_4140384.html[2014-06-20].

[65] 北京正负电子对撞机. 北京正负电子对撞机荣获 2022 年中科院重大科技基础设施运行评比一等奖[EB/OL]. http://bepclab.ihep.cas.cn/jdxw/202210/t20221020_718721.htmll[2020-10-20].

[66] 我国光伏领域研究实现重大突破[J]. 江苏建材, 2021, (2): 53.

[67] 北京正负电子对撞机国家实验室. 北京正负电子对撞机和中国散裂中子源分获 2021 年度中国科学院重大科技基础设施运行评比一等奖和二等奖[EB/OL]. http://bepclab.ihep.cas.cn/jdxw/202111/t20211118_671967.html[2021-11-05].

[68] 卢涛. 合肥光源升级改造工程一级和二级控制网的建立及精度评估[D]. 合肥: 合肥工业大学, 2013.

[69] 国家同步辐射实验室. 合肥光源[EB/OL]. http://www.nsrl.ustc.edu.cn/10954/list.htm[2021-12-20].

[70] 国家同步辐射实验室. 2020 年度年报[EB/OL]. http://www.nsrl.ustc.edu.cn/2021/1116/c10932a533147/page.htm[2021-11-16].

[71] 中国科大新闻网.【合肥晚报】中国科大多项成果亮相"十三五"科技创新成就展[EB/OL]. http://news.ustc.edu.cn/info/1056/77275.htm[2021-10-29].

[72] 国家同步辐射实验室. 2013—2020 年报[EB/OL]. http://www.nsrl.ustc.edu.cn/10932/list.htm[2021-12-20].

[73] 王占东. 合肥光源的发展历程及展望[J]. 安徽科技, 2020, (7): 52-53.

[74] 何多慧. 同步辐射光源的发展和展望[J]. 强激光与粒子束, 1990, (4): 387-400.

[75] 上海同步辐射光源. 上海光源介绍[EB/OL]. http://ssrf.sari.ac.cn/ngyssrf/nshgyjs/[2021-12-21].

[76] 中国科学院重大科技基础设施共享服务平台. 上海大科学中心简介[EB/OL]. https://lssf.cas.cn/lssf/dkxzx/shdkxzx/201601/t20160119_4519152.html[2016-01-19].

[77] 中国科学院重大科技基础设施共享服务平台. 十年磨砺铸就科学大工程——写在我国规模最大的科学工程上海光源破土动工之际[EB/OL]. https://lssf.cas.cn/lssf/xwhd/cmsm/200501/t20050105_4508424.html[2005-01-05].

[78] 胡伟, 吴利芳, 蔡强. 公共实验平台类大科学装置的产业化融合机制研究[J]. 科技创新导报, 2019, 16 (12): 199-201, 203.

[79] 中国科学院. 我国迄今最大的国家重大科学工程——上海光源（SSRF）顺利通过国家验收[EB/OL]. https://www.cas.cn/xw/zyxw/ttxw/201001/t20100120_2729585.shtml[2010-01-20].

[80] 上海同步辐射光源. 上海光源介绍[EB/OL]. http://ssrf.sari.ac.cn/ngyssrf/nshgyjs/[2021-12-23].

[81] Zhao W J. Zhentang Zhao：past and future of the Shanghai Synchrotron Radiation Facility[J]. National Science

Review，2021，8（12）：122-125.

[82] 陈森玉，赵振堂. 李政道与中国的同步辐射光源[J]. 现代物理知识，2021，33：81-89.

[83] 陈延伟. 中国散裂中子源（CSNS）[J]. 中国科学院院刊，2011，26（6）：726-728，725，606，741.

[84] 韦杰. 中国散裂中子源简介[J]. 现代物理知识，2007，（6）：22-29.

[85] 张杰. 中国散裂中子源（CSNS）——多学科应用的大科学平台[J]. 中国科学院院刊，2006，（5）：415-417.

[86] 韦杰. 中国散裂中子源简介[J]. 现代物理知识，2007（6）：22-29.

[87] 中国散裂中子源工程. 工程简介[EB/OL]. http://csns.ihep.cas.cn/gcgk/gcjj/201404/t20140416_171293.html [2014-04-16].

[88] 中国散裂中子源通过国家验收[J]. 分析仪器，2018，（5）：151.

[89] 孙礼军，廖雄，潘智伟. 特殊科研用地总平面设计探讨——以中国散裂中子源实验园区为例[J]. 规划师，2015，31（11）：67-70.

[90] 中国科学院高能物理研究所. 高能科普园[EB/OL]. http://www.ihep.cas.cn/kxcb/kpzt/kpzt_CSNS/201108/ t20110801_3318516.html[2011-08-01].

[91] 中国科学院高能物理研究所. 高能科普园[EB/OL]. http://csns.ihep.cas.cn/kpyd/201406/U0201406115 52881082445.pdf[2014-06-11].

[92] 中国散裂中子源工程. 法人单位[EB/OL]. http://csns.ihep.cas.cn/gczz/frdw/201312/t20131204_144689.html [2013-12-04].

[93] 中国散裂中子源工程. 管理机构[EB/OL]. http://csns.ihep.cas.cn/gczz/gljg/201312/t20131204_144691.html [2013-12-04].

[94] 中国散裂中子源工程. 研究部介绍[EB/OL]. http://csns.ihep.cas.cn/dgfb/fbjj/201503/t20150317_285248. html[2015-03-17].

[95] 中国散裂中子源工程. 散裂中子源工程 2019 年年度报告[EB/OL]. http://csns.ihep.cas.cn/csnsnb/202009/ P020200923372217492962.pdf[2020-09-23].

[96] 冯伟波，周源，周羽. 美国国家实验室大型科研设施建设对中国的启示——以国家高磁场实验室为例 [J]. 科技管理研究，2019，39（16）：37-41.

[97] 中国散裂中子源工程. 散裂中子源工程 2018 年年度报告[EB/OL]. http://csns.ihep.cas.cn/csnsnb/201901/ U02020021335842587755.pdf[2019-01-13].

[98] 陈和生. 中国散裂中子源[J]. 现代物理知识，2016，28（1）：3-10.

[99] 中科清研（北京）科学技术研究院. 从荔枝园到中子源[EB/OL]. http://cnian.org.cn/h-nd-2669.html[2021-12-15].

[100] 东莞日报. 助力中子散射多学科的基础和应用基础研究[EB/OL]. https://epaper.timedg.com/html/2020-01/16/content_1605844.htm[2020-01-16].

[101] 中国科学院高能物理研究所. 高能所与东莞理工学院成立"中国散裂中子源先进材料联合实验室" [EB/OL]. https://ihep.cas.cn/xwdt/gnxw/2012/201205/t20120516_3578352.html[2012-05-16].

[102] 东莞理工学院机械工程学院. 中国散裂中子源机电技术研发联合实验室[EB/OL]. https://jxx.dgut.edu.

cn/info/1057/3700.htm[2014/09/26].

[103] 贾磊. 快周期同步加速器磁铁电源监测系统设计与实现[D]. 哈尔滨：哈尔滨理工大学，2009.

[104] 东莞日报. 科技创新驱动　共助湾区建设[EB/OL]. https://epaper.timedg.com/html/2021-11-30/content_1661072.htm[2021-11-30].

[105] 谢华. 子午工程——世界级的空间天气观测站[J]. 飞碟探索，2021，（4）：150-159.

[106] 范全林. 基于子午工程的国际空间天气子午圈计划[J]. 中国科学基金，2008，（2）：65-69.

[107] 李会超. 空间天气预报在中国[J]. 太空探索，2019，（6）：50-53.

[108] 王赤，陈志青，胡连欢，等. 我国空间环境天/地基监测平台的发展态势和展望[J]. 航天器环境工程，2021，38（3）：225-239.

[109] 兰州大学新闻网. 国家重大科技基础设施——空间环境地基综合监测网项目（子午工程二期）中高层大气探测激光雷达兰州台榆中站建设正式开工[EB/OL]. https://news.lzu.edu.cn/c/202108/81581.html[2021-08-05].

[110] 中国网·"一带一路"网. [大国重器-中国科学院重大科技基础设施]东半球空间环境地基综合监测子午链[EB/OL]. http://ydyl.china.com.cn/2020-09-21/content_76725365.htm[2020-09-21].

[111] 高艳蕊. "子午工程"运行管理综合评价研究[D]. 北京：中国科学院大学，2017.

[112] 中国科学院国家空间科学中心. 国家空间天气科学中心[EB/OL]. http://www.nssc.cas.cn/jgsz2015/ztjg/gjkjtqkxzx/[2021-12-27].

[113] 东半球空间环境地基综合监测子午链. 中国科学院院刊，2019，34（Z2）：66-69.

[114] 中国科学院. 耀斑爆发，地球竟会"自卫"！[EB/OL]. https://www.cas.cn/kj/202103/t20210324_4782084.shtml[2021-03-24].

[115] 地球系统数值模拟装置. 项目介绍[EB/OL]. https://earthlab.iap.ac.cn/about.aspx?id=105[2021-12-19].

[116] 地球系统数值模拟装置. 地球系统数值模拟装置　工程季报 2018 年第 1 期（总第 1 期）[EB/OL]. https://earthlab.iap.ac.cn/progressinfo.aspx?id=131[2018-12-01].

[117] 地球系统数值模拟装置. 地球系统数值模拟装置　工程季报 2019 年第 1 期（总第 2 期）[EB/OL]. https://earthlab.iap.ac.cn/progressinfo.aspx?id=132[2019-05-05].

[118] 人文之光网. 模拟地球[EB/OL]. https://www.bjskpj.cn/beijing/33-technology/16601-2021-09-09-09-31-33[2021-09-13].

[119] 许志坚，谭航. 未来网络设施之探秘[J]. 江苏通信，2018，34（5）：27-29.

[120] 谭航. 国家未来网络试验设施的特点及其作用发挥的思考[J]. 江苏通信，2020，36（4）：49-52.

[121] 未来网络试验设施官网. 设施介绍[EB/OL]. https://ceni.org.cn/330.html.

[122] 江苏省未来网络创新研究院. 组织架构[EB/OL]. https://www.fnii.cn/website/into/framework[2022-12-20].

[123] 江苏省未来网络创新研究院. 研究院概况[EB/OL]. https://www.fnii.cn/website/into/about[2022-12-20].

[124] 深圳信息通信研究院. 未来网络将有"深圳基因"！华为 中兴 腾讯参与试验设施建设[EB/OL]. http://www.saict.ac.cn/home-detail?menuId=101&id=000000005e3b7895015e609d2f33003d[2017-02-21].

[125] 江苏省未来网络创新研究院. 成果展示. https://www.fnii.cn/website/ceni/6/1[EB/OL][2022-03-02].

[126] 未来网络. 关于 CENI[EB/OL]. https://www.fnic.cn/CENIkeyanwang/386.html[2022-03-02].

[127] 央广网. 上海科创中心建设取得"三个重大"成果 已经形成具有全球影响力的科技创新中心基本框

架体系[EB/OL]. http://finance.cnr.cn/jjgd/20210929/t20210929_525619723.shtml[2021-09-21].

[128] 北京市发展和改革委员会. 北京市国民经济和社会发展第十四个五年规划和二〇三五年远景目标纲要[EB/OL]. http://fgw.beijing.gov.cn/fgwzwgk/zcgk/ghjhwb/wnjh/202104/t20210401_2638614.htm[2021-01-27].

[129] 北京市人民政府. 北京市 2020 年预算执行情况和 2021 年预算[EB/OL]. http://www.beijing.gov.cn/gongkai/caizheng/czbg/ysbg/202102/t20210210_2282078.html[2021-02-10].

[130] 中国科学院. 怀柔科学城：两大科学装置同时启动建设[EB/OL]. https://www.cas.cn/cm/201907/t20190701_4697504.shtml[2019-07-01].

[131] 国家发展和改革委员会. 国家重大科技基础设施建设"十三五"规划[EB/OL]. https://www.ndrc.gov.cn/xxgk/zcfb/ghwb/201701/W020190905497895917256.pdf[2017-01-17].

[132] 中国科学院高能物理研究所. 怀柔科学城 2 个国家重大科技基础设施同时启动[EB/OL]. http://www.ihep.ac.cn/xwdt/cmsm/2019/201906/t20190629_5330223.html[2019-06-29].

[133] 国家重大科技基础设施建设中长期规划（2012—2030 年）[J]. 信息技术与信息化, 2013, （2）: 7-13, 49.

[134] 常旭华. 上海发起或参与国际大科学计划和大科学工程的路径和运作方式[J]. 科学发展, 2021, （7）: 5-16.

[135] 张坚, 黄琨, 李英, 等. 张江综合性国家科学中心服务上海科创中心建设路径[J]. 科学发展, 2018, （9）: 11-19.

[136] 中华人民共和国国家发展和改革委员会. 上海市建设具有全球影响力的科技创新中心"十四五"规划[EB/OL]. https://www.ndrc.gov.cn/xxgk/zcfb/ghwb/202109/t20210910_1296426.html[2021-09-10].

[137] 中华人民共和国财政部. 上海市 2020 年预算执行情况和 2021 年预算草案的报告[EB/OL]. http://www.mof.gov.cn/zhuantihuigu/2020bghb_15240/202103/t20210308_3667285.htm[2021-03-08].

[138] 上海市科学技术委员会. 上海市 2021 年市级部门预算[EB/OL]. https://stcsm.sh.gov.cn/zwgk/bmcz/20210222/456feda3bf124a779a910647661872d3.html[2021-02-22].

[139] 常旭华. 上海发起或参与国际大科学计划和大科学工程的路径和运作方式[J]. 科学发展, 2021, （7）: 5-16.

[140] 新华网. 做改革先锋, 强化科技创新策源功能[EB/OL]. http://m.xinhuanet.com/sh/2021-03-31/c_139847874.htm[2021-03-31].

[141] 中华人民共和国国务院新闻办公室. 关于印发《上海市张江科学城发展"十四五"规划》的通知[EB/OL]. http://www.scio.gov.cn/xwfbh/xwbfbh/wqfbh/44687/46339/xgzc46345/Document/1708983/1708983.htm[2021-07-15].

[142] 中华人民共和国国家发展和改革委员会. 广东省国民经济和社会发展第十四个五年规划和 2035 年远景目标纲要[EB/OL]. https://www.ndrc.gov.cn/fggz/fzzlgh/dffzgh/202104/t20210428_1277936.html?code=&state=123[2021-04-28].

[143] 广东省人民政府. 广东省人民政府关于印发广东省科技创新"十四五"规划的通知[EB/OL]. http://www.gd.gov.cn/xxts/content/post_3576064.html[2021-10-13].

[144] 谈力, 江笑颜, 韩莉娜. 打造高水平创新平台体系　强化在粤国家战略科技力量[J]. 广东科技, 2021, 30（7）: 15-19.

[145] 新华网. 大科学装置为大湾区 发展注入创新动力[EB/OL]. http://m.xinhuanet.com/gd/2022-06-08/c_1128721885.htm[2022-06-08].

[146] 中华人民共和国国家发展和改革委员会. 安徽省国民经济和社会发展第十四个五年规划和 2035 年远景目标纲要[EB/OL]. https://www.ndrc.gov.cn/fggz/fzzlgh/dffzgh/202104/t20210408_1271917.html[2021-04-08].

[147] 合肥市人民政府. 合肥市推动长三角地区更高质量一体化发展重点工作推进方案[EB/OL]. https://www.hefei.gov.cn/zwgk/public/19121/106042247.html[2020-04-20].

[148] 合肥市人民政府. 合肥综合性国家科学中心建设重大项目推动强劲有力[EB/OL]. https://www.hefei.gov.cn/ssxw/csbb/107064113.html[2021-11-17].

[149] 合肥第四个大科学装置建设进行时[EB/OL]. http://kjt.ah.gov.cn/kjzx/mtjj/120728901.html[2021-12-15].

[150] 国家发展和改革委员会. 国家重大科技基础设施助力世界科技强国建设[J]. 中国战略新兴产业, 2017, (41): 36-37.

[151] 葛焱, 杨文辉. "新基建"背景下加强重大科技基础设施建设的思考[J]. 科学管理研究, 2021, 39 (1): 45-50.

[152] 乔黎黎, 邱灵, 张铭慎, 等. 新时代加快建设创新型国家的若干问题（笔谈）[J]. 宏观经济研究, 2018, (11): 64-67.

[153] 樊潇潇, 李泽霞, 宋伟, 等. 重大科技基础设施预先研究管理解析及思考[J]. 科技管理研究, 2019, 39 (2): 31-36.

[154] 中国记协网. 庆祝中国共产党成立 100 周年特别策划·大国重器系列报道[EB/OL]. http://www.xinhuanet.com/zgjx/2022-11-01/c_1310667758_2.htm[2022-11-01].

[155] 唐素琴, 李志红. 我国大科学工程预制研究的特点及几点思考[J]. 自然辩证法研究, 2008, (1): 62-67.

[156] 陈岸明, 魏东原. 粤港澳大湾区重大科技基础设施布局的优化分析——基于国际比较的视角[J]. 国际经贸探索, 2020, 36 (10): 86-99.

[157] 邸月宝, 陈锐. 基于文献计量的国家重大科技基础设施国际合作研究趋势分析——以上海光源为例[J]. 今日科苑, 2019, (5): 33-42.

[158] 中国人大网. 我国重大科技基础设施的现状和未来发展[EB/OL]. http://www.npc.gov.cn/npc/c30834/202206/90acffdbc88045758409c17e7dd86971.shtml[2022-06-24].

[159] 国家脉冲强磁场科学中心. 装置介绍[EB/OL]. http://whmfc.hust.edu.cn/kfyx/zzjs.htm[2023-08-06].

[160] 中华人民共和国中央人民政府. 武汉：4 年内省市每年投入 100 亿元建设重大科技基础设施[EB/OL]. http://www.gov.cn/xinwen/2019-03/09/content_5372387.htm[2019-03-09].

[161] 黎江韵. 广东重大科技基础设施建设现状分析与建议[J]. 中国科技信息, 2021, (19): 124-125.

第 3 章

基础科学和前沿交叉学科
平台建设研究

基础科学是指以认识自然现象与自然规律为直接目的，而不是以社会实用为直接目的的研究，其成果多具有理论性，需要通过应用研究的环节才能转化为现实生产力。交叉学科是指不同学科之间相互交叉、融合、渗透而出现的新兴学科。当前，学科交叉融合是大势所趋。基础科学和前沿交叉学科平台是围绕基础研究与前沿科技开展交叉研究的学术研究与教学机构[1, 2]。实验室、研究中心、研究院所等平台建设是推动基础研究和前沿交叉科学研究的重要途径。

本书聚焦国内外基础学科和前沿交叉学科平台建设，遴选国外 6 个基础科学和前沿交叉学科平台以及国内 30 个基础科学和前沿交叉学科平台作为调研对象。通过对这些平台的全面调研，了解平台的管理模式和运行机制，分析平台的特点和举措，总结平台的成功经验和启示。

3.1 基础科学和前沿交叉学科平台的界定与政策分析

3.1.1 基础科学和前沿交叉学科平台的界定

基础科学和前沿交叉学科平台是围绕基础研究与前沿科技开展交叉研究的学术研究及教学机构。对基础科学的研究，简称基础研究，它是科学体系的源头，是所有技术问题的总机关，只有重视基础研究，才能永远保持自主创新的能力[3]。习近平总书记在二十届中共中央政治局第三次集体学习时指出："加强基础研究，是实现高水平科技自立自强的迫切要求，是建设世界科技强国的必由之路。"[4]为了打开技术问题的总机关，激发更强的创新力，须不断加大对基础科学相关平台的投入。随着科学技术的发展，依靠单一学科已无法满足当今经济社会发展的新兴产业需求，需要多学科交汇融合来解决技术难题，前沿交叉学科因此应运而生。对基础科学和前沿交叉学科的研究依托于基础科学与前沿交叉学科平台，该平台不同于传统的学术研究与教学机构，须在组织结构和考核评价等方面进行创新，从而满足前沿交叉学科涉及多个单位政策、管理制度和考核制度的发展特点[1]。

基础科学平台和前沿交叉学科平台建设要加强面向重大战略需求与新兴科学前沿交叉领域的统筹及部署，建立学科交叉融合资助机制和资源配置模式，促进多学科对综合性复杂问题的协同攻关。尊重不同学科特点，鼓励个性发展，打破传统禁锢观念，推动深度交叉融合，努力形成新的学科增长点和新的研究范式，为国家培养变革性交叉科学人才。

3.1.2 基础科学和前沿交叉学科平台建设的政策分析

3.1.2.1 基础科学和前沿交叉学科平台建设的国家政策分析

2018 年 1 月 31 日，国务院发布《国务院关于全面加强基础科学研究的若干意见》。该文件指出"加强基础科学研究，对数学、物理等重点基础学科给予更多倾斜。完善学科布局，推动基础学科与应用学科均衡协调发展，鼓励开展跨学科研究，促进自然科学、人文社会科学等不同学科之间的交叉融合"[4]。同时要求"围绕宇宙演化、物质结构、生命起源、脑与认知等开展探索，加强对量子科学、脑科学、合成生物学、空间科学、深海科学等重大科学问题的超前部署……在农业、材料、能源、网络信息、制造与工程等领域和行业集中力量攻克一批重大科学问题。围绕改善民生和促进可持续发展的迫切需求，进一步加强资源环境、人口健康、新型城镇化、公共安全等领域基础科学研究。聚焦未来可能产生变革性技术的基础科学领域，强化重大原创性研究和前沿交叉研究"[4]。在平台建设方面，要求"在前沿、新兴、交叉、边缘等学科以及布局薄弱学科，依托高校、科研院所和骨干企业等部署建设一批国家重点实验室和国防科技重点实验室，推进学科交叉国家研究中心建设"[4]。

2020 年 1 月 21 日，科技部、国家发展改革委等部门联合出台文件《加强"从 0 到 1"基础研究工作方案》，提出要"瞄准重大原创性基础前沿和关键核心技术的科学问题，在数学、物理、生命科学、空间科学、深海科学、纳米科学等基础前沿领域和农业、能源、材料、信息、生物、医药、制造与工程等应用基础领域开展基础研究"[5]。"在重大专项和重点研发计划中突出支持基础研究重点领域原创方向，持续支持量子科学、脑科学、纳米科学、干细胞、合成生物学、发育编程、全球变化及应对、蛋白质机器、大科学装置前沿研究等重点领域，针对重点领域、重大工程等国家重大战略需求中的关键数学问题，加强应用数学和交叉研究，加强引力波、极端制造、催化科学、物态调控、地球系统科学、人类疾病动物模型等领域部署，抢占前沿科学研究制高点"[5]。

2020 年 10 月 29 日，中国共产党第十九届中央委员会第五次全体会议通过的《中共中央关于制定国民经济和社会发展第十四个五年规划和二○三五年远景目标的建议》中提到，加强基础研究，推进学科交叉融合。瞄准人工智能、量子信息、集成电路、生命健康、脑科学、生物育种、空天科技、深地深海等前沿领域，实施一批具有前瞻性、战略性的国家重大科技项目[6]。

2020 年 11 月，我国国家自然科学基金委员会宣布成立交叉科学部[7]，负责交叉科学领域资助工作，并设置四个领域的受理代码，分别是物质科学领域（T01）、智能与智造领域（T02）、生命与健康领域（T03）和融合科学领域（T04）。

具体来说，物质科学领域主要基于数学、物理、化学、生命等基础学科的交叉科学研究，面向国际科学前沿和国家重大需求，解决材料、能源、环境、信息等领域的核心基础科学问题，取得重大突破或形成新的交叉学科增长点。

智能与智造领域基于大数据、人工智能、网络空间、信息技术等领域的交叉科学研究，面向国家重大需求和经济主战场，解决我国经济转型过程中与复杂系统相关的控制工程、精密制造、先进智造等关键科学与技术问题，以及工程与制造领域的重大瓶颈问题。

生命与健康领域基于理学、工学、医学等领域的交叉科学研究，面向人民生命健康，揭示生命现象背后的科学原理，阐明与生命、健康相关的复杂系统多层次作用机制，应对人类健康与疾病防治中的重大挑战。

融合科学领域基于自然科学与人文、社会、管理等领域的交叉科学研究，围绕宏观复杂系统，以及经济发展过程中的资源开发利用、生态文明建设、人居环境提升等问题，探究人类文明演化的自然规律和历史嬗变的科学成因、自然与社会的互馈机制、人地系统的动态结构等，解决人类可持续发展中的重大科学问题。

2021 年 1 月 14 日，国务院学位委员会和教育部联合宣布设置"交叉学科"门类（门类代码为"14"）、"集成电路科学与工程"一级学科（学科代码为"1401"）和"国家安全学"一级学科（学科代码为"1402"）[8]。

3.1.2.2　北京市基础科学和前沿交叉学科平台建设政策分析

2019 年 5 月 24 日，北京市人民政府新闻办公室、北京市科学技术委员会联合召开"基础研究、应用基础研究重大创新成果"新闻发布会[9]。会议指出，2018 年，北京基础研究经费占研发经费的比重为 15% 左右，北京市自然科学基金是北京市支持基础研究和原始创新的重要途径。贯彻落实《国务院关于全面加强基础科学研究的若干意见》中有关"潜心加强基础科学研究，对数学、物理等重点基础学科给予更多倾斜"的要求，围绕北京市重点领域关键核心技术的基础研究问题，在全国率先部署重点研究专题项目，聚焦科学前沿，鼓励学科交叉，瞄准高精尖产业与基础学科的交汇点精准发力，高强度支持顶尖研究团队潜心开展基础研究，将学科优势转化为竞争优势，形成原创性成果。资助强度为 200 万～300 万元/项，资助项目研究内容涉及数学学科的里奇流、深度学习、弱监督算法，物理学科的新拓扑物质、低能耗纳米激光、冷冻电子成像等多个国际前沿方向，将为人工智能、量子计算和芯片、能源催化等关键核心技术提供源头支撑。

2021 年 8 月 11 日，北京市人民政府在《北京市"十四五"时期高精尖产业发展规划》中提出，信息、生物、新材料、新能源等领域的技术突破与交叉融合，将对产业转型升级和变换发展赛道产生深刻影响。另外，在新健康服务方面，推动医工交叉创新融合发展[10]。此外，7 月 22 日发布的《北京市加快医药健康协同创新行动计划（2021—2023 年）》中提出，"大力推动医药健康产业与人工智能、区块链、大数据、5G 等新兴技术领域融合发展，提升研发效率，加速培育形成新一轮产业增长点"[11]。

3.1.2.3 上海市基础科学和前沿交叉学科平台建设政策分析

2021年10月20日，上海市发布了《关于加快推动基础研究高质量发展的若干意见》，提到"重点支持数学、物理、化学、生物等基础学科，以及脑科学与类脑智能、量子科技、变革性材料、生命调控等战略领域和重大方向，强化对新兴交叉前沿领域的布局和支持"[12]。

2021年9月29日，上海市发布的《上海市建设具有全球影响力的科技创新中心"十四五"规划》中提到，"通过争取国家重点实验室、基础科学中心、数学中心以及市重点实验室等基础研究类基地布局，全面夯实数理、化学、天文与空间、地球科学、环境、生物学、医药、公共卫生、信息、材料、制造、工程、能源、海洋、综合交叉等学科领域的科研基础"[13]。

2021年2月，上海市科学技术委员会发布的《上海市2021年度"科技创新行动计划"港澳台科技合作项目申报指南》中提到，"优先支持生物医药、人工智能、集成电路、新材料、新能源、先进制造、金融科技领域及与以上领域相关的交叉学科领域"[14]，资助经费每项不超过40万元。

2023年6月1日，上海市科学技术委员会关于印发《上海市计算生物学创新发展行动计划（2023—2025年）》的通知中提到，"在市科委科技创新行动计划中设立'计算生物学'专项，聚焦结构、组学、类器官、个体等多维度的生命科学重大问题和主要目标，以全链条创新的理念布局算法、模型构建、药物生成等基础研究方向，构建计算生物学的创新源头"[15]。另外，还提出"建设高能级新型研发机构，联动有关企业机构，开展基础研究和应用基础研究，加强产学研合作，面向药物靶标、候选药物、诊疗技术等方向加快成果应用转化"[15]。针对人才引育，"鼓励具有自主审核资格的高校、院所根据发展阶段设立计算生物学一级学科，建设全新课程资源和教学实践平台，加强研究生联合培养，构建该领域交叉专业人才培养体系，培养满足产业发展急需的创新型人才，为交叉学科提供更好的发展通道和平台"[15]。

2023年6月19日，上海市科学技术委员会发布的《科创激发新动力——上海高质量发展观察（三）》中提到，"目前上海布局的国家重大科技基础设施共17个，2021年，全社会基础研究投入达177.73亿元，占研发投入的比重近10%，较5年前翻了近一番"[16]。"上海正在基础研究优势突出的部分高校和科研院所试点设立'基础研究特区'，探索长期稳定的资助方式，比如以五年作为一个周期，对试点机构进行持续定额支持。同时赋予特区充分自主权，允许自由选题、自行组织科研、自主使用经费，在项目遴选、考核评价等方面开展积极探索，营造有利于科学家和团队潜心开展基础研究的环境"[16]。

3.1.2.4 浙江省基础科学和前沿交叉学科平台建设政策分析

2019年10月18日，浙江省省政府办公厅发布《浙江省人民政府关于全面加强基础科学研究的实施意见》，针对该省基础科学研究的痛点和难点，提出了 19 条政策举措。其中，"提出加强数学、物理等基础学科和信息、生命、材料科学新兴学科建设，瞄准人工智能、集成电路、生物医药、机器人、新能源、现代农业等重大科技问题，部署加强基础研究"[17]。

2020 年 5 月 12 日，浙江省科学技术厅发布的《浙江省实验室体系建设方案》中提到，"到 2022 年，重点围绕'互联网+'、生命健康两大世界科技创新高地建设和新材料等重点发展领域，基本形成由国家实验室、国家重点实验室、省实验室、省级重点实验室等共同组成的特色优势明显的实验室体系，基础研究和应用基础研究整体水平和国际影响力显著提升，支撑引领创新驱动发展的源头供给能力显著增强"[18]。具体来说，"在信息科学领域的人工智能、大数据、智能感知、智能计算、脑机融合、集成电路和量子计算等方向，生命健康领域的系统医学与精准诊治、结构生物学、分子医学与智能诊治、脑科学等方向，以及材料科学、先进制造等领域取得原创性重大科研成果"[18]。

3.1.2.5　江苏省基础科学和前沿交叉学科平台建设政策分析

2021 年 9 月 15 日，江苏省科学技术厅制定的《江苏省"十四五"科技创新规划》中提出，要"加强数学、物理、化学等基础学科领域研究，统筹支持基础学科、应用学科、新兴学科、交叉学科发展，培育开辟适应产业需求的新学科发展方向，加强基础研究人才培养"[19]。此外，还提出"围绕应用数学、算力算法、科技艺术融合、安全生产等领域，加快建设一批跨学科交叉、跨领域融合、多主体协同的科技公共服务平台"[19]。

3.1.2.6　安徽省基础科学和前沿交叉学科平台建设政策分析

2018 年 7 月 13 日，《安徽省人民政府关于进一步加强基础科学研究的实施意见》（皖政〔2018〕63 号）中提出"在信息、能源、健康、环境等交叉前沿领域产生一批初具全球影响力的科技成果"[20]。"加强基础前沿科学研究，围绕量子科学、材料科学、脑科学、合成生物学、空间科学、磁约束核聚变科学、生命科学、空间信息网络等重大科学问题进行超前部署。"[20]"聚焦未来可能产生变革性技术的基础科学领域，强化重大原创性研究和前沿交叉研究。"[20]

2020 年 12 月 27 日，安徽省人民政府印发《安徽省加快医学教育创新发展实施方案》，提出"支持合肥综合性国家科学中心开展医学领域相关基础与应用研究。发挥综合性大学学科综合优势，建立'医学+X'多学科交叉融合平台和机制。……围绕生命健康、临床诊疗、生物安全、药物创新、疫苗攻关等领域，推进临床诊疗、生命科学、药物研发高度融合，医学与人工智能、材料等工科以及生物、化学等理科交叉融合"[21]。

2022 年 10 月 26 日，安徽省科学技术厅印发《安徽省联合共建学科重点实验室实施方案（试行）》（皖科基地〔2022〕7 号），提出要"深化科技创新体制机制改革，加快推进科技成果转化应用体系建设，大力促进基础研究、应用研究、技术创新和产业发展贯通、创新链与产业链融合发展，破解学科建设与产业发展不匹配、产学研深度融合不够的深层次矛盾"[22]。在提出的建设任务中，提出"打通创新链条。聚焦企业产业创新需求，坚持市场化导向，促进基础研究、应用研究、技术创新融通发展，解决行业共性问题、企业发展技术难题，强化科技成果与产业对接，进一步加强创新链、产业链融合发展。……促进学科发展。联合高校院所合作培养高水平创新人才队伍，建立研究生联合培养基地，共建稳定的应用基础研究和工程技术人员汇聚平台，有效促进高校Ⅰ、Ⅱ、Ⅲ类高峰学科和科研院所相关专业领域优化发展"[22]。

3.1.2.7　天津市基础科学和前沿交叉学科平台建设政策分析

2019 年 1 月 18 日，天津市人民政府发布的《天津市人民政府关于加强基础科学研究的意见》中提到，"推动基础学科与应用学科均衡协调发展，把握世界科技进步大方向，在合成生物学、干细胞与组织修复、量子科学、深海科学、脑科学等领域进行前瞻性部署，取得一批重大原创性成果。……聚焦未来可能产生变革性技术的基础科学领域，强化重大原创性研究和前沿交叉研究"[23]。

2020 年 6 月 23 日，天津市科技局发布的《对市十七届人大三次会议第 0648 号建议的答复》中提到，天津市下一步工作计划中的第四条是"加大数学、物理等基础学科以及信息、生物等新兴学科支持力度，强化人工智能、区块链等前沿领域布局"[24]。

3.1.2.8　重庆市基础科学和前沿交叉学科平台建设政策分析

2018 年 9 月 12 日，重庆市人民政府发布的《贯彻落实国务院全面加强基础科学研究若干意见任务分工》中提出，"在大数据、人工智能、智能制造、集成电路、生命科学、农业科学等领域和行业集中力量攻克一批重大科学问题。……加大对数学、物理、化学、生物学、基础医学等基础学科的扶持力度"[25]。

3.1.2.9　湖南省基础科学和前沿交叉学科平台建设政策分析

2019 年 12 月 10 日，湖南省科技厅发布的《湖南省科学技术厅关于进一步加强基础研究工作的措施》中提到，加强新材料、航空航天、生物技术、生态环境、网络信息、人工智能和国防相关学科建设，鼓励开展跨学科研究，促进不同学科之间的交叉融合。

3.2　国外基础科学和前沿交叉学科平台建设调研

基于对国家部委和省（自治区、直辖市）层面科技发展与规划政策的调研及分析，确定了基础科学和前沿交叉学科的内容和范围，遴选出一批国外的基础科学和前沿交叉学科平台（表 3-1）开展调研，深入调研这些平台的目标、任务、组织结构模式、管理体制、运行机制、成果产出、技术转移、人才组成和培育等方面的情况。

表 3-1 国外基础科学和前沿交叉学科平台遴选清单

序号	平台名称	依托单位	成立年份	研究领域	性质
1	剑桥大学牛顿数学科学研究所	剑桥大学	1993	数学及分支	基础科学平台
2	日本京都大学数理解析研究所（RIMS）	京都大学	1963	数学及分支	基础科学平台
3	麻省理工学院等离子体科学与聚变中心（PSFC）	麻省理工学院	1976	等离子体聚变	基础科学平台
4	俄亥俄州立大学数学生物科学研究所（MBI）	俄亥俄州立大学	—	数学+生物交叉领域	前沿交叉学科平台
5	德国研究基金会柏林关键技术数学研究中心（MATHEON）	柏林高校	2002	数学+工业交叉领域	前沿交叉学科平台
6	斯坦福大学人类卫生与化学、工程及医药（ChEM-H）中心	斯坦福大学	—	化学+工程+医学交叉领域	前沿交叉学科平台

3.2.1 基础科学平台调研

3.2.1.1 剑桥大学牛顿数学科学研究所

剑桥大学牛顿数学科学研究所于 1993 年 7 月建成，是英国剑桥大学的一个国际性研究所，其研究活动涉及数学科学的各分支[26]。

剑桥大学牛顿数学科学研究所由管理委员会和科学指导委员会领导，管理委员会负责实施研究工作的各项活动、出版研究成果、对外联络及承担其他行政事务；科学指导委员会负责确定科学政策、制订研究计划。研究活动涉及数学的各分支，包括纯粹数学、统计、数值方法、应用数学、理论物理、数理经济、理论计算机和数理生物学等。其目的是通过制订系列专题计划促进这些领域的研究，把英国各大学的数学家和国外知名专家聚集到一起研究有关专课题，通过讲座、专题讨论会交流思想，并通过非正式接触扩大影响。

剑桥大学牛顿数学科学研究所按专题计划接收访问学者进行研究工作。研究所同时安排两个专题计划（6 个月左右），每年安排 4 个专题。来访学者通常为 20～25 人，停留时间为 2 周至 6 个月不等，与相应的专题计划保持一致。每个专题计划都包含系列讲座、专题讨论会、讨论班和研究生课程等，并由 3～4 位专家主持。如所涉及的学科是英国实力较强的领域，则由本国专家主持，否则就邀请外国专家主持。第一年 4 个计划的主题分别为"低维拓扑与量子域理论""动力理论""L 函数与算术""流行病模型"。

在运行方面，剑桥大学圣约翰学院和三一学院为剑桥大学牛顿数学科学研究所提供了启动经费。此外，剑桥大学牛顿数学科学研究所还获得了剑桥大学其他学院以及伦敦数学会、科学与工程研究委员会、物理学会等的资助。另外，该研究所还接受社会各界的资助和捐赠[27]。

3.2.1.2 RIMS

RIMS 成立于 1963 年，是全球开展数学和数学科学综合研究的领先机构之一[28]。自成立以来，RIMS 一直以加速数学科学研究为宗旨，致力于全面推进数学的基础和应用研究[29]。

2018 年 11 月，RIMS 被日本文部科学省认证为国际联合研究中心，成为日本国内外其他研究机构的国际中心，旨在领导国际联合研究活动，增强日本国内研究人员的研究能力。

在组织架构方面，RIMS 由理事会、国际咨询委员会、教师会议、研究部、附属研究所、行政办公室等组成[30]。截至 2024 年 5 月，RIMS 拥有 46 名教职员工，这些员工分布于 3 个主要部门（分别从事基础数学、无限分析和应用数学研究）以及 1 个计算机实验室。此外，RIMS 还成立了下一代几何研究中心、数学科学相互作用研究中心、数学联络中心等，以推动数学领域的研究和国际合作。RIMS 倡导营造良好的研究环境，让研究人员能够专注于研究工作。

RIMS 每年举办约 90 场 RIMS 研讨会，共有 4000 多人参加（其中约 400 人来自国外）。自成为国际联合研究中心以来，RIMS 积极推动其联合项目，寻求推动核心项目的国际化，建立国际合作研究支持机制，启动大规模的国际合作"RIMS 研究项目"。RIMS 选择特定的研究主题，提供项目研究职位，并通过与国际领先研究人员的合作推动研究取得进展。

在人才培养方面，RIMS 积极开展研究生教育，从 1970 年开始拥有研究生院。目前，每年招收 10 名硕士研究生和 10 名博士研究生。此外，RIMS 实施"21 世纪卓越中心（CoE）计划"，培养数学前沿领域的年轻研究人员[31]。

3.2.1.3 PSFC

PSFC 是麻省理工学院组建的从事等离子体聚变基础和应用研究的实验室，也是全球公认的在磁性与惯性闭合及相关等离子体科学研究与工程方面世界领先的基础科学平台[32]。该实验室聚焦聚变能、等离子体物理、等离子体应用、超导磁体技术和磁共振光谱等领域，围绕这些领域开展了一系列基础和应用研究。PSFC 寻求扩大对等离子体物理学的科学理解，即"物质的第四状态"，寻求为聚变动力的发展建立一个科学和工程基础，并围绕该目标积极开发相关的应用[33]。

在组织模式方面，PSFC 由高级科学家、科学与工程人员、技术人员、管理人员、研究生等组成[34]。

PSFC 在多种基金会的支持和资助下开展工作，包括 SPARC 基金（SPARC Fund）、SPARC 研究金基金（SPARC Fellowship Fund）、PSFC 普通基金（PSFC General Fund）和PSFC 学术/教育基金（PSFC Academic/Educational Fund）[35]。除了基金之外，PSFC 还接受社会各界的各种捐赠。

SPARC 基金为发展创建科学和工程基础的学生与教师提供支持，为他们提供开展创新交叉研究所需的适当材料、设备和实验室。SPARC 研究金基金为研究生和博士后提供支持，以确保让最优秀的学生能够参与交叉研究工作。PSFC 普通基金具有很大的灵活性，为正在扩大对等离子体物理学的科学理解的学生和教师提供研究与教育的机会。PSFC 学术/教育基金为外展和教育活动提供资金支持，支持来访的本科生和研究生及暑期讲习班，还为中小学教育工作者提供新的教育工具，并为学校、参观者和公众提供更新的互动教学工具。

在人才培养方面，PSFC 在全球范围内积极招募在广泛领域拥有卓越业绩的优秀人才加入其团队，包括技术人员、机械师、设计师、工程师（机械、电气、电力、低温、核能领域）、物理学家、财务官员和支撑人员。入选者将与一个由学生、科学家、工程师和工作人员组成的出色团队合作，解决人类在全球气候变化、清洁与可持续能源等方面面临的最具挑战性和最重要的问题[36]。

本科生和研究生是 PSFC 开展研究工作的重要力量。学生嵌入研究团队开展科学研究工作，并通过与其他实验室之间的合作来实现设施共享和思想交流[37]。本科生在大学四年期间有机会与 PSFC 的研究人员开展密切的科研合作，从项目的实验设计到技术开发以及各种数据分析，本科生都可以深度参与 PSFC 的研究工作。

PSFC 是世界上最大的等离子体物理学博士培养机构之一，该中心吸引了来自麻省理工学院不同学科方向的学生。由于等离子体物理和聚变属于交叉学科，在 PSFC 进行研究的学生通过几个系中的任何一个来满足他们的教育目标，每个系都有自己的录取程序和要求，并提供许多相关的课程。

PSFC 还致力于向社会大众传播等离子体科学知识，积极向各级学生和广大市民推广科学、技术、工程和数学（STEM）教育机会[38]。在 PSFC 教职员工、研究人员、员工和学生的参与下，推广计划旨在扩大对等离子体科学、聚变和未来能源情景的了解。通过现场互动体验和不断增长的在线知识库等途径覆盖广泛且多样化的受众。PSFC 通过与其他专业组织和实验室的教育合作，进一步提高知名度和扩大合作伙伴。PSFC 还致力于通过直接体验向中小学生、政治代表和普通公众教授等离子体科学知识，并分享该领域的研究成果。PSFC 分别在每年的 5 月和 12 月邀请马萨诸塞州周围的中学教师与学生到 PSFC 参观，以帮助他们了解等离子体的行为以及它们在利用聚变能方面的作用。

在技术应用和转移方面。PSFC 与私人聚变初创公司——英联邦聚变系统（CFS）公司开展合作。该合作旨在开发一个紧凑的、高场的、净聚变能量的实验概念，以加强麻省理工学院的聚变研究和教育，同时建立一个强大的工业实体，推动聚变能的商业化应用。该公司吸引了来自多家公司、风险投资公司和个人的投资来支持其工作。合作模式为：PSFC 向 CFS 提出研究项目，CFS 同意资助。在某些情况下，PSFC 和 CFS 人员在研究项目上并肩工作。如在研究过程中产生任何知识产权，PSFC 可选择许可并将其商业化，CFS 的投资者将分享聚变能生产和衍生技术商业化所带来的价值。

为了开展相关的研究工作并将研究成果商业化，PSFC 将继续在政府资助下开展聚变能科学研究，同时加强与私营部门的合作，加速聚变商业化。来源于政府的资助仅用于支持聚变科学技术的基础研究，不能用于支持这一领域的商业化。PSFC 计划继续全面参与整个国家和国际的核聚变计划。

3.2.2　前沿交叉学科平台调研

3.2.2.1　MBI

MBI 是位于美国俄亥俄州哥伦布市的一家开展数学和生物交叉学科研究的研究机构[39]。

MBI 认为，将数学应用于生物和生命科学领域是数学科学不可或缺的一部分，将为探索生命的奥秘带来前所未有的机会。从发现产生智力的神经连接模式，到全球生物地球化学，再到人类健康，数学生物科学家需要开发和完善针对这些领域的研究方法，以解决其中的一系列科学难题。虽然新兴的数据科学能够提供帮助，但现代数学解决方案（如复杂动力学的确定性和随机建模、非实验环境中的因果关系推断、不确定性的量化等）将在生物科学发展中发挥重要作用[40]。

MBI 聚焦于神经科学、发育与衰老、社区动力学与适应三个领域的科学研究工作。MBI 的使命是：支持和探索数学生物科学融合研究的新机会；提供新的数学和统计工具，利用新兴的生物科学技术开展研究；开发和实施培养下一代数学生物科学家的创新培训模式。在组织模式方面，MBI 由共同董事、副董事、科学顾问和前董事、博士后、研究员等组成[41]。在运行方面，MBI 开展研究工作所需的资金主要从美国国家科学基金会获得[42]。在人才培养方面，MBI 通过多种途径积极吸纳人才[43]，主要包括：①MBI 每年通过暑期计划将来自不同学科的本科生引入数学生物科学领域，包括生物统计学、生物信息学和计算生物学、生物数学建模等领域；②鼓励学生攻读数学生物科学研究；③为本科生开发新的教育/研究计划，旨在引导本科生关注拓扑几何数据分析（TGDA）领域，并将其应用于神经科学中。

3.2.2.2 MATHEON

MATHEON 成立于 2002 年，是由柏林三所大学（柏林弗赖堡大学、柏林洪堡大学和柏林工业大学）和数学研究机构魏尔斯特拉斯应用分析和随机研究所（WIAS）、柏林祖斯研究所（ZIB）组成的联合研究中心[44]。MATHEON 的任务是加强数学在关键技术中的作用，加强数学、工业、技术开发和社会之间的协作[45]。

在组织模式方面，MATHEON 由大会、理事会、执行局和主席等组成[46]。主席、理事会和执行局由大会选举产生。在运行方面，MATHEON 的前身为德国研究基金会（DFG），DFG 在 12 年的时间内，每年为 MATHEON 提供 500 万~600 万欧元的年度预算。自 2014 年 6 月以来，MATHEON 的研究由柏林爱因斯坦基金会通过爱因斯坦柏林数学中心（ECMath）每年向 MATHEON 提供 2500 万欧元的资助[47]。

3.2.2.3 ChEM-H 中心

ChEM-H 中心是一个跨学科的研究组织，专注于化学、工程和人类健康医学等领域的交叉研究[48]。ChEM-H 中心关注通过分子设计来加速解决人类健康领域的关键科学难题，通过将化学、工程学、生物学和临床医学专业知识的融合与交叉研究，形成创新和协作的研究计划，改变人类对人类健康的理解和创新方式[49]。

ChEM-H 中心由执行委员会、教职员工、科学家、员工等组成[50]，其运行经费主要来自美国国家科学基金会，还接收个人和企业的捐赠与资助[51]。

在人才培养方面，ChEM-H 中心通过招收本科生、研究生和博士后培养高素质的新一代分子科学家与工程师队伍[52]。ChEM-H 中心为本科生、研究生和博士后量身定制课程，鼓励本科生、研究生和博士后开展医学化学、晶体学、代谢学与高吞吐量筛查等领域的研究工作。本科生课程旨在为物理科学、工程学或生命科学领域的学生提供跨学科的研究经验，主要目标是为本科生提供与导师合作开展研究的机会，导师为学生提供科学方法、相关实验技术和暑期研究项目等方面的建议与指导。ChEM-H 中心本科生创业计划帮助本科生了解如何利用化学和生物学知识发现与开发治疗产品，以满足临床需求。ChEM-H 中心还为刚毕业的大学生提供为期两年的有偿实习机会，为刚毕业的大学生申请博士课程做好准备。实习生将与研究生或博士后学者导师配对，独立从事与药物发现相关的项目。该计划的核心目标是使最有竞争力的博士生群体多样化，为实习生创造公平的竞争环境[53]。

ChEM-H 中心博士生培养的重点是培养博士生的跨学科思维，并培养出能够进行跨学科交流的科学家和医生。此外，ChEM-H 中心还为从事跨学科研究的优秀博士生颁发为期三年的奖学金，以支持博士生开展新颖的前沿研究，并寻求跨越传统学科界限的问题。在博士后培养方面，ChEM-H 中心设立了博士后合作项目，这些项目旨在将不同的博士后研究人员（包括博士、医学博士和医学博士临床研究员）的专业知识进行互补，开展交叉合作研究。自 2015 年以来，ChEM-H 中心已资助了 17 个博士后合作项目。

3.2.3　国外基础科学与前沿交叉学科平台建设的特点分析

发达国家很早就意识到基础前沿交叉学科研究的战略重要性，在 20 世纪 60 年代就开展了大规模的跨学科研究及跨学科交叉科研机构和平台建设，形成了良好的跨学科交叉研究氛围，取得了大量卓越的科研成果。对这些平台进行调研和分析，有助于揭示其之所以成功的一些关键特征，总结起来主要包括以下几点。

3.2.3.1　平台的目标和定位非常明确

发达国家对基础研究平台和交叉学科研究平台的目标与定位均非常明确，紧紧围绕诸多前沿研究领域，开展一系列基础和应用研究。特别是交叉学科平台，通过发挥机构合作的巨大优势，着力于对重大科学问题进行研究与突破。例如，剑桥大学牛顿数学科学研究所紧紧围绕纯粹数学、统计、数值方法、应用数学、理论物理、数理经济、理论计算机和数理生物学等数学科学的各分支开展基础与应用研究活动。

3.2.3.2　权责分明、科学合理的组织结构

平台主体人员由科学家、教师、专职研究人员、访问学者、博士后、硕博研究生组成。从纵向结构来看，平台实行主任负责制，有主任研讨会和董事会两大首脑会议，还设有决策及执行机构（指导委员会、执行委员会），以及学术委员会、咨询委员会、协调委员会和行政办公室等。指导委员会负责把控平台的发展方向，执行委员会负责落实平台的建设目标，学术委员会是研究人员开展跨学科研究的学术保证。行政服务部门负责处理跨学

科学研究中的行政事务，减轻研究人员的事务负担。各部门权责分明，为平台的持续和高效运行提供了有力的组织与机制保障。

3.2.3.3　多元化的经费来源，充足的经费保障

交叉学科研究是一项具有不确定性的探索性研究工作，经费保障是实现研究工作良好开展的关键。发达国家平台建设、运行和科学研究工作所需的资金来源渠道非常广泛，包括政府的财政资助、上级高校的经费支持，还有各种学会、协会的支持，基金会的经费支持，以及社会各界的资助和捐赠。多元化的经费来源，为平台吸纳了充足的资金，为科研工作提供了坚实的经费保障和支持。

3.2.3.4　注重人才的吸纳和培养

发达国家的高校和实验室平台建设非常重视人才的培养与储备，具有吸纳和培养人才多样化的机制与方式，包括：积极面向全球招纳最顶尖的国际性人才加盟，包括科学家、工程师、机械师、财务官等；设立专门培养研究生和博士生的研究生院，研究生和博士生与优秀的科学家在一个共同的环境中开展研究工作，学习集群中的仪器、设备和方法，开阔视野和提升技能；接收博士后和访问学者开展研究工作；利用基金会等为研究生和博士后提供支持，确保让最优秀的博士生和博士后能够参与交叉研究工作；设立以多学科交叉为中心的硕士和博士研究学位，培养交叉研究的高层次专业人才。

3.3　国内基础科学和前沿交叉学科平台建设调研

为进一步贯彻落实国家相关文件精神，2020 年 2 月，科技部发布《科技部办公厅关于支持首批国家应用数学中心建设的函》，批准首批建设 13 个国家应用数学中心[54]。根据文件精神，国家应用数学中心的建设将聚焦国家重大科技任务、重大工程、区域及企业发展重大需求中的数学问题，推进数学与工程应用、产业化的对接融通，加强数学家与相关领域科学家及企业家的合作与交流。

首批 13 个国家应用数学中心分别为：北京国家应用数学中心（首都师范大学等建设），上海国家应用数学中心（复旦大学建设），江苏国家应用数学中心（南京大学、东南大学建设），广东国家应用数学中心（中山大学、华南师范大学、华南理工大学、哈尔滨工业大学南方国际数学中心建设），山东国家应用数学中心（山东大学建设），湖南国家应用数学中心（湘潭大学建设），湖北国家应用数学中心（武汉大学、中国科学院武汉物理与数学研究所、华中科技大学、华中师范大学、武汉理工大学、湖北大学建设），吉林国家应用数学中心（吉林大学、东北师范大学建设），陕西国家应用数学中心（西安交通大学、西北工业大学、西安电子科技大学、西北大学、陕西师范大学、长安大学建设），四川国家应用数学中心（四川大学建设），重庆国家应用数学中心（重庆师范大学、中国科学院大学、重

庆大学、陆军军医大学、中国科学院绿色智能技术研究院建设），天津国家应用数学中心（天津大学建设），深圳国家应用数学中心（南方科技大学、协同深圳大学、中国科学院深圳先进技术研究院、中国电子科技集团建设）等[55]。

基于对国家部委和省（自治区、直辖市）层面科技发展与规划政策的调研及分析，确定了基础科学和前沿交叉学科的内容与范围，遴选出一批国内的基础科学和前沿交叉学科平台（表 3-2）开展调研，深入了解这些平台的目标、任务、组织结构模式、管理体制、运行机制、成果产出、技术转移、人才组成和培育等方面的情况。

表 3-2　国内基础科学和前沿交叉学科平台遴选清单

序号	平台名称	依托单位	成立年份	研究领域	性质
1	北京国家应用数学中心	首都师范大学	2020	数学及分支	基础科学平台
2	上海国家应用数学中心	复旦大学、上海交通大学	2020	数学及分支	基础科学平台
3	广东国家应用数学中心	中山大学	2020	数学及分支	基础科学平台
4	天津国家应用数学中心	天津大学	2020	数学及分支	基础科学平台
5	山东国家应用数学中心	山东大学	2020	数学及分支	基础科学平台
6	湖南国家应用数学中心	湘潭大学	2020	数学及分支	基础科学平台
7	江苏国家应用数学中心	南京大学	2020	数学及分支	基础科学平台
8	湖北国家应用数学中心	武汉大学	2020	数学及分支	基础科学平台
9	吉林国家应用数学中心	吉林大学	2020	数学及分支	基础科学平台
10	陕西国家应用数学中心	西安交通大学	2020	数学及分支	基础科学平台
11	重庆国家应用数学中心	重庆师范大学	2020	数学及分支	基础科学平台
12	四川国家应用数学中心	四川大学	2020	数学及分支	基础科学平台
13	深圳国家应用数学中心	南方科技大学	2020	数学及分支	基础科学平台
14	"数字经济时代的资源环境管理理论与应用"国家基础科学中心	中南大学	2020	资源环境	基础科学平台
15	清华（AIR）-智源健康计算联合研究中心	清华大学智能产业研究院、北京智源人工智能研究院	2021	人工智能+物联网+生命科学交叉领域	前沿交叉学科平台
16	北京分子科学交叉研究平台	中国科学院、北京大学	2019	物理+化学交叉领域	前沿交叉学科平台
17	介科学与过程仿真交叉研究平台	中国科学院、北京大学	2019	介科学+过程仿真交叉领域	前沿交叉学科平台
18	脑认知机理与脑机融合交叉研究平台	中国科学院生物物理研究所	2020	人工智能+神经科学交叉领域	前沿交叉学科平台
19	京津冀大气环境与物理化学前沿交叉研究平台	中国科学院大气物理研究所	2019	大气化学+大气物理交叉领域	前沿交叉学科平台
20	轻元素量子材料交叉平台	北京大学	2018	量子+材料交叉领域	前沿交叉学科平台
21	上海脑科学与类脑研究中心	中国科学院上海分院	2018	数学+神经交叉领域	前沿交叉学科平台
22	南开大学前沿交叉学科中心	南开大学	2021	物理+化学交叉领域	前沿交叉学科平台

序号	平台名称	依托单位	成立年份	研究领域	性质
23	南开大学细胞应答交叉科学中心	南开大学	2020	生物+物理+化学+医学交叉领域	前沿交叉学科平台
24	浙江大学生命科学研究交叉中心	浙江大学	2020	生物+医学交叉领域	前沿交叉学科平台
25	联合生物交叉实验室	常州大学、江苏省中以产业技术研究院	2020	生物+化学交叉领域	前沿交叉学科平台
26	地球和空间科学前沿研究中心	中国科学技术大学	2019	生态+气象+环境交叉领域	前沿交叉学科平台
27	物质科学交叉前沿研究中心	中国科学技术大学	2019	物理+化学交叉领域	前沿交叉学科平台
28	医学前沿科学和计算智能前沿技术研究中心	中国科学技术大学	2019	医学+人工智能 交叉领域	前沿交叉学科平台
29	神经医学与化学生物学交叉研究中心	安徽师范大学	2021	医学+化学+生物学交叉领域	前沿交叉学科平台
30	湖南师范大学心-脑交叉科学研究中心	湖南师范大学	2021	生物医学+统计学+计算机科学交叉领域	前沿交叉学科平台

3.3.1 北京市基础科学和前沿交叉学科平台建设情况

3.3.1.1 北京国家应用数学中心

2020 年 12 月 26 日，北京国家应用数学中心正式揭牌成立。该中心是受北京市科学技术委员会领导，由首都师范大学牵头，联合北京应用物理与计算数学研究所、中国科学院数学与系统科学研究院以及十余家行业代表性企业、单位共同打造的应用数学与产业发展交叉融合的国家级科研平台，实行建设运行管理委员会领导下的主任负责制。该中心主任为中国科学院院士、首都师范大学校长方复全。

北京国家应用数学中心以国家重大战略需求为牵引，以攻克"卡脖子"关键技术为目标，瞄准国际科技创新中心建设的重点领域和北京"三城一区"及"副中心"优势特色行业产业的应用数学需求，重点围绕成像技术中的数学理论、人工智能的数学解释、建模仿真与优化、大数据分析与数据挖掘等方向开展相关工作。该中心致力于解决北京地区行业产业发展重大需求中的数学问题，提高数学解决具体问题、支撑北京建设国际科技创新中心的能力；加强产学研融通，打破单位界限和学科壁垒，积极组织数学家、其他领域的科学家和企业家开展对接合作，针对应用场景，推动成果转化；通过机制创新培养高水平应用数学创新人才和创新团队。

北京国家应用数学中心通过与企业共同建立联合实验室、设立开放基金等创新模式，吸收外部资金，完善自身造血机制。争取在未来 3～5 年，组成 4～5 个高水平应用数学创新团队，建设成为连接北京地区高校、科研机构和标杆科创型企业，开展应用数学研究，服务行业产业需求的国家级创新平台。

目前，北京国家应用数学中心积极开展对相关企业的调研，进行深度沟通和交流，探索北京国家应用数学中心校企合作的内容与模式，搭建数学家与企业家的对接平台，构建新型校企合作机制。此外，该中心在平台搭建和团队组建等方面已经初具规模，需要政府在体制机制建设和资金方面给予大力支持。

3.3.1.2　清华（AIR）-智源健康计算联合研究中心

2021 年 8 月 20 日，清华大学智能产业研究院与北京智源人工智能研究院宣布共建清华（AIR）-智源健康计算联合研究中心，致力于通过人工智能技术推动各健康领域从孤立走向协同发展，推动被动式健康管理走向提早预测、主动预防、个性化、主动参与的新范式，实现更智能的个人健康管理、更有效的公共健康治理。清华大学智能产业研究院的惠妍讲席教授、首席科学家马维英任联合研究中心主任。

清华（AIR）-智源健康计算联合研究中心充分发挥合作双方优势，联合健康医疗领域的产业合作伙伴，结合产业应用场景，通过人工智能技术推动更智能的个人健康管理。一期项目率先为主动、个性化、智能化的健康应用搭建基础平台，打造一个更专业、可依靠的个人智能健康管理助手，最终搭建一个包含科学研究、技术攻关、平台建设、产品开发和企业孵化的"AI+健康"管理全生态。在技术上，通过多模态神经符号 AI，结合相关性、注意力机制和因果关系，使不同的表达和模型可以彼此相互训练、相互学习。同时，结合对抗、协作、多模态、多任务、迁移学习、联邦学习等前沿 AI 技术，最大限度地释放个人健康数据的巨大潜力，发挥健康数据的协同能力，为主动、个性化、智能化的健康应用搭建基础平台。目前清华（AIR）-智源健康计算联合研究中心已汇集了人工智能机器学习、计算机视觉、自然语言处理、生物信息学、分布式计算、物联网、智能硬件等领域的高水平研究人员。

技术优势之外，健康管理还涉及医疗知识与指导的权威和专业性。近几年，项目积极开展与清华大学生命科学、医学、公共卫生等研究团队院系的合作，进行广泛的交叉研究部署。此外，健康管理领域的进步，核心在于以患者为本。清华大学智能产业研究院与北京智源人工智能研究院的研究机构定位，定义了非逐利、非商业的先天属性，也将持续担当起为社会做好健康公益的初心职责。几方优势汇聚，清华 AIR-智源健康计算联合研究中心将持续发力，以 AI 技术研究新范式，盘活健康大数据，最终打造人工智能健康管理的全链条。

3.3.1.3　北京分子科学交叉研究平台

北京分子科学交叉研究平台是由北京市、中国科学院和北京大学共建的第二批交叉研究平台。2019 年 12 月 24 日，该平台项目建议书（代可行性研究报告）正式被北京市发展和改革委员会批准。2020 年 6 月 2 日，北京怀柔综合性国家科学中心建设表明，该平台完成前期准备工作，开始土方施工。该项目总建筑面积为 1.6 万 m^2，其中地上建筑面积为 13 440 m^2、地下建筑面积为 2560 m^2，地上五层、地下一层，建筑高度为 26.3 m。该平台聚焦于分子的精准合成、可控组装、功能体系的构筑与应用等重大科学问题，基于高能同步辐射光源等重大科技基础设施，建立国际一流的分子科学交叉研究平台[56]。

2021 年 4 月 28 日，北京分子科学交叉研究平台二次结构完成 30%，机电安装完成 40%。2023 年 6 月 16 日，该平台取得基建工程竣工验收备案。

3.3.1.4 介科学与过程仿真交叉研究平台

介科学与过程仿真交叉研究平台由北京市和中国科学院、北京大学共建。2019 年 12 月 24 日，该平台项目建议书（代可行性研究报告）正式被北京市发展和改革委员会批准。2020 年 6 月 2 日，北京怀柔综合性国家科学中心建设表明，该平台完成前期准备工作，开始土方施工。该项目位于北京雁栖经济开发区 11 街区 0011-6018 地块，总建筑面积为 23 265 m²，其中地上建筑面积为 19 620 m²、地下建筑面积 3645 m²，地上 6 层、地下 1 层，建筑高度为 30 m，主要为实验室、研讨室。

本项目的研究内容首先集中于过程工程中的典型介尺度现象，拟通过对多相反应系统等重要典型实例的多学科交叉研究，取得一大批国际领先的基础研究成果。在进行基础研究的同时，还将建立通用的模拟研究方法、软件和技术手段，服务于广泛的过程工业，推动其可持续发展和产业升级。项目建成后，将综合应用多尺度云计算、高精度原位测量、远程实验和虚拟现实等技术，充分集成和利用怀柔科学城已有及规划的重大科技基础设施，形成国际领先的介科学模拟和实验研究平台，在全球起到示范带动作用，有力推动国际介科学交叉学科的发展。

2021 年 4 月 28 日，介科学与过程仿真交叉研究平台二次结构完成 50%，机电安装完成 50%。2023 年 12 月，该平台的土建工程已完工，正在开展科研设备采购、安装和调试工作。

3.3.1.5 脑认知机理与脑机融合交叉研究平台

2020 年 8 月 17 日，脑认知机理与脑机融合交叉研究平台项目建议书（代可行性研究报告）获得北京市发展和改革委员会批复。该平台是怀柔科学城跨学科交叉研究平台中的重大科研项目之一，由中国科学院生物物理研究所牵头，联合中国科学院自动化研究所以及中国科学院大学、首都医科大学附属北京天坛医院、首都医科大学宣武医院、中国人民解放军总医院共同提出。2020 年 10 月 21 日，该平台举行开工启动会，标志着其正式进入施工建设阶段。2021 年 10 月 17 日，该平台主体结构正式封顶。

该平台位于怀柔科学城起步区，项目主要建设内容为建设人脑认知功能研究平台、脑认知分子神经机制研究平台、脑网络组图谱平台、脑研究模式动物支撑平台、脑科学技术创新平台、脑机融合智能平台 6 个科研平台，总建筑面积为 30 500 m²，项目总投资 29 999 万元，其中市政府固定资产投资安排 23 999 万元。该平台的实施，可用于综合开展脑与认知科学、智能科学、神经医学等热点研究及前沿技术交叉研究，形成脑与认知科学的理论和应用模型及测试平台，以及脑机融合研究与应用的基础平台，并将服务于国家重大战略需求、科学前沿发展需要及京津冀产业转型升级，有助于推动脑科学及人工智能相关领域的技术进步，将在怀柔科学城建设中发挥重要支撑作用。

该平台的建设目标是以脑智交叉融合为手段，建设从分子、神经元、系统到认知行为水平的跨层次脑认知功能研究、脑疾病转化研究及脑机融合研究实验平台，为"脑科学与类脑研究""新一代人工智能"等国家重大计划的实施，提供一个具备前沿性和综合性的、支撑能力世界一流的科研平台，成为国际首个以生物脑研究为基础、通过脑机融合探索新型智能的实验平台。该项目的实施，将在促进生命和智能领域医药与仪器转移转化及产业链构筑中起到重要作用，为支撑"脑科学与类脑研究""新一代人工智能"等国家重要科技计划的实施奠定重要基础，为建设怀柔科学城发挥重要支撑作用。

2022 年 1 月 29 日，脑认知机理与脑机融合交叉研究平台初步设计概算获北京市发展和改革委员会批复。

3.3.1.6　京津冀大气环境与物理化学前沿交叉研究平台

2019 年 12 月 28 日，中国科学院大气物理研究所京津冀大气环境与物理化学前沿交叉研究平台启动建设[57]。平台项目建设地点为北京市怀柔科学城东部组团密云经济开发区，项目总投资为 11 396 万元，建筑面积约 8000 m^2，建设周期为 3 年。2020 年 9 月 8 日，该平台在北京怀柔科学城东部组团密云经济开发区举行主体结构封顶仪式，2023 年 12 月，该平台通过竣工验收，正在开展科研设备采购、安装和调试工作。

2020 年 4 月 23～24 日，该平台项目接受中国科学院基本建设项目专项督导，分为视频会议和现场督导两个阶段。此次督导对整个项目的规范化管理起到积极促进作用，项目组要求各参建单位严格按照督导组提出的各项工作要求，进一步完善管理制度，规范合同管理，加强统筹协调和沟通配合，扎实整改到位，不断提高全过程管理水平，确保项目顺利进行。

该平台包括大气边界层理化结构立体探测系统、大气环境容量与能量交换观测系统、大气环境实验分析和研究系统三大系统。该平台利用大气化学和大气物理的学科交叉优势，集成地基观测和雷达垂直观测系统，建成国际领先的大气边界层理化探测和分析中心，实现大气边界层理化结构的天空地一体观测，形成系列大气边界层理化结构立体探测标准和示范体系，揭示京津冀大气复合污染来源和成因机制，全面支撑京津冀大气复合污染的科学防治。项目还将建成国际上首个标准大气物质垂直通量观测平台，开展复杂下垫面湍流结构和能量交换机制研究，揭示复杂城市下垫面下的各种关键物理化学过程以及边界层和自由大气之间的物质能量交换机制。

该平台建成后，将串联并支撑地球系统数值模拟系统装置和大气环境模拟系统，推动形成实现外场观测、实验室模拟和数值模拟研究的大闭合体系[58]。同时，将集成国内外先进关键技术，加速创新成果从实验室向产业化转移，最终成为世界领先的国家科学中心的标志性平台，以及地球科学领域基础研究和技术研发的又一创新高地。中国科学院大气物理研究所副所长周天军表示，项目的建设对于建成我国大气物理和环境实验地基探测示范平台与标定中心，有效支撑解决京津冀一体化过程中的气候和环境变化及管理难题具有重要意义。

该平台是 2020 年北京市重点工程，平台建成后将成为大气环境科学中心最重要的前沿交叉平台之一，成为国际领先的大气边界层理化探测和分析中心，为科学防治京津冀大气复合污染，提供必要的大气物理和化学参量支持，为我国大气环境质量的持续提高提供科学观测支撑。

3.3.1.7　轻元素量子材料交叉平台

2018 年 8 月，轻元素量子材料交叉平台经北京市政府办公会同意立项。2020 年 8 月，平台项目建议书（代可行性研究报告）获得北京市发展和改革委员会批复。该平台是怀柔科学城跨学科交叉研究平台中的重大科研项目之一，建设内容包括建设材料设计与预测、材料精确制备、物性精准探测调控、器件加工与测试 4 个子系统，总建筑面积为 12 200 m^2，建设周期为 3 年半，总投资为 29 950 万元，其中市政府固定资产投资安排 23 960 万元。建成运行后，将有 300 名科研人员入驻平台。2020 年 9 月 22 日，轻元素量子材料交叉平台开工仪式在怀柔科学城举行，标志着该项目进入建设阶段。该平台由北京大学和北京市怀柔科学城共建，平台建成后，将为我国率先突破量子材料的瓶颈和产生颠覆性的技术打下坚实基础。

该平台是北京大学深度参与怀柔科学城建设的重点项目。平台主要运用全量子化的核心思想，围绕"材料设计—精确制备—精准探测—量子器件"一体化、清晰、高效的技术路线，探索基于全量子化效应的轻元素量子材料，实现对全量子化效应的探测和调控，并将其应用于相关器件研发。交叉平台包括量子材料设计与预测研究部、量子材料精确制备研究部、量子物性精准探测与调控研究部和量子器件加工与测试研究部四个研究部门。通过不同标准化模块的优化组合与连接，密切配合怀柔科学城高能同步辐射光源、综合极端条件实验装置等重大科技基础设施，实现从基础研究到应用技术再到产业转化的跨越。设施建成后，将成为世界上首个国际化的轻元素量子材料综合研究中心，其规模最大，设施最齐全，同时对国内外用户开放，总体设计方案和综合技术指标达到世界一流水平，旨在突破传统量子材料的瓶颈，产生颠覆性技术，为我国在量子材料科学与技术研究领域的全面领跑打下坚实基础。

2022 年 1 月 30 日，轻元素量子材料交叉平台初步设计概算获北京市发展和改革委员会批复。

3.3.2　上海市基础科学和前沿交叉学科平台建设情况

3.3.2.1　上海国家应用数学中心

2020 年 10 月 22 日，上海国家应用数学中心正式成立。该中心依托复旦大学和上海交通大学共建，并联合上海和长三角地区相关高校与代表性企业组建，着力构建数学家与产业专家交流机制，面向国家重大战略需求和产业核心技术能力，持续开展应用数学研究，为产业能级提升和经济社会发展提供应用数学支撑[59]。

上海国家应用数学中心针对大规模集成电路、航空航天、新一代信息技术与人工智能、金融及生物医药大数据等上海及长三角优势产业的发展需求，凝练产业驱动的核心关键数学问题，筹组优势科研与技术队伍，在产学研新型合作框架下，进行共同攻关。

在运行机制方面，该中心设有主任联席会议制度，联席会议主任由复旦大学上海数学中心主任李骏教授和上海交通大学自然科学研究院院长金石教授共同担任。

上海国家应用数学中心复旦大学分中心未来重点建设的四个科研方向如下[60]。

（1）组建由应用数学工作者、微电子专业专家和集成电路设计制造企业专家交叉结合的攻关团队，解决生产设计企业当前面临的数学困难，从根本上推进我国集成电路自动化技术的发展，为我国在集成电路技术竞争中赶超国际先进水平提供关键的原创理论和技术突破。

（2）推进华东师范大学数学科学学院和复旦大学数学科学学院的合作，推进探索下一代人工智能的数学基础理论，发展以智能物流及智能港口建设为核心的新一代智能决策技术。

（3）推进数学科学学院与航空航天系的合作，参与航空航天系与我国商业飞机设计和制造的合作，从理论、应用及软件开发多方面着手，支持我国商业飞机自主设计和制造。

（4）推进数学科学学院与管理学院、大数据学院和公共卫生学院的合作，推进建成一个上海地区突发公共卫生事件下的应急管理数学模型和数值模拟中心。通过研究突发的发展规律和基于时空分析的实时预测，研究届时交通干道人流的仿真建模和人流管理政策评估与优化，研究届时物资生产、调度与分配，研究具体对策对上海市经济影响的中长期评估，为上海市及长三角地区可行的应对举措进行实时咨询。

上海国家应用数学中心交通大学分中心的近期重点建设方向主要包括以下几个方面。

（1）航空工程数学应用：对流体力学和玻尔兹曼方程，发展多尺度不确定性量化计算方法。

（2）计算生物学：基于实验数据的神经科学与生物系统的建模和分析，应用于揭示脑神经系统工作原理以及脑启发的机器学习和人工智能领域。

（3）人工智能与图像处理：研究深度学习理论、优化算法、与物理模型的交叉以及在图像、数据分析中的应用，运用于生物、医学、工程等交叉领域。

（4）分子动力学：发展长程多体系统的基本算法和理论，建立动理学和多尺度模型，应用于药物设计、能源存储等科学问题，推进产学研结合工作。

在人才培养方面，上海国家应用数学中心依托已启动的"数学英才试验班""应数英才计划"等计划，积极引进和培养青年应用数学家与领军人才。2021 年，该中心引进了梁经纬、王宇光、周尧三位来自世界一流大学、科研机构的优秀青年学者全职加入以开展应用数学研究。

上海国家应用数学中心已召开多次校企对接会议，邀请华为海思、华大九天、上海集成电路研发中心、上海高性能集成电路设计中心、安路科技、国家电网、上汽集团等企业，与应用数学专家共同就产业界遇到的瓶颈问题和对应用数学的要求展开讨论。该项工作取得积极进展，2021 年 5 月，上海交通大学-金赛药业数字医疗创新实验室正式启动，该实验室由上海交通大学与长春金赛药业有限责任公司共同筹建,是依托上海国家应用数学中心建立的第一个联合实验室,也是上海交通大学数学学科与企业联合共建的第一个校级联合实验室。

3.3.2.2 上海脑科学与类脑研究中心

2018 年 5 月 14 日,上海脑科学与类脑研究中心正式揭牌。它是独立法人新型研发机构,为上海市科学技术委员会所属全额拨款事业单位。2018 年 8 月 7 日,该中心正式批准建立,并在中国科学院上海分院内设立联合办公室和科研平台[61]。该中心建立创新体制机制,启动科研平台的建设,组织和实施上海市和国家重要科研项目。

该中心的主要任务包括:①组建脑科学与类脑智能技术团队,打造技术支撑和研发平台,承接国家和上海市重大科研任务;②汇聚国内外一流脑智能科技人才,开展脑科学与类脑研究;③协助推进实施相关国际大科学计划;④根据授权实施项目管理,组织开展联合攻关;⑤促进科技成果转移转化。

该中心实行理事会领导下的主任负责制,具体如图 3-1 所示。

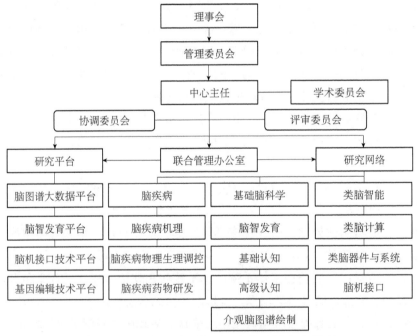

图 3-1 上海脑科学与类脑研究中心的组织架构图

该中心积极探索与国际科研机构接轨的人员聘用制、薪酬灵活化等新运行模式,同时建立产权和利益共享机制,并实施吸引社会资本投入、设立成果转化基金、引入专业化服务等举措,推进科技成果的转移转化。另外,通过部市联动、院地合作,为人才营造良好的科研环境。在论文发表方面,该中心 2022 年、2023 年各发表外文文献 91 篇。截至 2024年 5 月,该中心人才队伍包含院士 1 名,研究员 1 名,双聘研究员 4 名。

2021 年 2 月 2 日，上海脑科学与类脑研究中心落户长三角 G60 科创走廊（上海松江）举行签约仪式，上海脑科学与类脑研究中心将成为 G60 脑智科创基地以及长三角 G60 科创走廊中的一支重要科技力量。目前，上海脑科学与类脑研究中心的网络单位包括中国科学院脑科学与智能技术卓越创新中心、复旦大学、上海交通大学、中国科学技术大学、浙江大学、同济大学、东南大学、华东师范大学、上海科技大学、中国科学院上海微系统与信息技术研究所、中国科学院上海药物研究所、华中科技大学苏州脑空间信息研究院和中国科学院生物与化学交叉研究中心等。通过上海脑科学与类脑研究中心的协调，可以推动这些科研单位的科研成果在 G60 脑智科创基地进行孵化和产业化，打造 G60 脑智科创基地成为国家脑科学领域的重要研究基地。

上海脑科学与类脑研究中心有两个研究平台，分别是脑智发育平台和脑图谱大数据平台。脑智发育平台的建设目标是通过实施脑智发育神经网络解析研究、神经网络的理论模型研究和计算模拟研究等科研任务，解析脑智发育神经网络结构及功能基础，并开展创新性脑智提升和类脑智能理论和技术研究。当前重点任务是联合长三角地区有关研究团队，承接国家脑计划中的"儿童青少年脑智发育研究"，以及上海市脑智发育重点科研任务，为重大项目的实施提供系统性先进技术支撑。脑图谱大数据平台负责介观神经联接图谱绘制，建设目标是建立集脑图谱大数据采集、存储、分析于一体的融合平台，服务上海脑科学与类脑研究中心成员单位乃至长三角及其他地区脑科学研究机构及高校，支撑国家科技创新 2030-"脑科学与类脑研究"重大项目。当前重点任务是建设全面支持脑图谱数据采集、存储、分析能力的软、硬件条件，绘制小鼠介观神经联接图谱，同时为猕猴介观神经联接图谱服务，培养一批在介观联结图谱绘制、输入输出图谱领域拥有专业技能的优秀人才。

经过 3 年多时间的摸索，该中心正逐步成为上海各个科研单位脑科学研究和类脑研究的协调单位，召开研讨会，组织团队，推动平台建设，建设共享平台。

3.3.3　广东省基础科学和前沿交叉学科平台建设情况

3.3.3.1　广东国家应用数学中心（粤港澳应用数学中心）

2020 年 2 月 26 日，广东国家应用数学中心（粤港澳应用数学中心）获批建设。该中心依托中山大学，集成华南师范大学、华南理工大学、哈尔滨工业大学南方国际数学中心等高校应用数学力量，整合实验室、研究机构与企业研发中心等科技创新平台，联手港澳高校和研发机构，围绕新一代信息技术、海洋科学与天气预报、医疗健康、智能制造等领域开展相关数学基础理论和应用研究，建设以数学为主体、多学科交叉融合的应用型科技创新基地[62]。

2020 年 4 月 14 日，中山大学、广东工业大学、五邑大学、佛山科学技术学院等高校校长、院长、教授等相关专家、学者参加会议，共同商议粤港澳应用数学中心（粤西分中心）的相关筹建事宜，并确定中心落户在北研航遥园区，以支撑粤西地区的重大科技任务、重大工程、重大需求中的数学应用问题，推动粤港澳应用数学中心成为地区大数据智能化产业升级的强劲支点。粤港澳应用数学中心（粤西分中心）的成立，将重点聚焦粤西地区大数据产业、区块链、人工智能、5G 应用等发展中的数学运用问题，承担相关重大科技任务、重大课题，为企业提供相关技术问题解决方案和技术支持。

2020 年 4 月 18 日，在广东省科技厅的大力支持下，该中心已经搭建成产学研互动共享的数学学科高端研究和应用平台。该中心以建成高水平应用数学科学研究、发掘数学技术应用场景、解决我国企业行业"卡脖子"难题、培养应用数学人才、促进学术交流合作的重要科技创新发展平台为目标，集成粤港澳高校应用数学力量，整合实验室、研究机构与企业研发中心等科技创新平台。

2020 年，广东省拨付 1000 万元财政资金用于粤港澳应用数学中心建设，计划资助 23个应用数学研究项目，打造数学家和企业家技术交流的高端平台，将拓扑、几何等最新研究理论和数学技术应用于企业科技创新中，提升科技成果产出及成果转化效益[63]。

2020 年 12 月 22 日，广东浩迪创新科技有限公司与中山大学、粤港澳应用数学中心签署战略合作协议。此次合作整合专家资源，提供国际领先水平数学家的最新研究理论和相关数学技术支持，赋能浩迪智云系统，攻克发展中的重大技术难题，实现技术的不断突破。同时，以浩迪创新科技有限公司实践中的技术需求推动基础数学、应用数学、统计学理论和数学统计应用的发展。

3.3.3.2 深圳国家应用数学中心

2020 年 12 月 20 日，深圳国家应用数学中心正式启动建设，启动会由南方科技大学副校长兼教务长、美国国家工程院院士张东晓主持。会议决定，聘请南方科技大学校长薛其坤院士为中心管理委员会主任，聘请田刚为中心学术委员会主任，中心主任由方复全院士担任，王晓明为中心执行主任。

深圳国家应用数学中心由南方科技大学牵头，深圳大学、中国科学院深圳先进技术研究院、香港中文大学（深圳）、中国电子科技集团等单位共建。该中心围绕网络信息、精准医疗、计算机与网络数学、生命科学及大数据等领域，推动数学理论的实际应用，打造人才培养、科学研究、产业服务相互衔接的应用型科学技术中心。该中心未来将聚焦网络信息，精准医疗，科学、工程计算与设计软件，金融科技与数字经济四个核心方向，开展大型计算与快速算法研究，与华为、腾讯、迈瑞、华大基因等企业合作，为破解"卡脖子"的共性问题提供技术方案[64]。

截至 2022 年，深圳国家应用数学中心拥有 6 名中国科学院和中国工程院院士，1 名美国工程院院士，1 名加拿大皇家科学院院士，40 余名国家级人才计划入选者[65]。

3.3.3.3 "数字经济时代的资源环境管理理论与应用"国家基础科学中心

2020 年 11 月 28 日，"数字经济时代的资源环境管理理论与应用"国家基础科学中心在中南大学揭牌并成立学术委员会。中国工程院院士胡文瑞、陈晓红、刘合等获聘为学术委员会委员，胡文瑞任学术委员会主任委员。该中心项目由国家自然科学基金委员会批准资助，项目直接经费为 5000 万元。

"数字经济时代的资源环境管理理论与应用"国家基础科学中心是湖南省首个国家基础科学中心，项目由中国工程院院士陈晓红牵头，依托中南大学，联合中国地质科学院矿产资源研究所、上海交通大学共同申报，湖南工商大学、中国石油勘探开发研究院、中国水利水电科学研究院等高校科研院所作为协作单位共同参与。

该中心立足数字经济时代大背景，以资源环境安全为主线，重点开展矿产资源管理理论与应用、能源资源管理理论与应用等四个方面的研究。中心的建设，将推动形成原创性的科学理论、突破性的技术方法、国家级的决策平台、国际级的智库、交叉型的新兴学科与世界级的人才队伍，构建国内一流、国际领先的资源环境管理理论方法体系，实现资源环境领域国家治理体系和治理能力现代化，推进总体国家安全观下资源、环境与经济的协调发展，为生态文明和美丽中国建设提供坚实的理论基础与实践指导，为在人类命运共同体理念下实现全球可持续发展贡献中国智慧。

该中心项目定位于打造"学术高地、人才高地、智库高地"，主要面向科技前沿、经济主战场和国家重大需求，对数字经济时代下的关键资源环境管理问题开展科研攻关，并培养一大批资源环境管理领域的高端人才，形成一批重大原创性科研成果，支撑国家资源环境重大战略决策，同时促进科技成果转化落地。

截至 2022 年，该中心拥有中国工程院院士 3 人，国家杰出青年科学基金获得者 6 人，国家"百千万人才工程"入选者 6 人，国家优秀青年科学基金获得者 2 人等。

2021 年 4 月 25 日，由湖南省首个国家基础科学中心——"数字经济时代的资源环境管理理论与应用"国家基础科学中心主办的前沿交叉学术论坛在湖南工商大学举行。在会议上，该中心主任陈晓红院士指出，中心将采用大数据、人工智能、区块链等数字技术，在矿产资源管理、能源资源管理、生态环境管理及综合管理平台搭建等方面进行重点研究，为我国资源环境管理提供高水平理论和科技供给。

3.3.4 天津市基础科学和前沿交叉学科平台建设情况

3.3.4.1 天津国家应用数学中心

2021 年 4 月 20 日，天津国家应用数学中心正式揭牌成立[66]。该中心依托天津大学，着力聚焦"四个面向"，基于"一基地三区"功能定位，充分利用中心开展应用数学交流，开展应用数学研究，破解技术发展难题，为天津市前沿技术、颠覆技术和关键技术的原创突破提供数学理论与应用支撑。

中国科学院院士葛墨林和陈永川分别为天津国家应用数学中心的名誉主任和主任，马志明院士为学术委员会主任，张伟平为建设运行管理委员会主任。

在交流合作方面，该中心打造中国-东盟大数据培训品牌，组织了面向以东盟高校为主的数学与大数据能力提升研修班，首期招收 35 名外籍学员，为期 90 天，加强了东盟各国数学和大数据领域的人才储备，获得了良好的效果。

3.3.4.2 南开大学前沿交叉学科中心

2021年9月16日，位于南开大学津南校区的前沿交叉学科中心项目顺利完成桩基施工任务，2023年12月，该中心通过竣工验收。该中心的建立，是落实南开大学"双一流"建设规划中关于学科交叉融合的关键战略举措，是促进交叉学科建设与育人发展的重要平台支撑。该项目位于南开大学津南校区内，规划用地西临公能西路，东临公能东路，北临公能北道，南临月异道。项目占地25 500 m²，总建筑面积为56 212 m²，其中地上建筑面积50 062 m²，地下建筑面积6150 m²，总投资48 198万元。项目包含A、B两座楼宇及相关配套设施，建成后将设有电子显微镜平台、结构表征分析平台、超分辨显微成像平台、生物信息技术平台、产业成果转化平台、能量转化与存储平台、生物活性新物质创造平台等。

未来，南开大学前沿交叉学科中心主要通过大型科研仪器的集中管理与使用，实现大型仪器的高效共享，特别是跨学科、跨领域的共享，实现不同大型仪器设备在功能上的集约化使用，为学科交叉融合与发展提供坚实的仪器设备、技术人员、知识资源支撑。其中，有机新物质创造前沿科学中心聚焦含碳化合物及其聚集体的创造、转化和应用，拟通过5~10年的努力，将中心建设成为引领物质科学发展的世界知名科学研究中心和创新成果策源地，为提升我国自主创新能力和掌握科技发展主动权贡献南开力量。

3.3.4.3 南开大学细胞应答交叉科学中心

2020年1月10日，南开大学细胞应答交叉科学中心正式揭牌。该中心是"4211卓越南开行动计划"中的第一个"1"，即校内十大交叉科学中心之一。它以重大科学问题和国家重大需求为牵引，聚焦实时、动态和定量分析病原微生物与细胞互作过程中的生物学变化，特别是细胞器重构和免疫激活在细胞应答中的关键作用与调控机制[67]。该中心的发展目标是打造国际一流的前沿基础研究和应用研究的交叉科学研究基地。南开大学将按照理工类不低于3000万元/年的标准给予该中心建设经费支持。

该中心整合南开大学生物、物理、化学和医学等学科的研究积累和资源，开发具有自主知识产权的新一代显微设施和新的探测手段，实现实时、定量、在体解析细胞应答的分子细节和生命过程，打造一个原始创新能力强的学术高地，培育新的学科生长点，力争以南开大学团队为基础组建国家级交叉中心。

该中心实行学术委员会领导下的主任负责制，并成立学术委员会和项目管理专家委员会。该中心还组建了高水平的交叉研究团队，开展高水平的学术交流与国内外合作，推动南开大学在细胞生物学、化学生物学、免疫生物学及其交叉学科领域成为具有国际学术影响力的学术高地。

2021年10月18日，南开大学细胞应答交叉科学中心2021年度学术研讨会在生命科学学院举办。在会上，南开大学细胞应答交叉科学中心主任陈佺教授回顾了交叉中心的论证与成立过程，同时展望了中心的发展规划和目标，以及中心目前的运行管理和取得的阶段性成果，交叉科学中心的首席研究员（principal investigator，PI）已经开展不同领域内的合作，如生命科学与统计信息、结构生物学与病原微生物、细胞生物学与光学物理等，交叉科学中心未来的方向和目标是促进更多的学科交叉、取得更多的原创性成果和组建高水平的研究队伍。

2022 年，南开大学细胞应答交叉科学中心支持 1 个重点项目（80 万元）和 5 个种子项目（40 万元）。

3.3.5　浙江省基础科学和前沿交叉学科平台建设情况

2020 年 3 月 24 日，浙江省发展和改革委员会组织召开了浙江大学生命科学研究交叉中心项目的初步设计评估咨询视频会。2020 年 5 月 14 日，浙江省发展和改革委员会下达浙江大学生命科学研究交叉中心项目初步设计批复。2021 年 7 月，该项目动工建设，目前尚未完工。

浙江大学生命科学研究交叉中心总面积为 11 142 m²，其中建筑面积为 46 801 m²，包括地上建筑面积 30 150 m²，地下建筑面积 16 651 m²，计划投资 37 600 万元。该中心位于紫金港校区东区南侧，主要建设内容包括地上部分为实验室、会议与教职工食堂，其中实验室包括生研院、医学院、农生环学部、脑科学、药学院实验室，地下空间为机动车库、非机动车库以及生研院、脑科学实验室[68]。

3.3.6　江苏省基础科学和前沿交叉学科平台建设情况

3.3.6.1　江苏国家应用数学中心

2020 年 7 月 30 日，江苏国家应用数学中心在东南大学揭牌。该中心是由南京大学联合东南大学，并汇聚苏州大学、中国矿业大学、南京航空航天大学、南京师范大学、扬州大学、江苏师范大学、南京信息工程大学多所高校数个科研团队的力量，在紧密结合国家重大发展战略研究基础上建立起来的国家级科研平台。中心主任由南京大学数学系主任秦厚荣教授担任[69]。

江苏国家应用数学中心聚焦智能算法，涉及微分方程、几何拓扑、运筹优化、概率统计等应用数学的各分支。该中心针对医疗图像和智能诊断、雷达探测和芯片模拟、信息通信和智能控制、飞行器研究和设计、智慧城市等智能算法的关键性应用场景，首批建立了 5 个课题研究组，分别是"医学图像处理理论、模型和算法""有限元高频仿真算法及软件""管道流的理论分析及智能计算""数据科学在交叉领域中的研究与应用""信息通信与智能控制"等[70]。

依托江苏国家应用数学中心，南京大学"医学图像数学处理和分析"团队瞄准生命健康这一前沿领域，在医学影像的高效精准分析等"卡脖子"核心技术上进行攻关，主持了多项国家自然科学基金重点项目、重大项目课题和科技部重点研发项目，取得了一系列重要研究成果和多项国家发明专利，实验和临床成效显著。其中，研究成果"血管通路数字诊疗关键技术体系建立及其临床应用"申报了国家科学技术进步奖二等奖。

2020 年 12 月，该中心申报的"胰胆恶性肿瘤精准诊疗的数学理论和算法""全寿命沥青路面时空演化数学模型构建与结构优化智能算法设计"获国家重点研发计划立项，资助金额为 900 余万元。

依托该中心和南京大学数学系，一家新型研发机构——南京数据运筹科学研究院成立，该院一头沟通政府、企业需求，一头连接高校、专家资源。该中心的下一步计划是集聚全省数学科研力量，形成人才集聚效应，建立政产学研成果转化的长效机制，打通科技创新的"最后一公里"。另外，该中心通过数理基础、技术研发、应用落地三个层面的交叉融合，培养一大批跨专业的复合型人才[71]。

3.3.6.2　联合生物交叉实验室

联合生物交叉实验室（常州艾立贝医疗科技有限公司），由常州大学和江苏省中以产业技术研究院共同创办，常州艾立贝医疗科技有限公司（中法合资公司）是实验室的实际运营主体。该实验室主任由常州艾立贝医疗科技有限公司创始人崔论博士担任。2020 年，该实验室落成，总面积约为 $1000 \mathrm{~m}^2$。实验室建有不同生物安全等级的微生物实验室和标准细胞房，实验室硬件能满足大部分分子生物、微生物和细胞生物学研究的需求。

该实验室主要围绕二代测序、CRISPR、合成生物学、高通量筛选和人工智能 5 个技术领域，开展在致病微生物致病机理及检测、合成生物学（偏代谢工程）、肿瘤疾病三个大方向的研究，专攻高度跨学科的精确诊断医疗技术，通过提高疾病诊断质量，减少过量或不适当的治疗。

该实验室采用目标与关键成果（objectives and key results，OKR）管理模式，充分激发科研人员的活力。实验室可为相关科研人员提供开放的研究平台和自由选择的研究方向，为园区的生物医疗企业提供研发支持。实验室还为科研人员创业项目提供产业化咨询、产业化培训、地方专项等支持。依托中国以色列常州创新园，该实验室提供定期的以色列科研合作交流机会。

3.3.7　安徽省基础科学和前沿交叉学科平台建设情况

3.3.7.1　地球和空间科学前沿研究中心

2019 年 6 月，国家发展改革委正式批复同意安徽省建设地球和空间科学前沿、物质科学交叉前沿、医学前沿科学和计算智能前沿技术 3 个研究中心[72]。

地球和空间科学前沿研究中心是中国科学院"十三五"科教基础设施之一，也是合肥综合性国家科学中心的重要组成部分。该中心建设项目位于中国科学技术大学东校区，占地 21.23 亩，总投资 14 409 万元，总建筑面积约 3.1 万 m^2，于 2020 年 7 月正式开建，于 2022 年 1 月 17 日顺利完工[73]。

该中心瞄准生态环境、气候变化应对、对地和对空探测等领域的关键科学问题，围绕太阳和地球空间系统、地球表层系统、地球内部系统建设 38 个功能实验室，重点开展深地、深空和气候环境变化等领域的探测与研究，在地球物质演化和循环、大气和空间环境要素、行星科学等方面开展原始创新和多学科交叉创新[74]。

3.3.7.2 物质科学交叉前沿研究中心

2020 年 11 月，物质科学交叉前沿研究中心项目开始招标，计划交由合肥市重点工程建设管理局负责建设。2021 年 3 月，该中心开始土方开挖。截至 2023 年 11 月，物质科学交叉前沿研究中心已经建成完工。

物质科学交叉前沿研究中心是合肥综合性国家科学中心协同创新交叉研究平台重大工程之一，位于中国科学技术大学高新校区内，占地面积约 8100 m^2，总建筑面积约 40 000 m^2。该中心建成后将聚焦物质的微尺度层面建设前沿交叉研究平台，探索信息、能源、健康、环境、材料等领域的重大基础科学问题[75]。

3.3.7.3 医学前沿科学和计算智能前沿技术研究中心

2020 年 11 月，医学前沿科学和计算智能前沿技术研究中心项目开始进行围挡临设施工。截至 2023 年 11 月，医学前沿科学和计算智能前沿技术研究中心已经建成完工。

项目总占地面积为 5324.14 m^2，总建筑面积为 55 812 m^2，合同估算价为 26 500 万元。该中心位于中国科学技术大学西校区西北角，拟建 1 主楼、群房及整体 1 层地下车库，计划施工总工期约 3 年。

该中心的发展目标是建设成生命科学与医学、信息、人工智能等多学科前沿交叉研究平台，开展"生命健康+"新兴前沿领域研究[76]。

3.3.7.4 神经医学与化学生物学交叉研究中心

2021 年 1 月 26 日，神经医学与化学生物学交叉研究中心正式揭牌，由安徽师范大学和皖南医学院联合共建。

该中心依托安徽师范大学功能分子固体教育部重点实验室和皖南医学院神经系统疾病转化医学中心现有的平台与研究基础，在双方单位的依托实验室分别挂牌。安徽师范大学功能分子固体教育部重点实验室于 2008 年 10 月批准立项建设，实验室立足化学学科、材料学科的发展特点，以功能分子固体的制备、性能调控与应用探索为主要研究方向，在稀土金属有机化学与材料、生物功能材料、功能有机染料和清洁能源材料等研究领域均取得了一系列高水平成果。皖南医学院神经系统疾病转化医学中心主要团队力量是第一附属弋矶山医院神经外科，该科室创建于 20 世纪 70 年代中期，是安徽省"十三五"优先发展的重点专科，连续三年位列国家科技量值百强科室，承担有国家脑血管病疑难病症诊治能力提升工程项目，长期以来围绕神经肿瘤、脑血管疾病、脑外伤等神经系统疾病开展高水平诊疗及系列研究，并取得了丰硕成果。

神经医学与化学生物学交叉研究中心的成立，有助于充分发挥各自的资源优势、科研优势和学科互补优势，立足社会和经济发展重大需求，瞄准科技发展前沿，整合临床医学、材料化学、化学生物学的人才队伍和科研资源，产出高水平标志性成果。

3.3.8　湖南省基础科学和前沿交叉学科平台建设情况

3.3.8.1　湖南国家应用数学中心

2020 年 6 月 28 日，湖南国家应用数学中心在湘潭大学举行揭牌仪式[77]，该中心以湘潭大学为依托单位，由湖南省内的中南大学、湖南大学、湖南师范大学、长沙理工大学等高校共建。该中心将充分利用国家超级计算长沙中心的计算资源与优势，联合科研院所和企业共同建设运行[78]。

自成立以来，湖南国家应用数学中心在重大科研项目承担、高层次平台搭建、关键核心技术问题解决、高水平人才培养等方面取得了一系列成绩，具体如下。

（1）进一步明确了中心功能定位，主动服务国家战略，全面落实湖南"三高四新"战略定位和使命任务。瞄准若干重点方向开展核心技术攻关和科技协同创新，力争解决一批国家重大科技任务、重大工程、湖南重点产业及企业发展需求中的关键问题，支撑区域经济社会高质量发展。

（2）该中心建立了"三会一制"运行机制，并设有建设运行管理委员会、学术委员会、执行委员会和办公室等职能机构，实行中心主任负责制。其中，建设运行管理委员会负责协调中心建设运行发展的有关重大事项，组织绩效考核和监督。17 名学术委员会成员中有 12 位院士，是中心学术指导机构，在履行基本职能的同时，为中心开辟新领域方向提供战略咨询，为中心开展合作交流提供帮助，扩大中心影响力。执行委员会是中心的执行机构，负责执行建设运行管理委员会决议，负责制定中心发展规划、制订年度工作计划、编制财务预决算、遴选团队人员、协同国内外合作、推动成果转化等日常工作。

（3）成立民办非企业法人新型研发机构，中心实体化建设迈出坚实步伐。2021 年 12 月 22 日，湖南韶峰应用数学研究院正式揭牌，由湖南国家应用数学中心、湘潭高新区、湘潭市大数据和产业创新发展中心、湘潭智城联合信息科技有限公司签约共建。该研究院将面向湖南先进制造业"3330"集群（3 个世界级产业集群、3 个国家级产业集群、30 个省级产业集群）培育计划发展需求，聚焦湘潭制造业"两新三电"（新材新能、电机电控电传动）主攻方向，开展高水平应用数学和数学应用研究，搭建数学领域学术与市场的桥梁纽带，培养高层次数学类应用型、技能型人才，孵化基于数学应用的高新技术企业，目标是打造成集技术研发、成果转化、科技金融、人才培养、国际合作五大功能于一体的国内一流新型研发机构[79]。湖南韶峰应用数学研究院将是湖南国家应用数学中心建设运行的重要载体。

（4）聚焦人工智能、智能制造等五大重点研究方向开展应用数学和数学应用研究。中心主要围绕大数据和人工智能、智能导航与遥感中的数学建模与优化、智能制造中科学工程问题的数值仿真、大电网新能源系统建模与分析、高效基础共性算法研究五大重点方向，组织应用数学和数学应用研究，推进数学应用研发落地，推动科技成果转化，着力提升基础研究围绕产业需求中的核心科学问题开展集成攻关的能力。

（5）获批国家重点研发计划、国家自然科学基金区域创新发展联合基金等 3 项国家重点项目。中心获批 2 项国家重点研发计划项目，其中"智能导航及遥感数据高精度融合的数学方法"立项经费 1451 万元、"智慧司法科学理论与司法改革科技支撑技术研究"立项经费 1600 万元。获批 1 项国家自然科学基金区域创新发展联合基金重点支持项目"湖南水稻产区土壤复合污染多介质环境行为、生物效应与阻控机制"，立项经费 280 万元。此外，联合申报的湖南省科技重大专项项目"面向智能制造的自主可控工业互联网关键技术研究与应用示范"已通过答辩，预计立项经费为 4000 万～5000 万元。

（6）服务产业需求，有力支撑经济社会高质量发展。在工程机械领域，"长钢轨铺轨机组"获得中国卫星导航系统管理办公室高度赞誉。在深海开发领域，"鲲龙 500"海底采矿车亮相国家"十三五"科技创新成就展。在智能制造领域，钢板生产坯料设计优化为企业创造效益超 4 亿元。在电网能源领域，负荷预测监测与识别控制解决企业多项技术难题。在工业软件领域，有限元分析/求解模块开发有望摆脱国外软件的依赖。

（7）汇聚优势资源，合力深化政产学研用合作交流。与华为、浪潮、奇安信等集团签署 10 项战略合作协议。共建湖南省工程研究中心、京东智能城市与大数据研究院等 7 个科技创新平台。牵头获批智能系统优化与安全湖南省工程研究中心、生物医学智能计算湖南省工程研究中心，与京东集团、湘潭市人民政府共建京东智能城市与大数据研究院，与浪潮集团共建高性能计算公共服务平台，与钱学森空间技术实验室共建空间智能计算与数据处理研究中心，与中国工业与应用数学学会（CSIAM）共建数学与企业合作交流平台，与江南工业集团共建先进制造协同创新中心。

3.3.8.2　湖南师范大学心-脑交叉科学研究中心

2021 年 6 月 19 日，湖南师范大学心-脑交叉科学研究中心正式揭牌。该中心是湖南师范大学与湖南省人民医院共建的新型交叉科学研究机构。

该中心依托湖南师范大学和湖南省人民医院心理学、神经影像学、生物医学工程、统计学、计算机科学与技术等学科，服务"中国脑计划"等国家中长期重大需求，对接湖南省"三高四新"发展战略，重点开展社会心理及其神经机制、大脑认知障碍与精神类脑疾病等相关研究。中心秉承"交叉、融合、创新"的理念，严抓科研、深耕临床，持续建设国内具有相当影响力和竞争力的以影像评估为优势的集基础研究、临床诊治、应用转化于一体的交叉科学研究中心，努力建设成为区域领先、在国内外具有一定影响的心理与脑科学研究机构。

3.3.9　其他地区基础科学和前沿交叉学科平台建设情况

3.3.9.1　山东国家应用数学中心

2020 年 10 月 28 日，山东国家应用数学中心在济南正式揭牌成立。该中心依托山东大学，借助山东大学的数学学科优势和人才团队优势，联合该省相关高校、科研院所、重点企业共同建设运行。中心主任为彭实戈院士，中心学术委员会主任为郭雷院士[80]。

山东国家应用数学中心瞄准国家重大战略需求，针对行业和产业关键问题，开展以不确定性问题与非线性期望为特色的交叉学科理论和应用研究，帮助相关行业和产业解决难题、突破瓶颈。该中心基于山东省地方产业行业特点以及山东大学数学学科的优势，以金融、信息安全、能源、生命健康和人工智能等行业、产业的关键瓶颈问题为导向，聚焦金融风险、密码计算、海洋动力系统模拟、精准医学大数据、智能控制系统等关键问题，以非线性期望理论为基础，以金融数学、密码数学、海洋数学、生命数学、智能数学和通信数学为技术手段，开展不确定性相关交叉问题的研究和人才培养[81]。

2021 年 4 月 8 日，山东国家应用数学中心创新转化基地入驻暨项目启动仪式在济南山大科创城举行[82]。首批涉及金融、人工智能、信息技术、医疗康养、智能制造和海洋能源六大领域的 13 个科研与创业团队成功入驻创新转化基地，标志着山东国家应用数学中心正式开启了数学与相关领域实质性交叉融合的新征程。创新转化基地作为山东国家应用数学中心的重要延伸，依托山东大学在应用数学领域的优势和特色，聚焦金融数学、智能控制、人工智能、信息技术、精准医疗、海洋能源等关键领域的重大需求，力求为新旧动能转换和经济建设提供原始驱动力。山东国家应用数学中心创新转化基地项目启动是山东大学助推城市更新、产业提升和新旧动能转换的一项重点工作，为更好地服务济南高质量发展增添了一股源源不断的新动力。创新转化基地首批重点项目的入驻标志着山东国家数学应用中心正式开启了数学与相关领域实质性交叉融合的新征程，探索出了项目建设与政产学研合作的新模式。

该中心在对外合作方面取得积极进展，与阿里云、浪潮软件等企业已达成合作意向。2021 年 10 月 21 日，该中心与湖南遥昇通信技术有限公司签订共建山东大学–遥昇通信信息编码实验室合作协议书，实验室主要在数据压缩、加密和通信（信道）编码算法等方面开展研究，双方在信息安全类产品层面开展广泛合作。另外，该中心与山东健康医疗大数据管理中心在数字健康人、健康教育、无创血糖检验等具体项目上达成合作意向。下一步，双方将会制定定期联席会议制度和合作模式，就具体问题进行更加深入细致的对接研讨。

在成果转化资金支持方面，该中心于 2021 年 10 月举行创投基金投资策略研讨会，鼓励企业投资方设立基金，针对基础研究、应用研究、科研成果转化等不同阶段制定不同的投资策略，全方位支持中心成果转化工作的开展。

在人才培养方面，该中心突破传统的研究生培养方式，以教育部学科评估新标准为指引，通过研究生联合项目培养的方式开展研究生培养和教育。

3.3.9.2　吉林国家应用数学中心

2020 年 8 月 10 日，吉林国家应用数学中心正式启动，该中心由吉林大学牵头，联合东北师范大学和吉林省计算中心等单位共同建设。中心设有学术委员会和组织委员会，学术委员会主任由北京应用物理与计算数学研究所研究员、国家自然科学基金委员会数理学部主任、中国科学院院士江松担任,学术委员会共有委员 19 人,其中中国科学院院士 11 人[83]。

该中心以"数学+"为载体,聚焦数字吉林、新能源汽车、生物医药、卫星数据应用等领域,重点开展民用航空轮胎的数学建模与算法、传染病与动物疫病的建模与分析、东北主要农作物人工智能育种、遥感数据的处理与产业应用、东北大气污染预警、东北亚资源环境时空大数据平台构建与应用、高端橡胶材料的可计算建模与智能化设计 7 个关键问题的研究。

自中心筹建以来,吉林大学始终积极支持该中心开展各项工作,在政策制定、运行经费、工作条件等方面全力提供保障,力争把中心建成高水平应用数学和数学应用研究、数学人才培养、应用技术交流的重要基地[84]。

3.3.9.3 陕西国家应用数学中心

2020 年 2 月 26 日,陕西国家应用数学中心获批筹建。该中心由西安交通大学牵头建设,在陕相关高校(西北工业大学、西安电子科技大学、西北大学、陕西师范大学、长安大学等)、科研院所和企业为成员单位。

陕西国家应用数学中心定位"聚焦前沿、突出交叉、顶天立地、服务国家",围绕国家重大需求,面向科技前沿,开展深入交叉研究。该中心将充分发挥西安交通大学数学学科优势,围绕非常规油气勘探的数学理论与反演方法、未来通信的数学技术、人工智能与数学的共融发展等国家经济发展的重要领域,推动数学家与企业、产业专家深入交流融合,搭建产学研融通平台,为解决行业发展所面临的重大基础问题提供原始创新的数学方法与数学技术[85]。

2020 年,陕西国家应用数学中心围绕国家重大需求,面向科技前沿,开展深入交叉研究,组织、承担多项国家重大项目,与华为、东方物探等龙头企业开展实质性合作,取得了一批原创性成果。启动了交叉团队培育计划,该计划鼓励数学专家与行业、领域专家互动沟通、深入交流,根据产业、行业需求凝练形成关键科学问题,酝酿国家重大项目选题。该中心每年拟资助 5~8 个交叉团队,资助额度为 20 万元/项。2020 年,该中心资助了来自西北工业大学、西安电子科技大学、西北大学及西安交通大学的飞行器强度结构分析的数学理论与方法、网格生成、流体力学方程的数学理论与数值模拟、认知功能障碍的临床辅助判断算法、3D 打印的建模和基础算法、偏微分方程的数值解 6 个交叉团队项目。2021 年,该中心资助了航空轮胎橡胶材料可计算建模与优化设计、模型族与大数据驱动的新冠疫情预测预警分析与系统设计两项交叉团队培育项目。西安交通大学数学与增材制造交叉团队入选了陕西国家应用数学中心"2021 交叉团队培育计划",主要团队成员包括李义宝教授、郭士民副教授、刘庆芳副教授、苏剑副教授等。该团队与国家增材制造创新中心深度合作,开展了增材制造的核心基础算法和国产化工业软件研究,取得了一系列重要成果。

2021 年,该中心组织和承担了多项国家重大、重点项目,人才队伍建设稳步推进,在大数据与人工智能、三维地震数据高效稳健保真超分辨率反演、分布式微剂量 CT 技术、

3D 人脸识别技术研究成果与转化应用等多个方向取得了一系列理论成果，并在产业化方面做出了诸多有益尝试。中心开展"数学与数学应用讲坛""与企业家对话"系列活动，促进了学术界与企业界的交流，与华为、东方物探、陕煤、云南电网等龙头企业开展实质性合作，近年来取得了一批原创性成果，产生了良好的社会效益。

2021 年 5 月，陕西国家应用数学中心牵头承担了"变革性技术关键科学问题"重点专项"大数据计算与分析的基础算法"及"非常规油气三维地震成像的数学方法与超分辨反演高效算法"项目。"大数据计算与分析的基础算法"项目聚焦研究构建高效求解大数据计算与分析的基础算法这一重大科学问题，旨在发展针对一般性大数据计算与分析问题的基础算法并构建相应算法的有效性理论体系，从而推动大数据算法与技术研究的变革性发展。"非常规油气三维地震成像的数学方法与超分辨反演高效算法"项目旨在提出非常规油气三维地震成像的创新数学方法与超分辨反演高效算法，提升我国在该领域的基础研究水平。

该中心继续以服务国家为目标，加强人才队伍建设，推动实质性合作，发挥带动作用，活跃学术交流，切实为解决重点行业、重大工程、关键领域的"卡脖子"问题做出实质性贡献。

3.3.9.4　重庆国家应用数学中心

重庆国家应用数学中心于 2019 年 9 月由重庆市科学技术局批准成立，2020 年 2 月经科技部批准成为首批 13 个国家应用数学中心之一。2020 年 12 月 11 日，重庆国家应用数学中心正式揭牌[86]。该中心以重庆师范大学为牵头单位，联合中国科学院大学、北京大学、重庆大学、西南大学、陆军军医大学、西南交通大学、中国科学院重庆绿色智能技术研究院、中国科学院数学与系统科学研究院应用数学研究所等高校和科研院所在应用数学领域的研究优势，与重庆长安汽车股份有限公司、重庆港务物流集团有限公司、重庆攸亮科技股份有限公司、马上消费金融股份有限公司、重庆猪八戒网络有限公司、重庆瑞阳吉星科技股份有限公司、重庆材料研究院有限公司、重庆市高新技术产业研究院有限责任公司和中电科技集团重庆声光电有限公司等核心企业合作共建。

该中心聚焦信息技术、经济金融、先进制造、智能交通和生物医药等领域的关键科学问题和瓶颈性技术难题，集聚数学与相关领域科学家、行业专家、企业家等，共同凝练和解决一批关键数学问题，实现科技成果转移转化和应用落地，提升数学支撑创新发展的能力和水平，进一步推动重庆市大数据智能化产业发展，极大支撑重庆市建设国家新一代人工智能创新发展试验区和西部（重庆）科学城的建设。

该中心设有学术委员会和管理委员会，中心主任由国际系统与控制科学院院士杨新民担任。学术委员会主任由中国科学院应用数学研究所研究员、南开大学统计与数据科学学院院长马志明院士担任，下设 3 位副主任和 13 位委员。管理委员会由相关机构领导和主管部门负责人组成，有 2 位主任委员和 3 位副主任委员以及 8 位委员，具体负责上下协调、经费落实和建设的具体实施。

在运行管理方面，该中心制定了《重庆国家应用数学中心共建共享实施办法（试行）》

《重庆国家应用数学中心科研项目管理办法（试行）》《重庆国家应用数学中心科研经费管理办法（试行）》《重庆国家应用数学中心人才聘用、考核办法（试行）》等制度文件。

在研究进展方面，2020 年 11 月 23 日，中心主任杨新民教授荣获首届"重庆市杰出英才奖"；2021 年 4 月 15 日，中心主任杨新民教授牵头的"最优化与控制学科创新引智基地"获批国家"111 计划"；2021 年 6 月 7 日，重庆国家应用数学中心获批成立市级博士后科研工作站；2021 年 9 月 10 日，重庆国家应用数学中心皮家甜副教授及其团队在北京中关村科金技术有限公司横向课题的资助下，结合双方技术优势联合攻关，有效利用应用数学方法和人工智能技术，将深度伪造人脸识别的综合准确率提升至 94.1%，登顶深度伪造知名学术榜单 FaceForensics++Benchmark 榜首，助力该公司在深度伪造防伪能力方面达到国际领先水平。

在研究队伍建设方面，全力打造数学与信息科学、数学与先进制造、数学与智能交通和数学与生物医学四个研究团队。坚持内部培养与外部引进并举，柔性用智与全职工作结合，专职研究与协同创新互补，聚焦杰出领军人才、拔尖骨干人才以及青年后备人才。通过 5 年努力，力争新增专职研究人员 100 名，达到协同研究人员 200 名的总体规模，打造一支结构平衡、实力强劲、国内领先的高水平人才队伍，初步建成应用数学和数学应用研究的西部人才高地。具体培养方案如下：一是实施跨学科研究生与博士后培养计划，争取重庆市研究生招生政策的倾斜与支持，5 年内招收博士、博士后 100 人左右，夯实团队新生人才力量；二是建立应用数学复合型高端人才培养中心，通过举办研究生暑期学校、博士生创新论坛、国内外高端应用数学会议，设置前沿交叉学科先锋项目等，将数学及其交叉的信息、智能制造、交通、生命科学等领域的人才汇聚到一起开展研究；三是建立高端学者交流互访制度，每年公开为海内外杰出学者、优秀学生提供到重庆国家应用数学中心进行短期、长期交流的进修机会。

在对外合作方面，2021 年 7 月 20 日，该中心与北京大学重庆大数据研究院签订战略合作协议。2022 年 3 月 2 日，该中心与重庆医科大学附属儿童医院达成深度合作意向，通过利用该中心的大数据与人工智能技术，辅助临床进行资源的清理、整合、挖掘，不断促进医疗质量的提高，使患者安全得到保障，同时，助推国家儿童医学中心和重庆国家应用数学中心两个国家级平台的共同发展。4 月 22 日，由双方联合支持的合作研究项目"针对肾脏病和新生儿疾病的知识图谱构建"启动会在重庆国家应用数学中心举行。2022 年 4 月 11 日，该中心受邀加入重庆市数字医学联盟。2022 年 4 月 19 日，该中心与广域铭岛数字科技有限公司开展产学研合作交流。2022 年 5 月 13 日，重庆国家应用数学中心与国网重庆市电力公司合作的项目"基于非凸稀疏多目标优化的生活用电能表信息化评价校准关键技术研究"正式启动。该项目是由国网重庆市电力公司牵头，联合包括重庆国家应用数学中心在内的 6 家单位共同申报并获批的国网总部科技项目，项目总经费为 545 万元。2022 年 5 月 19 日，重庆国家应用数学中心与广域铭岛数字科技有限公司签署了战略合作协议。

2021 年 12 月 29 日，重庆国家应用数学中心正式开工建设。该中心建设项目建设地点位于重庆师范大学（大学城校区）东南角，规划总用地为 27 052.53 m²，为二类高层公共建筑，高 47.1 m，地上 10 层，地下局部 1 层，总建筑面积约 28 700 m²，工期要求为 540 日历天。项目主要功能为科研教学、学术交流用房，图书展示用房，行政办公、车库及配套设备用房等。重庆国家应用数学中心建设项目的竣工必将为重庆国家应用数学中心组织开展高水平科学研究、汇聚和培养高层次创新人才、打造一流国家级科研平台提供有力支撑[87]。

3.3.9.5　四川国家应用数学中心

2020 年 5 月 14 日，四川国家应用数学中心正式启动建设。该中心依托四川大学，联合省内相关高校、科研院所、重点企业共同建设运行。四川国家应用数学中心成员由管理委员会和学术委员会组成，其中管理委员会有 16 名委员，学术委员会有 27 名成员。

该中心围绕新一代信息技术与人工智能、装备制造、新能源产业、生物医学、金融法律等领域的关键数学问题进行攻关，着力建设"数学与应用"的协同平台、"数学为应用"的交叉研究平台和"数学到应用"的开发融通平台[88]。

2020 年 12 月 25 日，四川国家应用数学中心建设运行管理委员会 2020 年度第一次全体会议在四川大学召开，会议审议通过了《四川国家应用数学中心建设运行管理委员会工作规则》及中心管委会办公室人员组成方案。

3.3.10　国内基础科学和前沿交叉学科平台建设特点分析

近年来，加强基础科学与前沿交叉学科研究、瞄准世界科技前沿被摆在了我国科技发展的突出位置，国家发布了一系列政策文件来推动基础科学与前沿交叉学科研究工作。在政策的带动下，国家级和省级平台如雨后春笋般涌现，我国基础科学与前沿交叉学科平台建设进入了蓬勃发展阶段。通过调研可知，这些平台大多还处于建设阶段，并在重大科研项目承担、产学研合作、体制机制创新和实体化建设等方面取得了不同程度的积极进展。总结起来，我国此类平台的建设具有以下主要特点。

（1）具有明确的组织定位和发展目标。国内基础科学与前沿交叉学科平台都具有明确的机构定位、清晰的研究主题和发展方向，为平台的健康、稳定和持续运行奠定了坚实的基础。例如，全国 14 家国家应用数学中心的发展目标非常清晰，都聚焦国家重大科技任务、重大工程、区域及企业发展重大需求中的数学问题，致力于推进数学与工程应用、产业化的对接融通，加强数学家与相关领域科学家及企业家的合作与交流。这些平台的研究工作也主要集中于新一代信息技术、人工智能、智能制造、智能控制、大数据分析、数学建模等方向。

（2）组建跨学科研究集群，聚集优势机构。国内基础科学与前沿交叉学科平台大多以集群的形式创建，由区域内的高校和研究所等多家优势机构共同建设，充分吸收不同机构的互补优势，优化整合交叉学科研究的各项资源，服务交叉学科研究的开展。这打破了传统的院系单位制下研究人员开展交叉学科研究的组织障碍，突破了原有的学科壁垒，创新了交叉学科研究的组织运行形式。

（3）采用扁平式的组织架构。国内基础科学与前沿交叉学科平台大多构建了扁平化的组织架构。这种架构基本为领导层下的主任负责制，并设有指导委员会、管理委员会、执行委员会、学术委员会、行政办公室等部门，各个部门权责清晰、任务明确，共同为平台的运行提供良好支撑。

（4）注重与企业的合作。国内基础科学与前沿交叉学科平台以凝练和解决产业关键数学问题为重任，注重解决企业实际需求，将与企业的合作作为开展研究工作的重要途径，积极探索与企业的合作机制。例如，北京国家应用数学中心、上海国家应用数学中心和湖南国家应用数学中心均与企业共同建立联合实验室，探索校企合作的内容与模式，构建新型校企合作机制。

国内基础科学与前沿交叉学科平台建设在取得积极进展的同时，还存在项目合作机制、利益分配机制、考核评价机制等管理和运行机制不明晰不健全、多主体协作和资源整合困难、高端和顶尖人才缺乏、行政服务支撑交叉研究力度不足等问题，这些问题将严重影响跨学科研究的进程和研究成果的质量。

3.4　湖北省基础科学和前沿交叉学科平台建设的现状与发展建议

3.4.1　湖北省基础科学和前沿交叉学科平台建设现状

截至 2024 年 5 月，湖北省建有国家应用数学中心 1 家、省级基础学科研究中心 4 家（表 3-3），覆盖了数学、光学、化学、生物学、地球科学等优势基础学科[89]。

表 3-3　湖北省基础科学和前沿交叉学科平台一览表

中心名称	共建单位	批复时间	级别
湖北国家应用数学中心	武汉大学、中国科学院武汉物理与数学研究所、华中科技大学、武汉理工大学、华中师范大学、湖北大学、小米科技	2020年2月	国家级
湖北省生物学基础学科研究中心	武汉大学、华中科技大学、华中农业大学、湖北大学	2022年4月	省级
湖北省地球科学基础学科研究中心	中国地质大学（武汉）、武汉大学、中国科学院精密测量科学与技术创新研究院、中国科学院武汉岩土力学研究所、中国地质调查局武汉地质调查中心（中南地质科技创新中心）、长江水利委员会长江科学院、中国地震局地震研究所	2023年1月	省级
湖北省光学基础学科研究中心	华中科技大学、武汉大学、武汉理工大学、湖北大学、中国信科集团国家信息光电子创新中心	2023年1月	省级
湖北省化学基础学科研究中心	武汉大学、中国科学院精密测量科学与技术创新研究院、湖北大学	2023年1月	省级

湖北国家应用数学中心是 2020 年科技部批准首批建设的 13 家国家应用数学中心之一。该中心依托武汉大学，联合中国科学院武汉物理与数学研究所、华中科技大学、武汉理工大学、华中师范大学、湖北大学等高校、科研院所以及小米科技等相关企业，按照

"省级组建、依托实体、加强协作、提升能力"的组建原则共同建设。

湖北国家应用数学中心聚焦人工智能、精密测量、精准医学、智慧交通与物流、材料科学和信息安全等重点领域方向，通过优化整合资源，加强横向交叉研究，实现数学研究从单一学科模式向更包容的多学科交叉合作模式展开，提高数学解决具体问题、支撑经济社会发展的能力。

该中心的重点任务包括：①加强应用数学家与其他领域科学家及企业家的合作交流，实现数学科学与湖北省重点产业发展需求对接融通，引导应用数学家积极服务地方经济社会发展，为湖北省的科技创新引领高质量发展贡献"数学驱动力"；②支持数学家通过多领域、多学科、多方位的互动，聚焦、提出、凝练与解决一批国家和湖北省重大科技任务中的应用数学问题；③支持数学家对接高新技术企业需求，深入了解企业发展技术瓶颈，凝练科学问题，解决实际问题；④围绕数学、统计学、生物医学、计算物理学及计算机科学等学科间的交叉领域开展高水平应用数学与数学应用研究，培养数学人才。

建设两年多以来，该中心各项工作有序推进，并取得积极进展。截至 2021 年 5 月，中心承担的国家和省部级科研项目共 108 项，多个领域的科技创新取得较大突破，取得多项重要科技成果。中心人工智能团队通过与武汉中海庭数据技术有限公司的长期合作，在高精度地图制作领域取得重要进展。其中，车道线表示、点云纠偏、众包车辆投放策略，质量检验体系等成果被中国工业与应用数学学会首批认证。该中心精密测量团队突破了星载铷原子钟精度、小型化、寿命、可靠性和卫星环境适应性等关键技术，研制出新一代国产原子钟——北斗三号组网卫星上配置的星载铷原子钟。该原子钟每天的误差不超过 300 亿分之一秒，相当于千万年只有 1 秒的误差，性能达到世界先进水平，该项成果使我国的星载铷原子钟技术实现了从无到有、由有到精的跨越。该中心与合作者共同研发出 6 款安全芯片，出货量超过 1 亿片。此外，该中心在智慧交通大数据下的统计预测与安全预警、行为分析与协同控制、风险评估与应急决策、路车智能融合控制与安全保障技术及应用等关键技术上取得积极进展[90]。

3.4.2 湖北省基础科学和前沿交叉学科平台建设建议

随着现代科技的纵深发展，跨学科交叉研究已成为引领新兴学科发展的重要推动力，关乎原始创新力的提升与世界科技强国建设。发达国家形成了良好的跨学科交叉氛围，取得了大量卓越的科研成果，他们取得成功的经验给面临前沿交叉学科平台建设任务的中国提供了一些启示和借鉴。鉴于国内外相关平台建设取得的成就和存在的问题，对湖北省基础科学与前沿交叉学科平台建设提出如下主要建议。

（1）进一步加强组织建设，建立科学的领导机制。国内很多平台仅设有管理委员会（或指导委员会）、执行委员会和学术委员会等，缺乏外部咨询（顾问）。外部咨询是平台与外界沟通的桥梁，通过在多个领域的强大社会关系网，促进平台与产业界建立起强有力的协作关系，对于平台合作网络的构建和扩大具有重要作用。建议湖北省基础科学与前沿交叉学科平台进一步加强组织建设，聘请具有跨学科背景的管理者，形成交互制衡且耦合共生的治理结构，实现对平台的良好治理。

（2）进一步完善管理和运行制度。由于多种原因，目前国内很多平台还存在管理和运行制度缺失或不完善的问题，制约了平台的进一步发展。建议湖北省基础科学与前沿交叉学科平台加强制度建设，特别是完善项目合作机制、资源和利益分配机制、研究人员和教师考评机制等重要制度，为平台的持续健康发展提供良好的制度保障。

（3）拓宽合作渠道。交叉学科平台所研究的问题往往涉及多个知识领域，要求整合多样化的资源，仅与少数机构合作难以满足其科研条件需求。建议湖北省基础科学与前沿交叉学科平台的机构合作伙伴不局限于某一行业，而是充分拓展产业界、科研界的相关机构，以资源共享、合作研究、信息互通等形式不断推动平台的机构合作深入发展。

（4）人才外部引进和内部培养并举。高层次人才严重缺乏已成为制约我国基础科学与前沿交叉学科平台，特别是中西部平台发展的最大因素。建议从内外两方面发力，解决人才缺乏问题。一方面，在世界范围内招揽交叉研究顶尖人才全职加入开展交叉研究工作，给予优厚待遇；另一方面，建议从内部机构选拔优秀人才，同时加强跨学科研究生培养，做好交叉研究人才储备。在人才培养方面，建议平台管理决策层统筹规划，借助平台优势，创新交叉学科人才培养机制和模式，做好人才培养方案制订、确定学生出口标准、明确课程体系设置等具体问题，避免招生和培养彼此分离。

（5）拓宽经费来源渠道。建议政府主管部门在资金方面对平台给予大力支持，同时鼓励平台积极拓宽经费来源渠道，通过吸纳企业投资、设立开放基金等方式争取更多资金支持，为交叉科学研究工作提供充足的经费保障，让科研人员无后顾之忧，全身心地投入科学研究工作中。

（6）建立广泛的交流机制。多样化和多层次的互动交流是推动交叉学科平台发展的重要因素之一。建议湖北省基础科学与前沿交叉学科平台制定、完善学术和产业交流机制，举办丰富的跨学科交流活动，包括实施访客计划，允许国外科学家来平台开展具有期限的研究工作和学术交流，通过建立国际合作促进集群的国际化。建议定期举办交叉学科学术沙龙活动，满足不同学科背景的研究人员、教师和学生通过平台交流讨论跨学科学术问题的需求。

本章参考文献

[1] 王靖元. 高校交叉学科科研管理平台建设研究[J]. 中国高新科技，2022，（1）：159-160.

[2] 高崴，姚毓春. 新兴交叉学科科技管理平台工作体系研究[J]. 科技管理研究，2021，41（4）：104-108.

[3] 曲大成. 大力加强基础科学研究[J]. 红旗文稿，2023，（8）：37-40.

[4] 中华人民共和国中央人民政府. 国务院关于全面加强基础科学研究的若干意见[EB/OL]. http://www.gov.cn/zhengce/content/2018-01/31/content_5262539.htm[2018-01-31].

[5] 中华人民共和国科学技术部. 科技部 发展改革委 教育部 中科院 自然科学基金委关于印发《加强"从 0 到 1"基础研究工作方案》的通知[EB/OL]. http://kw.beijing.gov.cn/art/2020/1/21/art_2964_13034.html [2020-03-03].

[6] 中华人民共和国中央人民政府. 中共中央关于制定国民经济和社会发展第十四个五年规划和二〇三五年远景目标的建议[EB/OL]. https://www.gov.cn/zhengce/2020-11/03/content_5556991.htm[2020-11-03].

[7] 国家自然科学基金委员会. 交叉科学部[EB/OL]. https://www.nsfc.gov.cn/publish/portal0/tab947/[2023-06-19].

[8] 中华人民共和国中央人民政府. 国务院学位委员会 教育部关于设置"交叉学科"门类、"集成电路科学与工程"和"国家安全学"一级学科的通知[EB/OL]. http://www.gov.cn/xinwen/2021-01/14/content_5579 799.htm[2021-01-14].

[9] 北京市科学技术委员会, 中关村科技园区管理委员会. 基础研究投入占研发经费 15%, 北京产出系列重大创新成果[EB/OL]. http://kw.beijing.gov.cn/art/2019/5/28/art_6382_564124.html[2019-05-28].

[10] 北京市人民政府. 北京市人民政府关于印发《北京市"十四五"时期高精尖产业发展规划》的通知 [EB/OL]. http://www.beijing.gov.cn/zhengce/zhengcefagui/202108/t20210818_2471375.html[2021-08-18].

[11] 北京市人民政府. 北京市人民政府办公厅关于印发《北京市加快医药健康协同创新行动计划（2021—2023 年）》的通知[EB/OL]. http://www.beijing.gov.cn/zhengce/zhengcefagui/202107/t20210722_2446806.html [2021-07-22].

[12] 上海市科学技术委员会. 上海市人民政府关于加快推动基础研究高质量发展的若干意见[EB/OL]. http://stcsm.sh.gov.cn/zwgk/ghjh/20211020/6db3ff65859b49a585a96ecc5236ac15.html[2021-10-20].

[13] 上海市科学技术委员会. 上海市建设具有全球影响力的科技创新中心"十四五"规划[EB/OL]. http://stcsm.sh.gov.cn/zwgk/ghjh/20210929/ad06eea0c63243f9bcb494a8a3a32075.html[2021-09-29].

[14] 上海市人民政府. 上海市科学技术委员会关于发布上海市 2021 年度"科技创新行动计划"港澳台科技合作项目申报指南的通知[EB/OL]. https://www.shanghai.gov.cn/nw49248/20210222/9ba8ffee5a564c95969 c25248ec5184d.html[2021-09-29].

[15] 上海市科学技术委员会. 关于印发《上海市计算生物学创新发展行动计划（2023—2025 年）》的通知 [EB/OL]. https://stcsm.sh.gov.cn/zwgk/ghjh/20230601/7f1d58c4c3ab4735b56d16da993925ed.html?eqid=b36 bb416000873090000000364789017[2023-06-01].

[16] 解放日报. 科创激发新动力——上海高质量发展观察（三）[EB/OL]. https://www.shanghai.gov.cn/ nw4411/20230619/55d606c8ba6c4ad19eae52c38a6d1673.html[2023-06-19].

[17] 浙江省人民政府.《浙江省人民政府关于全面加强基础科学研究的实施意见》（浙政发〔2019〕23 号）政策解读[EB/OL]. http://www.zj.gov.cn/art/2019/10/18/art_1229019366_64734.html[2019-10-18].

[18] 浙江省人民政府. 浙江省科学技术厅关于印发《浙江省实验室体系建设方案》的通知[EB/OL]. http:// www.zj.gov.cn/art/2020/5/12/art_1229278097_2305316.html[2020-05-12].

[19] 江苏省科学技术厅. 江苏省"十四五"科技创新规划[EB/OL]. http://kxjst.jiangsu.gov.cn/art/2021/9/15/ art_83527_10030709.html[2021-09-15].

[20] 皖西学院. 转发《安徽省人民政府关于进一步加强基础科学研究的实施意见》[EB/OL]. https://www. wxc.edu.cn/2018/0827/c6a101245/page.htm[2021-09-15].

[21] 安徽省人民政府. 安徽省人民政府办公厅关于印发安徽省加快医学教育创新发展实施方案的通知[EB/OL]. https://www.ah.gov.cn/public/1681/554197361.html[2021-01-01].

[22] 安徽省科学技术厅. 关于印发《安徽省联合共建学科重点实验室实施方案（试行）》的通知[EB/OL]. http://kjt.ah.gov.cn/public/21671/121280541.html[2022-10-26].

[23] 天津市人民政府. 天津市人民政府关于加强基础科学研究的意见[EB/OL]. http://www.tj.gov.cn/zwgk/szfgb/qk/2019Site/1_2019Site/202005/t20200520_2476630.html[2019-01-18].

[24] 天津市科学技术局. 对市十七届人大三次会议第 0648 号建议的答复[EB/OL]. http://kxjs.tj.gov.cn/ZWGK4143/JYTABL8993/202008/t20200826_3532975.html[2019-01-01].

[25] 重庆档案信息网. 重庆市人民政府办公厅关于印发贯彻落实国务院全面加强基础科学研究若干意见任务分工的通知[EB/OL]. http://jda.cq.gov.cn/szfwj/content_33032 [2018-09-12].

[26] Isaac Newton Institute for Mathematical Sciences. 0.HOME[EB/OL]. https://www.newton.ac.uk/[2021-09-15].

[27] Isaac Newton Institute for Mathematical Sciences. Support[EB/OL]. https://www.newton.ac.uk/support/[2021-09-15].

[28] Research Institute for Mathematical Sciences Kyoto University. HOME[EB/OL]. https://www.kurims.kyoto-u.ac.jp/en/index.html[2021-09-15].

[29] Research Institute for Mathematical Sciences Kyoto University. Message from the Director[EB/OL]. https://www.kurims.kyoto-u.ac.jp/en/about-01.html[2021-09-15].

[30] Research Institute for Mathematical Sciences Kyoto University. Organization[EB/OL]. https://www.kurims.kyoto-u.ac.jp/en/about-05.html[2021-09-15].

[31] Research Institute for Mathematical Sciences Kyoto University. Graduate education and conferment of degrees[EB/OL]. https://www.kurims.kyoto-u.ac.jp/en/about-07.html[2021-09-15].

[32] MIT Plasma Science and Fusion Center. Home[EB/OL].https://www.psfc.mit.edu/[2021-09-15].

[33] MIT Plasma Science and Fusion Center. Mission[EB/OL]. https://www.psfc.mit.edu/vision/mission[2021-09-15].

[34] MIT Plasma Science and Fusion Center. Faculty & senior scientists[EB/OL]. https://www.psfc.mit.edu/people/faculty[2021-09-15].

[35] MIT Plasma Science and Fusion Center. Giving to the PSFC[EB/OL]. https://www.psfc.mit.edu/give[2021-09-15].

[36] MIT Plasma Science and Fusion Center. Jobs[EB/OL]. https://www.psfc.mit.edu/jobs[2021-09-15].

[37] MIT Plasma Science and Fusion Center. Education[EB/OL]. https://www.psfc.mit.edu/education[2021-09-15].

[38] MIT Plasma Science and Fusion Center. Outreach[EB/OL]. https://www.psfc.mit.edu/outreach[2021-09-15].

[39] Mathematical Biosciences Institute. Home[EB/OL]. https://mbi.osu.edu/[2021-09-15].

[40] Mathematical Biosciences Institute. Mission[EB/OL]. https://mbi.osu.edu/about/mission[2021-09-15].

[41] Mathematical Biosciences Institute. Directory[EB/OL]. https://mbi.osu.edu/directory[2021-09-15].

[42] Mathematical Biosciences Institute. About[EB/OL]. https://mbi.osu.edu/about[2021-09-15].

[43] Mathematical Biosciences Institute. Education[EB/OL]. https://mbi.osu.edu/education[2021-09-15].

[44] MATHEON Research Center. Home[EB/OL]. http://www.matheon.de/index.php[2021-09-15].

[45] MATHEON Research Center. About Us[EB/OL]. http://www.matheon.de/aboutUs/aboutUs[2021-09-15].

[46] MATHEON Research Center. Organizatione[EB/OL]. http://www.matheon.de/aboutUs/organization[2021-09-15].

[47] MATHEON Research Center. Home[EB/OL]. http://www.matheon.de/home[2021-09-15].

[48] Sarafan ChEM-H. Home[EB/OL]. https://chemh.stanford.edu/[2021-09-15].

[49] Sarafan ChEM-H. What-chem-h[EB/OL]. https://chemh.stanford.edu/about/what-chem-h[2021-09-15].

[50] Sarafan ChEM-H. People[EB/OL]. https://chemh.stanford.edu/people[2021-09-15].

[51] Sarafan ChEM-H. Funding-opportunities[EB/OL]. https://chemh.stanford.edu/opportunities/funding-opportunities [2021-09-15].

[52] Sarafan ChEM-H. Training & education[EB/OL]. https://chemh.stanford.edu/training-education[2021-09-15].

[53] Sarafan ChEM-H. Postbac-program-target-discovery[EB/OL]. https://chemh.stanford.edu/programs/ postbac-program-target-discovery[2021-09-15].

[54] 中华人民共和国科学技术部. 上海应用数学中心启动建设！为产业能级提升和经济社会发展提供支撑 [EB/OL]. https://www.most.gov.cn/dfkj/sh/zxdt/202003/t20200327_152655.html[2020-03-27].

[55] 中国科学院成都文献情报中心. 科技部办公厅关于支持首批国家应用数学中心建设的函[EB/OL]. http://clas.cas.cn/Y2021xwdt/Y2021ttxw/202003/t20200303_6297156.html[2024-05-11].

[56] 北京市怀柔区人民政府. 人民网：北京怀柔综合性国家科学中心建设全速推进[EB/OL]. http://www.bjhr.gov.cn/ywdt/mtgz/202006/t20200604_1916324.html[2020-06-03].

[57] 经济日报. 京津冀大气环境等研究平台今在北京怀柔科学城奠基[EB/OL]. https://baijiahao.baidu.com/s?id=1663588195374800597&wfr=spider&for=pc[2020-04-10].

[58] 澎湃新闻. 主体结构封顶！京津冀大气环境与物理化学前沿交叉研究平台又迈出重要一步[EB/OL]. https://m.thepaper.cn/baijiahao_9193591[2024-05-11].

[59] 上海市科学技术委员会. 国家应用数学中心上海应用数学中心[EB/OL]. http://stcsm.sh.gov.cn/shyysjzx/math.html[2023-03-07].

[60] 上海市科学技术委员会. 国家应用数学中心上海应用数学中心·组织机构[EB/OL]. http://stcsm.sh.gov.cn/shyysjzx/math_organ.html[2023-03-07].

[61] 上海脑科学与类脑研究中心. 首页[EB/OL]. https://www.bsbii.cn/[2023-03-07].

[62] 中山大学. 我校获批建设首批国家应用数学中心[EB/OL]. https://www.sysu.edu.cn/news/info/2161/519961.htm[2020-03-01].

[63] 广东省人民政府. 广东去年获中央引导地方科技发展资金过亿 投千万元建粤港澳应用数学中心[EB/OL]. http://www.gd.gov.cn/gdywdt/zwzt/ygadwq/zdgz/content/post_3287168.html[2024-05-11].

[64] 深圳国家应用数学中心. 中心简介[EB/OL]. https://ncams.sustech.edu.cn/about.html?lang=zh-cn[2023-03-07].

[65] 深圳商报数字报. 深圳首个国家级 应用数学中心 在南科大启动[EB/OL]. http://szsb.sznews.com/PC/content/202012/21/content_966524.html[2020-12-21].

[66] 天津大学. 天津市国家应用数学中心揭牌[EB/OL]. http://news.tju.edu.cn/info/1005/56071.htm[2021-04-20].

[67] 南开大学新闻网. 南开大学细胞应答交叉科学中心揭牌[EB/OL]. http://news.nankai.edu.cn/ywsd/system/2020/01/11/030037301.shtml[2020-01-11].

[68] 浙江大学基础建设处. 省发改委通过浙江大学生命科学研究交叉中心项目初步设计评估[EB/OL]. http://jjb.zju.edu.cn/2020/0525/c34662a2118114/page.psp[2020-05-25].

[69] 中共江苏省委组织部. 江苏应用数学中心：首批国家级中心获准建设[EB/OL]. http://www.jszzb.gov.cn/col18/72900.html[2024-05-11].

[70] 东南大学. 东南大学与南京大学联合牵头建设国家应用数学中心[EB/OL]. https://www.seu.edu.cn/2020/0301/c17406a318871/page.psp[2020-03-01].

[71] 中国网. 这支数学"国家队"，攻关也跨界（解码）[EB/OL]. http://news.china.com.cn/live/2020-03-23/content_758320.htm[2020-03-23].

[72] 岳西网. 合肥三大研究中心获"准生证"将开建[EB/OL]. http://ahyx.gov.cn/html%2Fnews%2Fjj%2Fsnxw%2F2019%2F06%2F383895.html[2019-06-17].

[73] 中华人民共和国中央人民政府. 合肥综合性国家科学中心启动建设地球和空间前沿研究基地[EB/OL]. http://www.gov.cn/xinwen/2020-07/16/content_5527325.htm[2020-07-16].

[74] 中华人民共和国国家发展和改革委员会. 合肥综合性国家科学中心启动建设地球和空间前沿研究基地[EB/OL]. https://www.ndrc.gov.cn/fggz/cxhgjsfz/dfjz/202007/t20200731_1235127_ext.html[2020-07-31].

[75] 新华网. 合肥综合性国家科学中心添"重磅"创新平台[EB/OL]. http://m.xinhuanet.com/ah/2020-11/05/c_1126699426.htm[2020-11-05].

[76] 合肥综合性国家科学中心. 协同创新交叉研究平台项目新进展[EB/OL]. https://www.hf.cas.cn/zncs/kxzxc/kxcb/202009/t20200907_5687246.html.[2024-05-11] .

[77] 湖南数学界第一个国家级平台揭牌[EB/OL]. https://www.sohu.com/a/404641452_100180399 [2020-06-29].

[78] 湖南国家应用数学中心. 首页[EB/OL]. https://hncam.xtu.edu.cn/[2023-03-07].

[79] 湖南韶峰应用数学研究院揭牌[EB/OL]. https://mp.weixin.qq.com/s?_biz=MzA4MTUyOTE1MQ==&mid=2653690170&idx=1&sn=ea4b8181a5d64f1a72068b0c08675c44&chksm=844b296ab33ca07ceaee14813f96300a80ece646cc214d1bd96c93c1bf5d954f514aaca623dd&scene=27[2021-12-23].

[80] 山东国家应用数学中心. 学术委员会组织架构[EB/OL]. http://www.sdam.sdu.edu.cn/info/1018/1591.htm[2024-05-11].

[81] 中刊网. 瞄准关键瓶颈问题，山东应用数学中心获科技部批复[EB/OL]. https://www.china-journal.net/news/4203.html[2020-03-01].

[82] 山东国家应用数学中心. 山东国家应用数学中心入驻仪式[EB/OL]. http://www.sdam.sdu.edu.cn/info/1020/1047.htm[2024-05-11].

[83] 吉林国家应用数学中心. 首页[EB/OL]. http://jlcam.jlu.edu.cn/[2023-03-07].

[84] 吉林大学数学学院. 喜报！吉林应用数学中心获准建设首批国家应用数学中心[EB/OL]. https://www.jlu.edu.cn/info/1339/47284.htm[2024-05-11].

[85] 西安交通大学. 西安交大获批建设国家应用数学中心[EB/OL]. https://math.xjtu.edu.cn/info/1085/9630.

htm#:~:text=%E8%AF%A5%E4%B8%AD%E5%BF%83%E7%94%B1%E8%A5%BF%E5%AE%89%E4%
BA%A4%E5%A4%A7,%E6%96%B9%E6%B3%95%E4%B8%8E%E6%95%B0%E5%AD%A6%E6%8A%
80%E6%9C%AF[2024-05-11].

[86] 光明网. 重庆国家应用数学中心揭牌[EB/OL]. https://m.gmw.cn/baijia/2020-12/12/1301932390.html[2020-12-12].

[87] 重庆日报数字报. 重庆应用数学中心成立[EB/OL]. https://epaper.cqrb.cn/cqrb/2019-12/12/003/content_249314.htm[2019-12-12].

[88] 四川大学. 四川国家应用数学中心正式启动建设与揭牌[EB/OL]. https://scu.edu.cn/info/1203/15484.htm[2024-05-11].

[89] 中华人民共和国科学技术部. 湖北布局新建 3 家省基础学科研究中心[EB/OL]. https://www.most.gov.cn/dfkj/hub/zxdt/202307/t20230720_187170.html[2023- 07-20].

[90] 央视网. 北斗二号工程获 2016 年国家科学技术进步特等奖[EB/OL]. http://news.cctv.com/2017/01/10/ARTIPhZDdq6w2r1URIOgNSqb170110.shtml[2017-01-10].

第 4 章

省级重点实验室建设研究

省级重点实验室是由省级政府确认并支持建设的区域性科技创新平台，承担着科技创新、基础研究和为地方经济服务的任务[1]，是各省升级建设国家重点实验室的后备军。截至 2022 年 12 月，全国各省（自治区、直辖市）省级重点实验室建设数量达 6400 多家。

我国的国家重点实验室体系具有鲜明的特色。世界主要发达国家没有与中国完全相似的国家重点实验室体系，但他们通过建立和运行国家实验室、国家科研机构、重大科研基础设施等国家科技创新基地，很好地推动了科技创新发展，提升了国家综合科技实力。美国国家实验室体系主要定位于从事长期性、战略性、公共性、敏感性的研究领域，是美国在世界上保持科技、经济领先地位的强大支撑；德国马克斯·普朗克科学促进学会一直致力于国际前沿与尖端的基础性研究工作，涉及物理、工程技术、生物医学、基础科学等众多研究领域；英国国家实验室是英国国家科技创新体系的重要组成部分，为英国科技实力的提升做出了重要贡献；法国国家科学研究中心（CNRS）是法国最大的科学技术研究机构，也是欧洲最大的基础研究机构之一，在数学、物理、化学、医学等领域一直处于世界领先地位[2]。

1984 年，为提高基础研究水平，国家组织实施了国家重点实验室建设计划，投资 6100 万元，批准建设了首批 10 个国家重点实验室，同时核拨 1660 万美元的外汇额度用于购置国外先进仪器。到 2018 年，已有 254 个国家重点实验室在运行。经过 30 多年的孕育发展，国家重点实验室已经成为推动国家科技创新、学科发展和解决国家战略重大科学技术问题的重要力量，但其与全面加强基础科学研究、建设世界科技强国的要求相比，还存在重大原始创新性成果缺乏、世界一流领军科学家不足等问题[2]。

为进一步推动国家重点实验室的建设发展，充分发挥其推动国家科技创新的作用，2018 年 6 月，科技部、财政部联合发布《关于加强国家重点实验室建设发展的若干意见》，明确到 2020 年，基本形成定位准确、目标清晰、布局合理、引领发展的国家重点实验室体系；到 2025 年，国家重点实验室体系全面建成，科研水平和国际影响力大幅跃升。若干实验室成为世界最重要的科学中心和高水平创新高地。2018 年 12 月，中央经济工作会议提出"抓紧布局国家实验室，重组国家重点实验室体系"。在 2020 年的政府工作报告中，国务院总理李克强提出"加快建设国家实验室，重组国家重点实验室体系"[3]。十九届五中全会审议通过的《中共中央关于制定国民经济和社会发展第十四个五年规划和二〇三五年远景目标的建议》明确提出"推进国家实验室建设，重组国家重点实验室体系"[4]。中国科学院面向布局占据未来技术、产业制高点的前沿技术，以及制约我国产业发展的关键核心共性技术进行谋划布局，率先启动了重点实验室重组工作[5]。

目前，国家重点实验室重组工作已经启动，部分省（自治区、直辖市）已研究并制定了省级重点实验室重组方案。当前，在创建"两个一流"（推进世界一流大学和一流学科建设）、综合性科学中心、国家科技创新中心的新时代，需要坚持把创新摆在事关发展全局的核心位置，提升重点实验室提出并解决重大科学问题的能力，激活创新活力，提升创新绩效，使得省级重点实验室在相关学科领域实现协同创新和取得关键技术重大突破。重组湖北省重点实验室体系、全面提升湖北省重点实验室基础科研能力，对加快建设科技强省意义重大。因此，开展湖北省重点实验室基础科研能力建设与优化整合实践路径研究具有必要性和紧迫性。

4.1 全国省级重点实验室建设现状

4.1.1 总体规模

截至 2022 年 12 月，全国各省（自治区、直辖市）省级重点实验室建设数量达 6432家，其中，辽宁省省级重点实验室达到 613 家，排名第一。湖北省共有省级重点实验室201 家，数量处于全国中等水平（表 4-1）。

表 4-1 全国各省（自治区、直辖市）省级重点实验室建设数量

省（自治区、直辖市）	省级重点实验室数量/家	排名	省（自治区、直辖市）	省级重点实验室数量/家	排名
辽宁省	613	1	陕西省	197	15
北京市	457	2	安徽省	171	16
湖南省	360	3	上海市	170	17
天津市	350	4	内蒙古自治区	151	18
广东省	349	5	江苏省	148	19
河北省	322	6	山西省	139	20
黑龙江省	307	7	四川省	137	21
福建省	276	8	广西壮族自治区	135	22
浙江省	270	9	甘肃省	127	23
山东省	260	10	云南省	115	24
河南省	240	11	吉林省	114	25
江西省	220	12	新疆维吾尔自治区	106	26
重庆市	211	13	青海省	78	27
湖北省	201	14	海南省	65	28

续表

省（自治区、直辖市）	省级重点实验室数量/家	排名	省（自治区、直辖市）	省级重点实验室数量/家	排名
贵州省	65	29	西藏自治区	39	31
宁夏回族自治区	39	30	合计	6432	

4.1.2　依托单位性质

各地区省级重点实验室主要依托高校建立，依托高校建立的重点实验室占比均高于30%。其中，江苏省81%以上的重点实验室依托高校而建，浙江省56%以上的重点实验室依托高校而建。山东省依托企业建立的重点实验室较多，占比达到42.34%，高于依托高校建立的重点实验室。北京市、上海市、浙江省依托医院建立的重点实验室占比均在10%以上（表4-2）。

表 4-2　主要地区省级重点实验室依托单位性质　（单位：%）

依托单位性质	北京市	上海市	广东省	浙江省	江苏省	山东省
高校	39.17	57.14	49.78	56.96	81.69	32.43
科研院所	26.26	15.38	20.96	14.56	18.31	20.27
企业	10.72	7.69	17.03	13.59	0.00	42.34
医院	19.26	18.13	9.61	10.68	0.00	4.05
其他事业单位（不含高校、科研院所和医院）	4.60	1.65	2.62	4.21	0.00	0.90

数据来源：作者根据各地区科技厅官网公开数据整理。

4.1.3　空间分布

广东省、浙江省、江苏省省级重点实验室主要分布在省会城市，位于省会城市的省级重点实验室占比均高于60%。山东省济南市分布的重点实验室占比为39.64%，非省会城市分布的省级重点实验室多于省会城市的重点实验室（表4-3～表4-6）。

表 4-3　广东省重点实验室空间分布　（单位：%）

地区	占比	地区	占比
广州市	79.91	中山市	0.87
深圳市	9.17	珠江市	0.44
汕头市	2.18	肇庆市	0.44
东莞市	1.75	清远市	0.44
佛山市	1.31	茂名市	0.44
湛江市	1.31	韶关市	0.44
惠州市	1.31		

表 4-4　浙江省重点实验室空间分布　　　　　　　　（单位：%）

地区	占比	地区	占比
杭州市	75.08	台州市	1.62
宁波市	8.09	丽水市	0.97
温州市	5.50	绍兴市	0.97
金华市	2.59	嘉兴市	0.65
湖州市	2.27	衢州市	0.32
舟山市	1.94		

表 4-5　江苏省重点实验室空间分布　　　　　　　　（单位：%）

地区	占比	地区	占比
南京市	61.97	徐州市	4.23
苏州市	9.86	扬州市	2.82
无锡市	5.63	常州市	2.82
淮安市	4.23	盐城市	2.82
镇江市	4.23	南通市	1.41

表 4-6　山东省重点实验室空间分布　　　　　　　　（单位：%）

地区	占比	地区	占比
济南	39.64	聊城	2.25
青岛	13.96	东营	2.25
烟台	9.01	滨州	2.25
潍坊	7.21	济宁	0.90
威海	4.50	菏泽	0.90
泰安	4.50	滕州	0.45
淄博	4.05	莱芜	0.45
临沂	4.05	日照	0.45
德州	2.70	曲阜	0.45

4.2　国内省级重点实验室管理与改革举措研究

4.2.1　北京市重点实验室管理与改革举措

4.2.1.1　管理办法

依据《北京市重点实验室认定与管理暂行办法》（京科发〔2010〕411 号）[6]，北京市重点实验室实行"开放、流动、联合、竞争"的运行机制和"定期考评、动态调整、分类支持"的管理机制[7]。

北京市重点实验室的主要任务包括以下几个方面：①围绕国家和北京市经济、社会与科技发展战略，结合北京市学科发展优势，开展基础研究；针对行业重大技术问题，开展前沿技术、共性关键技术的应用基础研究，获取原始创新成果，增加科技成果的有效供给。②提升依托单位和行业的自主创新能力与核心竞争力，增强技术辐射与扩散能力。③壮大、培养、凝聚一批创新型科技人才。④开展和参与国家和行业技术标准的研究制定。⑤加强国内外科技合作与交流，充分利用国际资源，推动技术储备。

4.2.1.2 评估方案

依据《北京市重点实验室绩效考评办法（试行）》（2014 版），北京市重点实验室评估的重要内容如下。

（1）对已认定的北京市重点实验室实行定期绩效考评制度。自认定当年起每三年为一个考评周期。

（2）定期绩效考评制度应当与年度报告制度有机结合。绩效考评重点考查实验室的发展规划及目标完成、研究水平与贡献、队伍建设与人才培养、开放交流与运行管理等。绩效考评强化市场导向、协同创新和区域合作，完善以体制机制创新、创新能力和行业贡献为导向的绩效考评指标体系。

（3）绩效考评结果分为"优秀、良好、合格、不合格"四个等级。

（4）绩效考评专家由本领域学术水平高、公道正派、熟悉实验室工作的同行专家和管理专家共同组成。绩效考评工作分为会议考评和现场考评两个阶段。会议考评按照领域相近原则分组进行。专家通过审阅考评报告，听取参评实验室主任工作报告和讨论评议，根据考评指标体系记名打分和排序，并提出会议考评意见。

（5）现场考评分组进行，原则上选取会议考评得分排名前 30%和后 20%的实验室进入现场。专家通过核查参评实验室实际运行管理情况，核对有关报告、数据资料及证书原件，进行记名打分和排序，并提出现场考评意见。

（6）会议考评得分排名在前 30%的参评实验室可以提出放弃参加现场考评的申请，考评结果将确定为"良好"考评等级；得分排名在后 20%的参评实验室应当参加现场考评，对不参加现场考评的参评实验室列入"不合格"考评等级。

（7）绩效考评结果为"优秀"的实验室，申报国家级科技创新平台时，可优先推荐。结果为"良好"及以上的实验室，同等条件下优先推荐北京市科技计划项目，在职人员属于"科技北京百名领军人才培养工程""科技新星计划"范围的，可择优资助。

（8）绩效考评结果为"不合格"的实验室，责令限期整改，参加下一年度实验室评审认定；整改期间，实验室不得以"北京市重点实验室"名义对外开展工作。放弃参加下一年度评审认定或者参加评审认定未通过的，撤销其"北京市重点实验室"资格。

（9）不参加绩效考评或者中途退出的实验室，视为放弃"北京市重点实验室"资格。

4.2.1.3 改革举措

自 2018 年开始，北京市科学技术委员会不再新建重点实验室。

2018 年，北京市科学技术委员会对 2012 年度认定的 133 家北京市重点实验室/工程技术研究中心开展绩效考评，2 家机构绩效考评结果为"不合格"，进行为期一年的整改。2021 年，北京市科学技术委员会对 2012 年度认定，以及 2010 年度、2011 年度认定并通过整改验收的北京市重点实验室和工程技术研究中心开展绩效考评工作。

4.2.1.4 经费投入

2021 年，北京市基础研究经费投入预算额为 12.57 亿元，其中，实验室及相关设施投入经费投入预算为 3400 万元，占基础研究经费投入预算总额的比重为 2.70%[8]（图 4-1）。

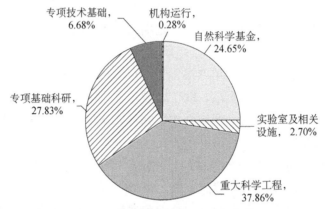

图 4-1 北京市重点实验室经费投入情况

4.2.2 广东省重点实验室管理与改革举措

4.2.2.1 管理办法

2021 年，广东省科学技术厅印发《广东省科学技术厅关于广东省重点实验室的管理办法》，《关于印发〈广东省科学技术厅关于省企业重点实验室建设与运行的管理办法〉和〈广东省科学技术厅关于省重点实验室建设与运行的管理办法〉的通知》（粤科财字〔2012〕58 号）同时废止。新版《广东省科学技术厅关于广东省重点实验室的管理办法》体现出以下特点[9]。

（1）全面开放，提高省级重点实验室的竞争力和水平。在立项条件中，企业类重点实验室依托单位性质取消了"广东省工商行政管理机关登记注册的内资或者内资控股企业"等限制，且申报条件中删除了"实验用房面积为 3000 平方米以上""科研仪器总值 1000 万元以上"的限制，以及"依托单位上年度主营业务收入超过 5 亿元""依托单位近三年研发投入占年销售收入比例不低于 3%"的限制要求。学科类重点实验室申报条件中删除了"实验用房面积为 2000 平方米以上""科研仪器总值 1000 万元以上"的限制。在管理办法中放宽了省级重点实验室的申报要求，进一步提高省级重点实验室的竞争力，择优立项更具有竞争力或优势特色的高水平重点实验室。同时加强与科技创新平台和大科学装置的协同创新，推进粤港澳大湾区国际科技创新中心建设。

（2）全面松绑，赋予省级重点实验室更多科研自主权。一是取消了省财政经费中开放基金20%比例，根据《广东省财政厅　广东省审计厅关于省级财政科研项目资金的管理监督办法》（粤财规〔2019〕5号）等文件要求自主使用省财政经费，主要用于保障实验室科研活动开展、人才队伍建设与设施设备运维等。二是省级重点实验室实行主任负责制，对聘任副主任数量及聘任年限、是否聘任专职副主任不做限制要求。同时，对学术委员会的人员组成、换届人数比例、学术委员会召开的实到人数等都不做限制，提高了省级重点实验室的学术自主权。

（3）全面引导，推动省级重点实验室健康发展。一是省级重点实验室具备良好的实验室科研基础，同等条件下优先支持已建设运行两年以上的省直和地市等部门建设的重点实验室。引导省直部门和地市建设重点实验室平台，逐步搭建全省重点实验室体系。二是建立省级重点实验室考核与评估体系，将重大任务完成情况和创新绩效作为重要的评价标准，建立以创新质量、学术贡献和支撑产业发展为核心的评价制度。引导围绕"四个面向"解决重大科学问题，攻克共性、关键技术，不断向科学技术广度和深度发展。三是引导省级重点实验室大力弘扬科学精神，加强科研诚信和科研伦理建设，恪守法规规范，建立鼓励创新、包容失败的容错纠错机制，形成敢为人先、潜心研究、追求卓越、勇于探索的良好科研氛围。

4.2.2.2　评估方案

目前，广东省重点实验室实行的评估规则及实施办法依据修订前的《广东省科学技术厅关于广东省重点实验室的管理办法》执行。评估指标体系由定量数据统计指标体系和定性评议指标体系两个子系统组成，定量权重和定性评议权重之比为1∶1，两者满分值各为1000分。

依据修订后的《广东省科学技术厅关于广东省重点实验室的管理办法》，广东省重点实验室评估规则将会有以下变化。

（1）省科技厅定期组织评估，实行优胜劣汰，原则上每三年为一个评估周期（之前每四年为一个评估周期）。省级重点实验室建设期满、验收通过之后应参加评估。

（2）评价内容：将重大任务完成情况和创新绩效作为重要的评价标准，建立以创新质量、学术贡献和支撑产业发展为核心的评价制度。主要指标包括研究水平、成果贡献、人才队伍、基础条件、经费开支、开放交流、运行管理等。

（3）评估方式：评估采取定量评估与定性评议、学术专家与管理专家评议、书面审查与现场考察相结合的办法，探索"绩效导向、同行评议"等创新模式。

（4）评估结果：分为优秀、良好、合格、基本合格和不合格五个等级。省级重点实验室评估等级按有关规定予以公示和公布。

（5）评估范围：在省级重点实验室的基础上建设并获批成为国家重点实验室的，可自愿参与评估；不参与评估的，须向省科技厅提出申请，其评估等级采用国家重点实验室评估结果。评估为优秀、良好的省级重点实验室，给予运行经费补贴，同等条件下申报省级科技计划项目予以优先支持，推荐申报国家级科技创新平台；评估合格的继续列入省级重点实验室序列；评估基本合格的，须限期整改，整改期为 1 年；评估不合格的，不再列入省级重点实验室序列。

（6）明确资格撤销条件，包括"对严重违反国家法律、行政法规或地方性法规的""发生重大安全事故或质量事故造成严重不良影响的""立项申报或考核评估中存在严重弄虚作假行为的""拒不接受检查验收、考核评估等监督管理的""评估等级为不合格的"5 种情形撤销资格。

4.2.2.3　体系布局

《广东省科技创新"十四五"规划》[10]明确指出，在科学前沿、新兴、交叉等学科领域，布局建设一批广东省重点实验室和粤港澳联合实验室。加强对省级重点实验室的管理，实施分类管理、动态评估、优胜劣汰的竞争机制，提升省级重点实验室质量。力争到 2025 年，建成省级重点实验室 450 家左右，省级实验室体系建设日臻完善。立足粤港澳科技创新合作基础和需求，加快建设一批粤港澳联合实验室。指导和支持地市建设一批市级重点实验室。

为提升区域科技创新能力，促进优势特色学科发展，广东省主要面向粤东西北地区或特色优势学科，设立学科类、企业类省市共建省级重点实验室。根据建设需要，相应增设新的省级重点实验室类别。广东省重点实验室坚持"系统布局、能力提升、开放合作、科学管理"的建设原则，实行动态优化调整，坚持质量优先，保持适度数量规模，逐步构建"定位准确、目标清晰、布局合理、引领发展"的省级重点实验室。依据广东省人民政府和广东省科技厅的各类办法文件，广东省重点实验室未来布局的重点领域将涵盖半导体及集成电路、生命健康、生态环境、现代农业。广东省重点实验室体系布局相关政策如表 4-7 所示。

表 4-7　广东省重点实验室体系布局相关政策

序号	政策名称	重点内容
1	广东省科学技术厅关于强化科技攻关 实施科技惠企行动 支撑疫情防控的若干措施	加快布局建设一批高水平疫情防控方向研发和检验检测平台，完善临床研究基础条件设施。优先支持在应对疫情防控中发挥重要作用的单位申建重点实验室、新型研发机构和工程技术研究中心等
2	广东省人民政府办公厅关于印发广东省加快医学教育创新发展实施方案的通知	在医学领域新建一批广东省重点实验室和临床研究中心
3	广东省人民政府办公厅关于印发广东省加快半导体及集成电路产业发展若干意见的通知	省区域协调发展战略专项资金对国家级、省级公共服务平台和创新平台建设按不超过其固定资产投资的 30%给予支持，单个项目支持额度不超过 2000 万元。到 2025 年，新组建 15 个以上半导体及集成电路领域的省级重点实验室、工程实验室等
4	广东省人民政府办公厅关于印发广东省国民营养计划（2017—2030 年）实施方案的通知	加强营养科研能力建设，依托高等院校和科研院所，争创区域性营养创新平台和省部级营养专项重点实验室
5	广东省人民政府关于印发广东省土壤污染防治行动计划实施方案的通知	加大对土壤污染防治技术研发平台的支持力度，2018 年底前，进一步完善现有 3 个省级土壤环境重点实验室，力争 2020 年底前新建成 1 个国家级土壤环境重点实验室
6	广东省人民政府办公厅关于加快转变农业发展方式的实施意见	建设省现代农业重点实验室，加强核心关键技术研发攻关，着力在生物育种、精深加工、农机装备、生态农业、动植物疫病防控等重点领域取得重大突破

4.2.2.4　改革举措

依据新版《广东省科学技术厅关于广东省重点实验室的管理办法》，广东省重点实验室的改革举措主要有以下几方面。

（1）明确了省级重点实验室的建设原则、建设任务、依托单位与申报条件以及建设组织过程。第一，为实现省市联动建设机制，加强实验室科研基础，明确同等条件下优先支持已建设运行两年以上的省直和地市等部门建设的重点实验室，并删除原《广东省科学技术厅关于广东省重点实验室的管理办法》中"广东省××企业重点实验室（产学研）培育基地"相关内容。第二，明确省市共建类重点实验室的申报流程，省市共建重点实验室申报须经地市人民政府书面推荐，明确地市支持方式和支持力度。第三，取消财政经费中开放基金的比例限制。第四，随着新兴产业的发展和行业细分发展，科研投入及科研活动所需场地面积不同于传统科研的，目前国家提倡科学仪器设备开放共享、产学研协同攻关等，故删除申报条件中对实验用房面积、科研仪器总值的具体数值要求。将企业类省级重点实验室申报条件"依托单位上年度主营业务收入超过 5 亿元，主营业务与省企业重点实验室申报方向属于同一领域，近三年研发投入占年销售收入比例不低于 3%"修改为"依托研发投入力度大、科研活跃度高、研发条件好、科技创新实力强的企业法人单位建设"。

（2）明确省级重点实验室主任与学术委员会要求、人才团队、科研活动与条件、开放交流、批准和备案事项等。第一，增加实验室主任"任期内须全职全时在省重点实验室工作"条件。结合实验室评估周期，将其"任期5年，可连聘连任"调整为"每届任期3年，连任不得超过3届"。明确实验室主任变更"依托单位应在6个月内新聘实验室主任并报省科技厅批准"。第二，实验室固定人员数量由20人以上调整为30人以上。第三，鼓励省级重点实验室与国家实验室、广东省实验室、国家重点实验室、"一带一路"联合实验室、粤港澳联合实验室、高级别生物安全实验室等其他科技创新平台和重大科技基础设施的协同创新。第四，明确资格撤销条件，包括"对严重违反国家法律、行政法规或地方性法规的""发生重大安全事故或质量事故造成严重不良影响的""立项申报或考核评估中存在严重弄虚作假行为的""拒不接受检查验收、考核评估等监督管理的""评估等级为不合格的"5种情形撤销资格。

（3）明确省级重点实验室评估周期、评估内容、评估方式、评估等级及奖惩。第一，结合财政经费支持方式将评估考核周期由4年调整为3年。第二，为理顺整改、撤销与评估等级之间的关系，将评估结果由"优秀、良好、合格和不合格4个档次"调整为"优秀、良好、合格、基本合格和不合格5个等级"，其中基本合格等级的省级重点实验室须整改。第三，提出在省级重点实验室的基础上建设并获批成为国家重点实验室的，可自愿参与评估；不参与评估的，须向省科技厅提出申请，其评估等级采用国家重点实验室评估结果。

2020 年，广东省科技厅组织专家对全省 276 家（2016 年前立项建设）省级重点实验室进行评估，其中 18 家省级重点实验室（其中学科类 9 家，企业类 9 家）被摘牌，不再纳入省级重点实验室序列管理。

4.2.2.5　经费投入

为规范广东省实验室体系建设专项资金的管理，提高专项资金的使用效益，广东省财政自 2009 年起每年将其列入省级财政预算安排。2021 年，广东省基础研究经费投入共 18.64 亿元，其中实验室及相关设施投入经费共计 1.04 亿元，占基础研究经费投入的比重为 5.58%（图 4-2）[11]。

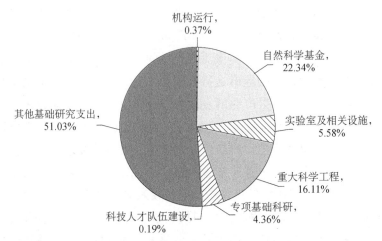

机构运行，
0.37%

自然科学基金，
22.34%

其他基础研究支出，
51.03%

实验室及相关设施，
5.58%

重大科学工程，
16.11%

科技人才队伍建设，
0.19%

专项基础科研，
4.36%

图 4-2　广东省重点实验室经费投入情况

4.2.3　浙江省重点实验室管理与改革举措

4.2.3.1　管理办法

自 2014 年 12 月 1 日起实施《浙江省重点实验室（工程技术研究中心）管理办法》（浙科发条〔2014〕175 号）[12]，原《浙江省省级重点实验室、试验基地建设与管理办法》（浙科发条〔2008〕313 号）同时废止[13]。

省级重点实验室（工程技术研究中心）的认定申报原则上每年组织一次，由省科技厅发布通知。申报省级重点实验室（工程技术研究中心）应同时具备以下条件：①应具备良好的科研实验条件，有相对集中的科研场地，面积在 2000 平方米以上，科研仪器设备原值达 2000 万元以上。②拥有高水平的学科、学术带头人和结构合理的科研队伍，拥有管理能力强的领导班子。专职科技人员应不少于 30 人，其中副高（含）以上职称或具有博士学位人员的比例不低于总人数的 60%。③具有相对集中的研究方向、科学合理的组织架构和规范有效的管理运行制度；有明确的目标定位和发展规划，能发挥学术引领作用，具备承担国家级、省级重大科研任务和参与国际竞争的能力。④近三年未发生环保、安全、知识产权以及学术不端等不良行为。

4.2.3.2　评估方案

依据《浙江省重点实验室（工程技术研究中心）管理办法》，浙江省科技厅对两年责任期满的省级重点实验室（工程技术研究中心）进行考核。

（1）考核结果分为"优秀、合格、不合格"三类。

（2）对考核不合格的，予以黄牌警告并责令其限期整改，整改后仍不合格的，撤销其省级重点实验室（工程技术研究中心）资格。

责任期后，每三年组织一次评价工作。评价工作委托第三方评估机构，依据《浙江省重点实验室（工程技术研究中心）评价指标体系》进行综合评价，并实行优胜劣汰动态管理。

（1）评价结果分为"优秀、良好、合格、不合格"四类，并公布评价结果。

（2）对评价结果为"优秀"的，给予后续经费支持，并优先支持申报（企业）国家重点实验室和国家工程技术研究中心。

（3）对评价结果为"不合格"或排名倒数 5%以内的，取消其省级重点实验室（工程技术研究中心）资格。以后年度符合申报省级重点实验室（工程技术研究中心）条件的，可重新申报。

建立省级重点实验室（工程技术研究中心）诚信制度与失信处理机制。提供材料不真实的单位，三年内不得申请认定；已被认定的，撤销其省级重点实验室（工程技术研究中心）资格，三年内不得重新申请认定；对无故不完成责任书任务的，列入科技信用档案。

4.2.3.3　体系布局

2020 年 5 月，浙江省制定了《浙江省实验室体系建设方案》，提出到 2022 年，重点围绕"互联网+"、生命健康两大世界科技创新高地建设和新材料等重点发展领域，基本形成由国家实验室、国家重点实验室、省实验室、省级重点实验室等共同组成的特色优势明显的实验室体系。

（1）优化调整省级重点实验室。聚焦引领性、区域性、应用性，围绕提升知识创新能力、学术影响力和对浙江省经济社会的支撑力，重点向科创走廊、国家自主创新示范区、国家高新区等科技创新高地及布局较少或尚未布局的地方和行业倾斜。加大省级重点实验室在企业建设布局的力度。

第一，优化提升一批。坚持建管结合、动态管理，加快推进省级重点实验室提质增效。省科技厅会同省发展改革委通过考核评估推进现有省级重点实验室、工程技术研究中心、工程实验室、工程研究中心等优化调整，优化省级重点实验室的区域分布。对绩效评价优秀的，加大稳定支持力度；对考核评估不合格或发挥作用不明显的，予以调整。

第二，整合重组一批。对研究方向相近、关联度较大和资源相对集中的省级重点实验室进行优化重组，鼓励和支持行业部门、高校、科研院所等依托单位根据本单位实验室建设情况进行内部调整和整合；对属于同一依托单位，仪器设备、科研场地交叉使用，科研力量不强，研究方向相近的省级重点实验室实行合并重组。

第三，谋划新建一批。围绕国际学术影响力和学科发展带动力提升，依托高校和科研院所新建一批以基础研究为主的省级重点实验室，瞄准科技前沿开展高水平基础研究。围绕关键技术和共性技术突破，面向重点发展的支柱产业、主导产业，依托行业龙头企业、创新型领军企业等建设一批以应用基础研究为主的工程类省级重点实验室，开展以应用为导向的产学研合作，引领和带动行业技术进步。

（2）探索组建联合实验室和实验室联盟。支持高校、科研院所、企业组建联合实验室，探索建设实验室联盟。鼓励学科相近、同一依托单位的省级重点实验室联合开展科学前沿问题研究，有条件的可以进行合并、做大做强。支持行业龙头企业与高校、科研院所等共建研发机构和联合实验室，加强面向行业共性问题的应用基础研究，全面提升科技创新合作层次和水平。加强实验室间交流协作，以学科发展需求为基础，以开展多学科协同研究为纽带，形成实验室联盟，打造协同创新共同体。

《浙江省科技创新发展"十四五"规划》指出，支持省级重点实验室开展多学科协同研究，探索组建联合实验室和实验室联盟。到 2025 年，新建省级重点实验室 100 家[14]。

4.2.3.4 改革举措

（1）加强政府引导。按照"分类支持、注重绩效"的原则，对考核评估为优秀的国家重点实验室，在重大基础研究项目立项时优先给予支持。采取省市县联动的方式支持省实验室建设，省财政通过专题研究的方式给予支持。经认定的省级重点实验室，给予最高 200 万元的一次性财政补助经费支持，建设期满后绩效评价为优秀的，给予绩效奖励支持。省级科技计划（专项、基金）等按照项目、基地、人才相结合的原则，择优委托有条件的实验室承担。鼓励各类实验室探索市场化资源投入模式，形成多元化支持格局。

（2）强化绩效评价。深化完善符合基础研究特点和规律的评价机制，采用责任期考核和绩效评价相结合的方式，建立导向明确、激励约束并重的评价指标体系和动态监测制度，实行"代表作"制、"标志性成果"制，探索"里程碑式"考核等多种方式综合评价。完善第三方评价，探索国际国内同行专业化评价，强化实验室学术竞争力的国际国内比对，开展实验室任务完成情况定性与定量相结合的综合评价，引导实验室在发展目标上更加聚焦原始创新。深化优胜劣汰、有序进出的动态管理机制，对评价优秀的省实验室或省级重点实验室给予绩效奖励，建设期满考核不通过或省级重点实验室绩效评价排名在末 5% 以内的予以摘牌。

4.2.3.5 经费投入

2021 年，浙江省基础研究经费投入 23.1179 亿元，其中，实验室及相关设施经费投入 18.1550 亿元，主要用于之江实验室建设，占基础研究经费投入预算总额的比重为 78.53%[15]（图 4-3）。

4.2.4 江苏省重点实验室管理与改革举措

4.2.4.1 管理办法

2006 年 3 月 9 日，江苏省科学技术厅、江苏省财政厅联合发布《江苏省高技术研究重

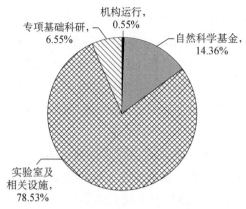

图 4-3　浙江省重点实验室经费投入情况

点实验室管理办法》，重点内容如下[16]。

（1）省级重点实验室的建设旨在围绕江苏省经济、科技、社会发展的迫切需求，以应用基础和高技术研究为重点，针对学科前沿和经济社会发展的重大科技问题，开展创新性研究，获取原始创新成果和自主知识产权，培育产业技术源，聚集和培养重点学科领域学术带头人和创新团队。

（2）省级重点实验室建设按照"优化布局、做优做强、自主创新、引领发展"的原则，主要依托本领域有较强科研实力的重点科研院所、高等院校、高科技企业，建成开放、流动、联合、竞争的相对独立的科研实体。

（2）省科学技术厅会同省财政厅根据全省科技经济发展需要，统筹规划，组织实施省重点实验室的组建和运行管理工作。

4.2.4.2　评估方案

《江苏省高技术研究重点实验室管理办法》规定，江苏省科技厅委托中介机构每三年对省级重点实验室进行一次绩效评估，评估结果向社会发布。评估分为优秀、良好、较差三个等级。对评估优秀的省级重点实验室，省科技厅会同省财政厅将资助适当的滚动支持经费。对评估较差者给予黄牌警告，连续两次评估较差者，取消其省级重点实验室资格，并会同省财政厅对相应资产进行清理，同时该依托单位在两年内不得再次申报省科技基础设施建设项目。

2020 年 5 月 13 日，江苏省科技厅发布《关于破除科技评价中"唯论文"不良导向的若干措施（试行）》，规定对省重大科研设施、省级重点实验室等科学与工程研究类科技创新基地，注重评估其原始创新能力、国内外科技前沿竞争力、支撑国家和省重大战略目标的能力、满足经济社会与民生重大需求的能力等。

4.2.4.3　体系布局

在企业重点实验室方面，2018 年 4 月 10 日，江苏省人民政府发布《创新型省份建设工作实施方案》，指出省级以上企业重点实验室达 70 家[17]。

2021 年 8 月 10 日，《省政府办公厅关于印发江苏省"十四五"新型基础设施建设规划的通知》指出要整合重组重点实验室。以解决国际前沿重大科学问题、国家重大战略需求、区域产业重大技术瓶颈等为使命，统筹优化江苏省国家重点实验室和省部级重点实验室布局，整合新建一批省级重点实验室，积极开展国家重点实验室重组试点，提升重点实验室建设成效。鼓励和引导城市群加强协同配合，在前沿交叉学科、优势特色领域新布局一批重点实验室[18]。

2021 年 9 月 2 日，江苏省人民政府办公厅发布《江苏省"十四五"科技创新规划》，规划中指出：重组重点实验室体系，整合新建一批省级重点实验室，积极开展国家重点实验室重组试点，加快形成具有江苏特色的实验室体系[19]。

4.2.4.4　改革举措

2020 年，江苏省新药筛选重点实验室、江苏省绿色船舶技术重点实验室两家实验室为"未通过评估"等次，不再列入"江苏省重点实验室"管理序列。

4.2.5　山东省重点实验室管理与改革举措

4.2.5.1　管理办法

2018 年 5 月 17 日，山东省科技厅、财政厅发布《山东省重点实验室管理办法》（鲁科字〔2018〕72 号），突出了以下几方面的特点[20]。

（1）实验室定位。发挥省级重点实验室在强化基础研究和应用基础研究方面的作用，服务新旧动能转换"十强"产业发展。参照国家科研基地的最新分类，将省级重点实验室分为学科类、企业类、省市共建类三类，明确各类重点实验室的发展定位。省市共建重点实验室主要面向科研基地建设相对薄弱的地市，突出区域发展特色，通过省市共建、以市为主的建设方式，培育创建重点实验室，带动相关区域创新能力提升。

（2）特殊申报程序。对于产业发展急需或通过省"一事一议"政策引进的顶尖人才牵头申报省级重点实验室可适当简化程序。

（3）企业重点实验室依托研发投入力度大、科研活跃度高、研发条件完善、创新实力强的科技型企业建设，聚焦行业和产业关键共性技术，开展应用基础研究和现代工程技术、共性关键技术研究，聚集和培养优秀技术创新人才和团队，引领行业技术进步，为提升产业核心竞争力、推动行业科技进步提供支撑。

4.2.5.2　评估方案

依据《山东省重点实验室管理办法》，山东省科技厅组织省重点实验室评估工作，具体内容包括以下内容。

（1）省科技厅组织省级重点实验室定期绩效评估工作，评估周期一般为 3 年，对省级重点实验室评估期内整体运行发展情况进行综合评价。评估工作采取同行专家评议方式。

（2）建立健全重点实验室定期绩效评估指标体系。学科重点实验室重点评估其研究水平与贡献、科研队伍建设与人才培养、开放交流与运行管理等方面的完成情况；企业重点实验室重点评估其引领区域和行业技术进步、开展共性关键技术研究、科研成果的产业化、产学研结合等方面的情况。将重点实验室吸纳社会资本投入情况纳入绩效评估内容。

（3）省科技厅根据省级重点实验室评估情况，确定优秀、良好、合格和不合格 4 个评估结果等次，评估结果为不合格的取消其省级重点实验室资格。

2021 年 6 月 9 日，山东省科技厅印发《关于破除科技评价中"唯论文"不良导向的若干措施（试行）》的通知[21]，提出对山东省实验室、省级重点实验室等基础研究类科技创新平台，注重评估其原始创新能力、国内外科技前沿竞争力、满足国家和省重大需求的能力等。对论文评价实行代表作制度，对山东省实验室每个评价周期的代表作数量原则上不超过 20 篇；省级重点实验室每三年为一个评价周期，其中，对学科省级重点实验室每个评价周期的代表作数量原则上不超过 10 篇；对企业省级重点实验室重点考核其关键共性技术突破和解决"卡脖子"问题情况，不把论文作为主要评价依据和考核指标。

4.2.5.3 体系布局

2019 年 10 月 23 日，山东省科技厅印发《关于进一步加强基础科学研究的实施意见》，提出优化重组省级实验室布局。谋划组建山东省实验室，优化整合现有省级重点实验室，构建新时代省级重点实验室体系。在新一代信息技术、新材料、先进制造等与产业需求密切相关的领域，以及人工智能、大数据、物联网等前沿、新兴、交叉领域布局建设一批省级重点实验室。

2020 年 12 月 31 日，山东省科技厅批准筹建 16 家省级重点实验室，主要涵盖新材料、海洋生物、新能源等领域。16 家省级重点实验室为：山东省金融风险重点实验室、山东省文化遗产保护与科技考古重点实验室、山东省海洋多尺度动力过程与气候重点实验室、山东省海水养殖绿色品控重点实验室、山东省实验海洋生物学重点实验室、山东省海洋环境科学与数值模拟重点实验室、山东省深层油气重点实验室、山东省碳化硅材料重点实验室、山东省燃料电池重点实验室、山东省工业合成生物学重点实验室、山东省智慧交通重点实验室、山东省深海深地金属矿智能开采重点实验室、山东省先进铝基材料与技术重点实验室、山东省先进有机硅材料与技术重点实验室、山东省非常规油气勘探开发重点实验室、山东省金刚石材料与半导体器件重点实验室。

4.2.5.4 改革举措

依据山东省《关于进一步加强基础科学研究的实施意见》，山东省重点实验室的改革举措包括以下几个方面[22]。

（1）有序推进省级重点实验室验收和绩效评估工作，实行动态调整，对评估优秀的给予经费支持；对评估不合格、多年无重大创新成果的予以调整、合并或者撤销。

（2）扩大共建重点实验室合作范围，支持联合国内外科研单位建设一批开放合作的共建重点实验室。充分发挥山东省与国家自然科学基金联合基金（NSFC-山东联合基金）、区域联合基金的导向作用，汇聚高层次科研人员与团队联合开展科研攻关。

（3）探索以省级重点实验室主任牵头组成科研团队，组织实施重大基础研究项目攻关新模式，实行项目承担人、所在团队负责人"双负责人制"。坚持竞争择优与稳定支持相结合，对创新能力强、有实力解决产业和技术发展瓶颈的优秀基础研究团队给予滚动支持。

2019年，根据答辩评审、现场考察等情况，山东省可再生能源建筑应用技术重点实验室、山东省微电声技术重点实验室、山东省干燥过程节能重点实验室的评估结果为不合格。山东省科技厅对评估结果为不合格的实验室取消其省级重点实验室资格。

4.2.5.5　经费投入

2019年，山东省财政将科技投入大幅增加至120亿元，是2018年的3.75倍，高质量发展的科技支撑能力得到了前所未有的提升。

2021年，山东省财政科技投入预算共131.06亿元，为高质量发展提供了有力的科技支撑；基础研究经费投入预算额为182 039万元，其中，实验室及相关设施经费投入预算为62 000万元，占基础研究经费投入预算总额的比重为34.06%[23]（图4-4）。

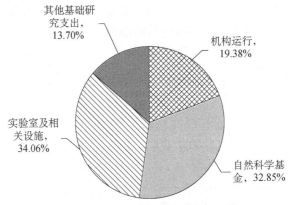

图4-4　山东省重点实验室经费投入情况

4.2.6　山西省重点实验室管理与改革举措

4.2.6.1　管理办法

2014年1月23日，山西省科技厅印发《山西省重点实验室建设与运行管理办法》（晋科基发〔2013〕152号），主要内容包括以下几个方面[24]。

（1）重点实验室建设坚持择优立项、稳定支持、定期评估、动态调整的原则。

（2）鼓励和支持产学研联合，发挥资源互补优势，合作共建重点实验室；采取省市共建重点实验室培育基地的方式，引导带动市级重点实验室建设，促进区域科技创新体系发展。

（3）省财政科技研发资金设立专项经费，支持重点实验室的建设、开放运行和自主创新研究。省内各级各类科技计划、人才团队计划、基金、专项等，应按照项目、基地、人才相结合的原则，优先委托有条件的重点实验室承担。

（4）重点实验室根据规划和布局，围绕全省重点领域和发展方向，有计划、有重点地择优遴选建设，保持适度建设规模。

（5）省市共建重点实验室培育基地应在研发领域和方向有明显的地方特色与优势，符合地方发展战略需求，具有良好的发展基础和较大的发展潜力，并已纳入市级重点实验室建设计划。

4.2.6.2 评估方案

依据《山西省重点实验室建设与运行管理办法》，山西省重点实验室评估分为年度考核和定期评估，具体如下。

（1）重点实验室实行年度考核制度。每年 1 月 30 日前，重点实验室应将上年度考核报告及当年工作计划，经依托单位和主管部门审核后，报省科技厅。

（2）省科技厅组织有关专家和管理人员或委托第三方机构，根据年度考核报告及日常工作完成情况对重点实验室进行年度考核，并结合现场检查情况，确定年度考核结果。考核结果分为"优、良、中、差"四个档次，连续两年考核结果为"差"的，撤销其重点实验室资格。

（3）省科技厅对重点实验室的整体建设与运行状况每 5 年进行一次定期评估。评估内容包括重点实验室机构与条件建设、研究水平与贡献、队伍建设与人才培养、开放交流与运行管理情况等。

（4）重点实验室评估结果分为优秀、良好、较差。评估结果为较差的重点实验室，依托单位必须进行整改，1 年后进行复评，复评仍为较差的，撤销其重点实验室资格。

4.2.6.3 体系布局

2021 年 4 月 30 日，山西省人民政府发布《山西省"十四五"打造一流创新生态 实施创新驱动、科教兴省、人才强省战略规划》，提出以下内容[25]。

（1）"十四五"时期，省级重点实验室（含省实验室）数量倍增，其中包括建设约 30 家医学重点实验室。

（2）重组重点实验室体系。实施国家重点实验室"保 5 争 5"行动，提升优化已有的 2 个学科类国家重点实验室和 3 个企业国家重点实验室，力争达到国家重组重点实验室标准；重点支持与产业结合紧密、研发总体实力居国内领先地位的机构，开展"一对一"重点培育，争取进入"十四五"国家重点实验室队伍。面向战略性重点产业领域，布局建设山西省实验室，择优培育国家和省级重点实验室联合共建省实验室。重组优化现有省级重点实验室，加快新建一批省级重点实验室，探索厅市共建重点实验室。

2020 年 8 月 11 日，山西省人民政府发布《关于加快构建山西省创新生态的指导意见》，提到：依托现有省级重点实验室，推动创建国家级或省部共建重点实验室，参照国家建设国家实验室的做法，面向高质量转型发展重大需求，聚焦山西省十四大标志性、引领性产业集群，加快山西省实验室和省级重点实验室体系建设。重点布局建设省实验室和省十大重点实验室、十大省级制造业技术创新中心，逐步实现十四大标志性、引领性产业集群全覆盖。

4.2.6.4 改革举措

2021 年，山西省出重拳整治省级重点实验室，提出"去僵尸、调结构，攥拳头、增合力，上水平、出结果"的方针，对现有的省级重点实验室进行优化调整，对考核评估排名靠后的进行末位淘汰，对新兴产业领域空白的进行增补。拟撤销一批，整合归并一批，黄牌警告一批，围绕"14+N"重点产业集群和领域新建一批，以构建定位清晰、布局合理、梯次衔接、开放共享、富有活力的实验室体系。采取动态调整的机制，每年进行年度考核，考核结果作为下一年度经费支持的主要依据。每三年进行一次评估，对照"四个面向"，以实验室成果转化、承担重大重点项目、"从 0 到 1"的突破、关键核心技术突破、对产业的支撑等量化指标进行综合评价。2021 年 4 月 30 日，山西省通过一次评估，11 家省级重点实验室被摘牌、18 家省级重点实验室被黄牌警告，研究方向相近的黄土地区公路建设与养护技术等 3 家省级重点实验室整合归并为 1 个[26]。

考核评价与调整重组，是"十四五"时期国家重点实验室和省级重点实验室建设与管理的常态化内容。

4.2.7 重点实验室管理与改革特点

广东省重点实验室改革进度领先于全国其他省（自治区、直辖市），2021 年已出台新的管理办法，对企业类重点实验室的申报条件、评估重点均做出了修改。浙江省、北京市、山东省、山西省、江苏省均未出台新的管理办法。

依据各地区省级重点实验室管理办法，各省（自治区、直辖市）重点实验室的评估周期、评估方式、评估内容、评估结果等内容如表 4-8 所示。评估方案具有以下特点：①评估周期一般为 3 年。山西省重点实验室采取年度评估和定期评估相结合的方式，定期评估周期为 5 年。②评估方式主要为定量评估，定性评估作为辅助。③在评估内容方面，北京市目前仍然采用较为传统的评估指标；广东省改革走在前列，在评估内容中已经明确"创新质量、学术贡献和支撑产业发展"为核心评估重点；山东省采用分类评价方式，对学科重点实验室和企业重点实验室分别采用不同的评价方式。④评估结果一般分为 3～5 个等级，并对不合格的省重点实验室采取撤销的处理方式。

表 4-8 省级重点实验室评估方案

地区	评估周期/年	评估方式	评估内容	评估结果
广东省	3	定量评估与定性评议	以创新质量、学术贡献和支撑产业发展为核心	优秀、良好、合格、基本合格和不合格 5 个等级
浙江省	3	定量评价	人才培养与条件建设、科研活动与创新成果、公共服务与经济效益	优秀、良好、合格、不合格 4 个等级，优秀的给予后续经费支持

续表

地区	评估周期/年	评估方式	评估内容	评估结果
北京市	3	会议考评和现场考评。会议考评得分排名前 30%和后 20%的进入现场考评	发展规划及目标完成、研究水平与贡献、队伍建设与人才培养、开放交流与运行管理	优秀、良好、合格、不合格 4 个等级
山东省	3	答辩评审与现场考察	分类评价（学科重点实验室与企业重点实验室评估的侧重点不同）	优秀、良好、合格和不合格 4 个等级
山西省	5	定量评估与定性评议	重点实验室机构与条件建设、研究水平与贡献、队伍建设与人才培养、开放交流与运行管理情况等	优秀、良好、较差 3 个等级
江苏省	3	定量评估与定性评议	注重评估其原始创新能力、国内外科技前沿竞争力、支撑国家和省重大战略目标的能力、满足经济社会与民生重大需求的能力	优秀、良好、较差 3 个等级

优化调整省级重点实验室体系的工作已经启动。调研中的广东省、浙江省、山西省对"十四五"时期省级重点实验室的新建数量均给出了明确的目标，并对省级重点实验室重点布局的领域给出了重点方向。

《广东省科技创新"十四五"规划》明确指出，力争到 2025 年，建成省级重点实验室450 家左右，省实验室体系建设日臻完善。浙江省制定了《浙江省实验室体系建设方案》，指出要优化调整省级重点实验室，重点围绕"互联网+"、生命健康两大世界科技创新高地建设和新材料等重点发展领域，优化提升一批，整合重组一批，谋划新建一批，探索组建联合实验室和实验室联盟。《浙江省科技创新发展"十四五"规划》指出，到 2025 年，要新建省级重点实验室 100 家。山东省发布《关于进一步加强基础科学研究的实施意见》，提出优化重组省级实验室布局，在新一代信息技术、新材料、先进制造等与产业需求密切相关的领域，人工智能、大数据、物联网等前沿、新兴、交叉领域布局建设一批省级重点实验室。《山西省"十四五"打造一流创新生态 实施创新驱动、科教兴省、人才强省战略规划》提出，省级重点实验室（含省实验室）数量倍增，其中包括建设约 30 家医学重点实验室；重组优化现有省级重点实验室，加快新建一批省级重点实验室；探索厅市共建重点实验室。江苏省发布《省政府办公厅关于印发江苏省"十四五"新型基础设施建设规划的通知》，指出整合重组重点实验室，统筹优化江苏省国家重点实验室和省部级重点实验室布局，整合新建一批省级重点实验室。

各省重点实验室的新建、优化重组、撤销等均已有行动，具体如表 4-9 所示。山西省的改革力度较大，2021 年 4 月已经淘汰 11 家，黄牌警告 18 家，合并 3 家。

表 4-9　重点实验室改革举措

地区	新建	整合重组	撤销
北京市	2018 年不再新建	—	2018 年撤销 1 家，2021 年撤销 1 家
广东省	到 2025 年，建成省级重点实验室450 家左右（新增 20 家）	—	2020 年，18 家摘牌
浙江省	新建省级重点实验室 100 家	内部调整和整合，对属于同一依托单位的，仪器设备、科研场地交叉使用，科研力量不强、研究方向相近的省级重点实验室实行合并重组	对评价结果为"不合格"或排名倒数 5%以内的，取消其省级重点实验室（工程技术研究中心）资格

续表

地区	新建	整合重组	撤销
江苏省		—	2020 年撤销 2 家
山东省	2020 年已新建 16 家	—	2019 年撤销 3 家
山西省	"十四五"时期数量倍增，对新兴产业领域空白的进行增补	研究方向相近的黄土地区公路建设与养护技术等 3 家省级重点实验室整合归并为 1 家	对考核评估排名靠后的进行末位淘汰，2021 年淘汰 11 家，黄牌警告 18 家

2021 年的财政科技投入预算中，浙江省、广东省、山东省、北京市等地区的基础研究经费均高于 10 亿元，重点实验室及相关设施的经费投入依次为 181 550 万元（含之江实验室经费投入）、10 426 万元、62 000 万元和 3400 万元。其中，山东省科技厅对重点实验室及相关设施的投入力度最大，2021 年重点实验室及相关设施的经费投入预算占当年基础研究经费投入预算的比例达 34.06%。

4.3 湖北省重点实验室建设现状与发展建议

4.3.1 湖北省重点实验室建设现状分析

截至 2021 年底，正在运行的湖北省重点实验室共 182 家。湖北省是科教资源大省，拥有普通高校 129 所，自然科学和技术领域的科学研究与开发机构 478 个，科研力量主要集中在高校和科研院所。为充分发挥科教资源优势，湖北省重点实验室主要依托高校建立，总量为 137 家，占比 75.27%，其中依托部属高校建立 77 家，依托省属高校建立 60 家。另外，依托企业、研究院所和事业单位而建的分别为 23 家、14 家和 8 家。

4.3.1.1 领域分布

湖北省重点实验室主要分布在七大领域。其中人口健康与生物医药领域 47 家，占比 25.82%；先进制造与电子信息领域 29 家，占比 15.93%；资源环境领域 28 家，占实验室总数 15.38%；新材料与化学科学领域 26 家，占比 14.29%；工程科学领域 25 家，占比 13.74%；现代农业领域 20 家，占比 10.99%；数理科学与其他领域 7 家，占比 3.85%（图 4-5）。

4.3.1.2 区域分布

除鄂州、天门、潜江、仙桃外，湖北省重点实验室在其他 13 个城市（自治州、区）均有分布（表 4-10），主要集中分布在武汉地区，数量为 143 家，占比近 78.57%。

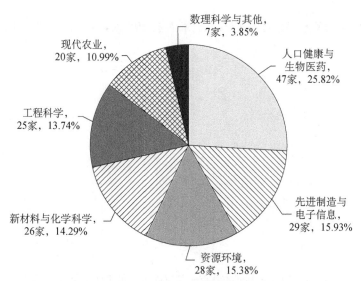

图 4-5　湖北省重点实验室按依托单位性质分布情况

表 4-10　湖北省重点实验室区域分布表　　　　　　　（单位：家）

序号	地区	部属高校	省属高校	企业	研究院所	事业单位（含医院）	总数
1	武汉市	77	35	11	14	6	143
2	宜昌市	0	7	2	0	0	9
3	黄石市	0	3	4	0	1	8
4	襄阳市	0	2	4	0	0	6
5	十堰市	0	3	0	0	0	3
6	恩施自治州	0	2	0	0	0	2
7	黄冈市	0	2	0	0	0	2
8	荆州市	0	2	0	0	0	2
9	孝感市	0	1	1	0	0	2
10	咸宁市	0	2	0	0	0	2
11	荆门市	0	1	0	0	0	1
12	神农架林区	0	0	0	0	1	1
13	随州市	0	0	1	0	0	1

4.3.1.3　人才队伍

人才梯队培养是重点实验室保持持续创新能力的基础。各重点实验室在建设过程中，坚持在创新实践中发现人才，在创新活动中培育人才，在创新事业中凝聚人才，加强科技创新人才的培养、引进工作，造就了一批科学前沿的领军人才，建立了一支年龄结构、知识结构合理的高素质创新研究队伍[27]。

湖北省重点实验室固定人员指的是正式在编的科研人员、技术人员及行政管理人员，不包括本实验室其他兼职研究人员和外单位客座研究人员等。截至 2021 年底，湖北省重点实验室拥有固定人员 12 413 人。其中，研究人员、技术研究人员共 11 700 人，占比

94.26%；管理人员 518 人，占比 4.17%；技术人员 195 人，占比 1.57%（图 4-6）。

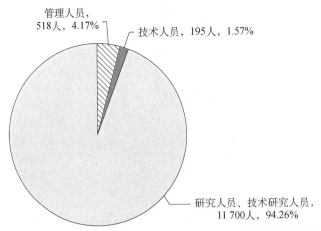

图 4-6　2021 年湖北省重点实验室固定人员工作岗位分布情况

实验室聚集了一大批高学历、高职称人才。其中博士研究生及以上学历共 9124 人，占比 73.50%；本科及以上学历 12 245 人，占比 98.65%；正、副高级职称 8778 人，占比 70.72%（图 4-7）。

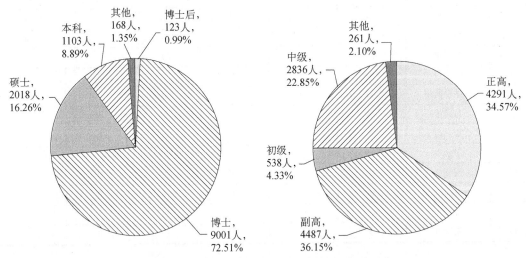

图 4-7　2021 年湖北省重点实验室固定人员按学历和职称构成情况

实验室固定人员以中青年人为骨干，30 岁以内的青年科研人员有 647 人，占比 5.21%；31～45 岁的科研人员有 7086 人，占比 57.09%；46～65 岁的科研人员有 4527 人，占比 36.47%；65 岁以上的科研人员有 153 人，占比 1.23%。

湖北省实验室拥有院士 21 人（其中中国科学院院士 6 人，中国工程院院士 15 人），国家杰出青年科学基金获得者 62 人，省杰出青年科学基金获得者 59 人，"楚天学者" 244 人。这些领军人才在水利工程、电气工程、医学等众多领域具有较深的造诣，在培养青年科学家、承担国家和地方重大研究课题等方面发挥着引领作用。

4.3.1.4　科研产出

作为基础研究的主要成果形式，论文的规模和影响在很大程度上可以反映基础研究产出的数量与质量，科学引文索引（Science Citation Index，SCI）论文是国际公认的进行科学统计与科学评价的主要检索工具之一。SCI 收录的论文主要选自自然科学的基础研究领域。本节所统计的学术论文，是指以重点实验室作为主要作者单位（排名第一、第二或通讯作者）发表在国内外学术期刊上的论文，论文必须标注省级重点实验室名称。

2021 年，湖北省重点实验室发表学术论文 7631 篇，平均每个实验室发文量为 41.93 篇。其中，SCI 收录 5687 篇，占比 74.52%；工程索引（The Engineering Index，EI）收录 302 篇，占比 3.96%（图 4-8），这充分反映了湖北省重点实验室在基础研究方面的实力。

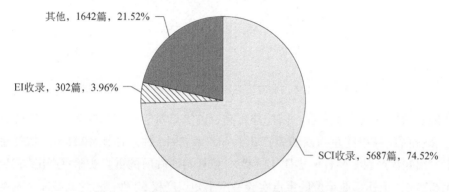

图 4-8　2021 年湖北省重点实验室发表学术论文情况

依托高校和研究院所的实验室的学术论文产出数量明显高于依托企业的实验室的。发文量排名前 10 位的单位均为高校，依托企业和事业单位建立的省级重点实验室发文量较少。从平均发表论文情况来看，依托企业建立的重点实验室平均发文量为 11.26 篇（表 4-11）。

表 4-11　2021 年湖北省重点实验室发表论文分布情况（按依托单位性质分）　（单位：篇）

依托单位性质	发表论文	平均发表论文
部属高校	4151	53.91
省属高校	2718	45.30
研究院所	393	28.07
企业	259	11.26
其他事业单位（不含高校、研究院所）	115	14.38

2021 年，湖北省重点实验室共申报各类知识产权 7392 件，其中国内知识产权 7242 件，占比 97.97%；国际知识产权 150 件，占比 2.03%。从知识产权的种类来看，发明专利 4821 件（授权发明专利 3340 件），占比 65.22%；实用新型专利 1449 件，占比 19.60%；软件登记 996 项，占比 13.47%；外观设计专利相对较少，仅 29 件，占比 0.39%；标准制定 56 件，占比 0.76%；新品种 11 件，仅占比 0.15%；新药证书 8 件，仅占比 0.11%（图 4-9）。

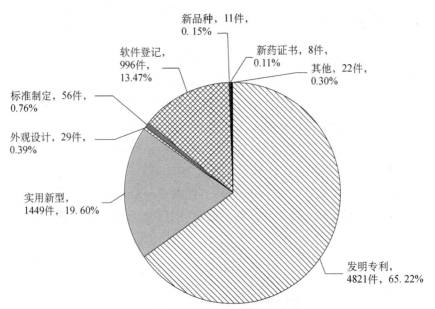

图 4-9　2021 年湖北省重点实验室知识产权种类占比情况

从实验室依托单位性质来看，依托部属高校的重点实验室产出知识产权 3016 件，占比 41.65%；依托省属高校的重点实验室产出知识产权 2915 件，占比 40.25%；依托企业的重点实验室产出知识产权 879 件，占比 12.14%；依托科研院所的重点实验室产出知识产权 380 件，占比 5.25%；依托事业单位的重点实验室产出知识产权 52 件，占比 0.72%（图 4-10）。

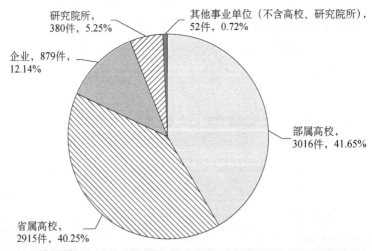

图 4-10　2021 年湖北省重点实验室知识产权产出分布情况（按依托单位属性划分）

2021 年，湖北省重点实验室获得各类奖励 435 项。2021 年无国家级科学技术奖励，省级科学技术奖励 139 项。从奖励的类型来看，2021 年湖北省重点实验室获得的省级奖励主要集中在科学技术进步奖，共 93 项，占比 66.91%；其次是省自然科学奖，共 22 项，占比 15.83%；之后是省技术发明奖 16 项，省科学技术成果推广奖 5 项，省科学技术突出贡献奖 3 项。

4.3.2 湖北省重点实验室建设取得的成绩

在基础设施建设方面，截至 2021 年底，湖北省重点实验室总场地面积为 66.52 万 m^2，单个实验室平均场地面积为 3654.95 m^2；拥有 10 万元以上的大型科研仪器设备数量达 10 237 台，设备总价值为 62.54 亿元，10 万元以内的一般科学仪器设备为 105 002 台，设备总价值为 14.74 亿元。单个实验室平均科研仪器设备总价值达到 4246 万元。这些科研仪器设备为实验室的科技创新提供了有力支撑。2021 年，湖北省重大科学仪器设备（>10 万元）研究工作总机时为 1543.04 万 h，平均每台仪器研究工作总机时为 1507.31 h（2013 年我国大型科学仪器年均有效工作机时为 1157 h）；服务工作总机时为 469.19 万 h，平均每台仪器服务工作总机时为 458.33 h；平均机时利用率为 1.05。实验室仪器设备共享服务，最大限度地提升了实验室科研资源使用效率，使之更好地在教学科研、人才培养和社会服务中发挥应有的作用。

在科研项目与科研产出方面，截至 2021 年底，湖北省重点实验室在研课题为 2220 项，项目金额为 24.31 亿元。其中，国家级课题为 1273 个，项目经费为 17.61 亿元，经费占总经费的比例为 72.44%；省部级课题为 947 个，项目经费为 6.70 亿元，经费占总经费的比例为 27.56%。在科研产出方面，2020 年，湖北省重点实验室在国内外学术期刊上发表学术论文 7631 篇（标注实验室），获得国内授权发明专利 3340 件；获得各类省部级科技奖励 435 项，其中省部级奖励 139 项。湖北省重点实验室已经成为湖北省应用基础研究和技术创新研发的重要基地。

在企业服务与产业贡献方面，截至 2021 年底，湖北省重点实验室在推动科技成果转移转化、促进国民经济发展方面取得了重要进展，突破了一批产业关键共性技术，通过技术推广、成果转化和技术服务等形式加快推动湖北省产业转型升级。湖北省重点实验室承担横向课题共 4652 项，项目总金额达 23.49 亿元，与纵向课题相比少 0.82 亿元，转化科技项目 675 个，技术交易金额为 6.56 亿元，取得社会经济效益 158.18 亿元，已成为湖北省自主创新研究和科技成果转移转化的重要基地。

4.3.3 湖北省重点实验室建设存在的不足

4.3.3.1 重点实验室经费投入偏少

2021 年，湖北省基础研究经费投入共 1.03 亿元，其中重点实验室经费投入约 3000 万元，远低于浙江省、广东省、山东省、北京市的投入。

4.3.3.2 企业类重点实验室数量偏少

湖北省依托企业建设的重点实验室共有 23 家，占比 12.64%，低于山东省（42.34%）、广东省（17.03%）、浙江省（13.59%）。依托百强民营企业和百强高新技术企业建设的省级重点实验室共 7 家。其中，2021 年湖北省民营企业百强名单和 2021 年湖北省民营企业制造业百强名单涉及 160 家民营企业，仅有 1 家民营企业（劲牌有限公司）建设有省级重点实验室（中药保健食品质量与安全湖北省重点实验室）。2021 年度湖北省高新技术企业百强名单中，仅有 6 家高新技术企业（大冶特殊钢有限公司、安琪酵母股份有限公司、黄石东贝电器股份有限公司、中铁第四勘察设计院集团有限公司、湖北航天技术研究院总体设计所、长江勘测规划设计研究有限责任公司）建设有省级重点实验室。

4.3.3.3 区域布局过于集中在省会城市

湖北省重点实验室主要集中分布在武汉市，数量为 143 家，占比近 80%。江苏省、浙江省、广东省、山东省等地区省会城市的重点实验室数量占本省重点实验室总量的比重均低于 80%。

武汉城市圈（指以武汉为圆心，包括黄石、鄂州、黄冈、孝感、咸宁、仙桃、天门、潜江周边 8 个城市），除武汉外的其他 8 个城市有重点实验室共 14 家，占比仅 7.69%；其中，仙桃、天门、鄂州、潜江无重点实验室。"光谷大走廊"中"武鄂黄黄咸"城市群除武汉外的其他 4 个城市的重点实验室数量为 12 家，占比仅 6.59%；"宜荆荆恩城市群""襄十随神城市群"重点实验室数量分别为 14 家、11 家，占比分别为 7.69%、6.04%。其中，"宜荆荆恩城市群"核心节点城市宜昌重点实验室共有 9 家，占全省重点实验室数量的比重为4.95%。"襄十随神城市群"核心节点城市襄阳重点实验室共有 6 家，占全省重点实验室数量的比重为 3.30%。省内各城市圈重点实验室区域分布不平衡。

4.3.3.4 领域不聚焦，部分领域老化

当前，湖北省重点实验领域分布为人口健康与生物医药、先进制造与电子信息、资源环境、新材料与化学科学、工程科学、现代农业、数理科学与其他。各领域重点实验室数量占湖北省重点实验室总数的比重依次为 25.82%、15.93%、15.38%、14.29%、13.74%、10.99%、3.85%，领域分布较分散，数理科学与其他等领域的实验室数量偏少，与湖北省重点发展的"5 个万亿级支柱产业"领域发展需求不匹配。

4.3.4 湖北省重点实验室体系重组与发展建议

当前，现代科学技术发展进入了大科学时代，科技竞争向基础研究竞争前移，科学、技术、工程加速渗透，一些基本科学问题孕育着重大突破。科学研究范式正在发生深刻变革，模式不断重构，学科交叉、跨界合作、产学研协同成为趋势。科技强国首先是基础研究强国，是持续重视的基础研究政策导向、长期稳定的基础研究投入、长期有效的原创性成果积累的结果。新时期，世界主要国家和地区逐渐推动资源和政策向基础研究领域倾斜，世界主要国家为谋求新一轮革命与产业革命的战略优势，更加重视推动基础研究领域取得突破，发挥基础研究领域的战略支撑作用[28]。湖北省需要进一步发挥湖北省重点实验室在基础研究领域的带动作用。

　　第一，推进实验室建设与人才项目一体化。深化科技体制改革，推进人才项目基地一体化高效配置。强化人才在一体化建设中的关键核心作用，强化人才培养的激励机制，面向优势学科和前沿科学领域，组织实施湖北省自然科学基金项目，重点支持不同学科领域的优秀科学家作为项目负责人，适当吸收青年科研骨干人才参与，培养优秀青年科技人才和具有世界一流水平的学术带头人；以优势学科及学科带头人为基本力量，聚集一批精干、高效、梯次合理的基础研究队伍，建设湖北省重点实验室、国家重点实验室等基础科研基地，安排和争取一批由湖北省承担的国家级和省级重点与重大基础性研究项目，推行人才、项目、基地一体化的"大科学"体制，实行开放、流动、竞争、协作的机制，促进学科建设与人才、项目、基地之间的互动和良性运转，开创人尽其才、才尽其用的社会科研环境。

　　第二，完善重点实验室布局。坚持建管结合、动态发展，按照"整改一批、淘汰一批、升格一批、新建一批"的思路，稳步提升省级重点实验室整体质量。完善省级重点实验室建设布局，在长江生态保护、智能医学、量子计算、脑科学、人工智能、生物医学、网络空间安全、区块链等新兴学科领域依托具有研发基础的高校或研究院所，建设一批重点实验室，在数字经济、智能制造、下一代互联网等新兴产业领域依托省内重点企业建设一批企业重点实验室，在富硒产业、小龙虾、磷化工等地方特色产业领域，联合地市（自治州）科技局建设一批地方重点实验室。

　　第三，创新重点实验室评价机制。以三年为一个周期，每年开展若干领域的实验室评估，采用优胜劣汰、有序进出的动态管理机制，稳步提升整体质量，经认定且评估优秀的国家级、省级重点实验室按级别给予奖补。对于晋升为国家重点实验室的省级重点实验室不再参加省级重点实验室评估，其评估、考核按国家重点实验室有关管理办法执行。

　　第四，加快推进组建省级重点实验室创新战略联盟。贯彻国家科技创新政策和要求，加强引导，组建湖北省实验室联盟，促进国家重点实验室、省级重点实验室等基础研究平台协同研究，促进湖北省重点实验室在知识创新、技术创新、成果转化和知识产权等领域的合作交流，促进资源开放共享，协同搭建对外公共服务平台；发挥优势互补作用，推进人才团队和学科交叉融合，围绕重大发展需求，开展项目合作与联合研发，深化产学研用合作。

　　第五，促进重点实验室开放合作。结合湖北省实际，有效地整合和优化配置重点实验室大型仪器设备、自然科技资源、科学数据等科技资源，建成技术先进、功能完善、共享高效的科技资源开放共享平台，聚集培育一批科研仪器共享服务的专业化机构。加强区域内科技资源共享工作交流，形成以点带面、以强带弱、协同发展的良好格局，吸引企业以及社会资本参与平台建设和资源共享。

本章参考文献

[1] 潘长江，刘涛，丁红燕. 基于协同创新理念推进地方院校省级重点实验室建设的实践探究[J]. 实验室研

究与探索，2017，36（4）：236-240.

[2] 闫金定. 国家重点实验室体系建设发展现状及战略思考[J]. 科技导报，2021，39（3）：113-122.

[3] 中华人民共和国中央人民政府. 政府工作报告——2020 年 5 月 22 日在第十三届全国人民代表大会第三次会议[EB/OL]. http://www.gov.cn/premier/2020-05/29/content_5516072.htm[2020-05-29].

[4] 中华人民共和国中央人民政府. 中共中央关于制定国民经济和社会发展第十四个五年规划和二〇三五年远景目标的建议[EB/OL]. http://www.gov.cn/zhengce/2020-11/03/content_5556991.htm[2020-11-03].

[5] 中国科学院. 中国科学院与科技部就重组国家重点实验室体系工作进行沟通交流[EB/OL]. https://www.cas.cn/yw/202003/t20200319_4738161.shtml[2020-03-19].

[6] 北京市科学技术委员会. 北京市重点实验室认定与管理暂行办法[EB/OL]. https://www.beijing.gov.cn/zhengce/zhengcefagui/qtwj/202008/t20200803_1970871.html[2010-08-03].

[7] 中关村自主品牌创新发展协会. 北京市重点实验室认定与管理暂行办法[EB/OL]. http://m.zba.org.cn/teachers_view.aspx?TypeId=50008&Id=697&Fid=t26:50008:26[2021-03-25].

[8] 北京市科学技术委员会. 北京市科学技术委员会 2021 年财政预算信息[EB/OL]. http://kw.beijing.gov.cn/art/2021/3/3/art_736_598240.html[2021-03-03].

[9] 广东省科学技术厅. 关于印发《广东省科学技术厅关于广东省重点实验室的管理办法》的通知[EB/OL]. http://gdstc.gd.gov.cn/zwgk_n/tzgg/content/post_3250868.html[2021-03-30].

[10] 广东省人民政府. 广东省人民政府关于印发广东省科技创新"十四五"规划的通知[EB/OL]. http://www.gd.gov.cn/xxts/content/post_3576064.html[2021-10-13].

[11] 广东省科学技术厅. 2021 年广东省科学技术厅部门决算公开[EB/OL]. http://gdstc.gd.gov.cn/zwgk_n/jggk/czyjs/bmjs/content/post_3997760.html[2022-08-19].

[12] 浙江农林大学科技处. 浙江省重点实验室（工程技术研究中心）管理办法[EB/OL]. https://kjc.zafu.edu.cn/info/1033/7528.htm [2021-10-26].

[13] 中国科学院宁波材料技术与工程研究所科技发展部. 浙江省重点实验室（工程技术研究中心）管理办法[EB/OL]. https://rd.nimte.ac.cn/view-8205.html[2016-01-14].

[14] 浙江省人民政府. 浙江省人民政府关于印发浙江省科技创新发展"十四五"规划的通知[EB/OL]. http://www.zj.gov.cn/art/2021/6/23/art_1229019364_2305632.html[2021-06-23].

[15] 浙江省科学技术厅. 浙江省科学技术厅 2021 年部门预算[EB/OL]. http://kjt.zj.gov.cn/art/2021/3/11/art_1229225180_4530347.html[2021-03-11].

[16] 东南大学. 江苏省高技术研究重点实验室管理办法[EB/OL]. https://kyy.njtech.edu.cn/info/1055/1653.htm [2013-11-01].

[17] 江苏省人民政府. 省政府办公厅关于印发创新型省份建设工作实施方案的通知[EB/OL]. http://www.jiangsu.gov.cn/art/2018/4/23/art_46144_7592667.html[2021-03-15].

[18] 江苏省工业和信息化厅. 省政府办公厅关于印发江苏省"十四五"新型基础设施建设规划的通知[EB/OL]. http://jseic.jiangsu.gov.cn/art/2021/8/27/art_83658_9990477.html[2021-08-27].

[19] 江苏省科学技术厅. 江苏省"十四五"科技创新规划[EB/OL]. http://kxjst.jiangsu.gov.cn/art/2021/9/15/art_83527_10030709.html[2021-09-15].

[20] 济南市科学技术局. 关于印发《山东省重点实验室管理办法》的通知（鲁科字[2018]72 号）[EB/OL]. http://jnsti.jinan.gov.cn/art/2018/6/11/art_11684_1448217.html[2018-06-11].

[21] 山东省科学技术厅. 山东省科学技术厅印发《关于破除科技评价中"唯论文"不良导向的若干措施（试行）》的通知[EB/OL]. http://kjt.shandong.gov.cn/art/2021/6/9/art_103585_10288694.html[2021-06-09].

[22] 中国日报. 山东 7 部门发文：谋划组建山东省实验室[EB/OL]. http://cnews.chinadaily.com.cn/a/201911/19/WS5dd38fb7a31099ab995ecc97.html[2019-11-19].

[23] 山东省财政厅. 关于山东省 2021 年决算和 2022 年上半年预算执行情况的报告[EB/OL]. http://www.shandong.gov.cn/art/2022/8/16/art_309901_10327293.html[2022-08-16].

[24] 山西省人民政府. 山西省科学技术厅关于印发《山西省重点实验建设与运行管理办法》的通知[EBOL]. http://www.shanxi.gov.cn/zw/zfcbw/zfgb/2014nzfgb/d1q_5559/szfbmgfxwj_5562/201401/t20140123_102024.shtml[2014-01-23].

[25] 山西省人民政府. 山西省"十四五"打造一流创新生态 实施创新驱动、科教兴省、人才强省战略规划[EB/OL]. http://www.shanxi.gov.cn/sxszfxxgk/sxsrmzfzcbm/sxszfbgt/flfg_7203/szfgfxwj_7205/202107/t20210728_929898.shtml[2021-05-11].

[26] 中国青年网. 山西 11 家省重点实验室被摘牌 另对 18 个省重点实验室黄牌警告[EB/OL]. http://news.youth.cn/jsxw/202105/t20210511_12929664.htm[2021-04-30].

[27] 樊红梅, 师刚. 甘肃省重点实验室科技创新绩效分析及发展思考[J]. 科技管理研究, 2011, 31（22）: 74-77.

[28] 曾明彬, 李玲娟. 我国基础研究管理制度面临的挑战及对策建议[J]. 中国科学院院刊, 2019, 34（12）: 1440-1447.

共性技术平台建设研究

共性技术平台是指进行共性技术（合作）研发的研究实体[1]，是提高企业技术创新能力和推动创新链及产业链发展的重要基础。本章主要对国内外共性技术平台的发展现状进行调研，总结建设共性技术平台的经验教训[2]。通过深入了解湖北省共性技术平台的现状与发展规划，针对其当前所处困境和面临的问题，提出有效的政策建议和改进措施。

5.1　国内外共性技术平台建设现状

5.1.1　国外共性技术平台建设现状

5.1.1.1　共性技术平台建设的基本情况

5.1.1.1.1　美国的共性技术平台建设

创新平台的概念最早由美国竞争力委员会于 1999 年提出[3]，指向创新发展中的关键要素，即人才、成果、财富转化、产权保护等，推动了美国政府决意建设并大力发展共性技术平台，并在政策和资金上给予了强有力的支持。随着 2008 年国际金融危机爆发，美国政府才真切认识到实体经济的价值和工业制造对国家的重要性，随后于 2010 年提出"再工业化"战略。在产业选择上，美国决定采用"高端制造业"促使工业回归的办法。围绕清洁能源这个大主题，不断实现技术突破，激发工业经济稳步增长。把美国"再工业化"，把工业制造业重新带回美国，就是此次"再工业化"战略的核心内容。贯穿其中的美国科技创新平台经过不断重组优化，最终形成了稳定的三角形结构，即政府机构、政府资本合作研究和技术联盟相互支撑框架。美国政府除了成立联邦政府所属的实验室外，还在建立以应用研究为基础的合作团体方面，力求科研机构、高等学府、企业等多方参与合作，实现人才自由流动和研究方向统一步调，共同商定研发重点，避免浪费资源盲目创新，充分发挥产学研结合作用，实现机构与企业之间的技术转让，推动科技成果的高效转化[4]。

5.1.1.1.2　欧盟的共性技术平台建设

欧洲共性技术平台是从下往上建立的，这是很有特点的[5]。在欧盟委员会的支持和引导下，通常会选择数个对经济和社会发展有重大影响的领域，在重点企业的牵头带领下，中小企业、高等学府、科研机构、金融投资机构等多方积极参与。在欧洲共性技术创新平台中，关键角色包括科学家和研发人员，还包括参与创新过程的管理者、产业联盟、政府部门、公司等，联合制定欧洲创新方案，确定关键领域，制定计划时限和行动方案。共性技术平台的分支机构（如工作组、典型组和特别工作组等）负责处理具体问题。欧盟的共性技术平台可分为五类：可使一个部门发生根本性变化的新技术类平台；以适应社会可持续发展为目标的共性技术平台；基于新技术的公共产品或服务技术类平台；为确保欧洲高新技术部门处于前沿而进行开发的突破性技术类平台；更新、振兴或重组传统工业部门的技术平台[6]。基于欧盟自身的特殊性，欧盟建设的共性技术平台的主要特点就在于实现了跨国家的共同建设和发展，通过打破国家、区域和产业的多重壁垒，技术创新联合体实现了多国政府资金、科研人才、仪器设备、支持政策等资源汇集，形成合力，促进不同国家、区域、产业领域的技术创新和研发。例如，"尤里卡计划"由欧盟和 26 个欧洲国家参与，开发具有共性的、面向市场的产业技术。

5.1.1.1.3　日本的共性技术平台建设

日本资源极度紧张，国家政府长期坚持的"技术立国"战略[7]，就是通过制定国家战略方案、加大投资力度、减免税收、促进创新研发等来支持新兴产业稳步发展，同时在新能源、医疗、高尖端设备制造等重点领域进一步加大投入。在共性技术平台的建设经验方面，日本政府把与传统优势产业关联度颇高的若干行业领域作为政策支持的重点[8]。汇集全国之力进行研发，在某些技术领域仅用了较短的时间就超越了欧美等发达国家[4]，如第五代计算机计划、超大规模集成电路技术研究联合体和清洁能源汽车开发计划等。除此之外，以企业自主投入成立的企业研发机构或研究所是日本在建设共性技术平台过程中最显著的特色，充分利用企业在发展战略中专项拨付给技术研发的资金部分，保证企业自家的研究机构稳定地投入技术创新过程中，并且引进研究人才，购入设备仪器，打造良好的企业自主创新环境，提高企业自主创新能力，以此搭建的共性技术平台的最大特点就是以企业为主体。

5.1.1.1.4　韩国的共性技术平台建设

韩国的共性技术平台建设过程与众不同[9]，具体表现在：稳步推进的阶段性、逐步递减的政府干预力度、国家创新体系管理机制的适应性和法律法规的完善性。为了共性技术研发创新能得到充分保障，企业自主创新推动产业发展和经济繁荣的动力得到最大限度的发挥，韩国政府在"科技立国"战略中专门提出，要成立一个分管负责韩国产业共性技术发展的部门，也就是后来的韩国工业技术院，其主要的工作目的在于发展技术商业化、中小企业的积极参与以及国家战略产业发展方案的制定。此外，韩国政府还在法律方面为产业技术创新提供了强有力的扶持和帮助，形成了完善的法治体系。根据《科学技术革新特别法》要求，将原本的科学技术政策研究院部分独立出来，设立韩国科技评估研究院，专职负责国家科技规划、预判、调研和评估等工作。同时，韩国政府为打造良好的共性技术创新研发环境，先后在政策税收方面给予特别关照，比如减免技术开发和人才开发费用税金，降低引入新技术、转让科技成果的税收，帮扶风险企业和技术集约型企业的税收问题等。在其管理运行机制方面，同样为共性技术发展提供了良好的环境。

5.1.1.2 共性技术平台建设模式

5.1.1.2.1 领先型技术平台模式

领先型技术平台模式是指通过研究超出现有水平且商业化十分便利的先进技术，节省大量成本，以期获得超高的利润回报甚至是垄断，同时把这些技术深入渗透应用于社会、经济及自然环境等诸多方面，在应用领域维持最高水平的共性技术平台建设[10]。美国、欧盟等国家和组织采取的就是领先型技术平台模式，最著名的案例就是欧盟的"尤里卡计划"，此后日本也参与其中，并在微电子等领域开展共同合作。

5.1.1.2.2 追赶型技术平台模式

追赶型技术平台模式是指在较短的发展时间内追赶上先进国家的技术水平，从而摆脱当前科技文化和社会经济被动且落后的困境。韩国、印度两国采取的就是追赶型技术平台模式，其中印度建设共性技术平台的首要任务是大力发展有利于国家战略实现的高精尖技术；韩国则是围绕其制定的产业战略铺展开来，伴随着产业结构升级调整的过程进行。

5.1.1.2.3 赶超型技术平台模式

赶超型技术平台模式是指由追赶型实现短期高速发展甚至跨入领先型的技术发展模式。最为成功的国家就是日本，其平台建设一直围绕着"科技立国"的主题展开，围绕这一主题实现自主开发和独创技术垄断的模式，不断精进新兴技术开发能力，突破了日本曾经模仿能力大于开发能力的瓶颈，彻底解决了共性技术平台建设中出现的跛行性问题[11]。

5.1.2 国内共性技术平台建设模式

5.1.2.1 政府主导型共性技术平台

利用政府产研院的平台，积极吸纳有关技术研究单位和人才，开展行业内共性技术、关键性技术、生产先进性技术以及公益性技术的研究与应用，为区域内的工业结构调整与产业升级提供服务。

成功案例：江苏省共性技术平台、昆山共性技术平台、海西共性技术平台、厦门共性技术平台。

5.1.2.2 高校主导型共性技术平台

高校主导型产研院一般以大学为依托机构，建设在大学附近。高等院校依托专业布局全、研发平台多、创新能力强、高素质人员集中等资源优势，采取合作推动共性技术研究、吸纳国外高级人才培养、转化和引进科技的方式支撑产研院的成长，为产业转型升级和地方发展提供服务。

成功案例：北京清华工业开发研究院、上海紫竹新兴产业技术研究院、陕西省共性技术研发平台、西北工业技术研究院、广州市现代产业技术研究院。

5.1.2.3　科研院所主导型共性技术平台

科研院所主导型产研院基于科研院所的研发优势与地方政府的经济优势，积极调动本地资源并共同规划，就地建设、取才、引智。其中，中国科学院利用并发挥其在学术科研领域的地位和众多人脉关系，依据地方政府的产业规划布局和经济发展中的急需部分，协同共性技术平台吸引人才、推动技术创新、培育本土企业。

成功案例：中国科学院深圳先进技术研究院、广州中国科学院工业技术研究院。

5.2　国内外共性技术平台建设案例

5.2.1　国外共性技术平台

5.2.1.1　美国国家标准与技术研究院

美国国家标准与技术研究院（NIST）是美国商务部直属部门。NIST 经国会授权后可以参与制定有关国家利益的标准，负责在联邦机构和私有部门之间协调统一标准，制定合格的评定程序，参与自愿性标准化活动[3]。NIST 不仅是美国的共性技术研发机构，更是美国唯一负责协助工业界高质高速发展的联邦机构。它设立的初衷是帮助工业企业通过技术创新来提升产品质量，推动工艺过程现代化，保证工业产品的稳定性、功能性以及兼顾成本效益，促进工业创新产品快速商品化。它的存在是力求缩小研究机构和市场之间的差距，以及在基础研究和产业化研发之间搭建重要平台。

NIST 提供的主要服务包括测量技术、实验数据、方法和标准服务等。除此之外，它还新增了几项功能：帮助企业在全球市场提升竞争力、协助中小企业研发创新技术和产品、提供技术服务和技术转让等。NIST 的具体工作任务可以拆分为四个方面：一是协同非营利性机构建设区域中心，推广新技术；二是制定工作计划，推动联邦技术在国家和地方计划及技术发展中的运用；三是制定超前技术方案，促进新技术产品商品化；四是为商务部技术情报交换站的工作提供帮助，为决策者提供技术分析上的帮助。

NIST 的经费被列入国会预算，由联邦政府划拨资金。根据其公布的经费预算情况，联邦政府的拨款占比接近九成，甚至对于该部分的拨款，国会在综合拨款法案中专门对 NIST 的拨款应用方面做出说明，这也是为了保证联邦政府对研究项目方向的绝对把控。NIST 拥有一套较为完善全备的绩效评估方案。在商务部内部，其年度评估报告需要作为商务部整体报告的内容之一，上交至联邦政府并接受统一考核；在研究院内部，每年度研究院主任都会委托国家研究理事会（NRC）对院内四大组织部门进行客观评估；在项目内部，则是会对其本身及技术研发创新所引起的经济影响进行评估[12]。

5.2.1.2　日本产业技术综合研究所

日本国立研究机构——产业技术综合研究所（AIST）是日本在产业技术研发领域的领军机构。该机构诞生于 1948 年，现有的机构内人员来自 2001 年日本对国立科研机构做出重大调整后原属于日本工业技术院的 15 家研究机构。作为第二次世界大战后日本最大的公益性研究机构，AIST 对战后日本产业经济的复苏具有举足轻重的作用。自 2001 年转型后，AIST 机构内人员不再拥有公务员身份，开始致力于推动国内技术基础建设，发展高风险、高难度、跨领域的产业技术和创新所需关键技术，希望以此大幅度提升日本各领域产业在全球范围内的竞争力[13]。

AIST 成立之初是为了开展应用基础研究，后伴随着政府机构改革，全新的 AIST 拥有了新的战略定位：以共性技术研究为主导，包含基础研究及产品创新研发等立体化研究方向，是连接高等学府与企业之间的重要枢纽。AIST 的功能主要是拓展基础性、独创性重要议题研究，从事竞争前阶段的产业共性技术研发，并采取委托计划方式推动政产学共同合作研发。AIST 目前的主要研究领域可分为两类：一是提高产业竞争力的核心技术项目，包括生命科学、信息电子、纳米科技和机械制造等；二是造就经济可持续发展、需要政府长期性支持的共性技术项目，包括能源环保、地质海洋、标准和计测等。

在内部管理体制方面，AIST 在经过政府机构改革后，实行独立法人制度和理事长负责制，组织架构随之发生重大变化。最高层由理事长（总理全部业务）和监事（业务监察）组成，二者之间相互监督、共同进步，均由主管大臣直接任命。其下属研究单位主要分为三大类：自行管理的研究中心（有效期最长 7 年）、按照研究人员提议自下而上管理的研究部门（长期存在）、由实验室负责人管理的研究室（有效期 1～3 年不等）。各类研究单位所承担的课题各有特色，可满足短中长期、前沿尖端、全新开发等不同方面的需求。除上述三类研究单位之外，AIST 还拥有庞大的组织架构，包括行政总部、策划部、评估部、环境安全管理部、合作部及技术转让部、技术情报部、公共关系部、国际事务部、人力资源部、财务部、研究设备部、尖端情报计算中心、特许生物保管中心、特许生物寄存中心、独立存在的研究协调员、日本地质调研所和日本计量院。所设各部门的工作职责是保障研究单位的日常运行，提供全方位支持。AIST 的资金除来自政府划拨外，还通过与产业界的合作或委托研究获得经费，并通过技术授权来获得资金支持。政府专项划拨的经费直接由理事长管理，确保在所有重点领域的重要研究计划开展上可以面向 AIST 所有的研究人员开放申请。研究人员可以结合所内发展方向，提交课题申请，并参与竞争以获取经费。此外，研究人员还可以通过自身努力从外部竞争中获取研究经费。

在经费使用方面，AIST 授予研究人员更多的经费使用权限，从而改善机构的研究环境，以此招揽更多的顶尖科学家①。AIST 还将研究经费预算制改为决算制，财政拨付的研

---

① AIST 的员工成本每年占项目总费用的30%，几乎等同于直接研究费用。

发经费不受《会计法》和《国有资产法》的限制[14]，可以跨年度使用，如此一来就更加便于规划和调整研究计划，集中资金重点用于核心研究计划。此外，政府对 AIST 采用了公司会计制度，允许其作为私人公司运营，并给予其财务自主权，但不要求 AIST 等同于私人公司需要自负盈亏。

在项目运作方面，AIST 在选择研发项目时，强调技术优势和对行业的辐射潜力。确定过程如下：①采用前景预测法进行技术预测，分析政府、行业和社会的需求，选择最优结果，初步形成研究课题；②高层会议商定战略目标及研究的主题方向，由上而下确定，AIST 的技术预测结果应和产业需求相匹配，而后再经过管理层与员工共同讨论达成共识；③研究项目在网上公示，外界参与[15]。

5.2.1.3　德国弗劳恩霍夫应用研究促进协会

德国弗劳恩霍夫应用研究促进协会是德国也是欧洲最大的应用科学研究机构，由联邦德国政府在 1949 年创立，主要研究领域包括健康、安全、通信、交通、能源以及环境等[16]。德国弗劳恩霍夫应用研究促进协会虽然是在政府支持下建立的，但它是以协会身份注册的独立社团法人，是民办、公助的非营利科研机构[17]；它并不隶属于政府的任何一个部门，却由政府部门提供基本的运行经费，协会所属的各研究所可以竞标科研项目、参与营利性科研活动，但所得资金仅限用于事业再发展，而不能用于分配，因此享受税收优惠。

德国弗劳恩霍夫应用研究促进协会的定位包括以下 5 个方面：①整合国内科研力量，联合打造多学科研究联盟，与各家研究单位之间保持密切联络；②力求把科学新发现转化成创新价值的创新推动者，以此来推动经济发展、社会进步及充分就业；③帮助企业共同打破技术瓶颈，保障企业强大市场竞争力，并给企业提供针对性的改进意见；④尊重所有内部成员在政治、产业及社会领域的个人兴趣；⑤深入贯彻执行企业要求，并依据不同需求灵活开展工作，为企业严格保密。

德国弗劳恩霍夫应用研究促进协会的管理架构如图 5-1 所示。

每家研究所的资金账目都是独立核算，研究所的所长均从各大高校的著名教授中选聘任用，所长负责管理研究所的一切事务。协会中最特殊的就是学部，它是在相同学科内不同研究所之间串联沟通的线，有助于促进科研资源高效流动。

德国弗劳恩霍夫应用研究促进协会的运营模式分为以下三个具体的模块。

其一，灵活的资金筹措。协会的经费不仅有国家政府及欧盟投入的基金，还有下属各部门竞争得到的课题资金和企业研发合同的收入，占比最高的两个就是科技基金和研发合同收入；为了平衡顶尖技术研发和市场现状研究，经费中有明确的技术与市场专项资金分配；在高效运用资金方面，德国弗劳恩霍夫应用研究促进协会形成了一套专属的模式，按照上年度合同收入占比来分配大部分资金，少部分无条件均分，对于积极承担课题的部门提供专项资金补助，以此激励各部门从市场上获取更多的资金投入。

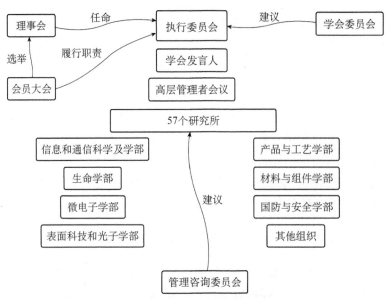

图 5-1 德国弗劳恩霍夫应用研究促进协会的管理架构

资料来源：Fraunhofer. Structure and organization of Fraunhofer-Gesellschaft[EB/OL]. https://www.fraunhofer.de/en/about-fraunhofer/profile-structure/structure-organization.html[2023-11-20].

其二，便利的"合同科研"。德国弗劳恩霍夫应用研究促进协会在产业界的研发工作目的就是让科技转化成为人们生活带来便利的实物产品，因此在和企业合作的过程中不断优化，最终形成了"合同科研"这一特殊模式。企业将研发创新的需求点和转型升级的需求告知研究所，并且支付研究费用；研究所负责使用资金开启针对性的研究，成果产出后随机转交给委托企业。这种量体裁衣的方式，实在地帮助了大小企业在产品研发及公司发展中渡过难关。此外，德国弗劳恩霍夫应用研究促进协会一直坚持开展应用方面的基础研究，虽然这些研究是非合同式且无盈利的，却为产业界的发展带来了切实的好处。

其三，独特的评估机制。每隔四年，德国弗劳恩霍夫应用研究促进协会就会开展对于所属各部门的综合评估（先由各部门自行提交年度报告，执行委员会寻求第三方独立人员对报告进行审查，并给出建议）。德国弗劳恩霍夫应用研究促进协会对各部门的审查内容主要是科技竞争力和战略计划执行度；评审除了审阅报告以外，还会有 2～3 天的实地考察，并开展对研究所所长的质询答辩。德国弗劳恩霍夫应用研究促进协会在评审过程中，并不过于看重项目的发表论文情况，而是会专注于其研究成果在产业和社会中的应用情况。评审结束后，德国弗劳恩霍夫应用研究促进协会将以评审结果为基础来进行规划制定、资金分配、人员任免等一系列操作。

5.2.2 国内共性技术平台

5.2.2.1 中国台湾工业技术研究院

中国台湾工业技术研究院（简称工研院）是国际级的应用研究机构，以研发科技、带动产业发展、创造经济价值、增进社会福祉为任务。自 1973 年成立以来，工研院率先投入集成电路的研发，并孕育新兴科技产业，将研发成果扩散至产业界；累计近三万件专利，并创建、孵化 280 余家公司，含台积电、联电、台湾光罩、晶元光电、盟立自动化、台生材等上市柜公司[18]，带动了一波又一波产业发展，在应对亚洲区域产业竞争、推动台湾产业转型升级与经济持续发展中发挥了重要作用。

工研院实行现代化公司管理体制，设立董事会、监事会等部门。董事会由政产学研等各界意见领袖组成，负责指导组织战略决策；监事会负责监管董事会与行政管理部门；由海内外技术专家组成的前瞻技术指导委员会与由产业界意见领袖组成的产业咨询委员会会定期站在各自的立场为工研院的研发活动提供指导建议。董事会下设院部、研究所（或中心）、研究组三级行政服务与研发机构。总体上，工研院形成了分工明确、职能清晰的组织结构，并在机构设置、人员编制、经费预算使用、薪酬制度、技术转让等各个环节拥有较大的自主权。虽然工研院是独立运作、自主决策的机构，但政府和企业也会通过各自的方式发挥作用，以确保工研院能紧跟发展需求。

工研院由台湾当局出资成立，在初创期，当局为其运行提供了充足的资金保障，在不断发展和探索中，工研院拥有了一批经验丰富的科技工作者和可推广应用的科技成果，通过技术转移、成立衍生公司、为产业界提供各类服务等，工研院对当局直接投入的依赖逐渐减弱，最终实现了收支平衡。目前来自主管部门的项目经费与来自工业服务的经费接近1:1，这让工研院在研发选择上有了更大的自主权，也让面向产业服务的工研院对成本效益与顾客导向有了更好的理解。此外，值得注意的是，在专案计划中，为了推动工研院与企业界合作，当局审批的科研经费通常不超过该项目预算的 50%，其余则鼓励工研院通过与企业合作或转移技术获得收入解决。

工研院的企业化管理模式让其在人才管理、薪酬制度等方面拥有很大的自主权。作为非营利机构，工研院可将收入全部投入内部管理经营，以创造更好的研发环境，并依据自身战略需求制定灵活的薪酬管理制度，使能者得到奖励，不符合需求者退出，以优化员工收入，调动员工积极性。在世界经济变化和工研院发展的不同阶段，工研院制定了不同的人才管理机制：在初期，工研院将人才发展定位为结合产业转型需求，主动吸引和培养科技人才，为未来产业发展储备人才；到 20 世纪 90 年代，为解决院内人才结构断层的问题，更好地为台湾产业发展服务，工研院推出人才平衡政策，既鼓励人才向企业转移，又实施一些政策吸引更多海内外人才加入，并提高成员向心力；进入 21 世纪，工研院加强对外部人员的应用，在引入国际一流人才加盟的同时，在多国设立站点，加强与知名研究院所及企业的交流合作与人才引进工作，聘请海外专家授课，培养国际化人才，以确保工研院能紧跟世界发展潮流，继续充当台湾地区科技发展的引擎。

5.2.2.2　中国科学院深圳先进技术研究院

5.2.2.2.1　管理体制

中国科学院深圳先进技术研究院实行领导小组领导下的院长负责制，院长由中国科学院任命委派，下设"三所两中心"[19]。三所具体包括：负责集成技术研发的中国科学院香港中文大学深圳先进集成技术研究所（以下简称集成所）、负责创新医疗设备研究的生物医学与健康工程研究所（以下简称医工所）、负责计算科学与工程研究的先进计算与数字工程研究所（以下简称数字所）。两中心分别是负责促进资源共享的开放技术平台，以及负责技术转移、成果转化与企业孵化的工程中心。领导小组下再设置若干管理支撑部门，具体负责中国科学院深圳先进技术研究院的日常行政运行。

5.2.2.2.2 运行机制

1）科研管理体制

与传统科研机构采取的科研管理体制相比，中国科学院深圳先进技术研究院采取了一种更为高效的体系。一般来说，传统科研机构由于课题组的设备环境、研究开发和产业活动长时间不更新，不具有流动性，难以调动科研人员的研发积极性，导致最终的效益越来越低。中国科学院深圳先进技术研究院则形成了一种新颖高效的"三所两中心"的科研管理体系。其中，三所（集成所、医工所、数字所）是主要研发主体；开放技术平台是服务平台，负责采购和管理10万元以上的设备，为三所提供科技支撑；工程中心是产业化平台，负责将知识生产过程进行工业化。"三所两中心"的体系能够充分调动并合理配置全院的资金、设备、人力资源，避免传统科研管理体系下效率低下的弊端，实现集中财力办大事的目标。

2）项目选择机制

传统研究所一般采取的项目选择机制是课题组组长负责制，虽然这种方式责任清晰，操作简便，但课题组组长要对项目全权负责，这将导致项目选择"一言堂"、过于保守或者课题越做越小等问题。为了杜绝这种问题，中国科学院深圳先进技术研究院采取的项目选择机制更注重科研人员间以及国内外学者间的交流，充分发挥各自的优势。在具体运行过程中，首先定方向，这一步由首席科学家会同国内外著名学者共同商定；其次定课题，这一步由一线科研人员会同工程中心市场人员共同决定；最后，项目还会利用身处特区及与香港中文大学共建的优势，在启动组建和共建方面向国际同行看齐。

3）项目管理机制

一般项目管理采取的是职能型或者项目型，前者常见于短周期小项目和非常规性项目，需要多个部门相互配合接受本部门和项目领导的双重指挥；后者则适用于周期很长的项目，会集中各个部门的人才组成一个新的部门。这两种模式具有一定的局限性，不够灵活，或过度消耗科研人员，或浪费科研资源。中国科学院深圳先进技术研究院根据科研活动的侧重点实行了一种善于应变的"橡皮筋"管理战略。这种项目管理机制能根据科研活动的重点不断调整资金、技术的支持力度，围绕科研和工业两个中心优化合理配置资源，实现两个中心相互协调、相互促进、共同发展。此外，为进一步促进科研活动与工业实践的紧密结合，促进科研成果转化为工业产品，会成立相应的工程组，保证产业化项目的进度与质量，以此改变"蜂窝煤式"的项目管理模式，达到实施动态矩阵式管理的目的。

4）人才运作机制

中国科学院深圳先进技术研究院建立了长期激励和提拔员工机制，在全球范围内吸引和聚集高层次人才，培养了一批研究、工程、管理、产业化等世界一流的专业人才。加强国际合作，提高中国科学院深圳先进技术研究院的学术水平和地位。帮助青年科研人员在领导项目中学习，并给予其成长空间。实行人才流动机制，建立上对下、下对上以及同行相结合的评价体系，推动晋升体制透明化、精细化，通过一系列激励措施提高科研人员的积极性和工作效率，实现人员的有序流动。

5.2.2.3　上海紫竹新兴产业技术研究院

5.2.2.3.1　管理体制

上海紫竹新兴产业技术研究院引入市场机制，实行企业化管理[20]。设立产业战略研究中心（智库）、产权中心（IP 事务所）、投融资基金平台和综合服务平台。

1）产业战略研究中心（智库）

依托上海交通大学产业经济研究专家，面向全球邀请各界专业人士，成立投融资和产业研究的战略咨询机构。一方面，为地方政府和企业出谋划策，同时定期提供产业技术研究报告；另一方面，为上海紫竹新兴产业技术研究院产业技术方向的选择与投融资提供相应指导。

2）产权中心（IP 事务所）

该中心工作人员由上海交通大学专利法、民商法方面的专家和从事科技成果转化与知识产权的法律事务所相关人士组成，从战略和战术的角度，运用知识产权手段，为上海紫竹新兴产业技术研究院 IP 管理提供服务。针对不同项目的知识产权属性，从项目开始、中间评估到产业化完成，贯穿全过程，依法保护上海紫竹新兴产业技术研究院的技术知识产权，确保应得的经济效益。

3）投融资基金平台

金融服务平台是众多公共研究机构普遍缺失的重要平台。通过投资俱乐部的方式，聚集海内外投资机构，按照市场化原则邀请专注于不同阶段的投资公司加盟基地建设，吸引处于种子期、成长期、扩张期和成熟期等不同阶段的投资基金，联手打造高科技产业孵化平台。

4）综合服务平台

吸引审计事务所、工商税务服务机构、财务顾问公司以及人事代理等多元化机构入驻，形成完整的一条龙服务体系，为上海紫竹新兴产业技术研究院的技术开发和技术转移提供高质量服务。

5.2.2.3.2　运行机制

上海紫竹新兴产业技术研究院以加快高新技术产业化进程为宗旨，致力于成为新兴产业的大孵化器和产业技术升级的加速器，可通过以下机制保证研究院高效运行。

1）人才集聚机制

上海紫竹新兴产业技术研究院将集聚三种类型的专业化人才，包括专职研究人员（专注技术开发）、技术经纪人才（关注产业化市场，挖掘技术的市场价值）、风险投资人才（在不同研发阶段帮助融资，推动技术与资本市场的嫁接），通过这三类专业人才的相互配合、分工协作不断衍生新的产业化技术。

2）利益分配机制

依据不同项目类型，研究院、研发人员和投资方之间采取不同的分配方案。既包括股份预先分配（产权换算成股份），发展过程中通过溢价稀释；也包括股份递增（随项目进度推进而逐步提高占比）。在保障研发人员收入的同时，保有一定的期权激励，大大提升研发人员的积极性与创造性。

3）技术转移机制

上海紫竹新兴产业技术研究院推动产业技术扩散转移的主要手段有三种：①与个别企业开展订单研发合作；②与多数企业合作开发（共性技术研究）；③帮助新兴产业开展前瞻性技术研发。第三种模式可将技术与人才一起转移到衍生公司，借助衍生公司带动新兴产业的发展。

4）循环发展机制

政府投入引导资金，吸引社会资本共同设立产业技术创新基金。创新基金分阶段对技术研发给予不同力度的资助，并随着技术的成熟和向产业化的靠近吸引社会投资的介入，通过溢价对投入资金进行回收，实现基金的增殖循环和封闭运行，从而不断强化研究院的自我发展能力。

5）开放合作机制

上海紫竹新兴产业技术研究院将与海内外科研机构建立广泛的合作关系，并与相关企业紧密互动，根据互利、互助、互补的原则，提高研究院的开放程度，形成充满活力的合作创新网络。同时，鼓励和促进研发人员在研究院与衍生公司之间自由流动，加快技术的转移和扩散，不断增强研究院的创新能力与活力。

6）市场引导机制

由政府宏观管理专家、海内外技术专家、相关企业家代表等共同组成产业技术指导委员会，从产业角度科学遴选资助项目，并定期进行中期评估，确保研究院的技术产出拥有良好的市场化和产业化前景。

5.2.2.4　西北工业技术研究院

5.2.2.4.1　管理体制

西北工业技术研究院实行理事会领导下的院长负责制，下设 6 个部门。其中，理事会是西北工业技术研究院的决策机构，由政府相关部门、各大军工集团、相关企事业单位及高等院校等组成。专家委员会为西北工业技术研究院提供智力支持，由覆盖技术、经济产业、公共政策等相关领域的学者与专家组成。行政事业中心主要负责文件传递、信息管理、日常行政、后勤、财务等。技术研发中心主要负责组织开展科研项目，促进科技成果转化，考核科研任务完成情况等。技术转移中心主要负责对外合作，包括项目招标、筹措科技成果转化的经费、对外转让技术、与企业合作孵化项目，促进科技成果的商业化、市场化。国际合作中心负责开展国际交流与合作，通过科研项目合作、高水平人才引进、高新技术引进、国际资本投入等方式，为科技研发创造良好的开放环境[21]。

5.2.2.4.2　运行机制

西北工业技术研究院实行事业法人管理、市场化运作，在政府的推动下，高度重视高校的作用和优势，充分利用企业的资金和技术支撑，积极开展国际合作，贯彻"小核心，大协作；小资本，大运作"的思想。西北工业技术研究院尤其注重集成陕西本地的军工优势，致力于在保留陕西军工特色的基础上进行科技创新。西北工业技术研究院高度重视成果的转化落地，致力于科技创新与企业进步相结合、技术与经济相结合，通过研究院、企业、高校的协同配合，提高各个创新主体的自主创新能力，研发出适应市场需求、具有前瞻性的产品，带动陕西省传统产业结构的调整升级，促进区域经济结构的优化升级[22]。

1）政府推动

政府为技术创新创造环境，提供政策扶持、资金引导，并推动实施。西北工业技术研究院是在陕西省政府的直接推动下成立的，发起单位包括陕西省政府、国防科学技术工业委员会、西安市政府、西北工业大学、陕西航天科技集团有限公司、航空工业第一飞机设计研究院、中国兵器工业集团有限公司、中国船舶重工集团西安船舶工业有限公司、西安高新技术产业开发区、西安阎良国家航空高技术产业基地等，在陕各军工企事业单位为西北工业技术研究院理事单位。

2）高校主导

西北工业技术研究院依托西北工业大学进行建设，西北工业大学是主要发起单位，西北工业大学校长担任西北工业技术研究院理事会理事长，常务副院长由西北工业大学原科研处负责技术转移的副处长担任。广大教授和科研人员为学校研发出大量的科研成果，有力地推动了科研成果的工业化与产业化。

3）企业支撑

西北工业技术研究院的主要服务对象是企业，向企业转化先进技术，为企业发展解决技术难题。西北工业技术研究院在技术和项目的选择上注重工业适应性强、比较成熟的技术，以便尽快投向市场。西北工业技术研究院自身的研究人员不多（主要工作是消化技术、组织项目），主要依靠企业和社会的技术人才。

4）国际合作

国际合作是西北工业技术研究院的又一特色，其非常注重国际化合作交流，在引进、消化、吸收的基础上进行再创新，以项目带动国际合作，引进国外技术、人才与风险资本。目前，西北工业技术研究院已与美国波音公司、霍尼韦尔公司、意大利 MEC 公司、澳大利亚国立大学等机构建立合作研发、技术引进与交流关系。

5）市场化运作

西北工业技术研究院是事业建制，但采用市场化运作和企业化的管理方式，人员全部实行聘任制，院长由理事会聘任，其他工作人员由院长聘用。研究人员的工资按照企业化的管理方式发放，按照统一的员工考核标准，工作业绩越好，相应的工资也会越高，其中业绩占比 40%。西北工业技术研究院的项目投放也按照市场化的方式进行公开招标，实行项目负责人制。首批启动的 7 个研究项目中，2 项由学校教授承担，2 项由军工企业科技人员承担，3 项由社会招聘人员承担（3 个企业中有 2 个为西北工业技术研究院控股，1 个是参股）。

5.3 国内外共性技术平台建设经验与启示

5.3.1 国内外共性技术平台建设经验

5.3.1.1 共性技术平台建设成为国家创新体系中的重要一环

我国正在大力建设创新型国家，其中重要的一个环节便是增强中小企业的创新能力。虽然目前已经基本形成了以企业、科研机构和高等院校为主体的国家创新体系的基本框架，但三者之间的协同联合不够紧密，暂未完全发挥各自的职能与资源优势。尤其是企业，作为从实验室到产业化推广的"最后一公里"的关键一环，作为技术创新必不可少的一链，长期处于弱势地位，亟待政府介入，帮助建立共性技术平台，为中小企业提高创新能力提供服务和技术支持。政府有必要介入共性技术平台的搭建，其在这个领域的作用非常重要且不可替代。但是政府介入并不意味着直接参与甚至过度干涉共性技术平台的搭建、管理和运转，而是利用自身的职能定位和优势，通过出台相关法律法规、制定相关制度、提供政策优惠和资金支持等方式，为平台营造良好的生态环境和运行基础条件。一方面，政府须大力推进科研体制改革，培育企业的科技创新能力，调动科研机构的研发力量，促进创新主体之间的合作，推动共性技术的研发、应用和扩散，逐步攻克难关，在产业发展过程中不断升级技术水平，不断提高竞争力；另一方面，政府介入时也须尊重市场基本规律，兼顾共性技术平台的研究性与市场性，把控介入的深度与广度，平衡优化共性技术的供给与扩散。

5.3.1.2 民办、公助、非营利成为共性技术平台的基本定位

共性技术的准公共品属性不意味着共性技术平台是准政府部门，应保证平台运行的自主性。非营利也应是共性技术平台坚持的原则。一旦共性技术平台具有营利性，就会引来不少弊端，不仅有可能使科研人员具有功利性，形成为了科研而科研的不良氛围，而且可

能使得技术平台在面向市场的过程中丧失学术性，逐渐迷失研究方向。因此，将共性技术平台定位为非营利性，既能让其找准在国家创新链中所处的位置，又能将科学技术的学术价值与市场价值有机对接。为保证平台的民办性，政府应尊重其自主运转，不能擅自介入。为体现平台公助的定位，政府应为其保驾护航，通过招标等方式让共性技术平台参与政府的重大项目。为保持非营利性的属性，政府应该为其提供平台正常运转的资金。

5.3.1.3　把高水平教学研究型高校建设作为国家共性技术平台构建的主要力量

参考国外许多共性技术平台下设的科研机构都位于高校内部的经验，专注于具有大量共性技术难题且我国亟须发展的领域，将目光投向具有雄厚人力资源和科技资源优势的高校与专业研究机构，不断扩大和提高合作规模与档次。依托高校的能力，由高校或研究组织主导，即政产学研的渗透与融合，精准掌握产业界人才需求与高校研究动向。高校拥有大量的科学研究人员、研发场地、研究设施等资源，通过参与共性技术平台的构建，一方面，能够充分实现研发能力的优化合理集聚配置，发挥高知识产业的聚集效能，降低研发机构在运行中的前期研究成本；另一方面，可以持续助力科技创新人才的培养，为今后的共性技术平台输入源源不断的科研人才和创新动力。

5.3.1.4　"合同科研"成为共性技术平台的主要服务方式

"合同科研"是指在共性技术平台中，政府、企业、大学、科研机构等多个主体参与技术研发与管理，通过合同明确平台的最终目的，并界定各个主体间的权利和义务，以达到顺利推进科技研发任务的目的。大多数中小企业起步晚、发展艰难、创新水平较低、开发能力较弱，这一服务方式较为科学合理地保证了平台的有效运行，不仅可以使企业和政府进行沟通，了解国家的需求，享受国家的优惠政策，而且可以使高校、科研机构与企业进行对接，实现增强企业开发能力和科研产品市场化、产业化的双赢。当前，政产学研结合成为一种非常普遍的合作方式，共性技术平台作为政产学研相结合模式的重要依托，既承担了中介和桥梁的作用，汇聚了多个创新主体，促进了合作共享，也作为科技创新平台充分发挥了技术服务的作用，面向市场需求，针对企业遇到的技术难题，给予科研力量和智力支持。

5.3.1.5　引领产业发展成为共性技术平台未来的主攻方向

建立共性技术平台之初就应具备长远的科技战略目光。一方面，共性技术平台的建设应立足于现实，面向企业、产业和社会，从事相关的科技研发工作，阶段性突破企业技术发展中遇到的"卡脖子"难题，满足当下产业的现实需求，促进科研成果转化产业化，提供当前社会中所需、所紧缺的技术，加大研发力度，争取更多研发时间和发展空间。另一方面，更为重要的是，共性技术平台具有引领产业未来发展方向的责任，并作为未来的主攻方向。首先，应综合应用自身的科技研发资源，建立强大的研发储备力量。其次，应纵观国内外的科技研发资源，做到为我所用，不仅要积极开展国际交流与合作，洞悉国外的科技创新趋势和研发热点，吸纳国外的高科技人才，而且要结合国内的国情和未来科技发展走向，依靠国内高校和科研机构的高水平人才，提出并进行具有前瞻性、战略性和未来导向性的研发工作。提出的项目要注重风险与市场的平衡，兼顾风险性高但基础性强的必不可少的项目与发展前景良好的商业化、市场化项目。同时，定期举行面向未来经济社会发展需求的讨论会，制定相关短期研发规划，并就如何整合平台资源，制订具体工作计划，相关科研成果应确保具有3~5年的市场跨度[23]。

5.3.2 国内外共性技术平台建设启示

5.3.2.1 明确共性技术平台发展的核心定位

无论国内还是国外，搭建共性技术平台首先要明确自身的定位。只有树立标新立异的目标，明确未来发展方向，才能区别于其他平台，体现出建设共性技术平台的必要性和重要性。因为共性技术平台并非纯粹的孵化企业，而是作为一个汇集各方科技人才、资金、科研设备等资源的平台，调动和配置资源，对市场需求进行深入分析，对企业的科创难题进行攻关，对重大科技项目进行突破，从而进一步找准产业的未来发展趋势，带动整个行业的率先发展。当然，共性技术平台的定位也具有一定程度的共性，无论何种类型的平台都旨在提供前瞻性、高质量的公共平台服务，为企业尤其是中小企业提升创新能力和竞争力做出贡献，将最新的研发成果转化落地，促进本地新兴产业的发展，并为国家创新体系的完善、产业结构的调整升级发挥重要作用，充分体现共性技术平台的存在价值。

5.3.2.2 政府鼓励支持共性技术平台建设

建设发展共性技术平台，是政府从国家或地方整体利益和长远利益考虑，从提升核心竞争力和综合竞争力的角度出发，对未来发展的一种提前布局和提前谋划，因此具有很强的公共性和社会性。在共性技术平台的建设发展过程中，特别是建设前期，政府应当起推动和支持作用，并把这种作用落到实处。在建设过程中，首先要明确目标、做好规划，聚焦重点、协调关系，强力支持；在发展管理方面，要将政府科技管理和科技发展职能向共性技术平台延伸，促进共性技术平台内生活力的提升。

5.3.2.3 市场化运作提升共性技术平台活性

从已有建设模式中可以发现，共性技术平台一般都具有相对独立性，是具有独立法人地位的事业单位，实行市场化运行和企业化管理方式。对于共性技术平台的建设与发展，重点要处理好以下三方面的重要关系。

一是处理好共性技术平台与高校、科研机构的关系。共性技术平台不同于高校或科研机构，其主要功能不是做技术，而是做市场、做产业。共性技术平台需要借助高校的科研资源解决共性技术的关键问题，但是客观上要与高校或科研机构保持相对独立，采取不同于学术管理的运行模式和运行机制。尽管高校主导成为建设共性技术平台的主要模式，但平台也应享有充分的自主权，同时适当利用高校在科研创新能力、科研组织管理、科技趋势把握、人才综合等方面的经验和优势，通过理事会合作、委任院长、技术转移合作以及项目审核把关等多种方式来将高校优势移植。

二是处理好共性技术平台与政府的关系。政府介入共性技术平台的发展，目的是提供更好的建设与发展环境，而非剥夺共性技术平台独立发展的自主权利。在不过度干涉共性技术平台管理运行的前提下，政府应出面牵头协调各方利益、整合各方资源，这对于建设发展好共性技术平台来说至关重要。否则，如果政府过多干预、大包大揽，必将会导致其丧失创新的活力。同时，共性技术平台也要自觉保持独立性，延伸政府职能并不等于成为"第二政府"。在政府的关怀和指导下，坚持独立运作，对科研人员、科研项目、成果转化等具有相对独立的支配权和决策权。

三是处理好共性技术平台与企业的关系。共性技术平台具有公益属性，即非营利性。虽然在发展过程中，共性技术平台需要面向市场需求，推进成果转化，逐步实现商业化，但其本质仍是为企业提供公共技术服务和技术支撑的公益性研发机构，要区别于企业的运作模式，不能以盈利为目的。但同时，共性技术平台的主要服务对象是企业，因此要面向企业，按照企业的发展规律和市场运行的规律运行发展。坚持采取与行业骨干企业共建、吸引企业加盟会员等形式的优秀模式，实践证明，企业共建和企业加盟有利于推动共性技术平台的市场化运行，有利于共性技术平台为企业服务。

5.3.2.4　着力提升共性技术平台服务质量

共性技术平台的成立使命是为企业提供技术服务和技术支撑，为科技成果转化服务。从长远目标来看，共性技术平台要为推动产业调整升级服务，要为国民经济的发展服务。为达到可持续性的服务发展要求，须不断提高服务质量，对现有的服务模式进行改革，吸引更多的企业。为此，可着手实施个性化的服务，针对不同市场、不同产业、不同企业等的需求，结合平台自身的实力和优势，提供相应的优质服务[24]。

5.3.2.5　创新共性技术平台资金运转机制

共性技术平台的运转资金主要来自政府、企业和银行，今后应进一步创新资金投入形式，在政府的引导下鼓励和吸收更多元化的社会投资与境外投资。就政府投入而言，从中央到地方均可设立相应的产业共性技术资金投入体系，调整资金来源的比例，在前期通过政府投入打好基础，在中后期利用政策优惠吸引和激励金融机构投资，逐步形成以社会资本为主的多元化资金运转机制。国家可设立专项计划加大对国家级共性技术平台的支持力度，提供持续稳定的财政投入，助力共性技术平台长远高效运转。地方也可设置相应的专项扶持计划，并号召吸引社会资本参与到共性技术平台的建设和运转中。在资金的使用过程中，为避免资金分散，提高资金的使用效益，可以实行基金制，并要求财政部门对其流向进行审计监督[25]。

5.3.2.6 完善高校、科研院所与平台对接机制

高校及科研院所对共性技术平台的参与和支持，尚未从学术性的思维方式转变为追求市场实现、推进产品升级的发展思路。在合作平台方面，更倾向于利用自身对院校内部状况的掌握，直接和相关教师、研发人才合作，忽视了校级层次更大、更深度的合作机遇。为了充分发挥好高校主导型发展建设模式的功能，需要建立健全共性技术平台和合作高校的互动机制及协作机制，理顺技术转化、研究成果共享、收益分配、资源整合等协同机制，并发挥好合作各方的积极性与主动性，以实现合作各方的共同价值，寻求在科学、合理、效率、共赢上的统一。遴选具有良好行业发展前景的新科技，并明确向共性技术平台转化的形式，实现产业化的新研发模式；在合作高校、研究团队、参与企业和产业技术研究院等多个主体之间实现科学合理的利益分配，切实维护高校的知识产权；实现科研要素整合和共享，将高校及科研院所的学术追求、共性技术平台的开发追求、个人的利益需求、产业与经济发展的现实要求等有机结合，实现各方利益的最大化；等等。需要高校、科研院所与共性技术平台共同研究、共同破解，形成行之有效的机制保障，并不断加以完善和推进。

5.4 湖北省共性技术平台建设现状与发展建议

5.4.1 湖北省共性技术平台建设现状

湖北省共性技术平台共分为三种类型，分别为产业技术研究院、综合性技术创新平台和产业创新联合体。截至 2021 年底，全省已备案省级产业技术研究院 37 家，综合性技术创新平台 7 家，产业创新联合体 10 家。覆盖集成电路、生物、新能源、新材料、智能制造、新一代信息技术等领域；覆盖范围包含湖北省所有市（自治州），在区域创新体系中起到关键性作用[26]。

5.4.1.1 湖北省产业技术研究院建设现状

近年来，在省委、省政府的领导下，湖北省坚持科技创新与制度创新"双轮驱动"，大力推动科技成果转化，支持高校院所、市（自治州）建设产业技术研究院[27]。为引导市（自治州）加大对产业技术研究院的投入力度，在为辖区内产业技术研究院建设发展提供布局安排、资金支持、基础设施、仪器设备等政策支持的基础上，根据不同区域的经济情况、科技发展现状等，湖北省发布了《湖北省产业技术研究院发展指南》。该指南明确规定湖北省产业技术研究院要围绕市（自治州）优势特色产业建设，实现"两个全覆盖"，即全

省重点产业全覆盖、重点区域全覆盖，并结合湖北省产业发展情况，选择了 79 个特色优势产业方向作为 17 个市（自治州）建设规划布局的方向，为各市（自治州）错位竞争发展提供科学指导和依据。

截至 2021 年底，湖北省围绕重点产业及产业集群创新发展的需求，共设立 37 家产业技术研究院[28]，如表 5-1 所示。其中，武汉市 9 家，咸宁市 3 家，荆州市 3 家，随州市 3 家，鄂州市 3 家，黄冈市 2 家，黄石市 2 家，荆门市 2 家，襄阳市 2 家，宜昌市 2 家，仙桃市 1 家，恩施自治州 1 家，十堰市 1 家，孝感市 1 家，潜江市 1 家，赤壁市 1 家；从产业领域来看，主要集中在装备制造、生物、汽车、电子信息、新材料、现代农业等。

表 5-1　湖北省产业技术研究院清单（37 家）

序号	名称	依托单位	地区	成立年份
1	武汉生物技术研究院	武汉生物技术研究院	武汉市	2009
2	湖北省荆门医药工业技术研究院	荆门医药工业技术研究院	荆门市	2012
3	湖北省地质资源环境产业技术研究院	武汉地质资源环境工业技术研究院有限公司	武汉市	2013
4	湖北省专用汽车研究院	湖北省专用汽车研究院	随州市	2013
5	湖北省襄阳先进制造工程研究院	襄阳华中科技大学先进制造工程研究院	襄阳市	2013
6	湖北省富硒产业技术研究院	恩施土家族苗族自治州农业科学院	恩施自治州	2013
7	湖北省智能装备产业技术研究院	武汉智能装备工业技术研究院有限公司	武汉市	2014
8	湖北省磷化工产业技术研究院	湖北省兴发磷化工研究院有限公司	宜昌市	2014
9	湖北省激光产业技术研究院	武汉光谷航天三江激光产业技术研究院有限公司	武汉市	2014
10	湖北生物医药产业技术研究院	湖北生物医药产业技术研究院有限公司	武汉市	2014
11	武汉新能源汽车工业技术研究院有限公司	武汉新能源汽车工业技术研究院有限公司	武汉市	2016
12	湖北省小龙虾产业技术研究院	湖北省小龙虾产业技术研究院有限公司	潜江市	2016
13	湖北省香菇产业技术研究院	湖北省香菇产业技术研究院有限公司	随州市	2016
14	湖北省水产产业技术研究院	湖北太湖港水产产业技术研究院有限公司	荆州市	2017
15	湖北省荆州油田化学产业技术研究院	湖北油田化学产业技术研究院有限公司	荆州市	2019
16	湖北省咸宁智能机电产业技术研究院	湖北香城智能机电产业技术研究院有限公司	咸宁市	2019
17	湖北省新能源产业技术研究院	武汉新能源研究院有限公司	武汉市	2019
18	武汉光电工业技术研究院	武汉光电工业技术研究院有限公司	武汉市	2019
19	湖北省盐产业技术研究院	湖北益欣盐产业技术研究院有限公司	孝感市	2019
20	湖北省荆门产业技术研究院	荆楚理工学院	荆门市	2019
21	湖北省仙桃新材料产业技术研究院	湖北聚慧新材料产业技术研究院有限公司	仙桃市	2019
22	湖北省鄂州生命科学产业技术研究院	华中科技大学鄂州工业技术研究院	鄂州市	2019
23	湖北省中科产业技术研究院	湖北中科产业技术研究院有限公司	黄冈市	2019
24	湖北省中药产业技术研究院	湖北李时珍药物研究有限公司	鄂州市	2019
25	湖北省应急产业技术研究院	随州武汉理工大学工业研究院	随州市	2019
26	湖北微特传感物联产业技术研究院	湖北微特传感物联研究院有限公司	宜昌市	2020
27	湖北航空装备产业技术研究院	襄阳航空研究院	襄阳市	2020

续表

序号	名称	依托单位	地区	成立年份
28	湖北省赤壁产业技术研究院	赤壁市高质量发展研究院、武汉大学化学与分子科学学院、武汉纺织大学化学与化工学院、湖北省农业科学院果树茶叶研究所	赤壁市	2020
29	湖北省黄石模具产业技术研究院	湖北黄石科创模具技术研究院有限公司	黄石市	2020
30	湖北电子信息材料产业技术研究院	武汉中科先进技术研究院	武汉市	2020
31	湖北省中国工程科技十堰产业技术研究院	湖北中程科技产业技术研究院有限公司	十堰市	2020
32	湖北省鄂南特色农业产业技术研究院	咸宁香城特色农业技术研究院有限公司	咸宁市	2020
33	湖北省荆楚特色食品产业技术研究院	湖北小胡鸭酱卤食品研究院有限公司	荆州市	2020
34	湖北省智慧空港产业技术研究院	湖北智慧空港产业技术研究院有限责任公司	鄂州市	2021
35	湖北省心脑同治产业技术研究院	黄冈市转化医学研究院	黄冈市	2021
36	湖北省工业互联网产业技术研究院	黄石市工业互联网产业技术研究院有限公司	黄石市	2021
37	湖北省智慧康养产业技术研究院	湖北香城智慧康养产业技术研究院有限公司	咸宁市	2021

目前，产业技术研究院对外提供的技术服务包括技术研发、咨询、检测、成果转化、企业孵化、产业投融资等。在机制设计上，产业技术研究院在组建时主要以地方政府或主导企业为主体，协同高校共建；在管理模式上，所有权和经营权相对独立、互不干涉，内部管理经营制度逐步完善；在利益分配机制上，加大智力、技术等要素参与收益分配的比重，更鼓励积极探索、积极创新，更好地提升科研人员的工作动力；在人才集聚机制上，原则上同意产业技术研究院探索适合自身的考核方案，加快高校与企业联培技术人才的进度；在开放合作机制上，以项目为核心，牢牢把握住高校、科研机构、企业稳定的三角关系；在成果转化机制上，不断开辟新的模式与机制。

在产业技术研究院建设期（三年），湖北省科技厅根据研发投入和公共服务情况，采取各种补偿补助机制支持产业技术研究院的组建工作，同时为产业技术研究院的共性技术研究工作安排专项计划支持。建设期满后，支持产业技术研究院竞标省级科技计划项目，指导并推荐其参与国家计划项目的竞选申报。同时，地方政府应当在产业技术研究院建设过程中提供一系列的政策帮扶和贴心服务，包括审批、用地、人才引进、融资、税费减免等。

5.4.1.2　湖北省综合性技术创新平台建设现状

按照《中共湖北省委 湖北省人民政府关于加快推进科技强省建设的意见》（鄂发〔2021〕20号）"建设服务跨行业、跨领域的综合型技术创新平台"的要求，湖北省科技厅积极学习外省技术创新平台的先进经验，与相关市（自治州）政府及高校、企业协商，谋划建设了一批综合性技术创新平台。湖北省综合性技术创新平台的建设特点主要体现在以下五个方面。

一是突出重点产业领域。平台的布局着眼湖北省重点产业发展需要和现有技术创新优势，围绕"51020"产业体系的建设，开展产业共性技术研发与转化，促进创新链与产业链双链融合。二是注重体制机制创新。明确综合性技术创新平台应组建混合所有制企业法人实体，由科研人员持大股（持股 60%以上），政府和社会资本参股，企业化运作，职业经理人管理。平台运行 3～5 年后，政府投入有序退出[29]。通过发挥人才团队控股运营公司的模式，把平台的发展与科研人员的积极性捆绑起来，最大限度地激发团队的创造力。三是注重高端人才引进。特别是引进省外优势学科领域或知名高校院所的顶尖人才或团队，实现省内省外人才强强联合。四是强调轻资产运行。明确筹建的平台具有建设运营地点或办公场所，不用进行基础设施建设，人才团队可以轻资产入驻运营。五是明确功能定位。平台的定位应体现"双集成"，即技术研发的交叉集成与技术转移转化的服务集成。平台的主要功能为"一研五化"，即研发和熟化、孵化、转化、资本化、产业化。

目前，湖北省已经组建了人工智能、光电显示、新药创制、先进纤维材料、智慧交通、工业互联和航空装备 7 个综合性技术创新平台（表 5-2）。

表 5-2　湖北省综合性技术创新平台清单（7 个）

序号	综合性技术创新平台名称	主要研发方向与产业目标	领衔人才团队	协议单位	所在地
1	湖北省人工智能综合性技术创新平台	致力于提供人工智能及相关领域的公共技术服务，打造 AI 交叉领域共性技术科技创新、AI+传统产业转型升级技术服务、AI 产业发展聚集、AI 领域人才培养、AI 领域股权投资机构融资合作的公共平台。重点围绕智能感知、智能控制与智能信息处理、智能机器人技术与数字制造、大数据与智能计算等方向开展研发活动。目前全省人工智能产业规模超过 100 亿元，相关产业规模达 1000 亿元，相关企业近 200 家	中国科学院姚期智院士团队（姚期智，2000 年图灵奖获得者，美国国家科学院外籍院士，清华大学交叉信息研究院院长）	武汉东湖新技术开发区管理委员会、武汉工程大学、南京图灵人工智能研究院等	武汉东湖科学城
2	湖北省光电显示综合性技术创新平台	致力于打造产业共性技术产业化平台、企业孵化与培育等创新服务平台。重点围绕低成本高精度微纳加工、先进电子材料和光电集成器件、芯片、低间距的封装等发展方向，以及湖北省光电显示产业链缺失环节和薄弱环节，突破一系列关键核心技术。湖北省光电显示产业投入已超过千亿元，满产后年产值将超过 500 亿元	中国科学院院士沈家骢团队（吉林大学教授，浙江大学教授），中组部引进高层次人才陈鼎国博士团队（现全职任武汉光电工业技术研究院有限公司技术总监）	武汉东湖新技术开发区管理委员会、武汉光电工业技术研究院有限公司等	武汉东湖科学城
3	湖北省新药创制综合性技术创新平台	致力于新药创制产业共性问题解决、高层次人才培养、高水平应用技术研究与临床研究成果转化。重点围绕慢性病药物靶标发现、原料药制备、药物制剂、临床前研究、药物生产安全、基因治疗、细胞治疗等开展研发活动。目前全省规模以上医药制造企业主营业务收入为 1132.4 亿元	中国科学院董晨院士团队（董晨，现任清华大学免疫学研究所所长、清华大学医学院院长、慢性疾病的免疫学研究北京市重点实验室主任），加拿大皇家科学院李明院士团队	武汉东湖新技术开发区管理委员会、清华大学、武汉生物技术研究院、人福医药集团股份公司等	武汉东湖科学城
4	湖北省先进纤维材料综合性技术创新平台	致力于推动科技成果转化和产业化发展，打造纤维材料交叉领域重大科技创新、纤维材料领域人才培养、纤维材料制品传统产业转型升级技术服务、纤维材料产业发展聚集、纤维材料领域股权投资机构集聚五大平台。重点围绕耐极端太空环境纤维材料及其制品、宏量微纳米纤维的制备及其柔性可穿戴制品、耐高温新型高性能纤维的制备技术与装备等开展研发活动。目前全省规模以上纤维材料企业主营业务收入约 3000 亿元，产量居中西部地区第一位	中国工程院院士孙晋良团队（上海大学复合材料研究中心主任，上海市工程师学会理事长），澳大利亚迪肯大学王训该教授团队，徐卫林教授团队（徐卫林，国家杰出青年科学基金获得者，武汉纺织大学教授）	武汉市江夏区政府、武汉纺织大学、稳健医疗用品股份有限公司等	武汉庙山经济开发区

序号	综合性技术创新平台名称	主要研发方向与产业目标	领衔人才团队	协议单位	所在地
5	湖北省智慧交通综合性技术创新平台	致力于打造千亿级智慧交通产业集群，探索知识产权与技术标准有效融合的路径，支撑湖北省现有产业提质升级。重点围绕路车智能融合控制与安全保障技术、自主式交通复杂系统体系架构、道路设施状态智能监网监测预警、车联网环境下的交通态势综合感知与诱导等开展研发活动。目前全省智慧交通产业规模约 100 亿元	中组部引进高层次人才邱志军博士团队（邱志军，现任武汉理工大学教授，曾任加拿大合作运输系统研究主席），上海交通大学汽车工程研究院院长殷承良团队	武汉经济开发区管理委员会、上海交通大学、华砺智行（武汉）科技有限公司、车百智能网联研究院（武汉）有限公司等	武汉经济技术开发区
6	湖北省工业互联综合性技术创新平台	以应用为导向，开展 5G+工业互联关键共性技术及"卡脖子"技术研究、中试熟化、知识产权保护、国家/行业标准制定、科技成果转化、科技企业孵化和股权投资、法律及政策咨询等创新创业活动。重点围绕数字对象架构技术、自主诊断技术、数字纽带技术、边缘计算等开展研发活动。全省产业规模达到 1000 亿元以上	中国工程院院士孙家广团队（孙家广，清华大学教授）刘韵洁院士团队（刘韵洁，北京邮电大学教授），中国工程院院士严新平团队（武汉理工大学教授）	宜昌高新技术产业开发区管理委员会、湖北微特传感物联研究院有限公司、武汉理工大学等	宜昌市高新技术产业开发区
7	湖北省航空装备综合性技术创新平台	致力于服务湖北省军民融合和区域优势产业，打通产学研链条，构建以企业为主体、产学研紧密结合的技术创新和融合创新体系，着力打造航空装备产业聚集发展平台。重点围绕通用航空试飞验证与应急救援、大型无人直升机整机设计制造、航空轻质多功能复合材料与结构等开展研发活动。全省航空装备产业规模超过 100 亿元	中国工程院院士李椿萱团队（李椿萱，北京航空航天大学教授，空气动力学、航空航天飞行器设计、高速碰撞力学专家），军委科技委创新特区专家吕明云教授团队	襄阳高新技术产业开发区管理委员会、襄阳航空研究院、北京航空航天大学等	襄阳市高新技术产业开发区

5.4.1.3 湖北省产业创新联合体建设现状

围绕湖北"一主引领、两翼驱动、全域协同"的区域发展布局，产业创新联合体的目标就是解决产业发展"卡脖子"的共性技术问题，应当采取攻关重点核心技术及建设产业体系等方法，加快构建龙头企业牵头、高校院所支撑、各创新主体相互协同、产业链供应链上下融通的创新联合体，打通产业链的堵点断点，全面提升湖北省自主创新能力和产业核心竞争力，为推进科技强省建设提供有力支撑，服务"51020"现代产业集群建设[30]。

产业创新联合体成员单位由企业、高校院所、其他社会机构等独立法人单位组成，一般不少于 7 个，其中产业链上下游企业不少于 5 个，高校和科研院所不少于 2 个。成员企业应是在湖北省注册的创新型企业，具有一定的规模和研发实力，应为领军企业供应链上下游相关企业，与领军企业存在紧密合作关系，为其提供上下游产业配套，且该企业不能是领军企业的子公司（控股公司）；高校院所应在行业内具有较高的研发水平；其他社会机构包括投融资机构、科技服务机构、中介机构等。

湖北省产业创新联合体在体制机制上进行了大刀阔斧的创新，包括以下几个方面。①采用首席科学家制度，产业创新联合体的首席科学家必须是领军企业的技术负责人，具备优良科研素养和先进创新理念，擅长科研成果转化，能够制定全国乃至全球的技术参考准则，具有顶尖的技术创新水平；首席科学家拥有研究项目的决定权和人员任免、经费支出的管理权。②采用项目经理制度，自由组建团队、自行考察项目，在经理的带领下向产业重大技术难题发起挑战，完善运行机制，推动技术产业化更加高效。③创新知识产权管理制度，组织内部成员的知识产权投入与共享规则明确，新产权归属及使用原则、使用许可、转化后利益分配等办法清晰。目前，在全省各市（自治州）的大力支持下，湖北省已经建成 10 家产业创新联合体（表 5-3）。

表 5-3　湖北省产业创新联合体清单（10 家）

序号	名称	牵头单位
1	湖北省肿瘤基因诊疗产业创新联合体	武汉凯德维斯生物技术有限公司
2	湖北省北斗卫星导航与位置服务产业创新联合体	武汉导航与位置服务工业技术研究院有限责任公司
3	湖北省光纤光缆先进制造与应用产业技术创新联合体	长飞光纤光缆股份有限公司
4	湖北省免疫调节药物产业创新联合体	武汉厚先生物医药有限公司
5	湖北省车规级芯片产业技术创新联合体	东风汽车集团股份有限公司
6	湖北省新一代网络及数字化产业技术创新联合体	烽火通信科技股份有限公司
7	湖北省传统医药产业技术创新联合体	九信中药集团有限公司
8	湖北省光纤激光器产业技术创新联合体	武汉锐科光纤激光技术股份有限公司
9	湖北省生物医学成像产业技术创新联合体	武汉联影生命科学仪器有限公司
10	湖北省先进低碳冶金产业技术创新联合体	武汉钢铁有限公司

5.4.2　湖北省共性技术平台建设存在的问题

5.4.2.1　统筹谋划和高位推进机制欠缺

一方面，缺乏高位推进的工作机制。湖北省虽然能够稳定推进共性技术平台认定、管理、建设扶持工作，但是相比其他省（自治区、直辖市），其工作主要还局限于科技管理部门，省政府主要领导亲自部署力度不够，政府其他相关部门支持参与不足，未能形成强大合力。另一方面，缺乏整个省级宏观层面的顶层设计。湖北省虽然目前已经出台相关共性技术平台的管理办法、建设实施方案等，形成了较为系统的共性技术平台建设思路，但是相比其他省（自治区、直辖市）近年来密集出台的系列政策，其统筹引导力度不足，面对各层次、多元化业务、不同性质的新型机构，省政府层面未能从湖北省创新发展的内生需求角度，提出全省共性技术平台的顶层设计、发展框架和长期发展规划。

5.4.2.2　市场化机制不够成熟

湖北省共性技术平台的市场化程度不足，依靠市场支撑共性技术平台建设所需资源尚不充分，短期内无法适应形成多元化投入模式，这在很大程度上影响了共性技术平台的长期发展乃至可持续运作。主要表现为以下几个方面：一是共性技术平台仍需改善管理运行机制，尤其是人才、资金、技术转让、企业帮扶等重点方面，需要全方位、立体化地进行深入透彻的分析研究和制度制定，以期实现平台建设目标；二是寻求平衡，部分共性技术平台属于事业单位，带有公益性，如何在公益性和企业化运营之间协调沟通体制机制需要不断探索；三是科技成果转化进程慢、效率低、收益小，缺乏总体政策支持，技术成果转移转化机制有待突破；四是民营企业控股的共性技术平台因受单位资金、技术条件、科研人员等各方面的限制，在人员规模、资金投入方面存在不足，发展能力较弱。

5.4.2.3 体制机制依然不够灵活

目前湖北省已有的共性技术平台大部分为政府和高校、科研院所合作共建或事业单位，政府资金和国有资产均有深度参与。一方面，机构在技术创新、成果转化、中试熟化、企业孵化、股权投资过程中，运营权和人财物决策权因受体制机制限制不够独立，资产所有权和处置权、收益权界定不明，同时也可能存在成果转化成功后国有资产流失的情况，这就造成部分机构的市场化机制运行还存在一定障碍；另一方面，多数机构陷入原有体制的束缚中，在成果转让及利益分配等方面，难以打破现有僵局，无法充分激发科研人员的积极性[31]。

5.4.2.4 投入与支持机制有待完善

一是政府稳定持续的资金投入扶持不足，目前湖北省支持共性技术平台建设和运行的主要资助方式为项目式资助和绩效评价后补助。对比其他省，湖北省的专项资金额度远远低于江苏省和广东省，支持方式主要为项目和绩效后补，在共性技术平台建设运营初期的运行费用较少，不足以支持湖北省共性技术平台的可持续发展。二是引进或孵化企业存在融资瓶颈。当前湖北省新型研发机构引进或孵化中的企业都尚未处于稳定发育期，生产经营没有形成规模化，而且这些企业大多是轻资产，很难融资[32]。三是社会资本投入不足，湖北省共性技术平台的建设发展资金主要来源于政府支持，投资基金等社会资本参与不足，投入方式单一造成湖北省共性技术平台发展后劲不足。

5.4.2.5 人才引进与培养机制有待完善

人才是共性技术平台建设和发展的重要保障，但是湖北省的部分平台由地方政府和高校共建，还在采用传统事业单位的运行模式。平台虽然能获得国家和各级政府的经费支持，但是数额不多、分配不自由等问题已经影响到机构招揽人才和创新研发的效能。当前亟须解决的重点问题包括以下几个方面。一是人才储备严重不足。不仅是行业高端人才和顶尖技术人才短缺，一流的管理人才也有待补充和培育。二是人才引进政策问题。与武汉相比，随州、宜昌、襄阳等地在高端人才引进甚至优秀毕业生引进方面受到地域的制约；另外，人才引进后发展空间有限，培养机制不明确，尤其是优秀人才的分配制度缺乏足够的政策支撑成为制约研究院人才团队建设的障碍。三是人才激励与评价机制不完善，激励政策或机制不明确、难落实，科研人员的积极性受到限制[33]。

5.4.3 湖北省共性技术平台建设的政策建议

5.4.3.1 落实统筹谋划高位推进机制

为加大湖北省对共性技术平台的重视程度和资源协调力度，建立"揭榜挂帅"制度，激发创新活力，建议以省主要领导挂帅积极对接引进国内有关高校和科研机构，以省政府或政府办公厅名义研究出台共性技术平台系列支持政策，按照不同共性技术平台特性的服务需求进行个性化指导和差异化服务，并推动不同形式的服务在各行业健康有效开展。集成技术能力与行业优势，聚焦湖北省"一芯两带三区""51020"等战略布局和产业发展的现实情况与长远规划，对共性技术平台做好整体性和可持续性的设计，形成共性技术平台集群效应。

5.4.3.2　建立自主高效的管理运作机制

共性技术平台要建立灵活自主的管理运行机制，保障其能够高效运转。结合国内外共性技术平台建设经验，建议湖北省共性技术平台采用股份合作制的独立法人结构，采用理事会或董事会领导下的院长负责制，实行企业化管理。理事会或董事会负责聘任院长，审定共性技术平台发展规划、经营方针、分配政策等重大事项。院长对外代表共性技术平台行使法人权利，对内负责共性技术平台的日常运行。共性技术平台应当自觉遵守法律法规，依法实行注册登记，制定并完善规章制度，承担相应的社会责任，遵守商业道德，并接受社会监督。为增强共性技术平台的市场竞争力，应充分利用政策优势打造平台的强项，既要顺应时代发展潮流，又要不惧艰难迎难而上，致力于研发具有革命性、开创性的共性技术。借助高校、科研机构的科研设备与科研场所等资源，为创新营造良好的科研环境与氛围，通过各种形式的奖励、激励措施吸纳优秀研发人员加盟，激发其研发的积极性，群策群力，发挥聪明才智，提出并研发高质量的科研产品，以满足市场需求，在市场上获得一席之地。与企业保持紧密的联系与合作，尤其是中小企业，热情高涨但创新能力有限，通过共性技术平台的知识共享、科技成果转化落地，大大提升企业的科技创新水平，实现共赢[34]。

5.4.3.3　建立多元化多渠道的经费投入机制

由于共性技术平台兼具公助和民办两个属性，因此，共性技术平台的建设和发展既需要政府帮扶，也应该有社会民间资本的投入。纵观国内外的发展经验，在许多发达国家和地区，政府为设立共性技术平台提供了大量的经费和优惠政策，成绩斐然，其力度之大、决心之坚定，非常值得我们学习。目前，湖北省虽然已经设立了共性技术平台专项资金和其他优惠政策，但经费投入渠道比较单一，没有完全调动其他社会资本参与到平台的建设中来。今后，政府应进一步推动"政府投入+自我造血"的投入模式，在不过度干涉共性技术平台的搭建和运行的前提下，利用自身的职能定位和优势，通过出台更多相关法律法规、制定更多相关制度、提供更多政策优惠和资金支持等方式，为平台营造良好的生态环境和运行基础条件，使得共性技术平台逐步走向市场化运作，最终实现自负盈亏、自我造血。建议政府在共性技术平台投融资服务方面，一是加大对社会资本投资共性技术平台的引导力度，丰富投资标的，找准退出时机，加速实现滚动投资，形成投退双闭环，实现投资效益；二是做好投后服务及管理，密切关注共性技术平台成长动向，加强风控管理及廉洁自律，严格遵循私募基金自律监管工作体系，提高项目投资合规性，降低风险；三是针对入驻团队的投融资服务，积极组织共性技术平台参与各项融资对接活动，及时帮助共性技术平台解决资金资源问题，鼓励共性技术平台股权债权融资，并推进符合条件的共性技术平台上市融资。

5.4.3.4   建立完善人才引进与培养机制

共性技术平台应该通过汇聚合作高校的高层次人才、吸引行业内的优质创业项目、引进高水平的研发和管理人才、实行高层次人才/项目快车服务，保障人才和技术的领先性。为吸引更多高水平科研人员加入共性技术平台，并保障人员的稳定性与积极性，湖北省要将后勤保障服务措施与奖励绩效措施落实到位。具体包括：开具合理的薪资，为科研人员提供安家费、住房交通补贴或者稳定住所（如员工宿舍），对取得重大科研项目的科研人员给予奖励等，全力做好人才服务保障；优化薪酬绩效管理制度，体现竞争性动态管理，增强协同创新组织对高端人才的吸引力；建立健全人才流动、评价、激励等体制机制，完善人才租房、保险、医疗等配套措施，多措并举做好人才安居保障，使科研人员能够无后顾之忧，专心开展科研创新活动。

5.4.3.5   建立科学合理的考核评价与分配激励机制

结合国内外共性技术平台建设经验，湖北省共性技术平台应建立科学合理的考核评价机制，制定统一的量化考核标准，对考核过程予以公开，实现透明化，保证公平公正，从而切实保障政府、高校、科研机构、企业等共建单位的权益。同时，湖北省共性技术平台还应该建立科学合理的分配激励机制，鼓励能者多劳、多劳者多得，对于申请取得重大科研项目的科研人员或在平台管理运行上提出创新举措的人员均给予奖励。另外，应当丰富和创新奖励的形式，可以通过科技成果入股、给予分红权等多种形式，尊重科研人员的劳动成果，满足科研人员的成就感，激发其创新潜能，提高共性技术平台的创新活力，促进共性技术平台的良性持续性发展。

5.4.3.6   优化共性技术平台发展环境

为共性技术平台建设发展提供支撑，湖北省应着力营造共性技术平台良好发展的生态环境。一是要做好跟踪服务，从前期共性技术平台的搭建、项目招标、融资、统筹高校与科研机构等环节，到中期的平台运行情况摸底调研、定期量化考核、盘活存量培育增量等，均须做好跟踪服务，及时发现问题、总结经验[35]。对于符合条件的备案入库的新增机构，同样要做好跟踪服务。结合国内外共性技术平台建设经验，政府应承担相应的责任，通过建立长效常态的沟通机制，及时与共性技术平台交流疑难问题，了解共性技术平台所处阶段以及所遇到的政策难题、技术难题、经费难题等困难，并利用自身的职能优势一一着手去帮助解决。二是要加强宣传，扩大共性技术平台的影响力和辐射范围。一方面，要通过线上线下多种途径对湖北省共性技术平台的最新成果进行大力宣传。线上可以采取网络直播等平台发布，线下可以采取项目路演或组织成果推介会等方式，多种形式相结合，提高共性技术平台及其研发成果的知名度，吸引更多的社会资本投入，增加今后项目合作的可能性，并提高成果转化率，更好地发挥共性技术平台的技术辐射作用。另一方面，要以多种形式对湖北省共性技术平台建设、管理和运行的经验予以宣传。湖北省搭建共性技术平台的举措在全国范围内具有先行性，为顺利运行和管理好这一平台，统筹各个创新主体的资源，政府须针对不同阶段、不同创新主体出台不同的政策文件，可以对于实行之后卓有成效的措施进行总结归纳并加以推广，降低其他共性技术平台的试错成本，并且在一定程度上提高共性技术平台的知名度。

本章参考文献

[1] 郭晓林. 产业共性技术创新体系及共享机制研究[D]. 武汉：华中科技大学，2006.

[2] 唐海燕，霍燃. 共性技术平台，科创中心的催化剂[J]. 科技中国，2018，（8）：27-30.

[3] 黄海洋，李建强. 美国共性技术研发机构的发展经验与启示——NIST 的发展经验及其在美国技术创新体系中的角色与作用[J]. 科学管理研究，2011，（1）：63-68.

[4] 胡春华. 国外科技创新平台建设分析与启示[J]. 现代商贸工业，2017，（20）：129-130.

[5] 薛捷，张振刚. 国外产业共性技术创新平台建设的经验分析及其对我国的启示[J]. 科学学与科学技术管理，2006，27（12）：87-92.

[6] 郭源生，夏小荣，李沁雨. 科技创新平台模式研究[J]. 四川冶金，2018，40（4）：1-5.

[7] 张黎，周屹，高霏. 发达国家产业共性技术供给模式及其启示[J]. 全球科技经济瞭望，2014，（9）：66-70.

[8] 王立全，王素焕，全立梅，等. 战略新兴产业创新平台构建策略研究[J]. 天津科技，2018，45（11）：13-15.

[9] 曹雅姝，于丽英. 韩国共性技术的创新发展对我国的启示[J]. 科学管理研究，2008，26（1）：113-116.

[10] 骆正清，戴瑞. 共性技术的选择方法研究[J]. 科学学研究，2013，31（1）：22-29.

[11] 王亚萍. 广东产业共性技术创新平台建设模式的选择[J]. 科技管理研究，2008，（8）：14-16，19.

[12] 顾建平，李建强，陈鹏. 美国国家标准与技术研究院的发展经验及启示[J]. 中国高校科技，2013，（10）：53-55.

[13] 李顺才，李伟，王苏丹. 日本产业技术综合研究所（AIST）研发组织机制分析[J]. 科技管理研究，2008，28（3）：76-78.

[14] 张思月. 海外科技成果转化模式分析和启示[J]. 科技资讯，2017，15（30）：233-234.

[15] 顾建平，李建强，陈鹏. 日本产业技术综合研究院的发展经验及启示[J]. 中国高校科技，2013，（11）：38-40.

[16] 马继洲，陈湛匀. 德国弗朗霍夫模式的应用研究——一个产学研联合的融资安排[J]. 科学学与科学技术管理，2005，（6）：53-55，86.

[17] 江宏飞. 源自典型工研院的理论启示及对策建议——基于德国 FhG、日本 AIST、韩国 KIST 和中国台湾 ITRI 的比较研究[J]. 科技创业月刊，2017，30（4）：54-57.

[18] 汤临佳，李翱，范瑾瑜. 公共性工业技术研究机构的功能定位与运行模式研究[J]. 科研管理，2017，

38（S1）：284-291.

[19] 郑淑俊. 技术与人才并举打造特色创新之路——中国科学院深圳先进技术研究院建设探析[J]. 广东科技，2012，21（10）：34-37.

[20] 李建强，黄海洋，陈鹏，等. 产业技术研究院的理论与实践研究[M]. 上海：上海交通大学出版社，2011.

[21] 姜澄宇. 办好西北工业技术研究院　搭建军民结合的自主创新平台[J]. 国防科技工业，2006，（6）：40-42.

[22] 秦伟，张林鹏. 小核心　大协作　小资本　大运作——探索西北工研院特色创新之路[J]. 中国军转民，2008，（S1）：29-33.

[23] 李建强，赵加强，陈鹏. 德国弗朗霍夫学会的发展经验及启示（下）[J]. 中国高校科技，2013，（9）：62-63.

[24] 刘万义. 国内共性技术服务平台的建设实践与经验启示[J]. 中国计量，2008，（12）：30-31，35.

[25] 贾中华. 中国共性技术研发平台现状及建设、运营机制初探[J]. 中国发展，2014，14（5）：43-46.

[26] 时歌. 基于 PSR 模型的湖北省新型研发机构发展机制研究[D]. 武汉：武汉科技大学，2021.

[27] 许宪春，唐雅，胡亚茹. "十四五"规划纲要经济社会发展主要指标研究[J]. 中共中央党校（国家行政学院）学报，2021，25（4）：90-99.

[28] 竹志奇，赵亮，焦建国. 项目体制、自有财力与央地财政投资政策协同效应[J]. 经济与管理研究，2024，45（5）：3-20.

[29] 科学网. 湖北加快新型研发机构全省布局[EB/OL]. https://news.sciencenet.cn/htmlnews/2021/10/467814.shtm[2023-11-20].

[30] 湖北省人民政府. 省人民政府关于印发湖北省制造业高质量发展"十四五"规划的通知[EB/OL]. http://www.hubei.gov.cn/zfwj/ezf/202111/t20211119_3871028.shtml[2021-11-01].

[31] 李栋亮. 广东新型研发机构发展模式与特征探解[J]. 广东科技，2014，23（23）：77-80.

[32] 陈艳，宋艳红，邰子秋. 南京市新型研发机构建设现状和对策建议[J]. 中国科技信息，2021，（22）：99-100，9.

[33] 谈冰莹. 校地共建产业研究院的实践研究[D]. 武汉：武汉理工大学，2013.

[34] 田军. 湖北省中小企业共性技术服务平台建设的问题与对策[J]. 湖北经济学院学报（人文社会科学版），2009，6（6）：68-69.

[35] 李恒，刘洪冰，马明星. 河南省新型研发机构发展现状及培育策略[J]. 创新科技，2017，（9）：23-26.

第6章

技术创新平台建设研究

技术创新平台是培育和发展高新技术产业的重要载体，是政府为了满足区域科技创新活动需求，向社会投入的一种服务类产品；也是政府面向产业内众多创新主体特别是中小企业，以支持企业科技创新和产业发展为目标，以解决产业科技创新活动中的技术瓶颈和满足企业科技创新的共性需求为出发点，通过有效整合高校、科研院所和高科技企业等单位优势资源，形成具有较高科技水准、能够为区域提供完善的科技创新服务、开放稳定的组织系统，能够为区域产业和企业技术创新提供有力支撑条件的一类平台。

本章梳理了国内技术创新平台的建设现状，重点调研了北京、上海、广东、浙江、江苏、安徽、山东等省（直辖市）技术创新平台的建设经验。通过案例调研了斯坦福国际研究院（SRI International）、日本科学技术振兴机构（Japan Science and Technology Agency，JST）、上海微技术工业研究院、上海深渊科学工程技术研究中心、浙江清华长三角研究院五家技术创新平台，分析总结其建设特点，结合湖北省技术创新平台的现状与问题，提出湖北省技术创新平台优化整合建议及保障措施。

6.1 技术创新平台建设类型

从当前创新发展趋势来看，各地区依托优势产业，不断聚集企业、科研院所、高校等的创新资源，以科研基础设施、认证体系等为基础，建立了以技术开发为导向的技术创新平台。各地区以良好的政策环境和创新氛围为支撑，推动技术创新平台发展，促进产业创新能力提升，不断为技术创新提供原始动力。

6.1.1 国外技术创新平台分类

2008年金融危机使得全球经济发展陷入低迷，面对全球经济复苏乏力、动力不足、需求持续低迷等国际环境，以美国、德国、日本、韩国为代表的发达国家以及欧盟纷纷寻找新的经济增长点，通过推动本国产业结构调整升级，以实现经济复苏的目标[1]。国外许多国家和国际组织都对技术创新平台予以高度重视，政府、市场、社会相结合，构建起了各具特色的技术创新平台体系，技术创新平台在创新活动中发挥了重要作用。从世界各国对技术创新平台的开发模式来看，包括以美国、欧洲国家等为代表的政府引导型技术创新平台建设模式和以荷兰、日本为代表的政府主导型技术创新平台建设模式。

6.1.1.1 美国

美国的技术创新平台包括高校、联邦政府所属实验室、私人工业企业实验室和私人非营利研究机构四大系统。美国政府在技术创新平台的建设和发展过程中主要起推动与引导作用，为技术创新平台的建设推行了一系列成效显著的促进政策。2008 年爆发的国际金融危机，使美国重新认识到发展实体经济的重要性，并提出"再工业化"战略。此后，美国政府不断提高对节能环保以及新能源、新一代信息技术、新材料、先进制造业等领域的支持力度，并先后通过建设国家制造业创新网络（NNMI）、发布《国家制造业创新网络：一个初步设计》方案、制定《国家制造业创新网络战略计划》、发布《美国创新战略》等举措构建创新网络、创新环境和创新平台，服务产业发展。

6.1.1.2 欧盟

欧盟的技术创新平台主要分为五类：以适应社会可持续发展为目标的技术平台、使部门发生根本性变化的新技术类平台、确保欧洲处于技术领先而进行开发的突破性技术类平台、基于新技术的公共产品或服务技术类平台、更新或重组传统工业部门的技术平台。欧盟技术创新平台的关键在于实现了跨国产业技术研究院的建设和发展，通过建立跨国家、跨区域、跨产业的技术创新联合体，把欧盟各成员国的资金、科研人员、先进仪器设备等科技基础条件资源聚集起来，进而形成一股合力，促进各成员国或地区、不同产业领域的技术研究与开发。

6.1.1.3 韩国

韩国的技术创新平台以企业为研发主体，国家致力于基础先导公益研究与战略储备技术开发，大学从事基础研究。由韩国政府支持成立企业研究所是韩国技术创新平台建设的特色，企业研究所除了满足企业自身的技术发展需求外，还承担国家的研究课题。其后，为了打破垄断，改善企业规模结构，促进创新，韩国各部门的研究机构开始对中小企业实施技术支援，扶持中小企业和风险企业发展。同时，韩国政府在大学建立起一些研究中心，包括工程研究中心、科学研究中心和地区研究中心。

6.1.1.4 日本

日本技术创新平台的最显著特色是建成了以企业自主投入为主的企业研发机构（研究所）。基于企业发展战略投入企业研究所的研发资金，实现在技术创新过程中对企业研究所的长期、持续投入，并配备固定研究人员和仪器设备，形成了企业自主创新氛围，提升了企业的自主创新能力，构建了以企业为主体的技术创新平台研发体系，不断提高企业的技术创新活力。

6.1.2 国内技术创新平台分类

2004 年以后，以《2004—2010 年国家科技基础条件平台建设纲要》为指导，全国各地陆续建成了形式各异和功能多样的技术创新平台。为进一步深化科技体制改革，加快科技创新与经济社会协调高质量发展，国家在此期间出台了一系列支持、鼓励技术创新平台的文件，技术创新平台由此蓬勃发展。

6.1.2.1 国家工程技术研究中心

国家工程技术研究中心由国家科学技术委员会于"八五"期间正式部署建设，旨在解决我国科技与产业脱节的问题，以创新、产业化为指导方针，依托于行业、领域科技实力雄厚的重点科研机构、科技型企业或高校组建，按现代企业制度管理，面向市场开展重大科技成果的工程化和系统集成，研究开发产业技术进步和结构调整急需的关键共性技术。1993 年，国家出台《国家工程技术研究中心暂行管理办法》，在中心概念、建设定位、建立条件、管理规定及标准等方面进行了明确。2001 年，科技部印发的《"十五"期间国家工程技术研究中心建设的实施意见》明确提出，各省（自治区、直辖市）应该将工程技术研究中心作为本省（自治区、直辖市）提高科技能力建设的重要内容，建设省级工程技术研究中心[2]。自此以后，国家工程技术研究中心围绕战略性新兴产业和重点产业布局，结合国家重大专项和国家技术创新工程实施，探索构建有限责任公司制的管理模式，更加重视依托具有高成长性的企业建立工程技术研究中心。

经过几十年的发展，我国共建成 347 个国家工程技术研究中心和 13 个分中心。在地域上基本实现了省市全覆盖，涉及先进制造、信息通信与空间遥感、材料、能源、交通、科技服务、种植业、养殖业、食品加工、农用物资装备、农林生态环境、资源开发、环境保护、社会事业、生物技术与人口健康 15 个领域，已成为行业科技成果的聚集地和行业工程化技术的扩散源。但在快速发展的同时，科研基地之间交叉重复、定位不够清晰等问题随之出现。因此，2017 年，科技部、财政部、国家发展改革委先后联合出台了《国家科技创新基地优化整合方案》《"十三五"国家科技创新基地与条件保障能力建设专项规划》，对现有国家级基地平台进行分类梳理，归并整合成技术创新与成果转化、科学与工程研究和基础支撑与条件保障三类，决定不再批复新建国家工程技术研究中心，同时对现有国家工程技术研究中心加强评估考核及多渠道优化整合，符合条件的纳入国家技术创新中心管理。

6.1.2.2 国家技术创新中心

2017 年，国家在提出优化整合科研基地的同时，决定布局建设国家技术创新中心，并把符合相关条件的国家工程技术研究中心并入国家技术创新中心建设。同年，科技部印发了《国家技术创新中心建设工作指引》，对国家技术创新中心的建设做出总体筹划，从功能定位、建设目标和原则、重点建设任务、建设布局与组建模式、治理结构与管理机制以及组建程序六个方面进行了阐述。为贯彻党的十九大重大决策部署，"建立以企业为主体、市场为导向、产学研深度融合的技术创新体系"，科技部于 2020 年印发了《关于推进国家技术创新中心建设的总体方案（暂行）》，进一步加强了国家技术创新中心的顶层设计，有序指导、推进建设工作。

根据《国家技术创新中心建设工作指引》《关于推进国家技术创新中心建设的总体方案（暂行）》的定义，国家技术创新中心是以产业前沿引领技术和关键共性技术研发与应用为核心，加强应用基础研究，协同推进现代工程技术和颠覆性技术创新，打造创新资源集聚、组织运行开放、治理结构多元的综合性产业技术创新平台；是国家应对科技革命引发的产业变革，面向国际产业技术创新制高点，面向重点产业行业发展需求，围绕影响国家长远发展的重大产业行业技术领域，开展共性关键技术和产品研发、科技成果转移转化及应用示范的国家科技创新基地。根据功能定位、建设目标、重点任务的不同，将国家技术创新中心分成综合类和领域类进行布局建设[3]。

（1）综合类国家技术创新中心。贯彻落实国家重大区域发展战略和推动重点区域的创新发展，聚焦京津冀协同发展、长三角地区一体化发展、建设粤港澳大湾区等区域发展战略，布局建设综合类的国家技术创新中心，将国家战略部署与区域产业企业创新需求相结合，开展跨区域、跨领域、跨学科的协同创新与开放合作，促进创新要素流动和创新链条融通，为区域整体发展能力和协同创新能力的提升提供综合性与引领性支撑。

（2）领域类国家技术创新中心。面向国家长远发展战略、影响产业安全、参与全球化竞争的细分关键技术领域，布局建设领域类国家技术创新中心，落实国家科技创新的重大战略任务部署，加强关键核心技术攻关，为行业内的企业特别是科技型中小企业提供技术创新和成果转化服务，提升我国重点产业领域的创新能力与核心竞争力。支持符合相关定位及条件的国家工程技术研究中心转建为国家技术创新中心。支持符合相关条件的地方技术创新中心、工程技术中心、新型研发机构等培育和建设为国家技术创新中心。

6.1.2.3　企业技术中心

企业技术中心是企业根据市场竞争需要而建立的具有较高水平和质量的研究开发机构，既是企业技术创新体系的核心，也是企业技术进步、自主创新的主要技术依托和重要载体。国家鼓励和支持企业建立工程技术中心，充分发挥企业在技术创新中的主体作用，建立、健全企业主导产业技术研发创新的机制。根据创新驱动发展要求和经济结构调整的需要，对创新能力强、创新机制好、示范作用大、符合条件的企业技术中心予以资质认定，并给予相应的政策扶持，鼓励、引导行业领域中的骨干企业带动产业技术进步并促进技术创新能力的提高[4]。

1992 年，国务院生产办公室、财政部等五部委印发了《推进企业技术进步的若干政策措施》的通知，首次提出在大型企业和企业集团中建立技术中心。1993 年，国家经贸委、国家税务总局等三部门联合印发《鼓励和支持大型企业和企业集团建立技术中心暂行办法》，并共同认定了我国第一批共 40 家国家企业技术中心。1998 年，为进一步加强对企业技术中心建设的指导，促进企业技术中心进一步规范化、制度化建设，持续提高企业技术中心的水平和能力，国家经贸委发布了《企业技术中心认定与评价办法》《企业技术中心评价指标体系》，至此，我国基本形成了较为完善的企业技术中心认定与评价体系。2005年，在 1998 年出台的两个文件的基础上，国家发展改革委、科技部等五部门修订出台了《国家认定企业技术中心管理办法》。2007 年再次对这一管理办法进行修改完善，明确了各单位在认定国家企业中心过程中的工作，并将科技部纳入政策制定、中心认定和评价成员之一，确定以国家发展改革委牵头，负责国家企业技术中心的认定具体组织和评价工作。

截至 2020 年，国家已认定 27 批次共 1636 家国家企业技术中心、108 家分中心，逐步建立起国家、省、市三级企业技术中心认定梯度，各级企业技术中心负责技术创新任务和实施科技成果转化，成为企业创新能力及持续发展动力的重要载体，对促进我国创新能力体系建设与完善具有重要意义[5]。

6.2　国内技术创新平台建设分析

6.2.1　北京市技术创新平台建设情况

北京市作为全国科技创新中心，提高创新发展能力、强化服务创新型建设是国家赋予的使命，也是首都科技发展的必由之路。北京市在开展创新平台建设的过程中，除了要建设好"家门口"的小平台外，更要推动国家层面大平台的创建。截至 2016 年，北京市共建有工程技术研究中心 316 家，到 2021 年 11 月，共有市级企业技术中心 818 家[6]。

6.2.1.1　工程技术研究中心

6.2.1.1.1　管理办法

根据《北京市工程技术研究中心认定与管理暂行办法》（京科发〔2010〕412 号），对申报对象要求设置准入条件、重视发挥市场作用以及大力支持机制创新等，确保建设工程技术研究中心落到实处。申报工程技术研究中心的单位需要：①设置准入条件。申报工程技术研究中心的单位要符合北京市产业结构调整的方向和战略性新兴产业发展的要求，拥有较好的工程技术研究方面的能力、设计基础和较强的成果转化经验及做法，具备完备的工程技术试验条件和基础设施。②重视发挥市场作用。能够根据行业发展需求和市场需求，吸纳早期研发成果进入工程中心孵化，并具备吸引外部投资用于成果转化和产业化的影响力。③大力支持机制创新。中关村国家自主创新示范区研究开发费用加计扣除、科技重大专项列支间接费用试点、重大科技成果转化和产业化股权投资、政府采购自主创新产品、股权激励、高新技术企业税收优惠等各项先行先试政策优先在符合条件的工程技术研究中心及其依托单位推广落实。

6.2.1.1.2 评估方案

工程技术研究中心实行定期绩效考评制度，重点考察其发展规划与目标完成、技术水平与成果转化、队伍建设与人才培养、开放交流与运行管理等。一是要强化市场导向、协同创新和区域合作。完善以体制机制创新、成果转化能力和产业发展支撑为导向的绩效考评指标体系，从发展规划与目标完成、技术水平与成果转化、队伍建设与人才培养、开放交流与运行管理四个维度进行考核评价，绩效考评指标详见表6-1。二是要创新工作机制。发挥社会组织作用，借助学术咨询机构、协会、学会等社会专业力量，采取第三方考评方式，为绩效考评工作提供支持。

表6-1　北京市工程技术研究中心绩效考评指标

一级指标	二级指标
发展规划与目标完成	认定时规划目标完成情况
	未来三年发展规划
技术水平与成果转化	定位与研究方向情况
	技术成果水平
	成果转化与市场结合能力
	技术创新的贡献度
队伍建设与人才培养	工程中心主任与工程技术带头人作用
	队伍结构与创新团队建设
	青年骨干人才培养
开放交流与运行管理	技术委员会作用
	开放交流
	协同创新
	运行管理与机制创新
	依托单位支持

6.2.1.1.3 体系布局

依据科技部国家工程技术研究中心2016年年度发展报告，北京地区国家工程技术研究中心建设数量占全国总量的17.8%，位居全国各省（自治区、直辖市）之首。截至2016年底，北京市工程技术研究中心共有312个[7]。按领域布局来看，排名前三位的分别是新一代信息技术领域、节能环保领域、高端装备制造领域。从依托单位角度来看，依托单位为企业的最多，其次是高校，科研院所位居第三。联合共建的共88个，占认定总数的28.21%。从人才培养角度来看，北京市工程技术研究中心共有专职人员15 045人。聚集了两院院士20人、国家杰出青年科学基金获得者33人、"海聚工程"人才39人、"科技北京百名领军"人才36人、"北京市科技新星"121人。

6.2.1.2　企业技术中心

6.2.1.2.1　管理办法

依据《北京市企业技术中心建设管理办法（2021 版）》（京经信发〔2021〕72 号），北京市企业技术中心创建认定每年 3 次，企业技术中心应具备以下基本条件：①在主营业务收入方面，企业上一年度主营业务收入不低于 2 亿元（建筑业不低于 15 亿元）；具有较高的研究开发投入，企业上一年度用于研究与试验发展经费的支出不低于 1000 万元，且占企业上一年度主营业务收入的比例不低于科学研究和技术服务业（5%），制造业（3%），信息传输、软件和信息技术服务业（7%），建筑业（1%），其他（3%）。②在知识产权方面，企业近三年内取得的有效知识产权不少于 10 件（包括专利、集成电路布图设计专有权、软件著作权、植物新品种等医药制造类企业获得的药品注册证书、临床试验许可可视同有效知识产权）；制造业企业近三年获得的发明专利不少于 3 件（医药制造业企业的药品注册申请、临床试验申请可视同发明专利申请）。③鼓励企业加强创新能力建设。加大对技术创新的投入和新产品产出，依托企业技术中心持续完善产业创新体系，集聚企业的优势资源开展中试制造、成果转化和产业化落地。对于能够保持较高增速、注重创新能力建设投资、有较强的标准和知识产权创造能力的企业，择优给予支持。同时，按照国家和北京市有关规定，可在项目申报、人才引进与激励等方面给予相应的政策支持。

6.2.1.2.2　评估方案

依据《北京市企业技术中心建设管理办法（2021 版）》（京经信发〔2021〕72 号），评价指标体系分为创新投入、创新条件、创新绩效 3 个一级指标，下设创新经费、创新人才、技术积累、创新平台、创新产出和创新效益 6 个二级指标。其中，创新效益和技术积累两个指标的权重最高，说明北京市企业技术中心较为重视企业拥有的知识产权数量和企业能够产生的创新效益。另外，企业获得国家自然科学奖、技术发明奖、国家和省部级科学技术进步奖的项目能够获得额外加分（表 6-2）。

表 6-2　北京市企业技术中心评价指标

一级指标	二级指标	权重	三级指标	单位	权重	基本要求	满分要求
创新投入	创新经费	20	研发人员人均研发经费支出	万元	8	≥8	60
			研发经费支出占主营业务收入的比重	%	12	分档	分档
	创新人才	15	研发人员占企业职工总数的比重	%	9	制造业：≥2 软件和专业技术服务业：≥30 建筑业：≥1 其他：≥2	制造业：≥10 软件和专业技术服务业：≥60 建筑业：≥5 其他：≥10
			技术中心拥有的高级专家和博士数量	人	4	≥3	20
			来技术中心从事研发工作的外部专家数	人月	2	≥10	50
创新条件	技术积累	23	企业拥有的全部有效知识产权数	件	4	≥10	50
			其中：全部有效发明专利数	件	3	≥3	20

续表

一级指标	二级指标	权重	三级指标	单位	权重	基本要求	满分要求
创新条件	技术积累	23	企业全部研发项目数	项	3	≥3	50
			基础研究和应用研究项目数占全部研发项目数的比重	%	3	≥2	8
	创新平台	12	企业技术开发仪器设备原值	万元	5	制造业：≥500 软件和专业技术服务业：≥300 建筑业：≥1000 其他：≥500	制造业：≥2000 软件和专业技术服务业：≥1000 建筑业：≥3000 其他：≥2000
			国家级研发平台数	个	2	≥1	2
			省级研发平台数	个	2	≥1	2
			通过国家（国际组织）认证的实验室和检测机构数	个	3	≥1	2
创新绩效	创新产出	15	当年被受理的专利申请数	件	4	≥5	40
			当年被受理的发明专利申请数	件	6	≥3	20
			最近三年主持和参加制定的国际、国家、行业标准数（建筑企业包含近四年国家级工法）	项	5	≥1	制造业：≥4 软件和专业技术服务业：≥3 建筑业：≥8 其他：≥4
	创新效益	25	新产品销售收入占主营业务收入的比重	%	10	≥15	30
			新产品销售利润占利润总额的比重	%	10	≥10	20
			利润率	%	5	制造业：≥3 软件和专业技术服务业：≥5 建筑业：≥1 其他：≥3	制造业：≥10 软件和专业技术服务业：≥12 建筑业：≥5 其他：≥10
	加分		获国家自然科学奖、技术发明奖、科学技术进步奖项目数［建筑企业奖项包括中国建设工程鲁班奖（国家优质工程）、中国土木工程詹天佑奖］；获省部级科学技术进步奖项目数（软件企业奖项包括通过国家信息安全测评/信息安全服务资质、列入国家重点软件企业范围）	项	≤3	—	—

6.2.1.2.3　体系布局

北京市自 1996 年开展第一批企业技术中心认定工作，截至 2021 年，共认定企业技术中心 800 余家[8]，行业涉及装备制造、交通、环保、生活服务等制造业，以及软件业和建筑业。在 8 个行业分类中，软件与信息服务、装备行业的企业数量所占比例将近一半，经国家级、市级认定的企业技术中心这两个行业合计企业数量占总数的 45%；市级认定的企业技术中心这两个行业合计企业数量占总数的 47%。国家级、市级认定的企业技术中心的"其他"类，大多数是从事技术设计、环保服务和咨询的高端生产性服务业企业。根据统计，第 19 批市级企业技术中心企业共 75 家，软件与信息服务、装备行业居榜首，所占企业的数量超过总体 30%。

6.2.1.3　技术创新平台建设经验

一是不断完善技术创新平台管理机制。以北京市科学技术委员会为例，在创建北京科技创新体系的过程中，依据科技部颁布的管理办法与发展规划，结合北京市科技创新资源的优势特点及战略定位，积极制定、完善地方级政策法规。同时，在门户网站设立管理专栏，对创新平台按领域进行划分，规范管理。为提高创新平台建设单位的积极性，北京市科学技术委员会定期组织绩效评估和年度考核，采取优胜劣汰的方式，陆续出台多种奖励与激励机制。二是通过技术创新平台汇聚专业人才。高素质人才队伍是技术创新平台能够持续发展的核心动力，更是立足发展的核心竞争力。北京市工程技术研究中心等各类各级创新平台高度重视优秀人才的引进和培养。高素质的人才队伍犹如新鲜血液，让创新平台在建设过程中充满了活力；同时，技术创新平台也为科技人才提供了更广阔的发展空间，使其获得多元化的提升机遇，形成良性发展循环。三是以国家战略为导向。北京市立足国家"十四五"科技创新战略需求，加快形成具备首都特色的国家实验室体系，推进北京怀柔综合性国家科学中心建设，持续建设世界一流的新型研发机构，从而更好地发挥高水平高校、科研院所和科技领军企业的作用，加快建设以国家实验室为引领的战略科技力量，加强引领性、原创性科技攻关，勇担关键核心技术攻坚重任[9]。

6.2.2　上海市技术创新平台建设情况

创新型国家建设离不开创新高地的支撑和引领，上海市是国家科技创新的高地，国家战略科技力量是上海市科技创新的高端。"十三五"期间，上海市作为国家的三大国际科技创新中心，取得了显著的建设成效[10]。截至 2023 年 2 月，上海市共有国家企业技术中心 100 家（包含分中心 11 家）[11]。

6.2.2.1　工程技术研究中心

6.2.2.1.1　管理办法

为进一步优化完善上海市的科技创新基地体系建设，上海市科技厅发布《上海工程技术研究中心建设与管理办法》（沪科规〔2019〕6 号）（以下简称《办法》）[12]。《办法》自 2019 年 7 月 1 日起实施，有效期 5 年，原先制定的《上海工程技术研究中心建设与管理办法》（沪科〔2015〕176 号）废止。《办法》对工程技术研究中心的准入做出了一定的规定，如工程技术研究中心依托单位为企业的，研究开发费用占年销售收入的比例不低于 5% 或不低于 300 万元；依托单位是高校、科研院所或其他机构的，要求近 3 年内在同一技术领域内转化的科技成果不少于 3 项。依托单位须承诺加盟上海市研发公共服务平台，并为工程技术研究中心的建设、运行管理、科学研究、人才引进培养、开放交流提供必要的配套条件。

修订后的《办法》共24条，主要修订内容有如下4个方面：①降低工程技术研究中心准入门槛。为鼓励更多具有未来发展潜力的企业申报工程技术研究中心，在申请建设的基本条件中，不再对企业近三年内的年度销售收入进行限制要求，降低工程技术研究中心的准入门槛，进一步调动企业参与工程技术研究中心建设的积极性。②调整工程技术研究中心评估周期。进一步引导工程技术研究中心聚焦共性关键技术的持续攻关和重大突破，按照"三评"改革精神，评估周期从三年延长到五年。③调整工程技术研究中心后补助比例。为进一步调动工程技术研究中心依托单位的创新主体意识，更好地激励工程技术研究中心积极争取上游，不断做优做强，充分发挥政府支持资金的引导作用，将每年通过绩效评估后获得后补助支持的工程技术研究中心比例由原来的60%调整为30%。④进一步规范工程技术研究中心运行管理。为落实市政府"一网通办"等改革要求，规范工程技术研究中心日常管理，对工程技术研究中心申报程序、年报制度、退出机制等进行了更为详细规范的说明。

6.2.2.1.2 评估方案

依据《办法》，上海市科学技术委员会委托专业的评估机构对工程技术研究中心进行定期评估，五年为一个评估周期，每年开展一至两个领域的工程技术研究中心评估工作。评估主要对工程技术研究中心在评估周期内的工程化研究开发、科技成果及影响力、开放共享与合作交流、运行管理与发展等整体运行状况进行综合评价。

6.2.2.2 企业技术中心

6.2.2.2.1 管理办法

依据《上海市企业技术中心管理办法》（沪经信法〔2017〕285号），上海市企业技术中心应当具备以下基本条件。①符合国家和上海市产业发展导向。属于《上海产业结构调整负面清单及能效指南》中淘汰或限制类领域的企业，不得申报。②高度重视企业的技术创新工作。企业技术中心组织体系健全，企业的发展规划和目标明确，具备稳定的产学研合作机制，技术创新绩效显著。③企业信用状况良好。两年内（自申请截止日起前两年）没有发生下列情况：因为偷税、骗取出口退税等税收违法行为受过行政或刑事处理；涉嫌涉税违法已经被税务部门立案审查；走私行为。

6.2.2.2.2 评估方案

上海市企业技术中心评价指标体系更加注重企业的创新研发经费和企业能够产生的创新效益。《上海市市级企业技术中心认定评价工作指南》评价指标体系分为创新投入、创新条件和创新绩效三个一级指标，下设创新经费、创新人才、技术积累、创新平台、创新产出和创新效益6个二级指标。其中创新经费指标的权重最高，说明上海市企业技术中心较为重视企业对创新的投入（表6-3）。

表6-3 上海市市级企业技术中心评价指标体系

一级指标	二级指标	权重	三级指标	单位	权重	基本要求
创新投入	创新经费	28	研发人员人均研发经费支出	千元	12	≥180
			研发经费支出占主营业务收入的比重	%	16	≥3（乘以规模系数和行业系数后）
	创新人才	16	研发人员占企业职工总数的比重	%	10	≥7
			技术中心拥有的高层次人才数	人	4	≥3
			来技术中心从事研发工作的外部专家工作时间	人月	2	≥5
创新条件	技术积累	12	企业拥有的全部Ⅰ类知识产权数	件	6	≥5
			企业对外合作项目数	项	3	≥1
			基础研究和应用研究项目数	项	3	≥1
	创新平台	12	企业研究开发仪器设备原值及研发用软件购置费	千元	6	≥10 000
			拥有经认证的研发平台、实验室和检测机构数	个	4	≥1
			技术中心与其他组织合办研发机构数	个	2	≥1
创新绩效	创新产出	20	当年被受理的Ⅰ类知识产权申请数	件	6	≥1
			当年被受理的PCT专利申请数	件	2	≥1
			最近三年主持和参加制定的标准数	项	4	≥1
	创新效益	20	新产品销售收入占主营业务收入的比重	%	8	≥20（乘以行业系数后）
			新产品销售利润占利润总额的比重	%	7	≥15（乘以行业系数后）
			利润率	%	5	≥5
加分	加分	20	近两年获国家、省（自治区、直辖市）部级或行业奖励数	项	≤3	国家奖励数加2分，省部级奖励数1分
			近两年承担市级以上专项数	项	≤5	国家专项加2分，省市级专项加1分
			企业拥有的全部有效国际专利数	件	≤4	每有一个加1分
			企业拥有高质量专利数	件	≤4	一次未提交扣3分
			技术中心在境外设立研发机构数	个	≤2	每有一个加1分
			企业参与长三角区域合作项目数	个	≤2	每有一个加1分
减分	减分	6	未提交快报材料	次	≤6	一次未提交扣3分

6.2.2.2.3 体系布局

近十年来，在上海以企业为依托的技术中心建设取得了较大的成效，目前，有部分国家级和市级企业技术中心采用与国外大公司合作的方式或自主建立的方式建设中央研究院。宝钢集团、广电集团、上汽集团等技术中心已经形成较高端的技术创新平台，占领行业的技术制高点；上海汽车行业的 10 个技术中心在引进、消化、吸收过程中，加强开发和创新能力的培育，已成为上海汽车产业持续发展的技术支撑。

6.2.2.3 技术创新平台建设经验

一是推动产学研各类创新主体协同发展。以学研平台、产研平台、产学研联盟等为载体，探索建立了各类创新主体参与协同创新的责任机制、信用机制、统筹协调机制；促进企业、高校、科研院所等创新主体间协作更畅通、高效、可持续，大中小微企业共生发展，社会组织协同作用充分发挥。二是着力完善技术创新平台运行模式。引导企业通过共建研发机构、组织合作技术研发等方式，不断完善以企业为主体、产学研用相结合的技术创新体系；积极推动平台建设的各方主体围绕产业链、价值链进行合作，加快创新集群发展。三是加快打造高水平的基础研究力量。围绕基础科学研究、关键核心技术，以科技创新基地体系为支撑、世界一流的科研机构为标志、科研基础条件为保障，形成目标明确、资源整合有力、运行机制高效的基础研究力量体系化布局。围绕科学与工程研究、技术创新与成果转化和基础支撑与条件保障，积极争取国家级的科研基地平台落户上海，健全完善本市科研基地平台体系，优化科研基地平台布局方向和管理体制。四是加速技术创新平台优化整合。在技术创新和成果转化类基地方面，组建若干战略定位高端、治理结构多元、创新资源集聚、技术自主可控、成果转化能力强、技术创新服务出色的研发与转化功能型平台、工程技术研究中心、技术创新中心、临床医学研究中心和专业技术服务平台等创新基地平台，实施从关键技术突破到产业化、工程化的一体化推进，形成大协作、网络化的技术创新平台格局。不断优化成果转化类基地运营管理机制，提高市场化、专业化运行程度，加强与园区、孵化器、资本的联动和系统集成[13]。

6.2.3 广东省技术创新平台建设情况

2020 年，广东省共拥有国家工程技术研究中心 23 个，省级工程技术研究中心 5944 个；国家地方联合工程研究中心 45 个，经国家认定的企业技术中心 87 个，省级企业技术中心 1434 个[14]。

6.2.3.1 工程技术研究中心

6.2.3.1.1 管理办法

依据《广东省工程技术研究中心管理办法》（粤科规范字〔2022〕12 号）[15]，要求申报对象须为在广东省注册登记的企业、高校、科研机构、医院等法人单位，主要科研场所设在广东省内，并同时具备以下条件：①具有一定的资产规模和相对稳定的资金来源，有持续的研发投入。其中，申报单位为企业的，上一年度主营业务收入原则上不低于 5000 万元，上一年度研发经费不低于主营业务收入的 3%（研发经费超过 3000 万元的，不受该比例限制）；申报单位为高校、科研机构的，近 3 年内在本领域的研发经费总额不低于 3000 万元，且上一年度研发经费不低于 1000 万元。②建有专门研发机构，研究方向和技术领域明确，具备科技成果转化能力，在本领域拥有的自主知识产权不少于 5 项。③有相对集中的工程试验用房和场地，具备开展工程化研发、设计和试验的综合能力，研发设备原值原则上不低于 300 万元。④拥有高水平的技术带头人和结构合理的工程技术队伍，具有培养高技能专业人才的能力。其中，工程技术队伍中的专职科研人员数要求为，珠三角地区的申报单位不少于 20 人，粤东西北地区的申报单位不少于 10 人。⑤未因严重违法失信行为被司法、行政机关依法列入联合惩戒对象名单。⑥近三年未发生重大环保、安全等责任事故，未出现严重学术诚信问题。⑦符合国家和省其他相关规定。

6.2.3.1.2　评估方案

依据《广东省科学技术厅关于开展省级工程技术研究中心动态评估工作的通知》（粤科函产字〔2020〕320 号），广东省工程技术研究中心实施动态管理，重点评价以下方面：①运行情况，即工程技术研究中心近三年来开展的实际工作（包括研发活动、研发投入、管理机制、产学研合作等）；②建设成效，即专利、软件著作、标准、论文等知识产权相关成果，新材料、新工艺、新产品、新部件等技术成果，科技奖励及其他标志性科研成果等（表 6-4）。

表 6-4　广东省工程技术研究中心评估指标体系

一级指标	权重	二级指标	评估重点
运行情况	30	研发经费	研发经费支出总量
			研发经费支出占主营业务收入的比重
		研发项目	近三年牵头或参与市级以上科研项目情况
			自主完成新产品、新技术研究开发项目数
		产学研合作	近三年产学研合作项目数
			近三年产学研合作项目实际投资额
		运行机制	是否建立经费、项目、人员激励、成果等管理制度
研发条件	25	依托单位规模	企业单位经济效益
			新产品销售收入占主营业务的比重
		科研条件	研发设备原值
			试验、办公场地情况
		科研平台	国家（省）级科研平台
			通过国家（国际组织）认证的平台（机构）
科研能力	15	人员结构	中心研发人员占依托单位职工总数的比重
			中心拥有的本科（中级职称）及以上技术骨干人数
建设成效	30	科技成果产出	近三年科技成果获得奖励数
		知识产权	新产品投入生产产值
			中心拥有的有效发明专利数
			近三年授权的专利数
			近三年主持和参加制定的国际、国家和行业标准数

6.2.3.2　企业技术中心

6.2.3.2.1　管理办法

依据《广东省工业和信息化厅关于印发省级企业技术中心管理办法的通知》（粤工信规字〔2022〕6 号）[16]，对申请认定省级企业技术中心的企业在以下方面做了相关规定。①企业规模和效益：企业年主营业务收入不低于 1 亿元。②企业研发投入：企业年主营业务收入 10 亿元及以上的，其年度研究与试验发展经费支出额不低于 3000 万元；企业年主营业务收入 10 亿元以下的，其年度研究与试验发展经费支出额占主营业务收入比重不低于 3% 且不低于 800 万元；建筑业企业年度研究与试验发展经费支出额占主营业务收入比重不低于 0.5% 且不低于 800 万元。③研发设备投入：企业技术开发仪器设备原值及研发用软件购置费不低于 800 万元（建筑业企业不低于 1000 万元）。

6.2.3.2.2 评估方案

依据《广东省工业和信息化厅关于印发省级企业技术中心管理办法的通知》（粤工信规字〔2022〕6 号），原则上每两年组织一次省级企业技术中心运行评价。

6.2.3.3 技术创新平台建设经验

广东省紧紧围绕创新驱动发展战略，以提升自主创新能力为核心，着力推动技术创新中心等技术创新平台的有机整合，构建具备广东特色的金字塔形技术创新平台体系。一是顶层设计，突出重点。聚焦产业和社会发展需求，结合优势领域与重大科技资源布局，强化顶层设计和统筹规划，突出优势科技创新领域，全力推进重大原创性研究、关键核心技术攻关、重点工程建设。二是深化改革，创新机制。坚持以改革创新为前进动力，发挥市场机制配置资源的决定性作用，深化科研院所的体制改革，推动各类技术创新平台不断完善管理机制、运行机制和激励机制，切实增强科研人员的创造力与活力。三是分类指导，注重绩效。坚持分类建设与分类考核，促进技术创新平台体系健康有序发展；开展学术评估和绩效考核，科学调整政策扶持的方向和力度，推动相关领域优化发展。四是开放融合，协同发展。坚持开放共享的理念，以国际视野谋划发展，不断推动各类技术创新平台对外开放、交流合作，以及和高校、科研院所、企业的协同创新、协调发展。

6.2.4 浙江省技术创新平台建设情况

2015 年底，浙江省累计设立 81 家工程技术研究中心，在 23 个产业领域建设了 209 家省级重点企业研究院、475 家省级企业研究院、2536 家省级高新技术企业研究中心和企业研究院等。截至 2022 年底，浙江省共有国家认定的企业技术中心 137 家（含分中心），在补齐产业短板、推动企业转型升级方面作用突出[17]。

6.2.4.1 工程技术研究中心

6.2.4.1.1 管理办法

依据《浙江省工程研究中心管理办法（试行）》（浙发改高技〔2009〕1036 号）[18]，申报省重点实验室（工程技术研究中心）应兼具以下条件：①有良好的科研基础条件。相对集中的科研场地，面积不少于 2000 m²，科研仪器设备原值在 2000 万元以上。②雄厚的科研力量。拥有高水平的学科、学术带头人与结构合理的科研队伍，拥有管理能力强的领导班子。专职的科技人员应不少于 30 人，其中副高及以上职称或具有博士学位人员的比例不低于总人数的 60%。③有明确的发展规划与管理制度。能发挥学术引领作用，具备承担国家级、省部级重大科研任务和参与国际竞争的能力；具有科学合理的组织架构、相对集中的研究方向和规范有效的管理运行制度。

6.2.4.1.2　评估方案

浙江省重点实验室（工程技术研究中心）的评价指标体系分为人才培养与条件建设、科研活动与创新成果、公共服务与经济效益三个一级指标。从二级指标权重来看，评价指标体系更侧重于公共服务与经济效益层面，看重申请单位的公共服务能力和取得经济社会效益情况，如申请单位三年内为企业等解决技术难题与关键技术的课题（横向课题）数，三年内对外提供仪器设备共享和检测服务情况，三年内科技成果转化、转让和推广累计实现的利税（表 6-5）。

表 6-5　浙江省重点实验室（工程技术研究中心）评价指标体系

一级指标	二级指标	三级指标	单位	评价标准	分值
人才培养与条件建设	人才培养（10 分）	专职科技人员规模（2 分）	人	≥30	1～2
				<30	0
		拥有副高以上职称或具有博士学位人员数占总人数的比例（2 分）	%	≥60	1～2
				<60	0
		三年来培养（或引进）高层次人才（新世纪百千万人才工程国家级人选、省 151 人才工程、浙江省有突出贡献中青年专家或同等级别）人数（6 分）	人	每培养（或引进）1 名国家级人才得 2 分；每培养（或引进）1 名省级人才得 1 分；累计不超过 6 分	0～6
	条件建设（5 分）	场地建筑面积（2 分）	m²	≥2000	1～2
				<2000	0
		仪器设备及试验装置资产原值（3 分）	万元	≥2000	1～3
				<2000	0
	运行管理（5 分）	组织架构、制度建设、运行管理等工作情况（5 分）		制度健全，运行规范	4～5
				制度基本健全，运行较为规范	2～3
				制度不够健全，运行不够规范	0～1
科研活动与创新成果	承担课题（8 分）	三年内承担国家级课题［国家高技术发展研究计划（863 计划）、国家重点基础研究发展计划（973 计划）、国家自然科学基金项目、国家科技支撑计划项目等］与省部级课题数量（8 分）	项	每承担 1 个 973 计划课题得 2 分；承担其他国家级课题得 1 分；每主持承担 1 个省部级课题得 0.5 分；累计不超过 8 分	0～8
	论文专著（5 分）*	三年内在国际和国家权威期刊发表论文，以及被 SCI、社会科学引文索引（Social Science Citation Index，SSCI）、EI 收录论文数量，出版的专著数量（5 分）	篇	在《自然》《科学》上以第一、第二作者或通讯作者发表论文，得 3 分；在其他国际权威期刊（Top 10）发表论文，每篇得 1 分；被 SCI、SSCI 和 EI 收录论文，每篇得 0.25 分；在国家核心期刊上发表论文，每篇得 0.05 分；每出版 1 部专著得 0.5 分；累计不超过 5 分	0～5

续表

一级指标	二级指标	三级指标	单位	评价标准	分值
科研活动与创新成果	科技奖励（10分）	三年内获得的省部级以上科技奖数量（10分）	项	作为第一承担单位，每获 1 项国家级科技奖一等奖得 10 分，每获 1 项国家级科技奖二等奖得 5 分；每获 1 项省部级科技奖一等奖得 4 分，每获 1 项省部级科技奖二等奖得 2 分，每获 1 项省部级科技奖三等奖得 1 分；累计不超过 10 分，排名第二、第三的承担单位按 50%计算	0～10
	知识产权（10分）	三年内已获授权的发明专利（或计算机软件著作权及经认定的农业新品种、取得临床新药批文）数量（10分）	件/项	每获 1 项临床新药批文得 1 分，每获 1 件发明专利授权得 0.5 分，每获软件著作权或经认定的农业新品种得 0.25 分；累计不超过 10 分	0～10
	标准制定（7分）	三年内作为牵头单位主持制定国际、国家、行业标准的数量（7分）	项	作为牵头单位，每主持制定 1 项实施的国际标准得 5 分；每主持制定 1 项实施的国家标准得 3 分；每主持制定 1 项实施的行业标准得 2 分；参与标准制定不计算在内；累计不超过 7 分	0～7
	开放合作课题（5分）	三年内开放合作课题（包括对外开放本实验室课题及吸引高校、科研院所、相关企业等到实验室来做项目）数量（5分）	项	每设立 1 项开放课题得 0.5 分，累计不超过 5 分	0～5
公共服务与经济效益	公共服务（20分）	三年内为企业等解决技术难题与关键技术的课题（横向课题）数（10分）	项	每解决 1 项难题或关键技术课题得 0.5 分，累计不超过 10 分	0～10
		三年内对外提供仪器设备共享和检测服务情况（10分）	批次	累计对外提供服务 50 批次得 0.5 分，累计不超过 10 分	0～10
	新产品开发情况**（5分）	三年内开发新产品数量（5分）	个	每开发 3 个新产品得 1 分，累计不超过 5 分	0～5
	取得经济社会效益情况（15分）	三年内科技成果转化、转让和推广情况（含应用到临床）（5分）	项	每转化、转让或推广 1 项得 0.5 分，累计不超过 5 分	0～5
		三年内科技成果转化、转让和推广累计实现的利税（10分）	万元	利税（效益）≥1000 万元，每增加 200 万元，得分增加 1 分；累计不超过 10 分	5～10
				200 万元≤利税（效益）<1000 万元	1～4
				利税（效益）<200 万元	0

* 仅针对实验室考核；** 仅针对工程技术研究中心考核。

6.2.4.2 企业技术中心

6.2.4.2.1 管理办法

依据《浙江省企业技术中心管理办法》（浙经信技术〔2019〕128 号）（以下统称《管理办法》），省级企业技术中心申请认定从以下方面进行了硬性规定。①主营业务收入：高技术服务业企业年主营业务收入不低于 5000 万元，建筑业企业结算收入不低于 15 亿元，制造业企业年主营业务收入不低于 2 亿元（加快发展县企业不低于 1 亿元）。②重视关键技术开发：高技术服务业企业开发仪器设备原值不低于 1000 万元，建筑业企业技术开发仪器设备原值不低于 800 万元，制造业企业技术开发仪器设备原值不低于 1200 万元（加快发展县企业不低于 800 万元）。③有稳定的技术创新投入：高技术服务企业年度研究与试验发展经费支出额占主营业务收入的比重不低于 2.5%；建筑业企业年度研究与试验发展经费支出额占企业结算收入的比重不低于 0.5%；制造业企业年度研究与试验发展经费支出额占主营业务收入的比重分别为：主营业务收入在 100 亿元及以上的企业为 1.5%，10 亿～100 亿元（含 10 亿元）的企业为 2.0%，10 亿元以下的企业为 3.0%。

6.2.4.2.2 评估方案

2020 年，浙江省建筑业和制造业省级企业技术中心认定与评价工作对照浙江省《制造业企业技术中心评价规范》（DB33/T 2105—2018）与《建筑业企业技术中心评价规范》（DB33/T 2104—2018）（以下统称《评价规范》）执行（表 6-6 和表 6-7）；高技术服务企业技术中心认定工作原则上参照制造业《评价规范》执行。《管理办法》和《评价规范》中指标要求有不一致的，以《管理办法》指标为准。浙江省各类评价体系中，创新绩效、创新产出都是占比最高的项目。创新的目的是提高生产率，提升技术，提高产品质量，所以，绩效或产出是创新的成果，通过对这一项目的重点评价才能更准确、更充分地对该技术甚至该企业做出客观评价。各类企业技术中心应促进科技成果转化，获取经济效益。应建立科技成果的转让机制，为企业、行业、区域提供技术服务[19]。

表 6-6　浙江省制造业企业技术中心评价指标及评价要求

一级指标	二级指标	三级指标	权重	单位	评价要求
创新投入（30 分）	经费投入（18 分）	研究与试验发展经费支出占主营业务收入的比重	10	%	分档
		研发人员人均研发经费支出额	5	万元	≥5
		合作研发投入经费占研发经费比重	3	%	≥5
	人才投入（12 分）	技术中心年人均收入与企业年人均收入之比	4		≥1.5
		研发人员占职工人数的比重	4	%	≥5
		拥有的高级专家及博士数	2	人	≥5
		从事研发工作的外部专家数	2	人月	≥20
创新过程（25 分）	技术储备（7 分）	企业有效发明专利数	3	项	≥3
		企业研发项目数	3	项	≥10
		其中：企业国际研发项目数	1	项	≥1
	创新条件（10 分）	企业技术开发仪器设备原值	2	万元	≥1000
		近三年企业信息化建设投入	3	万元	≥150
		通过国家和国际组织认证的实验室与检测机构数	5	个	≥1
	组织管理（8 分）	技术中心组织体系建设	3	定性	较好
		企业技术创新战略的制定与实施效果	5	定性	较好
创新绩效（45 分）	技术产出（20 分）	当年被受理的专利申请数	4	项	≥10
		当年被受理的发明专利申请数	5	项	≥5
		近五年获省级自然科学奖、技术发明奖、科学技术进步奖项目数	5	项	≥1
		近三年主持和参加制定的标准数	6	项	≥1
	创新效益（25 分）	新产品销售收入占主营业务收入的比重	11	%	≥20
		新产品销售利润占产品销售利润的比重	11	%	≥15
		技术服务收入	3	万元	≥0

续表

一级指标	二级指标	三级指标	权重	单位	评价要求
激励项目	加分项目	企业在海外设立研发机构数	≤3	个	
		近五年获国家自然科学奖、技术发明奖、科学技术进步奖项目数	≤5	项	
	扣分项目	企业经营亏损	3		

表 6-7　浙江省建筑业企业技术中心评价指标及评价要求

一级指标	二级指标	三级指标	分值	单位	评价要求
创新机制 （30分）	创新体系 （8分）	企业技术创新战略制定与实施效果	5	定性	较好
		技术中心组织机构与运行机制	3	定性	较好
	经费投入 （12分）	研究与试验发展经费投入制度和执行情况	4	定性	较好
		研究与试验发展经费占企业结算收入的比重	8	% 或万元	≥0.5 或不小于 2500 万元
	人才投入 （10分）	技术中心人员年人均收入与企业职工年人均收入之比	5		≥1.5
		人员培训费占研发经费比重	5	%	≥2.5
创新过程 （30分）	队伍建设 （9分）	一级注册执业资格人员数	5	人	≥50
		技术中心高级职称人员占中心人数比重	4	%	≥30%
	条件建设 （9分）	企业技术开发仪器设备原值	3	万元	≥600
		近两年企业信息化建设投入和BIM技术应用情况	6	定性/定量	较好
	技术储备 （12分）	企业研发项目数	6	项	≥10
		近两年中长期研发项目数	1	项	≥4
		近两年产学研合作项目数	1	项	≥6
		企业有效专利数	4	项	≥8
创新绩效 （40分）	技术产出 （20分）	近两年企业的授权专利数	5	项	≥5
		企业有效期内的国家级工法数	5	项	≥1
		近两年获得省级工法数	4	项	≥3
		近两年主持和参与制定的标准数	6	项	≥1
	创新效益 （20分）	近两年获国家级、省部级建筑业示范工程数	5	项	≥6
		近两年获省级优质工程质量奖数	5	项	≥6
		产值利润率	10	%	≥0.4
激励项目	加分项目	近五年获中国土木工程詹天佑奖、中国建设工程鲁班奖、国家技术发明奖、国家科学技术进步奖、省级技术发明奖一等奖、省级科学技术进步奖一等奖数	3	项	≥1
		企业拥有博士后科研工作站、院士专家工作站数	3	个	≥1
		近两年企业与国际科研机构合作研发项目数	2	项	≥1
		近两年BIM技术应用成果获省级及以上奖项数	2	项	≥1
	扣分项目	企业经营亏损	5		

注：BIM 即 building information modeling，中文释义为建筑信息模型。

6.2.4.2.3　体系布局

目前，浙江省重点支持新一代信息技术、高端装备、生物医药、新材料、节能环保、关键基础件等产业领域的企业培育建设技术中心，对创新能力强、机制健全、示范作用大、业绩显著、符合条件的企业优先予以企业技术中心的认定。同时，鼓励浙江省特色优势明显的汽车零部件、纺服、家电、家居、五金、橡塑、化工等行业企业建设技术中心，加大人才引育和创新投入，不断提高创新能力。浙江省各市县也将对成功创建为省级企业技术中心的企业给予相应政策支持[20]。

6.2.4.3　技术创新平台建设经验

浙江省大力推进科技创新，完善区域创新体系和创新平台布局，到 2025 年，争创领域类国家技术创新中心 1～2 家，建设省技术创新中心 10～15 家，新建省级重点企业研究院 100 家。加快高新技术研发中心、工程技术研究中心等载体建设，推进规模以上工业企业研发机构和科技活动全覆盖，以高新技术企业为载体的企业研发机构超过 5000 家。一是加强本省产业技术创新资源统筹，加快建设由国家技术创新中心、省级技术创新中心、省级企业研发机构等构成的技术创新中心体系。积极争取综合类国家技术创新中心在本省布点，谋划领域类国家技术创新中心的创建，布局建设综合性或专业化的省级技术创新中心。推进技术创新中心与制造业创新中心、产业创新中心、实验室等联动发展，加强建设产业技术研究院等共性技术平台。推动省级（重点）企业研究院、高新技术企业研发中心和企业技术中心等企业研发机构整合提升。二是强力引进大院名校、国外资源共建创新载体，支持浙江大学、浙江清华长三角研究院与中国科学院宁波材料技术与工程研究所等大院名校创建国家级的重大科技基础平台、国际科技研究中心，全力争取国家重大科技项目在浙江落户。三是推动各创新主体之间打破壁垒开展深度合作，支持行业骨干企业与高校、科研院所联合组建技术研发平台和产业技术创新联盟，并承担产业共性技术研发重大项目，进一步完善产业创新链，构建创新利益共同体。围绕区域性、行业性的重大技术需求，实行多样化模式、多元化投资、市场化运作，发展面向市场的技术创新平台。

6.2.5　江苏省技术创新平台建设情况

江苏省技术创新平台在做好科技投入的同时，重点抓好平台能力建设和产出成效工作，科技成果和服务收入大幅增长。截至 2023 年 2 月，全省共有国家企业技术中心 138 家，覆盖了江苏高技术"双十"产业的 16 个产业领域。截至 2022 年末，江苏省共建有国家和省级工程技术研究中心 4945 个，重点分布于装备制造、新材料、电子信息、新能源、生物医药等领域。2022 年，苏州天准科技股份有限公司、无锡先导智能装备股份有限公司、南京钢铁股份有限公司、苏州迈为科技股份有限公司、江苏力星通用钢球股份有限公司、江苏恒立液压股份有限公司、博瑞生物医药（苏州）股份有限公司、中复神鹰碳纤维股份有限公司和中建安装集团有限公司 9 家公司的技术中心被认定为国家企业技术中心或分中心[21, 22]。

6.2.5.1　工程技术研究中心

6.2.5.1.1　管理办法

按照《江苏省工程研究中心管理办法》规定[23]，申报工程技术研究中心的单位应具备以下条件：①省工程技术研究中心的申报单位原则上应为江苏省内注册的独立法人单位。非独立法人形式组建的省工程技术研究中心，应与依托单位在人、财、物的管理上保持边界清晰，评价指标数据能够独立核算、有据可查。②在人才队伍、场地、研发设备等方面具备重大技术研发、工程化和产业化的条件与能力。③具备完善的人才激励和知识产权管理等相关制度。④突出产业化导向，鼓励高校和科研院所与企业联合共建省工程技术研究中心。

6.2.5.1.2 评估方案

在绩效考评方面，省工程技术研究中心实行动态调整、优胜劣汰的运行评价制度。省发展改革委定期发布省工程技术研究中心运行情况评价通知，明确省工程技术研究中心评价具体要求，原则上每三年评价一次。建设期的省工程技术研究中心，可不参加当年的集中评价。江苏省企业类工程技术研究中心绩效考评标准与指标说明见表6-8和表6-9。

表6-8 江苏省企业类工程技术研究中心绩效考评标准

一级指标	权重	二级指标	权重
研发条件与能力	20	工程中心定位	5
		依托单位研发投入、仪器设备与场地	10
		承担市级以上科研项目	5
团队建设与人才培养	15	团队规模，设有人才站点类项目工程中心可适当加分	10
		结构层次	5
研发产出与运行成效	50	新产品、新工艺、新技术开发	15
		新产品销售额及占比	25
		专利等知识产权	10
开放交流与运行管理	15	产学研合作	10
		内部运行管理	5

表6-9 江苏省企业类工程技术研究中心绩效考评指标说明

一级指标	二级指标	指标说明
研发条件与能力	工程中心定位	符合国家产业政策，引领产业高端发展，符合工程中心的功能定位
	依托单位研发投入、仪器设备与场地	依托单位研发投入保障工程中心正常运行。重点考核依托单位对工程中心研发经费（包括科研工作经费、人才培养与引进经费、仪器设备等科研资源更新经费等）投入额，经费比重情况，经费投入机制是否顺畅有效；仪器设备的先进性及近年更新情况，中试生产线、场地及其他配套设施情况
	承担市级以上科研项目	重点考核工程中心承担市级以上科技计划项目数量、级别、经费额、项目与研发方向的一致性，项目完成情况等
团队建设与人才培养	团队规模	人才团队规模能满足工程中心发展需求。重点考核工程中心专职研发团队（不少于20人）、工程化团队规模、人才引进与培养情况，设有人才站点类项目工程中心可适当加分
	结构层次	人才团队的结构与水平能够支持工程中心发展。重点考核工程中心人才队伍年龄结构、岗位结构、学历结构、技术职称结构等的合理性，技术带头人组织能力及研发水平，团队素质与层次等
研发产出与运行成效	新产品、新工艺、新技术开发	重点考核工程中心研发的新产品、新工艺、新技术的数量与水平，包括国家相关部门或行业（组织）认定的专有技术、新产品及其他代表性"三新"成果
	新产品销售额及占比	重点考核工程中心开发的新产品在评估期内实现的销售额及在依托单位总销售额中所占的比例（新产品既包括经政府有关部门认定并在有效期内的新产品，也包括企业自行研制开发，未经政府部门认定，从投产之日起一年之内的新产品）

续表

一级指标	二级指标	指标说明
研发产出 与运行成效	专利等知识产权	重点考核工程中心申请和授权的专利（发明专利、实用新型专利），主持或参与制定、修订的技术标准以及其他知识产权（如新药证书、新农药证书、农业新品种、软件著作权、专有技术等）
开放交流 与运行管理	产学研合作	重点考核工程中心产学研合作机制、产学研项目的数量与质量、合作单位的数量与行业水平、吸引高水平人才客座研究情况等
	内部运行管理	重点考核工程中心管理体制和运行机制（如内部人员考核、激励等机制），项目的组织方式，研发体系的构建，科研资料、数据的积累和归档等），主管部门要求的各项相关管理工作完成情况，中心品牌建设及宣传等

6.2.5.2 企业技术中心

6.2.5.2.1 管理办法

2020 年 1 月 13 日，江苏省工信厅、发展改革委、科技厅、财政厅、税务局联合制定了《江苏省省级企业技术中心认定管理办法》（苏工信规〔2020〕1 号），对申请省级企业技术中心的企业做了如下规定：①相关硬性规定。企业年主营业务收入不能低于 2 亿元（其中高新技术企业年主营业务收入不低于 1 亿元），或企业主营业务收入未达最低标准，企业研发经费支出占主营业务收入的比重应高于 10%。②重视技术创新机制。企业技术中心组织体系健全，创新效率和效益显著；重视前沿技术开发，有较好的技术积累，具有开展高水平技术创新活动的能力。③鼓励支持政策。鼓励和支持省级企业技术中心参与面向行业的省级创新平台建设。

6.2.5.2.2 评估方案

根据《江苏省省级企业技术中心工作指南（试行）》（苏工信创新〔2020〕258 号），江苏省工信厅会同省发展改革委、省科技厅、省财政厅、省税务局等部门，原则上每三年组织一次省级企业技术中心运行评价。江苏省省级企业技术中心评价指标体系一级指标包括创新投入、创新条件和创新绩效三个（表 6-10），同大多数省（自治区、直辖市）一样，同样是企业产出的创新效益部分权重最高，相较而言更加重视企业新产品销售收入占主营业务收入的比重及新产品销售利润占利润总额的比重。

表 6-10 江苏省省级企业技术中心评价指标体系

一级 指标	二级 指标	权重	三级指标	单位	权重	基本要求
创新 投入	创新 经费	21	研发人员人均研发经费支出	万元	8	≥5
			研发经费支出占主营业务收入的比重	%	13	≥3
	创新 人才	15	研发人员占企业职工总数的比重	%	7	≥3
			技术中心拥有的高级专家和博士数量	人	4	≥5
			来技术中心从事研发工作的外聘专家数	人月	4	≥15
创新 条件	技术 积累	14	企业拥有的全部有效专利数	件	2	≥10
			企业拥有的全部有效发明专利数	件	4	≥2
			企业全部研发项目数	项	4	≥10
			研发周期三年以上的项目数占全部研发项目数的比重	%	4	≥10

续表

一级指标	二级指标	权重	三级指标	单位	权重	基本要求
创新条件	创新平台	11	企业技术开发仪器设备原值	万元	5	≥1 000
			省级以上研发平台数	个	3	≥1
			通过国家（国际组织）、省认证的实验室和检测机构数	个	3	≥1
创新绩效	技术产出	12	当年被受理的专利申请数	件	4	≥2
			当年被受理的发明专利申请数	件	5	≥1
			最近三年主持和参加制定的国际、国家、行业和团体标准数	项	3	≥1
	创新效益	27	新产品销售收入占主营业务收入的比重	%	11	≥20
			新产品销售利润占利润总额的比重	%	11	≥15
			销售利润率	%	5	≥2
加分项		2	获国家和省科技奖励项目数	项	≤2	分档

6.2.5.3　技术创新平台建设经验

一是立足科技创新创业需求，完善顶层设计。根据江苏省的经济特征和产业需求，在实践中不断完善顶层设计，优化省级科技平台建设的总体框架和资源布局，明确科技平台的重点领域和工作思路，制定有利于作用发挥的政策和措施，强化部门协调机制，使科技平台建设总体规划更加科学合理可行，结构设计更加符合实际需求，政策措施更加落实到位，明确统筹规划、分步实施的建设思路，认真制定总体目标和项目内容，高度体现江苏特色。二是利用先进技术，构建服务平台信息服务系统。江苏省已建成的大型科学仪器、工程文献、知识产权、科技创业、农业种质资源、"三药"创制六大综合性公共服务平台均建有独立的门户网站系统，已经向社会提供资源共享服务，运行情况良好。同时正在启动全省科技公共服务平台集成管理系统建设，设立专门的平台集成门户网站[24]，制定相对统一的服务标准和技术规范，实行网络化检索、查询和信息服务，以及个性化、专业化的增值服务，打造"江苏科技公共服务平台"特色品牌。三是探索建设工程技术创新平台。强化现代工程和技术科学在科学原理与产业发展、工程研制之间的桥梁作用，依托本省高校和科研院所众多、制造业企业数量庞大、学科体系与行业门类较为健全的基础和优势，瞄准产业发展的重大需求，按照新的体制机制探索建设若干以学科交叉为特色、以产品创新为导向的江苏省工程技术联合实验室等工程技术创新平台，加快江苏省科教资源与产业创新紧密对接，有力带动基础科学和工程技术的发展。

6.2.6　安徽省技术创新平台建设情况

6.2.6.1　工程技术研究中心

6.2.6.1.1　管理办法

安徽省发布的《安徽省发展和改革委员会关于印发安徽省工程研究中心管理办法的通

知》(皖发改创新规〔2021〕5 号)[25]要求拟申请的主体单位应具备以下条件：①符合主管部门发布的省工程技术研究中心建设领域及相关要求；②具有一批有待工程化开发、拥有自主知识产权和良好市场前景、处于省内领先水平的重大科技成果；③具有本省一流水平的研究开发和技术集成能力及相应的人才队伍；④具有以市场为导向，将重大科技成果向规模生产转化的工程化研究验证环境和能力；⑤具有通过市场机制实现技术转移和扩散，促进科技成果产业化，形成良性循环的自我发展能力；⑥具有完善的人才激励、成果转化激励和知识产权运营等管理制度；⑦未因严重违法失信行为被司法、行政机关依法列为联合惩戒对象名单（对皖北地区技术水平突出、成长前景好、带动效果强的产业，可适当放宽条件）。

6.2.6.1.2　评估方案

安徽省科技厅发布《关于组织开展 2019 年度省工程技术研究中心验收和绩效评价工作的通知》(皖科基地秘〔2019〕248 号)，明确由省科技厅对省工程技术研究中心进行统一验收和绩效评价，做到已备案、验收工程技术研究中心全覆盖。从指标体系（表 6-11）来看，工程技术研究中心在科技创新投入方面的权重最高，其中的二级指标又以中心研发经费投入的权重最高，说明安徽省考核工程技术研究中心看中其对于科技创新的投入力度。同时，安徽省科技厅突出动态管理，对同一依托单位已组建省工程技术研究中心和省重点实验室等且领域重合或相近的，优化整合择一序列管理。2019 年度累计有 65 家工程技术研究中心不再被列入省工程技术研究中心序列管理。根据 2020 年发布的验收和绩效评价结果，对 20 家省工程技术研究中心限期整改，9 家省工程技术研究中心暂缓验收，相关工作持续推进中。

表 6-11　安徽省工程技术研究中心绩效评价指标

一级指标	二级指标	权重
科技创新投入方面（40）	中心研发经费投入	20
	新添置的仪器设备台（套）数及投资	10
	创新人才队伍建设（引进和培养人才等）	10
中心创新发展方面（30）	专利申请与授权	20
	开发新产品、新工艺和新设备	5
	自主研发和产学研合作项目	5
对外开放服务方面（30）	制定技术标准	15
	技术转让、技术服务	8
	开展行业培训	7
综合评价得分（总分 100）		

6.2.6.1.3　体系布局

截至 2020 年，安徽省共建有省级以上工程技术研究中心 534 家，其中国家级 9 家，省级 525 家，分布在全省 16 个市，其中合芜蚌国家自主创新示范区有 234 家，占全省工程技术研究中心总数的 44.57%；皖北地区有省工程技术研究中心 143 家，占全省工程技术研究中心总数的 27.24%。从各市省工程技术研究中心的数量来看，排名前五位的市是合肥市、芜湖市、蚌埠市、马鞍山市和铜陵市，分别为 113 家、72 家、49 家、33 家和 29 家，占全省工程技术研究中心总数的 21.52%、13.71%、9.33%、6.29% 和 5.52%。

从技术领域来看，安徽省先进制造与自动化领域的省工程技术研究中心数量最多，有 135 家，占总数的 25.71%；新材料领域有省工程技术研究中心 131 家，占总数的 24.95%；现代农业领域有省工程技术研究中心 87 家，占总数的 16.57%；电子信息领域有省工程技术研究中心 57 家，占总数的 10.86%；生物与新医药领域有省工程技术研究中心 46 家，占总数的 8.76%；资源与环境领域有省工程技术研究中心 39 家，占总数的 7.43%；新能源与节能领域有省工程技术研究中心 19 家，占总数的 3.62%；高技术服务业领域有省工程技术研究中心 11 家，占总数的 2.10%。

安徽省工程技术研究中心主要依托企业建设，集聚各类研发人员近 4 万人，其中依托企业建设的省工程技术研究中心有 483 家，占总数的 92%；依托高校、科研院所建设的省工程技术研究中心有 42 家，占总数的 8%。依托单位为企业的工程技术研究中心中，民营企业有 342 家，占企业省工程技术研究中心总数的 70.81%；高新技术企业有 400 家，占总数的 82.82%。

6.2.6.2 企业技术中心

6.2.6.2.1 管理办法

依据《安徽省企业技术中心认定管理办法》（皖经信科技〔2018〕46 号），申请省企业技术中心的企业应具备以下基本条件：①市场定位和发展目标明确，在行业中有着明显的发展和竞争比较优势，具有较强的技术创新能力和水平。②具有较好的技术创新机制。企业已建成技术中心并正常运行两年以上，企业技术中心组织体系完善，发展规划和目标明确，技术创新绩效显著。③重视技术创新，具备技术创新基础条件，以及开展高水平技术创新活动的能力。一些硬性条件包括：①企业年度研究与试验发展经费支出额不低于 300 万元；②企业技术开发仪器设备原值不低于 500 万元。

6.2.6.2.2 评估方案

根据《安徽省企业技术中心认定管理办法》（皖经信科技〔2018〕46 号），安徽省省级企业技术中心实行优胜劣汰、动态调整的运行评价制度。企业应对自身的基本情况、研发经费投入情况（研发经费投入强度≥3%）、研究开发、核心技术及自主知识产权情况都进行具体的填报，省经济和信息化委会同科技厅、省发展改革委、财政厅、国税局、地税局和合肥海关，根据国家产业政策、专家评审意见及实地核查情况等进行综合评估，择优确定省级企业技术中心名单（表 6-12）。

表 6-12　安徽省企业技术中心评价数据表

序号	指标名称	单位	数据值
1	主营业务收入	万元	

续表

序号	指标名称	单位	数据值
2	研究与试验发展经费支出	万元	
3	研究与试验发展人员数	人	
4	企业职工总数	人	
5	技术中心高级专家人数	人	
6	技术中心博士人数	人	
7	来技术中心从事研发工作的外部专家人数	人/月	
8	企业全部研发项目数	项	
	其中：基础研究和应用研究项目数	项	
9	国家级研发平台数	个	
10	省级研发平台数	个	
11	通过国家（国际组织）和省认证的实验室与检测机构数	个	
12	企业技术开发仪器设备原值	万元	
13	企业拥有的全部有效发明专利数	项	
14	当年被受理的专利申请数	项	
	其中：当年被受理的发明专利申请数	项	
15	主持和参加制定的国际、国家、行业和地方标准数	项	
	其中：地方标准数	项	
16	新产品销售收入	万元	
17	新产品销售利润	万元	
18	利润总额	万元	
19	获省级及以上自然科学、技术发明、科学技术进步奖项目数目	项	
20	政府鼓励和支持企业自主创新资金	万元	

6.2.6.3　技术创新平台建设经验

一是完善科技创新政策支持体系。强化政策扶持，进一步完善安徽省创新型省份建设"1+6+2"配套政策，落实企业购置研发关键仪器设备等创新能力建设后补助政策，科技企业孵化器和众创空间在税收、房租、用能及网络等方面的优惠政策，工业设计中心与企业技术中心奖补政策，研发仪器设备加速折旧政策，构建支持技术创新平台发展的普惠性政策体系。二是加快整合科技资源共享服务平台。不断提升现有科技服务平台服务功能，充分运用"互联网+"、云计算和大数据技术，优化配置各类科技要素和创新资源，推动"互联网+"科技服务平台建设，健全适应"互联网+"科技服务的长效工作机制与管理模式。三是加强技术创新平台研发能力建设。安徽省工程技术研究中心等各类研发平台聚焦前沿实用性研发，对破解技术难题、支持科技创新具有积极作用，有效支撑了安徽省产业和区域创新，加速科技成果向生产力转化。例如，芜湖市省级工程技术研究中心平台建设日益完善，覆盖了芜湖市支柱产业和重点发展的新兴产业，对产业发展、成果转化的技术支撑作用逐步增强[26]。

6.2.7 山东省技术创新平台建设情况

截至 2019 年，山东省共建有国家工程技术研究中心 36 家、省级工程技术研究中心 1338 家、省级示范工程技术研究中心 268 家。截至 2020 年，山东省共建有 2075 家省级企业技术创新中心，国家级企业技术中心 198 家，数量居全国第一[27]。

6.2.7.1 工程技术研究中心

6.2.7.1.1 管理办法

2021 年，山东省发展改革委出台《关于印发〈山东省工程研究中心管理办法〉的通知》（鲁发改高技〔2021〕427 号）[28]，强调省工程技术研究中心应具备的基本条件包括：①申请单位在本领域技术创新中具有领先地位和竞争优势，牵头单位应当是山东省内注册的独立法人单位，参与单位与其在产学研用等方面具有密切协同性；②申请单位具有高层次人才队伍、高水平研究开发和技术集成能力，拥有完善的人才激励、成果转化等制度；③拟申请省工程技术研究中心具有较强的综合实力，科研场地面积应在 2000 m² 以上，科研仪器设备原值应在 1000 万元以上，固定研发人员应不少于 50 名；④未因严重违法失信行为被司法、行政机关依法列入联合惩戒对象名单；⑤优先支持拥有市级工程实验室或工程研究中心的单位牵头申报。

6.2.7.1.2 评估方案

2017 年，山东省科技厅印发《关于开展省级（示范）工程技术研究中心绩效评估工作的通知》，分类别开始对工程技术研究中心实施绩效评价工作。从指标体系来看，主要包括研发方向与条件、研发任务与成果、开放交流与服务、运营管理能力 4 个方面的 11 项具体指标，其中研发任务与成果指标的权重最高，侧重于考察工程技术研究中心的研发成果先进性、创新性及竞争力，以及工程化研发任务的先进性、创新性。同时，山东省十分注重工程技术研究中心的人才队伍与设施设备的先进性和完备性，注重科技创新资源开放共享、科技成果转化及行业技术服务成效。山东省绩效评估对象的建设期要满 3 年，因此，2017 年主要是对 2014 年前批复建设的省级工程技术研究中心和 2014 年批复建设的省级示范工程技术研究中心进行评估（表 6-13）。

表 6-13　山东省（示范）工程技术研究中心绩效评估指标体系及说明

一级指标	二级指标	评价要点	权重	
			公益类	企业类
研发方向与条件	研发方向	工程化研发方向的合理性	5	5
	人才队伍	研发人才队伍的水平与结构的合理性	10	10
	设施设备	研发设施和仪器设备的先进性、完备性	10	10
	经费投入	研发经费的保障性	5	5

续表

一级指标	二级指标	评价要点	权重	
			公益类	企业类
研发任务与成果	研发任务水平	工程化研发任务的先进性、创新性	10	10
	研发成果水平	研发成果的先进性、创新性及竞争力	25	30
开放交流与服务	开放共享	资源开放共享、科技成果转化及行业技术服务成效	15	10
	产学研合作	开展产学研交流与合作情况	5	5
运营管理能力	内部建设	依托单位在人员、运行经费、设施和后勤等方面支持保障情况，机构、制度建设和日常管理的成效	6	4
	运营效益	资产配置与收入情况，良性循环发展能力	4	6
	发展前景	发展目标的合理性、保障措施的有效性	5	5

6.2.7.1.3 体系布局

省级工程技术研究中心主要围绕山东省高新技术产业、支柱产业和优势产业，针对行业或区域发展的关键性、基础性和共性技术问题进行攻关，开展系统化、配套化和工程化研究，提供可用于规模化生产的成套技术、装备、标准、工艺，辐射带动行业和区域技术创新能力的提高及高新技术产业的发展。按照依托单位的性质不同，分为企业类与公益类两种类型：①企业类省级技术研究中心依托具有一定实力的科技型企业建设，着重开展行业和产业关键共性技术研究与科研成果工程化、产业化研究，打造产业技术创新资源的重要聚集地，为提升产业核心竞争力、推动行业科技进步提供支撑；②公益类省级技术研究中心依托创新人才聚集、科研条件完善、开放创新程度高的高校与科研院所和新型研发机构等建设，重点开展产业前瞻性技术研究和面向产业需求的产学研协同创新，为行业和产业发展提供源头创新支撑。

6.2.7.2 企业技术中心

6.2.7.2.1 管理办法

根据《山东省企业技术中心认定管理办法（2021 年修订）》（鲁发改高技〔2021〕428号），省级企业技术中心应当具备以下基本条件：①企业年主营业务收入不低于 2 亿元（其中高新技术企业的主营业务收入不低于 1 亿元），或者研发经费支出占主营业务收入的比重高于 10%；②企业具有较高的研发投入，年度研究与试验发展经费支出不低于 800 万元；③企业要有技术水平高、实践经验丰富的技术带头人，且专职研究与试验发展人员数不少于 60 人；④企业具备比较完善的研究、开发和试验条件，技术开发仪器设备原值不低于 800 万元，医药研发、软件服务行业可放宽至不低于 500 万元；⑤企业具有市级企业技术中心资格两年以上。此外，企业两年内不能违反国家相关法律，没有被有关部门认定存在严重失信行为，也没有发生重大产品质量事故或重大安全责任事故。

6.2.7.2.2 评估方案

根据《山东省企业技术中心认定管理办法（2021 年修订）》（鲁发改高技〔2021〕428

号），山东省企业技术中心实行优胜劣汰、动态调整的运行评价机制，省发展改革委原则上每两年组织一次评价，市发展改革委每年组织一次自查；通过委托第三方机构，组织专家审核评价，将评价的结果分为优秀、合格与不合格三个等级。对于评价为优秀的省级企业技术中心，优先推荐申报国家级企业技术中心；优先支持拥有省级企业技术中心的企业承担国家、省级研发任务；拥有省级企业技术中心的企业，按照规定享受有关财税政策。根据山东省发展改革委各年评价通知，其评价一般采用在线评价方式，按照属地原则组织本地区省级企业技术中心评价。

6.2.7.3　技术创新平台建设经验

一是不断完善科技创新政策，有序规范技术创新平台建设。2002 年，山东省就发布了《山东省工程技术研究中心暂行管理办法》（鲁科计字〔2002〕270 号），明确了山东省工程技术研究中心的任务和管理机构的职责，规范了申报、审批与运行管理机制。2008 年出台了《山东省科学技术厅关于进一步加强山东省工程技术研究中心建设工作的通知》（鲁科计字〔2008〕65 号），要求工程技术研究中心引进市场化运作和现代企业管理经验，健全人事、财务、决策和管理制度。2014 年出台了《山东省省级工程技术研究中心提质升级的实施意见（试行）》（鲁科字〔2014〕109 号），明确提出要组建一批省级示范工程技术研究中心。2018 年出台了《山东省工程技术研究中心管理办法》（鲁科字〔2018〕142 号），将省级工程技术研究中心分为企业类和公益类两种类型进行建设。

二是实行动态管理机制，定期进行绩效评估。针对技术创新平台的行业带动和持续创新能力、对外开放服务程度、人才及创新团队建设等相关功能指标，定期进行考核，实施动态考核管理，对存在问题的限期整改，整改期间不再享受扶持政策，整改期满仍未达到标准的，取消资格。

三是加大扶持力度。对获得省级技术创新平台称号的企业，优先支持承担国家级、省级研发任务，并按照规定享受有关财税政策，纳入省基地专项择优给予支持。

6.3　国内外技术创新平台建设案例

6.3.1　斯坦福国际研究院

斯坦福国际研究院由斯坦福大学创建于 1946 年，是一家独立的非营利性研究机构，总部位于加利福尼亚州门洛帕克，因在信息技术、能源、环境、生命科学、新材料、教育、经济发展及科技政策等领域做出了重大创新，被称为"硅谷创新之源"。国际上众多知名的跨国公司对其项目进行大量投资，并与斯坦福国际研究院合作组建了诸多高新科技开发公司、科技园、孵化器及产业基地。斯坦福国际研究院在高科技领域发明了众多深具影响力的新技术，如电脑鼠标器、机器人、互联网络、彩色高清数字电视、个人电脑交互界面、机器人手术微创技术、疟疾治疗药等，是国际互联网初期的实验网络 ARPANET 分布在美国的 4 个结点之一，并创造了 ".com"".gov"".org" 等网络顶级域名。此外，斯坦福国际研究院同著名的美国兰德（RAND）公司一样，开发了许多富有价值的管理方法和工具，如最先提出利益相关者概念，最早采用 SWOT 分析框架、提出企业全面风险管理分析工具、创新管理五项守则等。除了高科技研发，斯坦福国际研究院还以出色的商业化、产业化能力而著称，其专利技术商业化成功率在 50% 以上（全球专利技术商业化成功率仅为 3%）。斯坦福国际研究院是美国最大的综合性研究机构，其人数在 3000 人以上，主要客户包括美国国防部、美国国际开发援助署、美国环保署、世界银行、联合国、微软、思科及橡果国际等。在东京、巴黎、米兰、马德里、伦敦、苏黎世、斯德哥尔摩等世界各地设立分支机构，服务于世界 65 个国家的政府以及 800 多家公司[29]。

6.3.1.1　治理架构

斯坦福国际研究院的组织结构从成立之初起就基本确定。最高决策机构是董事会，由 15 名美国教育界与工商业界的知名人士或者领袖人物组成。理事会由 50 名政府官员、民间社团领导及著名科学家担任。他们的职责是根据自己的专业或者经验的优势，为研究院的研究人员提供帮助。董事会由理事会成员选举产生，研究院的院长和副院长由董事会选举、任命。董事会和理事会所有成员的工作都是义务性质的，研究院不向他们支付薪金，他们所担任的职务更多地意味着责任和荣誉。斯坦福国际研究院设有 14 个研究中心和部，中心和部由该院的研究管理办公室统一管理，以便协调人力、物力、财力。管理办公室设有 4 名副主任，每名副主任负责管理 3～4 个中心或部[30]。

6.3.1.2　资金来源

斯坦福国际研究院既没有接受国家津贴，又不从企业收取资助款项，研究课题费开支、研究人员的薪金、维持研究院正常运转的行政费用等凭借提供知识服务获得。该院将通过出售研究报告、完成委托单位的咨询研究课题等获得的收入作为研究院的运转资金，并把一些收入用于增加研究设备、资料和用于有关公益活动的研究工作[30]。

6.3.1.3　用人机制

斯坦福国际研究院为保证项目研究的质量和结论的权威性，经常从院外聘请一些专家，充分利用社会力量，从大学和研究机构中聘任优秀人才为其研究工作服务。对受聘请人员，与其签订合同，以规定研究项目、确定任用时间、明确报酬待遇。研究计划结束后，课外小组即行解散，杰出人才则可留用从事新的研究。斯坦福国际研究院十分重视对研究人员的严格考核，要求研究人员的待遇与他们的贡献成正比。斯坦福国际研究院在 20 世纪 70 年代就制定了一个"研究人员和专家的专业发展与补偿计划"评价系统，将研究院的业务按功能分为五个项目，每个项目又分成六个等级。根据这个评价系统，对研究人员的专业素质、研究能力、分析能力、专业领域知识、客户的满意度等进行考察评价，把评价结果作为支付报酬和晋升职位的依据。以严格的考核来促进研究人员的工作成效和业务水平的提高[30]。

6.3.2 日本科学技术振兴机构

JST 成立于 2003 年，由原日本科学技术振兴事业团改革重建[31]。JST 隶属于日本文部科学省，作为独立行政法人，实行理事长负责制，重大事项由理事会讨论决定。JST 在科学、技术和创新基本计划中发挥着核心作用，旨在促进科学和技术的发展，主要负责开发新技术，发展工业，开展区域研究活动，促进科学交流。JST 在日本的科学和技术基本计划中发挥着核心作用，作为实施日本五年期《科学技术基本计划》的核心机构，JST 的主要职能分为四个方面：集中政产学各方力量，大力推进基础研究、高新技术研究和应用开发研究；建立牢固的科研基础设施和信息网；招聘国内外高水平的学者到国立研究机构工作；推进技术转移和开展研究支援活动。根据政府发布的科技目标，JST 上承政策和资金，向下链接企业产业界和各高校研究机构，形成了紧密运转的三角结构，建立了从基础研究、技术研发、工程化研究、产业孵化到技术推广完成的科技成果转移转化链条。在这一链条中，政府、大学、企业既各司其职，又紧密衔接，弥补企业不愿做或不能做而留下的研究空白。JST 全面推动知识创造作为创新的重要源泉，并致力于利用研究成果报效社会和国民。在这一过程中，JST 促进了科技的真正进步，增进了国民对科技的了解，同时帮助解决了各种社会问题[32]。

6.3.2.1 治理架构

JST 的管理委员会由 1 名主席、5 名副主席及 2 名审计人员组成，主席为桥本和任，其为东京大学博士，曾任东京大学尖端科学技术研究中心主任和日本国立材料科学研究所（NIMS）所长。JST 是一个庞大的组织，截至 2020 年，共有 30 余个部门和 1204 名员工，并掌管超 10 万亿日元的资金规模[32]。

6.3.2.2 资金来源

JST 的经费主要由政府拨款与业务收入组成，年预算收入在 1000 亿日元以上，其中政府拨款占总事业费的 90% 以上。业务收入包括向技术所有者收取的技术使用费、技术转让推介费等。政府拨款主要用于委托研究关系到日本国计民生问题的科学技术或是国际上创新难度高的项目，以及独创性研究成果的培育等项目。JST 的设立背景和运行机制，既保证了机构能够依法行事，又可以使机构灵活有效地执行预算，具有自主的人事权，一方面，使机构的运行更具自主性、灵活性、竞争性；另一方面，强化评估和监管，有利于推动科技创新事业，兼顾了国家利益和市场需求[31]。

6.3.2.3 用人机制

JST 通过董事会、执行委员会、学术委员会等管理机构，吸纳了政府官员、企业界人士形成外部顾问委员会参与管理。JST 的职员属于国家公务员，但是职员的录用程序、任用标准、考核方式、奖惩措施等由理事长根据有关法规和本机构具体情况自行决定；职员的工资和福利标准在国家公务员工资水准与民间企业工作水准的基础上制定，并在文部科学省评价委员会备案[31]。

6.3.3　上海微技术工业研究院

作为上海建设的首家功能型平台，上海微技术工业研究院定位于世界水平的研发机构，以整合国内微技术产业建设为起点，通过与世界知名公司、研究所、大学的合作，推进世界范围内微技术产业的发展，实现合作共赢局面。上海微技术工业研究院拥有全国首条 8 in① "超越摩尔"（More than Moore）研发中心试线，提供微机电系统（MEMS）、硅光、生物芯片等 "超越摩尔" 核心工艺技术，为设计、装备和材料等半导体公司提供高效的研发、中试和验证服务，实现从研发到小批量生产无缝对接。上海微技术工业研究院的运行机制和发展模式具有以下特点[33]。

6.3.3.1　治理架构

上海微技术工业研究院采用董事会负责的企业化运作模式，由上海新微技术研发中心有限公司开展运营，公司董事会负责公司战略制定，总裁办和业务部门负责执行。上海微技术工业研究院内部的组织结构由功能平台、研发部、支持部、海外中心构成，分别发挥各自的业务职能。同时设立专家委员会，对公司战略制定和执行管理提供建议咨询。

6.3.3.2　产业创新模式

采用面向市场的产业链协作模式，上海微技术工业研究院在政府的稳定支持下，汇集技术、产业链、人才、资金等创新要素，通过高校项目、初创公司、合并收购、内部孵化、合资项目等渠道获得高端人才及优质项目，形成直接面对产业链的协同创新模式。这种创新模式针对行业特点，可充分发挥产业各方的资源与力量，聚焦市场和技术热点，在核心技术和关键产品上取得高效快速的突破。

6.3.3.3　支持激励机制

采取基于绩效评估的机构式资助办法，作为科创中心建设布局的上海首家功能型平台，上海微技术工业研究院的建设得到了市、区两级政府的大力支持。两级政府将其作为新兴产业技术研发机构试点，在具体支持方式上进行创新，通过与政府签订战略合作协议，明确建设任务和考核标准，给予稳定支持和经费使用自主权，构建符合科技创新规律、以结果为导向、激励和约束并重的财政科研经费投入新机制、管理新方式。一是探索财政支持的新方式。改变传统的科研经费管理办法，在对上海微技术工业研究院研发中试

---

① 　1 in=2.54 cm。

线一次性投入的基础上，对后续研发经费给予政府资助，年度资助额度由固定投入和配套投入两部分组成，由上海市政府与嘉定区政府按照1∶1的分摊比例共同投入。其中，固定投入事先约定、逐步递减；配套投入则根据上海微技术工业研究院年度产业收入，按照1∶1的配套比例计算。二是给予经费使用自主权。改变传统科研经费预算编制较细、使用限制较多、考核周期短的做法，针对科研活动探索性与不确定性较强的特点，给予上海微技术工业研究院相对稳定的经费支持和较为充分的经费使用自主权，除了纳入经费使用负面清单的内容外，政府资助的经费可由上海微技术工业研究院统筹安排，用于研发活动相关支出。同时，鼓励产学研协同创新，在政府财政支持的研发经费中，20%可用于与相关高校、科研院所进行合作，开展前沿探索的研究。三是实施动态化的第三方评估。依据上海微技术工业研究院自身发展规划，政府研发经费资助与绩效评估以6年为一个周期，每3年对上海微技术工业研究院开展评估考核，按合同约定的产业收入为主要考核点进行评级，获得较低评级时根据政府要求予以整改，评估后依据产业及市场实际情况对资金使用与业绩目标进行合理调整。

6.3.4 上海深渊科学工程技术研究中心

上海深渊科学工程技术研究中心于2014年11月经上海市科学技术委员会批准筹建，以建设深渊科学技术流动实验室为核心，采取科学与技术相结合、技术攻关与市场开发相结合、民间资金与政府扶持相结合的新模式，力争使我国的载人深潜技术发展达到世界领先水平。同时，通过与相关企业密切合作，充分挖掘深渊技术和科学的市场巨大潜力，形成一个完整的自成体系产业链，将上海深渊科学工程技术研究中心打造成为一个国际知名的产学研一体化科研院所[34]。

6.3.4.1 治理架构

上海深渊科学工程技术研究中心以上海市科学技术委员会为归口管理部门，依托上海海洋大学，与上海彩虹鱼海洋科技股份有限公司、上海彩虹鱼科考船科技服务有限公司、上海叔同深渊科学技术发展基金会等大力合作，实行管理委员会领导下的中心主任负责制，设立专家技术委员会作为管理委员会的技术和政策咨询部门。另外，设置办公室、研发部、技术培训与推广部、企业合作部、国际交流合作部和财务与采购部。

6.3.4.2 协同创新机制

上海深渊科学工程技术研究中心积极争取依托单位中国海洋大学的各项支持，在上海海洋大学校内拥有建筑面积达360 m^{2}的办公室、实验室和200 m^{2}的深渊科技流动实验室模拟中心；积极与上海彩虹鱼海洋科技股份有限公司和上海临港经济发展（集团）有限公司开展合作，共同建设上海临港海洋高新技术产业化基地的深海装备研发中心，构建集深海装备研制、深渊科学研究和技术开发于一体的工程化技术开发模式，为深海装备领域相关企业的产品升级迭代、产业发展提供强力的研发和技术支持。

6.3.4.3　团队建设机制

积极吸纳国内外科技创新力量、人才、资源，吸收一流专家学者团队参与深渊学科与技术的领域研究；加强学科梯队建设，强调与现有师资力量的整合，集聚国内外知名学校和科研机构的人才壮大学科队伍；提升团队业务带头人和中青年骨干教师的科研能力，通过国际合作、到国外进修、参加重要学术研讨会等，提升学科队伍建设的整体水平；推进国际化人才联合培养，与国外相关科研机构开展实质性合作，以高层次的科学研究支持高素质人才培养。在人员管理方面，不断健全科学的人事考评体系，注重从世界观和价值观的深层次层面引导队伍的思想政治建设。上海深渊科学工程技术研究中心除了注重在薪酬分配中做到公开、公正、公平外，还大力提倡爱与感恩的思想，提升团队凝聚力和战斗力。

6.3.5　浙江清华长三角研究院

浙江清华长三角研究院（以下简称浙清院）是浙江省"引进大院名校，共建创新载体"战略的先驱者，是浙江省首家省校共建的新型创新载体，由浙江省人民政府与清华大学联合成立。省校共建研究院以市场需求为导向，推行企业化管理，是促进科技成果转化、优化科技资源配置的生动实践和开创性探索。该研究院在实践运作中充分依托清华大学的资源优势、科研单位的政策优势与企业管理的灵活优势，逐渐形成了"政、产、学、研、金、介、用"七位一体的发展格局。随着多年发展，已经形成了较为完备的管理制度和运作机制，在区域创新系统中的创新地位日益显著，对长三角地区经济社会发展的推动做出了积极贡献[35]。

6.3.5.1　保障机制

浙清院主要从两个方面来健全保障体系。一是成立各类投资基金，由浙清院和深圳市创新投资集团首先发起，并由浙江省政府和嘉定市政府的创业风险投资引导基金、台州市产业投资有限公司以及同方投资有限公司共同投资成立了红土创投，以健全浙清院的投资结构和确保其运行资金来源。基金的30%以上被用于投资科技型的小微企业，这对发展浙江省中小企业、提升民营经济质量和区域创新能力都起到了推动作用。同时，浙清院还通过建立浙江海合创业投资管理有限公司对萌芽期和初创期的企业进行"天使投资"，并对企业后续的孵化工作提供支持服务。二是搭建人才驿站，目的是为浙江省吸引高层次人才，为更多的海外优秀科技人才回国创新创业提供更多的机会，逐步推动浙清院人才队伍建设。通过设立人才驿站，海外归国的杰出人才能够以兼职研究员的身份在浙清院从事科学研究活动，并享受各项配套服务的支持，如资金援助、政策对接、薪酬福利等。

6.3.5.2　协同创新机制

浙清院协同创新机制的目的是通过设立海外创新创业合作基地和国际合作部，充分利用海外的高层次人才和科技资源，为浙江省产业转型升级提供有力的支撑。国际合作部采取"以海归引海归"的方式，建立了"人才聚集、海外孵化、天使投资、带土移植、民资参与、交流互动"的工作体系。浙清院同时采用了一种新型的"海外项目带土移植"项目引进体系，充分发挥"引进来"和"走出去"的双重功能，积极寻访海外高层次人才集聚地，展开项目合作共赢，实现项目就地孵化。经过多年海外市场开拓，国际合作部形成了"人才+科技+资本"的海外智力开发和技术转移模式。

6.3.5.3 激励机制

浙清院的激励机制是以"民办官助"的方式展开的，即"政府搭台加上自费创业"的变革模式。政府搭台，指的是在研究院落户初期，政府提供土地，并进行基础性设施建设工作，同时为研究院设立研究中心。自费创业，是指政府和研究院通过签订合作协议，设定研究目标，每个工程技术中心都至少要孵化一家属于自己的企业，然后政府追加更多的资金，使政府和研究院形成双方互利共赢的利益共同体，切实推进研究项目活动的展开，这种激励模式能够最大限度地激发大院大所拿出强势资源办教育和创建创新平台，加快科教资源落地转化和升级。研究院维持正常运行后，政府不再追加投入，而是以市场化的形式使其由社会资本独立运作，降低政府的干预力度，最大限度地利用市场的力量来推动企业的发展。浙清院平台内的企业落户时由政府大力帮扶，为其创造良好的企业发展空间，落户后由企业自负盈亏，遵从市场规则独立运营，进一步使浙清院真正走向市场，拓宽发展资金渠道，为企业提供优质服务。同时，保留浙清院事业单位的性质，用于吸引优秀人才的加入和落户。

6.4 技术创新平台建设特点

2017年，《国家科技创新基地优化整合方案》由科技部、财政部、国家发展改革委联合发布，标志着我国技术创新平台建设步入从"有平台"向"优平台"提质增效的新时期，建设重点逐步落在通过撤、并、转等方式优化重组的技术创新平台上。各省（自治区、直辖市）也以此为指导，结合本地具体情况，对技术创新平台采取"优化重组、提质增效"的新策略。通过梳理上述国内重点省市技术创新平台的管理办法、考核方式、建设经验与国内典型案例可知，当前我国技术创新平台的组织管理和优化整合呈现以下特点。

6.4.1 严守组建标准，坚持科学规范管理

良好的政策环境有利于技术创新平台的建立，政策的引导和支持不仅贯穿整个技术创新平台的建设初期，在运行阶段也提供巨大的扶持。管理部门借助行政力量对创新平台建

设备个环节进行深层次研究，从而有计划性地制定和出台有利于引导与规范科技创新的相关政策，并确保相关政策的实施和运行，辅助相关创新主体的科研活动。例如，科技部对工程技术研究中心建立了一套从遴选、同行可行性专家论证、综合评审、验收到运行评估的管理流程，严格遵循政府决策、专家咨询、运行评估的"三位一体"运行机制。随着工程技术研究中心组建数量的急剧增长，技术领域内的工程技术研究中心数量已经趋于饱和，以建设管理为主向以定期运行评估为主的运行机制转变是工程技术研究中心发展的必经之路。目前，工程技术研究中心已经进行了四次大型综合管理评估，评价重点主要体现在持续创新、成果转化、行业作用、对外开放服务、运行机制建设等层面，并取得了较好的实践成绩和经验积累。各省（自治区、直辖市）也在科技部的指导下建立了相对完善的运营评价体系和动态调整、优胜劣汰机制，推动了工程技术研究中心优化升级[36]。

6.4.2 注重引导培育，强化企业创新主体

技术创新平台建设的重要主体是企业，其在技术创新平台建设中扮演着重要角色。企业是市场经济最活跃、最积极的因素，也是技术创新平台建设的需求者、最大投资者和受益者，拥有资金、生产设备、技术人才、经营策略、市场信息等优势，可以对市场的创新需求做出迅速反应，是把科技转化成市场需求的产品的生产者，把经济发展的需求和科技紧密结合，可以促进科研成果的商品化和市场化。浙江省以企业科技研发为核心，增强企业技术创新主体地位，发挥企业创新能力，促进企业建立科技机构，增强企业自主创新能力和市场竞争力，引领产业转型升级。安徽省按照企业投入为主、省市县联动、扶优扶强、滚动支持的原则，鼓励企业建设研发机构、购置研发项目所需关键仪器设备和承担重大科技项目。江苏省引导和扶持企业建立科技机构，发挥企业在技术创新中的主体地位，在技术创新过程中建立起以企业为主导的创新体制机制。近年来，我国工程技术研究中心更加重视在具备条件的产业骨干企业布局，最大限度地激发企业的创新积极性和行业带动辐射意识，发挥企业创新主体的作用。特别是大力扶助民营企业创新，支持了包括华为、雨润、法尔胜、研祥、科伦、赛维等一批500强民营企业，也包括软控、聚龙、南山铝业等一批迅速崛起为行业龙头企业的民营企业[37]。

6.4.3 加强产学研合作，实现资源整合共享

产学研合作是我国科技创新的一个重要手段，也是推动我国科学技术进步的动力来源。产学研合作可以实现优势互补、资源共享，有利于产学研各方优势互补，符合各方的利益追求。上海市以学研平台、产研平台和产学研联盟等为载体，积极构建各类创新主体参与协同创新的新型合作管理模式，促进企业、高校、科研院所等创新主体间协作更畅通、高效、可持续，大中小微企业共生发展，社会组织协同作用充分发挥。通过引导和支

持企业、大学和科研院所之间进行资源统筹协调与建立多边的合作模式，促进科技资源和人才在企业、高校与科研机构之间有效整合，在区域形成一支具有较强凝聚力的科技创新人才队伍。例如，浙江省推动各创新主体打破壁垒开展深度合作，鼓励行业骨干企业与科研院所、高校联合组建技术研发平台和产业技术创新联盟，共同推进产业共性技术研发重大项目，健全产业创新链，形成创新利益共同体。

6.4.4 紧扣国家战略，推动平台优化重组

各省（自治区、直辖市）在技术创新平台的管理与评定方面紧密结合国家发展战略部署，坚持以政策为导向，出台的技术创新平台优化整合方案及科技创新"十四五"规划也大都按照国家发展战略的相关精神来进行布局。例如，《"十三五"国家科技创新规划》中所提到的在"十三五"时期，生物技术、清洁能源、信息网络、人工智能、新材料、先进制造等领域显现出巨大发展空间。面向 2030 年，要在智能电网、智能制造和机器人、天地一体化信息网络、大数据、重点新材料研发及应用、健康保障、京津冀环境综合治理等重点方向率先突破。北京市在技术创新平台建设中紧紧跟随国家总体规划的步伐，聚焦首都科技创新中心的定位，紧扣北京地域与资源优势，强力发展装备制造、节能环保、信息技术、生物医药等高新领域。北京市工程技术研究中心的统计数据分析显示，以上领域的创新平台数量占比均位居前列[9]。上海市在《国家科技创新基地优化整合方案》政策的支持下提出优化，要联合技术创新与成果转化类基地，组建若干战略定位高端、创新资源共享、治理结构多元、技术自主可控、成果转化能力强的技术创新中心、工程技术科研基地、临床医学研究中心、专业技术服务平台等创新载体，实施从关键技术突破到工程化、产业化的整体化演变，形成大协作、网络化的技术创新平台整体布局。

6.5 湖北省技术创新平台现状与发展建议

6.5.1 湖北省技术创新平台现状

湖北省大力推进技术创新平台建设，全力引导科技资源向技术创新平台聚集，建成以企业为主体、市场为导向和产学研结合的技术创新平台体系，不但提升了企业技术创新能力，还促进了科技资源优势与企业发展深度结合，为科技强国建设提供了有力支撑。经过几十年的发展，湖北省技术创新平台在建设数量、区域布局、行业分布等方面都取得了一定成效，有效提升了企业自主创新能力。因此，本部分重点总结湖北省工程技术研究中心、校企共建研发中心、企校联合创新中心等平台发展状况，为进一步优化整合技术创新平台提供重要基础。

6.5.1.1 省级以上工程技术研究中心

截至 2019 年，湖北省工程技术研究中心共有 583 个，其中国家工程技术研究中心 19 个，省级工程技术研究中心 564 个，比 2015 年增加了 180 个。

6.5.1.1.1 国家工程技术研究中心

在现有的 19 个国家工程技术研究中心中，从依托单位来看，依托高校的有 8 个，依托科研院所的有 4 个，依托企业的有 3 个，联合承办的有 4 个；从分布地区来看，武汉市建有 18 个，荆门市建有 1 个；从产业分布来看，信息服务业国家工程技术研究中心数量最多，共有 6 个，生物医药、生物制品及医疗器械制造业和专业技术服务业国家工程技术研究中心各有 3 个，先进装备制造业、新材料制造业、研发与设计服务业、环境监测及治理服务业、新能源及资源循环利用业国家工程技术研究中心各有 1 个，其他行业国家工程技术研究中心有 2 个（表 6-14）。

表 6-14 湖北省国家工程技术研究中心行业和地区分布 （单位：个）

行业	数量	地区
信息服务	6	武汉市
生物医药、生物制品及医疗器械制造	3	武汉市
专业技术服务	3	武汉市
先进装备制造	1	武汉市
新材料制造	1	武汉市
研发与设计服务	1	武汉市
环境监测及治理服务	1	武汉市
新能源及资源循环利用	1	荆门市
其他	2	武汉市

从主导产业分布来看，湖北省国家工程技术研究中心主要分布在 8 个产业，其中 4 个与武汉市主导产业相匹配，能较好地支撑武汉市的产业发展；荆门市有 1 个国家工程技术研究中心，属于新能源及资源循环利用行业（表 6-15），是荆门市主导行业之一，对荆门市的主导产业发展具有一定的支撑作用。

表 6-15 湖北省国家工程技术研究中心与当地主导产业的匹配情况

地区	主导产业	工程技术研究中心产业分布（数量/个）
武汉市	集成电路及电子器件、设备制造 先进装备制造 新材料制造 新能源及资源循环利用 生物医药、生物制品及医疗器械制造 信息服务	先进装备制造（1） 新材料制造（1） 生物医药、生物制品及医疗器械制造（3） 信息服务（6） 专业技术服务（3） 研发与设计服务（1） 环境监测及治理服务（1） 其他（2）
荆门市	集成电路及电子器件、设备制造 先进装备制造 新材料制造 新能源及资源循环利用 生物医药、生物制品及医疗器械制造 信息服务	新能源及资源循环利用（1）

6.5.1.1.2 省级工程技术研究中心

近年来，湖北省以工程技术研究中心建设为重点，鼓励企业加大研发投入，加快技术创新，对企业和行业技术创新发挥支撑作用。经过多年的发展，已建设形成了一大批省级工程技术研究中心。从地区分布来看，湖北省省级工程技术研究中心有 564 个，主要分布在武汉，共 347 个，占全省的 61.52%；宜昌、襄阳的省级工程技术研究中心较多，分别为 45 个、29 个，占全省的 7.98%、5.14%；十堰、荆州、孝感、黄石、荆门、黄冈 6 个地市的省级工程技术研究中心建设数量超过 10 个，分别为 24 个、24 个、20 个、18 个、17 个、15 个。此外，恩施自治州和神农架林区还未建有省级工程技术研究中心，其他市州的建设数量较少，皆不足 10 个。

从产业分布来看，主要分布在先进制造、电子信息、新材料及应用、生物医药与医疗器械、环保与资源综合利用、农业、现代交通、新能源与高效节能、城市建设与社会发展等技术领域。高新技术领域较多，共 317 个，占全省的 56.21%，总体分布较为均匀。其中，生物医药与医疗器械领域最多，共 105 个，占全省的 18.62%，环保与资源综合利用领域 67 个，占全省的 11.88%；先进制造领域 66 个，占全省的 11.70%；农业领域 64 个，占全省的 11.35%；新材料及应用领域 63 个，占全省的 11.17%；城市建设与社会发展领域 54 个，占全省的 9.57%；电子信息领域 54 个，占全省的 9.57%；现代交通领域 38 个，占全省的 6.74%；新能源与高效节能领域 27 个，占全省的 4.79%；其他领域共 25 个，占全省的 4.43%；航空航天 1 个，占全省的 0.18%（图 6-1）。

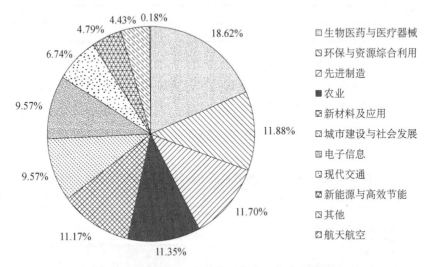

图 6-1　湖北省级工程技术研究中心产业分布情况

从主导产业分布来看，湖北省省级工程技术研究中心已覆盖大部分地区的主导产业，能够较好地服务于当地主导产业的发展，对当地主导产业发展有一定的支撑作用。其中，武汉、宜昌、荆州已覆盖当地所有主导产业；黄石、十堰、襄阳、孝感、仙桃仅有 1～2 个主导产业无相应省级工程技术研究中心；荆门、鄂州、黄冈、咸宁、随州、潜江、天门等地区仅有 1～3 个主导产业有相应的省级工程技术研究中心；恩施的主导产业无省级工程技术研究中心支持（表 6-16）。

表 6-16　湖北省各市（自治州）省级工程技术研究中心的行业分布情况　（单位：个）

地区	城市建设与社会发展	电子信息	航天航空	环保与资源综合利用	农业	生物医药与医疗器械	先进制造	现代交通	新材料及应用	新能源与高效节能	其他	总计
武汉市	39	45	1	37	44	66	30	17	31	17	20	347
宜昌市	5	2	0	8	3	10	5	0	8	2	2	45
襄阳市	3	1	0	3	1	3	5	5	4	4	0	29
十堰市	1	1	0	0	1	4	4	11	1	1	0	24
荆州市	2	1	0	6	6	1	0	0	0	2	2	24
孝感市	0	3	0	1	1	6	4	0	5	0	0	20
黄石市	1	0	0	5	0	4	8	0	0	0	0	18
荆门市	1	0	0	5	1	2	3	2	2	1	0	17
黄冈市	0	0	0	2	1	6	3	1	2	0	0	15
潜江市	1	0	0	0	3	0	0	0	1	0	1	6
随州市	0	0	0	0	2	0	1	2	1	0	0	6
鄂州市	0	1	0	0	0	1	2	0	1	0	0	5
仙桃市	0	0	0	0	1	1	0	0	1	0	0	3
咸宁市	1	0	0	0	0	1	0	0	1	0	0	3
天门市	0	0	0	0	0	1	1	0	0	0	0	2
总计	54	54	1	67	64	105	66	38	63	27	25	564

6.5.1.2　省级校企共建研发中心

　　湖北省校企共建研发中心是企业与高校或科研院所共同建立的技术研究开发机构，经过十几年的发展，校企双方产学研合作机制不断完善，研发投入力度不断加大，科技成果转化进一步加快，企业自主创新能力进一步加强，为经济社会发展提供了有力支撑。截至 2019 年底，湖北省省级校企共建研发中心共 372 个。从地域来看，遍布全省 17 个市（自治州），但主要集中在武汉及鄂中地区，其中武汉市共有 84 个，占比 22.58%；黄冈市 43 个，占比 11.56%；宜昌市 31 个，占比 8.33%；襄阳市 30 个，占比 8.06%；仙桃市、神农架林区、天门市分布较少，分别建有 6 个、4 个、3 个（图 6-2）。

　　从产业分布来看，湖北省省级校企共建研发中心主要分布在农业、新材料及应用、先进制造、生物医药及医疗器械、电子信息、环保与资源综合利用、现代交通、新能源与高效节能、化工产品等领域。其中，农业领域 116 个，占全省的 31.18%；高新技术领域 180 个，占全省的 48.39%，包括新材料及应用、先进制造、生物医药及医疗器械、电子信息、新能源与高效节能等领域，各领域建设的具体数量分别为 50 个、46 个、43 个、34 个、7 个。此外，环保与资源综合利用领域 29 个，现代交通领域 21 个，其他领域 26 个（图 6-3和表 6-17）。

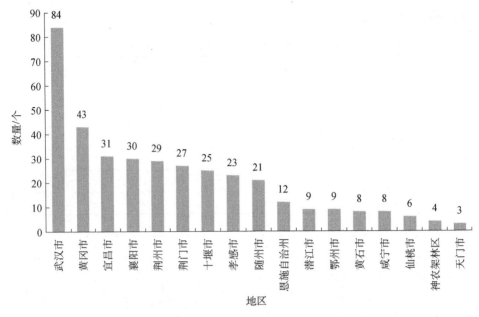

图6-2　湖北省省级校企共建研发中心地区分布情况

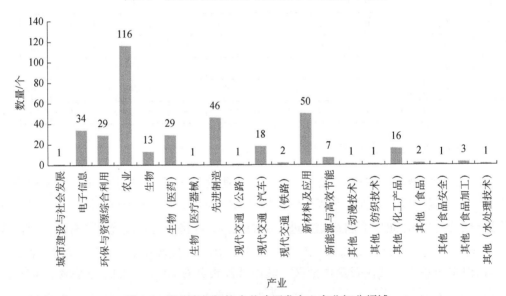

图6-3　湖北省省级校企共建研发中心产业细分领域

表6-17　湖北省各市（自治州）校企共建研发中心的行业分布情况　（单位：个）

地区	城市建设与社会发展	电子信息	环保与资源综合利用	农业	生物医药及医疗器械	先进制造	现代交通	新材料及应用	新能源与高效节能	化工产品	其他	总计
武汉市	0	18	4	14	15	6	3	17	2	2	3	84
襄阳市	0	2	2	13	0	4	2	4	0	3	0	30
宜昌市	0	4	2	10	2	7	1	4	1	0	0	31
黄冈市	0	2	4	14	7	6	1	5	0	2	1	43
黄石市	0	1	2	2	0	2	1	0	0	0	0	8

续表

地区	城市建设与社会发展	电子信息	环保与资源综合利用	农业	生物医药及医疗器械	先进制造	现代交通	新材料及应用	新能源与高效节能	化工产品	其他	总计
咸宁市	0	0	0	3	2	3	0	0	0	0	0	8
荆门市	0	2	2	11	2	3	0	2	0	3	2	27
荆州市	0	1	4	10	3	5	1	3	2	0	0	29
孝感市	1	1	1	6	0	4	1	7	0	2	0	23
鄂州市	0	0	0	1	1	1	1	4	0	0	1	9
潜江市	0	0	0	5	1	0	0	0	0	1	2	9
十堰市	0	1	1	10	5	3	5	0	0	0	0	25
随州市	0	0	4	5	2	2	4	1	1	2	0	21
恩施自治州	0	2	2	7	1	0	0	0	0	0	0	12
仙桃市	0	0	1	2	0	0	0	3	0	0	0	6
天门市	0	0	0	1	0	0	0	0	1	1	0	3
神农架	0	0	0	2	2	0	0	0	0	0	0	4
总计	1	34	29	116	43	46	21	50	7	16	9	372

从合作院校来看，共有 64 所省内外高校或科研机构参与湖北省校企共建研发中心建设，其中省内 46 所，省外 18 所。省内 46 所高校或科研机构共建有 352 个省级校企共建研发中心，其中，湖北省农业科学院及相关研究所参与建设最多，共 48 个，占全省的 13.64%；武汉理工大学、华中农业大学、湖北工业大学 3 所高校参与建设数量较多，分别为 37 个、33 个、31 个；湖北大学、华中科技大学、三峡大学、武汉大学、武汉工程大学、武汉轻工大学 6 所高校参与建设数量超过 10 个。省外参与建设单位分布在 13 个省市，主要包括四川大学、厦门大学、大连理工大学、华南理工大学、湖南大学、北京师范大学、安徽农业大学、安徽省农业科学院水稻研究所、北京信息科技大学、河南工业大学、兰州理工大学、辽宁省淡水水产科学研究院、南京农业大学、西北农林科技大学、西南大学、中国科学院长春应用化学研究所、中国人民解放军军事医学科学院、重庆硅酸盐研究所等（表 6-18）。

表 6-18 湖北省省级校企共建研发中心合作高校或科研机构 （单位：个）

序号	高校、科研院所	数量	地区
1	湖北省农业科学院及相关研究所	48	湖北省
2	武汉理工大学	37	湖北省
3	华中农业大学	33	湖北省
4	湖北工业大学	31	湖北省
5	湖北大学	26	湖北省
6	华中科技大学	20	湖北省
7	三峡大学	18	湖北省
8	武汉大学	17	湖北省
9	武汉工程大学	15	湖北省

续表

序号	高校、科研院所	数量	地区
10	武汉轻工大学	13	湖北省
11	中南民族大学	7	湖北省
12	湖北汽车工业学院	6	湖北省
13	湖北文理学院	6	湖北省
14	长江大学	6	湖北省
15	中国农业科学院油料作物研究所	6	湖北省
16	武汉纺织大学	5	湖北省
17	武汉工业学院	5	湖北省
18	湖北医药学院	4	湖北省
19	武汉科技大学	4	湖北省
20	中国地质大学（武汉）	4	湖北省
21	湖北民族学院	3	湖北省
22	湖北中医药大学	3	湖北省
23	华中师范大学	3	湖北省
24	荆楚理工学院	3	湖北省
25	中国科学院	3	湖北省
26	湖北理工学院	2	湖北省
27	湖北省林业科学研究院	2	湖北省
28	湖北师范大学	2	湖北省
29	黄冈师范学院	2	湖北省
30	江汉大学	2	湖北省
31	鄂州职业大学	1	湖北省
32	恩施土家族苗族自治州州农业科学院	1	湖北省
33	国网武汉高压研究院	1	湖北省
34	湖北第二师范学院	1	湖北省
35	湖北工程学院	1	湖北省
36	湖北科技学院	1	湖北省
37	湖北生物科技职业学院	1	湖北省
38	湖北省化学工业研究设计院	1	湖北省
39	湖北省机电设计院	1	湖北省
40	湖北省水生蔬菜科学研究所	1	湖北省
41	湖北省专用汽车研究院	1	湖北省
42	中国人民解放军军事经济学院	1	湖北省
43	武汉工商学院	1	湖北省
44	武汉市农业科学研究所	1	湖北省
45	湖北工程学院	1	湖北省
46	中国水产科学研究院长江水产研究所	1	湖北省
47	安徽农业大学	1	安徽省
48	安徽省农业科学院水稻研究所	1	安徽省
49	北京师范大学	1	北京市
50	北京信息科技大学	1	北京市
51	大连理工大学	1	辽宁省

序号	高校、科研院所	数量	地区
52	河南工业大学	1	河南省
53	湖南大学	1	湖南省
54	华南理工大学	1	广东省
55	兰州理工大学	1	甘肃省
56	辽宁省淡水水产科学研究院	1	辽宁省
57	南京农业大学	1	江苏省
58	厦门大学	1	福建省
59	四川大学	2	四川省
60	西北农林科技大学	1	陕西省
61	西南大学	2	重庆市
62	中国科学院长春应用化学研究所	1	吉林省
63	中国人民解放军军事医学科学院	1	北京市
64	重庆硅酸盐研究所	1	重庆市

6.5.1.3　省级企校联合创新中心

企校联合创新中心作为湖北省新型研发机构的一类，能有效集聚创新资源，提升企业技术创新能力，有效推动企业技术创新。各市（自治州）积极参与建设，截至 2024 年 5 月，共建有 341 个省级企校联合创新中心，除神农架林区外其余市（自治州）皆有分布，其中数量较多的地区有宜昌市、黄冈市、武汉市，分别有 50 个、45 个、41 个；荆门市、荆州市、十堰市、襄阳市和黄石市为第二梯队，分别有 33 个、32 个、28 个、26 个、20 个；其余市（自治州）属于第三梯队，皆不超过 15 个（图 6-4）。

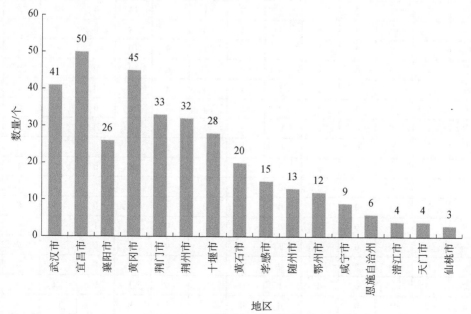

图 6-4　湖北省省级企校联合创新中心地区分布

从产业领域来看，基本覆盖湖北省重点产业，其中现代农业和新材料产业相对集中，分别为 80 个、72 个，共占总数的 44.57%。此外，先进制造业 53 个，生物医药业 35 个，汽车产业 26 个，环保与资源综合利用业 22 个，新一代信息技术产业 19 个，精细化工业 10 个，新能源与高效节能产业 7 个，新能源汽车产业 5 个，医疗器械业 1 个，其他产业 11 个（图 6-5 和表 6-19）。

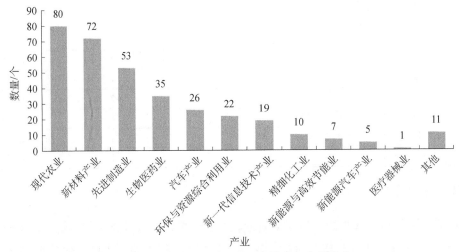

图 6-5　湖北省省级企校联合创新中心产业分布

表 6-19　湖北省各市（自治州）省级企校联合创新中心的行业分布情况　（单位：个）

地区	新一代信息技术产业	新材料产业	新能源汽车产业	新能源与高效节能业	环保与资源综合利用业	汽车产业	生物医药业	先进制造业	现代农业	医疗器械业	精细化工业	其他	总计
宜昌市	1	11	2	2	7	0	1	7	14	0	0	5	50
黄冈市	2	13	0	1	4	4	6	4	8	0	2	1	45
武汉市	7	9	0	1	1	3	1	9	10	0	0	0	41
荆门市	1	6	0	0	5	2	2	6	10	0	0	0	33
荆州市	5	6	0	1	0	1	0	4	8	0	3	1	32
十堰市	0	1	3	0	0	12	3	3	6	0	0	0	28
襄阳市	1	5	0	1	0	5	2	7	2	0	2	1	26
黄石市	1	3	0	0	0	0	4	5	3	0	2	2	20
孝感市	0	4	0	0	2	0	3	0	4	0	1	1	15
随州市	0	0	0	0	0	0	1	0	7	0	0	0	13
鄂州市	1	4	0	0	0	0	0	2	2	0	0	0	12
咸宁市	0	4	0	1	0	0	0	2	1	1	0	0	9
恩施自治州	0	0	0	0	0	1	0	1	4	0	0	0	6
潜江市	0	0	0	0	0	0	0	0	3	0	0	0	4
天门市	0	1	0	0	0	0	1	1	0	0	0	0	4
仙桃市	0	1	0	0	0	0	1	1	0	0	0	0	3
总计	19	72	5	7	22	26	35	53	80	1	10	11	341

从合作院校来看，共有 50 所高校或科研院所参与湖北省企校联合创新中心建设，其中省内 38 所，省外 22 所。省内 28 所高校（部属高校 6 所、省属高校 23 所）和 9 所科研机构共建有 318 个企校联合创新中心。其中，湖北工业大学参与建设最多，为 42 个；其次是武汉理工大学，为 27 个，三峡大学 23 个，华中农业大学 20 个；其余院校建设数量均在 20 个以下。省外高校或科研院所中，四川大学参与建设 2 个，其余高校或科研机构各参与建设 1 个（表 6-20）。

表 6-20　湖北省企校联合创新中心合作高校或科研机构　　（单位：个）

机构类型/机构名称	数量
省内高校	
武汉理工大学	27
华中农业大学	20
华中科技大学	13
武汉大学	5
中国地质大学（武汉）	2
华中师范大学	1
湖北工业大学	42
三峡大学	23
武汉轻工大学	17
武汉工程大学	17
湖北文理学院	13
长江大学	15
湖北汽车工业学院	14
武汉纺织大学	13
湖北大学	12
湖北理工学院	9
武汉科技大学	7
荆楚理工学院	7
湖北中医药大学	6
湖北工程学院	6
湖北科技学院	6
黄冈师范学院	5
江汉大学	3
中南民族大学	3
湖北师范大学	3
湖北医药学院	1
湖北第二师范学院	1
黄冈职业技术学院	1
省内科研机构	
湖北省农业科学院	16
中国农业科学院	3

续表

机构类型/机构名称	数量
省内科研机构	
十堰市经济作物研究所	1
荆门医药工业技术研究所	1
中国船舶重工集团公司第七一二研究所	1
湖北航天化学技术研究所	1
襄阳华中科技大学先进制造工程研究院	1
湖北省林业科学研究院	1
中国科学院在鄂研究所	1
省外高校、科研机构	
四川大学	2
江南大学	1
中南大学	1
南京林业大学	1
东华大学	1
江苏大学	1
河南工业大学	1
中国农业大学	1
台州学院	1
北京工业大学	1
郑州大学	1
福州大学	1
华南理工大学	1
湖南农业大学	1
华东交通大学	1
上海医药工业研究院	1
辽宁省淡水水产科学研究院	1
中国科学院上海光学精密机械研究所	1
中国科学院金属研究所	1
中国科学院青岛生物能源与过程研究所	1
中国科学院青岛生物能源与过程研究所	1
中国科学院过程工程研究所	1

6.5.2 湖北省技术创新平台存在的问题

6.5.2.1 发展布局不够均衡

湖北省技术创新平台区域布局不均，重点产业领域尚未全覆盖，马太效应突出。一是区域分布不均衡，主要集中在武汉。武汉共有 472 个省级技术创新平台，占全省的比重高达 36.96%，其中，省级工程技术研究中心 347 个，占比 61.52%；省级校企共建研发中心

84 个，占比 22.58%；省级企校联合创新中心 41 个，占比 12.02%。其余市（自治州）分布较少，各类平台占比不足 10%。襄阳、宜昌作为湖北省副中心城市，在平台建设中应具备一定优势，但分布在两市的省级技术创新平台相对不足，分别为 126 个、85 个，占比仅为 9.87%、6.66%。二是重点产业领域尚未全覆盖，三类技术创新平台主要分布在现代农业、先进制造、生物医药和医疗器械、新材料及应用、环保与资源综合利用、电子信息等领域，对湖北省"51020"现代产业体系覆盖范围较小，其中新一代信息技术、集成电路、航空航天、数字、康养、汽车等重点领域涉足较少。三是光谷科创大走廊成员地区平台建设数量较少（除武汉外）且分布不均。鄂州市、黄石市、黄冈市、咸宁市四市技术创新平台共有 195 个，仅占总数的 15.27%，技术创新平台建设不足，不利于武汉"两个中心"核心承载区、湖北省高质量发展引领区的建设。此外，三类技术创新平台主要分布在黄冈市，共有 103 个，其余三市共有 92 个，其中，黄石市 46 个、鄂州市 26 个、咸宁市 20 个，分布较为不均，不利于各地市技术创新协同发展（表 6-21）。

表 6-21 湖北省各市（自治州）技术创新平台数量及占比

地区	省级工程技术研究中心		省级校企共建研发中心		省级企校联合创新中心		总计	
	数量/个	占比/%	数量/个	占比/%	数量/个	占比/%	数量/个	占比/%
武汉市	347	61.52	84	22.58	41	12.02	472	36.96
宜昌市	45	7.98	31	8.33	50	14.66	126	9.87
襄阳市	29	5.14	30	8.06	26	7.62	85	6.66
十堰市	24	4.26	25	6.72	28	8.21	77	6.03
荆州市	24	4.26	29	7.80	32	9.38	85	6.66
孝感市	20	3.55	23	6.18	15	4.40	58	4.54
黄石市	18	3.19	8	2.15	20	5.87	46	3.60
荆门市	17	3.01	27	7.26	33	9.68	77	6.03
黄冈市	15	2.66	43	11.56	45	13.20	103	8.07
潜江市	6	1.06	9	2.42	4	1.17	19	1.49
随州市	6	1.06	21	5.65	13	3.81	40	3.13
鄂州市	5	0.89	9	2.42	12	3.52	26	2.04
恩施自治州	0	0.00	12	3.23	6	1.76	18	1.41
仙桃市	3	0.53	6	1.61	3	0.88	12	0.94
咸宁市	3	0.53	8	2.15	9	2.64	20	1.57
天门市	2	0.35	3	0.81	4	1.17	9	0.70
神农架	0	0.00	4	1.08	0	0.00	4	0.31
总计	564	100	372	100	341	100	1277	100

6.5.2.2 体制机制有待改进

湖北省技术创新平台大多是依托高校、科研院所或者企业而建设的科研实体，其组织架构、投入方式、运行机制等方面有待改进。从组织架构来看，技术创新平台管理机构不畅、组织架构不清晰、创新效率低下。以校企共建研发中心为例，大多为高校、科研院所的内设机构，管理层级过多、主体责任难以落实、资源整合较难、创新活动碎片化现象客观存在，难以真正形成开放、流动、协同的新格局。从投入机制来看，技术创新平台较为分散，存在重建设轻投入的问题，建设单位对政府投入的依赖性较强，自身对平台建设投入力度不够的现象较为普遍，甚至一些建设单位把争取到国家级、省级技术创新平台作为一种荣誉，并作为申报国家或省、市级科研项目的筹码，导致在取得平台等级资格后，不重视完善平台实验研发设施条件，没有进一步提升平台创新能力与服务能力，造成平台建设投入缺乏后劲[38]，且部分技术创新平台已名存实亡。此外，部分技术创新平台能够同时从国家、地方等不同部门获得多项重点重大项目经费支持，而大多数一般产业创新平台则很难申请到科研项目。

6.5.2.3　重复建设现象突出

湖北省技术创新平台经过长期探索发展，已经成为全省科技创新体系的重要组成部分，对湖北科技强省建设及经济高质量发展发挥了不可替代的作用。随着各类技术创新平台的迅速发展，技术创新平台职责相似、功能相近，低水平重复建设问题逐步显现。一方面，技术创新平台功能定位交叉，同质化现象突出，降低了资源利用效率，使有限的创新资源配置分散、重复，不利于统筹管理。从各技术创新平台管理办法来看，三类技术创新平台均以企业为主体，服务于企业研发创新需求，开展重大技术研发，促进企业技术创新，功能定位存在明显交叉。另一方面，技术创新平台集中在有限行业，导致技术创新平台在某些行业重复建设、利用率低、资源浪费等。此外，还存在多头申报的问题，同一领域同一单位申报多家技术创新平台，增加了管理成本，降低了政府资金利用效率，不利于政府资金对其他企业的支持。10 家单位在同一领域同时申报了三类省级技术创新平台，101 家单位同时申报了两类技术创新平台（表 6-22）。

表 6-22　同一企业重复申报省级技术创新平台情况　（单位：个）

重复建设类型	单位数量
同时建有三类省级技术创新平台	10
省级工程技术研究中心+省级企校联合创新中心	44
省级工程技术研究中心+省级校企共建研发中心	14
省级校企共建研发中心+省级企校联合创新中心	43

6.5.2.4　对外服务缺乏主动

湖北省技术创新平台要面向产业发展需求、具有一定的社会服务性，能够为其他创新主体开放、共享科学仪器设备设施，培养或培训高级工程技术人才，推动产业科技进步。但随着时间的推移，技术创新平台的发展与社会服务性背道而驰。一方面，依托企业建立的技术创新平台的目的和服务对象，主要以满足企业自身技术创新需要为主，对外提供技术创新服务能力有限且缺乏积极性，部分技术创新平台正逐步转变为依托单位的内设机构或部门,社会化服务程度逐步降低、服务面有所收窄;另一方面,依托高校和科研院所建设的技术创新平台与产业创新需求难对接。湖北省技术创新平台主要集中在高校和科研院所,但高校、科研机构常常专注于专业化,以学科建设为宗旨组织部署科技力量,科技资源散布于高技术开发、基础研究等步骤[39],科技创新难以与地方经济发展需求、主导产业发展需求有效对接。

6.5.2.5 团队建设亟待加强

湖北省技术创新平台大多数小而弱,人才投入不足,对高层创新人才吸引力不强,部分技术创新平台存在重仪器设备购置而轻人才队伍建设的现象,研发经费中人员经费预算比例过低。同时,以企业为依托单位的技术创新平台,大多是民营企业,规模小,研发能力弱,企业对人才的吸引力也相对较弱,且非武汉地区企业的人才引进更为困难;各技术创新平台缺乏有效的人才培养支持计划,不利于人才引进。人才激励机制不健全,合理的收入分配机制尚未完全建立,科研资金、项目资金的激励引导作用亟待提高;人才引进支持政策相对缺乏,对技术创新平台相关科技创新人员的职称评审、激励机制不健全。

6.5.3 湖北省技术创新平台优化整合相关建议

围绕"一主引领、两翼驱动、全域协同"的区域发展战略,聚焦"51020"现代产业体系布局,以创新体制机制为动力,以支撑产业经济发展为核心,集中力量、资源与政策推进技术创新平台与湖北省产业发展深度融合,技术创新平台的建设需要进行科学的规划,并且贯彻高点定位、科技引领、人才支持和开放融合等原则,整体提升全省技术创新平台发展水平和竞争力,有效提升技术创新平台对科技强省建设的支撑作用[40]。

6.5.3.1 优化创新要素,盘活现有创新主体

以科技体制改革为契机,强化全省技术创新平台的最高层次设计和整体布局,明确功能定位,明晰工作任务,强化各类平台的互联互通,避免重复建设与低水平交叉。一是支持工程技术研究中心、校企共建技术研发中心等开展体制机制和治理模式创新,向新型研发机构转型。二是遵循"少而精"的原则,严格规范遴选的标准,严格控制新建规模,在已有技术创新平台的基础上筛选优质资源培育建设国家级技术创新平台。三是具有相同或类似功能的技术创新平台通过"撤、并、转"完成合理归并、重组、撤销。对现有省级工程技术研究中心、校企共建研发中心等完成评价整理,以及根据新的功能定位要求逐步合理集成,优化整合。支持符合条件的湖北省国家级工程技术研究中心纳入国家技术创新中心管理;支持战略定位高、基础条件好、研发能力强的省级工程技术研究中心建立国家技术创新中心;拥护符合条件的省级工程技术研究中心、省级校企共建研发中心转建为新型研发机构,支持符合条件的省级校企共建研发中心转建为企业技术中心;置换一批效果不明显或运行不平稳的技术创新平台,用以提升科技资源综合利用的效率。四是适

当调动技术创新平台的支柱单位，清理一个单位多个平台牌子的单位，通过减少支柱单位的配套技术创新平台数量，充分发挥自身的独特优势和长处，改变技术创新平台多而不精的情况。

6.5.3.2 统筹空间布局，发挥协同创新效应

围绕"一主引领、两翼驱动、全域协同"的区域发展战略，聚焦区域，集聚要素，强化企业创新主体地位，增强企业创新动力，支持企业建设研发机构。一是以"光谷科创大走廊"为核心承载区，以光谷科学岛、未来科技城、光谷生物城、光谷中心城为载体，充分发挥武汉示范、引领和聚集作用，着力推动武汉高新技术企业成立省级企校联合创新中心，鼎力提高企业技术创新能力。二是提升"光谷科创大走廊"的科技创新能力，在黄石、黄冈、咸宁、鄂州等地区，依托各地区产业发展特色、科技创新资源和武汉中心城市科教资源，布局建设一批省级企校联合创新中心。三是以襄阳、宜昌为创新先行区，推动"襄十随神""宜荆荆恩"城市群合理布局技术创新平台，引导规模以上工业企业联合高校、科研院所成立一批企校联合创新中心，促进产学研融合共同进步，加快企业创新能力迅速提升。四是支持各地市科技管理部门根据各县区龙头企业和优势产业发展特点，备案一批市级企校联合创新中心。推动县市之间以及与中心城市间的联合与协作，支持地方县域企业与高校、科研院所之间合作，鼓励高校、科研院所等机构的科技人才投入县市创办技术创新平台、新型研发机构的建设事业中。

6.5.3.3 聚焦重点产业，提高平台发展能级

聚焦湖北省"51020"现代产业体系布局，围绕全省重点产业链关键、共性技术研发和成果转化，通过开放平台、政策引导，支持企业靶向引进一批国内外高端创新资源合作在鄂新建技术创新平台。一是立足湖北省科教资源优势，充分调动高校院所科研人员的主观能动性，支持科研人员兴办、领办高水平技术创新平台；强化企业的创新主体作用，支持以企业为主体，由企业或企业科研人员牵头建设技术创新平台，服务全省经济高质量发展。二是重点选择一批产学研合作稳定、研究开发能力提升较快的行业龙头骨干企业，引导其建设企校联合创新中心，全面提升企业技术工程化和成果转化能力。三是加强省市县三级联动建设省级企校联合创新中心，围绕光电子信息、下一代网络、微电子与应用电子、高端软件、生物医药、生物农药、微生物新品种、智能机电产品、数字仪器、高端医疗诊断设备、高效节能环保、资源循环利用、资源综合利用、太阳能利用、光伏光热发电、生物能利用、共性基础材料、新型功能材料、高性能复合材料、先进结构材料、新能源汽车零部件等领域，力争2025年实现规模以上工业企业研发机构全覆盖。

6.5.3.4 完善功能定位，提升服务发展能力

更深入完善技术创新平台在公共技术服务、科技成果转化、关键技术研发、科学仪器开放共享和人才培养等方面的功能定位，为湖北省提升企业技术创新能力、突破关键核心

技术、服务企业技术创新、支撑产业转型升级提供有效支撑。一是支持关键技术研发。鼓励技术创新平台准确把握全球科技创新和产业发展的新趋势，聚焦重点领域，攻克关键共性技术，不断提升自主创新能力，储备高质量的研发成果，为区域产业和经济发展提供高水平的技术与成果供给。二是加速科技成果转化。鼓励技术创新平台结合产业发展和市场需求，引进省内外比较成熟的科研成果，通过消化吸收再创新，推动成果有序落地转化和产业化。三是提升对外服务能力。鼓励技术创新平台提高科学仪器开放共享程度，为在湖北的企业提供技术委托研发、知识产权联合运用、检验检测、人员培训、试验验证、科技咨询、设施共享等公共服务；鼓励技术创新平台对外提供技术研发服务，支持技术创新平台发掘企业及产业链上下游的技术难题或需求，通过签订合作研发合同、共建研发服务中心等方式为企业嫁接创新资源，联合开展应用研发及集成创新。

6.5.3.5　创新体制机制，激发科技创新活力

坚持市场导向，引导技术创新平台强化自身资源与市场需求的有效对接，构建与市场接轨的管理运行机制。一是鼓励科研院所采用更加开放的用人制度，吸引高校专家教授、具有丰富经验的高层次科技人才以灵活的方式参与平台技术研发和管理。二是完善人才激励机制，推进科研人员薪酬制度改革，提高技术创新平台科研人员在科技成果转化中的收益比例，探索建立协议工资制、项目工资制等多种收入分配形式，激发人才潜力和活力，调动广大科技人员的积极性。三是提高人才待遇。建立"服务绿卡"制度，着力解决引进人才任职、社会保障、子女教育、住房、医疗等问题，为引进人才提供便利化服务，确保人才"引得进、留得住"。

本章参考文献

[1] 陈丹. 新时代背景下中国产业结构调整研究[D]. 沈阳：辽宁大学，2019.

[2] 周琼琼，何亮. 国家工程技术研究中心发展历程与现状研究[J]. 科技管理研究，2013，33（2）：20-23.

[3] 中华人民共和国科学技术部. 科技部、财政部印发《关于推进国家技术创新中心建设的总体方案（暂行）》的通知[EB/OL]. https://www.most.gov.cn/xxgk/xinxifenlei/fdzdgknr/fgzc/gfxwj/gfxwj2020/202003/t20200325_152543.html[2024-05-30].

[4] 卢忠淳，刘军. 国家认定企业技术中心与企业科技创新发展[J]. 中国经贸导刊，2014，（2）：4-8.

[5] 韩默. 企业技术中心建设发展对策研究[J]. 中小企业管理与科技（中旬刊），2021，（6）：110-111，114.

[6] 北京日报. 打造数字标杆　融入新发展格局[EB/OL]. http://kw.beijing.gov.cn/art/2021/12/29/art_1140_622426.html[2021-12-29].

[7] 北京市科学技术委员会，中关村科技园区管理委员会. 经认定的北京市工程技术研究中心名单[EB/OL]. http://kw.beijing.gov.cn/col/col2272/index.html[2023-07-24].

[8] 北京市经济和信息化局. 北京市企业技术中心名录[EB/OL]http://jxj.beijing.gov.cn/ztzl/ywzt/jscxfwpt/jszxml/

zxml/201911/t20191113_509622.html[2022-08-12].

[9] 孙晓冬，李斌，褚农农，等. 浅谈对北京主要科技创新平台建设的思考[J]. 农业科技管理，2019，38（1）：45-49，60.

[10] 中国工业报. 对标国家科技自立自强 上海加快国际科技创新中心建设[EB/OL]. http://dzb.cinn.cn/shtml/zggyb/20211020/107649.shtml[2021-10-20].

[11] 承天蒙. 上海新增7家国家企业技术中心，总量突破100家[EB/OL]. https://www.thepaper.cn/newsDetail_forward_22444875[2023-03-25].

[12] 上海市科学技术委员会. 关于印发《上海工程技术研究中心建设与管理办法》的通知[EB/OL]. https://stcsm.sh.gov.cn/zwgk/kjzc/zcwj/kwzcxwj/20190716/0016-157343.html[2021-09-29].

[13] 上海市发展和改革委员会. 上海市建设具有全球影响力的科技创新中心"十四五"规划[EB/OL]. https://fgw.sh.gov.cn/sswghgy_zxghwb/20211029/8097b92c126b430588d188909fb299f8.html[2021-09-29].

[14] 广东省科学技术厅. 2020年广东省国民经济和社会发展统计公报[EB/OL]. https://gdstc.gd.gov.cn/zwgk_n/sjjd/content/post_3517392.html[2021-03-01].

[15] 广东省科学技术厅. 广东省科学技术厅关于印发《广东省工程技术研究中心管理办法》的通知[EB/OL]. http://gdstc.gd.gov.cn/zwgk_n/zcfg/gfwj/content/post_4067201.html[2022-12-16].

[16] 广东省人民政府. 广东省工业和信息化厅关于印发省级企业技术中心管理办法的通知[EB/OL]. http://www.gd.gov.cn/zwgk/gongbao/2021/29/content/post_3584651.html?eqid=c7f0cc9f00000db40000000664619ea1&eqid=d590280100000aa5000000066478555b[2021-09-25].

[17] 浙江省统计局. 经济社会发展[EB/OL]. http://tjj.zj.gov.cn/col/col1525492/index.html?eqid=edd132fe0043a51d000000056430b58d&wd=&eqid=f9425c7c003983db00000003645265e9[2023-01-30].

[18] 浙江省发改委. 关于印发《浙江省工程研究中心管理办法（试行）》的通知[EB/OL]. https://fzggw.zj.gov.cn/art/2021/9/16/art_1229123351_2360485.html?eqid=9e5facd50000e11900000004645889de[2021-09-16].

[19] 续圆. 山西省重点科技创新平台和团队建设研究：基于"山西省科技创新团队建设计划"实施的分析[D]. 太原：山西大学，2018.

[20] 浙江省丽水市人民政府. 丽水市经信局、丽水市建设局关于印发《丽水市企业技术中心管理办法》的通知[EB/OL]. http://www.lishui.gov.cn/art/2020/10/29/art_1229286857_2139365.html[2020-10-29].

[21] 江苏省人民政府. 我省新获认定9家国家企业技术中心[EB/OL]. http://www.jiangsu.gov.cn/art/2023/2/28/art_60085_10793987.html[2023-02-28].

[22] 江苏省人民政府. 2022年江苏省国民经济和社会发展统计公报[EB/OL]. http://www.jiangsu.gov.cn/art/2023/3/3/art_60095_10786933.html[2023-03-03].

[23] 江苏省人民政府. 江苏省发展改革委关于印发《江苏省工程研究中心管理办法》的通知[EB/OL]. http://www.jiangsu.gov.cn/art/2020/12/7/art_64797_9593721.html[2020-12-07].

[24] 王琪. 科技创业公共服务平台网络建设探讨[J]. 江苏科技信息，2015，（23）：7-9.

[25] 安徽省发展和改革委员会. 安徽省工程研究中心管理办法[EB/OL]. https://www.ah.gov.cn/szf/zfgb/554058481.html[2021-11-05].

[26] 任媛媛. 安徽省科技创新平台建设现状与对策分析[J]. 经济研究导刊，2018，（7）：71-73，80.

[27] 禹亚宁. 不争学术之名，不争产品之利，山东拟筹建 2 家技术创新中心[EB/OL]. http://hb.dzwww.com/ p/5621861.html[2020-04-24].

[28] 山东省发展和改革委员会. 山东省发展和改革委员会关于印发《山东省工程研究中心管理办法》的通知[EB/OL]. http://www.shandong.gov.cn/art/2021/6/29/art_107851_113131.html[2021-06-29].

[29] 徐雨森，余序江. 斯坦福国际研究院的创新管理分析：基于组织学习和知识管理视角[J].中国科技论坛，2013，208（8）：147-152.

[30] 国研智库网. 斯坦福国际咨询研究所[EB/OL]. https://guoyancm.develpress.com/zkjl/gjzk/638.html[2018-11-01].

[31] 中国国际科技交流中心. 构建有利于科技经济融合的创新组织——案例 22：日本科学技术振兴机构[EB/OL]. https://www.ciste.org.cn/index.php?m=content&c=index&a=show&catid=98&id=1321[2020-08-31].

[32] 中国教育发展战略学会人才发展专业委员会. 日本科学技术振兴机构简介[EB/OL]. https://hr.edu.cn/ xueshu/202207/t20220711_2237087.shtml[2022-07-10].

[33] 张仁开，周小玲，任奔. 上海功能型研发转化平台建设模式研究[J]. 科学发展，2018，（7）：5-15.

[34] 周悦，崔维成，郭威，等. 深渊科学工程技术研究中心建设的探索与实践[J]. 实验技术与管理，2016，33（10）：15-18.

[35] 谢文栋. 江西省科技创新平台运行机制优化研究[D]. 南昌：江西财经大学，2020.

[36] 何瑛. 贺州市科技创新平台建设中存在的问题及优化对策研究[D]. 桂林：广西师范大学，2021.

[37] 陈伟维，曹煜中. 关于国家工程技术研究中心管理创新的实践和探索[J]. 中国科技论坛，2014，（2）：150-153.

[38] 龚振. 黄石市科技创新体系现状与对策研究[J]. 科技创业月刊，2018，31（7）：123-126.

[39] 赵雪芹. 高新技术企业知识创新跨系统信息服务研究[J]. 情报科学，2014，32（4）：136-140，144.

[40] 徐浩，黄传峰，张焱，等. 创新驱动背景下南京市江宁区科技创新平台布局及优化提升策略[J]. 金陵科技学院学报（社会科学版），2019，33（3）：46-50.

国内重大科技基础设施名单

（数据整理时间截至 2021 年 11 月）

序号	设施名称	建设单位	地址	建设状态	科学领域	批建方
1	超重力离心模拟与实验装置	浙江大学	浙江	在建	地球系统与环境领域	国家发展改革委
2	中国西南野生生物种质资源库	中国科学院昆明植物研究所	云南	建成	生命科学领域	国家发展改革委
3	模式动物表型与遗传研究国家重大科技基础设施	中国农业大学和中国科学院昆明动物研究所联合共建	云南	在建	生命科学领域	国家发展改革委
4	新疆太阳磁场望远镜	北京天文台、南京天仪厂、长春物理所和中国科学院	新疆	建成	空间与天文科学领域	中国科学院
5	大型地震工程模拟研究设施	天津大学为法人单位，中国地震局参与	天津	在建	地球系统与环境领域	国家发展改革委
6	高海拔宇宙线观测站	中国科学院成都分院为法人单位，中国科学院高能物理研究所为共建单位	四川	在建	空间与天文科学领域	国家发展改革委
7	大型低速风洞	中国空气动力研究与发展中心	四川	在建	工程技术领域	国家发展改革委
8	极深地下极低辐射本底前沿物理实验设施	清华大学、四川省人民政府为共建	四川	在建	粒子物理与核物理领域	国家发展改革委
9	多功能结冰风洞	中国空气动力研究与发展中心	四川	建成	工程技术领域	国家发展改革委
10	空间环境地基综合监测网（子午工程二期）圆环阵太阳风射电成像望远镜	中国科学院国家空间科学中心	四川	建成	空间与天文科学领域	国家发展改革委
11	中国环流器二号 A 装置	中核集团核工业西南物理研究院	四川	建成	能源科学领域	国家原子能机构
12	中国环流器二号 M 装置	中核集团核工业西南物理研究院	四川	建成	能源科学领域	国家原子能机构
13	转化医学研究国家重大科学基础设施（四川）	上海交通大学（瑞金医院）、北京协和医院、中国人民解放军总医院、空军军医大学和四川大学（华西医院）	四川	建成	生命科学领域	国家发展改革委
14	高效低碳燃气轮机试验装置	中国科学院工程热物理所为法人单位、江苏中国科学院能源动力研究中心为共建单位	上海、江苏	在建	能源科学领域	国家发展改革委
15	上海"神光"高功率激光装置	中国科学院上海光学精密机械研究所	上海	建成	材料科学领域	王淦昌提出建造脉冲功率为 1012 W 固体激光装置的建议

续表

序号	设施名称	建设单位	地址	建设状态	科学领域	批建方
16	神光Ⅱ高功率激光物理实验装置	中国科学院上海光学精密机械研究所	上海	建成	材料科学领域	国家863计划
17	国家蛋白质科学研究（上海）设施	中国科学院上海生命科学研究员	上海	建成	生命科学领域	国家发展改革委
18	上海同步辐射光源	中国科学院上海应用物理研究所	上海	建成	材料科学领域	国家计委
19	软X射线自由电子激光用户装置	中国科学院上海应用物理研究所	上海	建成	材料科学领域	国家发展改革委
20	软X射线自由电子激光试验装置	中国科学院上海应用物理研究所	上海	建成	材料科学领域	国家发展改革委
21	上海光源线站工程暨光源二期	中国科学院上海应用物理研究所	上海	在建	材料科学领域	国家发展改革委
22	硬X射线自由电子激光装置	上海科技大学，中国科学院上海应用物理研究所和中国科学上海光学精密机械研究所共建	上海	在建	材料科学领域	国家发展改革委
23	国家海底长期科学观测系统	同济大学、中国科学院声学研究所	上海	建成	地球系统与环境领域	国家发展改革委
24	国家肝癌科学中心	第二军医大学联合复旦大学、上海交通大学共同申报成立	上海	建成	生命科学领域	国家发展改革委
25	活细胞结构和功能成像平台	上海科技大学	上海	在建	生命科学领域	国家发展改革委
26	超强超短激光实验装置	中国科学院上海光学精密机械研究所	上海	建成	材料科学领域	国家发展改革委
27	转化医学国家重大科技基础设施（上海）	上海交通大学（瑞金医院）、北京协和医院、中国人民解放军总医院、空军军医大学和四川大学（华西医院）	上海	建成	生命科学领域	国家发展改革委
28	高精度地基授时系统	中国科学院国家授时中心	陕西、合肥	在建	工程技术领域	国家发展改革委
29	长短波授时系统	中国科学院国家授时中心	陕西	建成	工程技术领域	国家发展改革委
30	转化医学国家重大科技基础设施（西安）	上海交通大学医学院附属瑞金医院、北京协和医院、中国人民解放军总医院、空军军医大学和四川大学（华西医院）	陕西	在建	生命科学领域	国家发展改革委
31	"科学"号海洋科学综合考察船	中国科学院海洋研究所	山东	建成	地球系统与环境领域	国家发展改革委
32	未来网络试验设施	江苏省未来网络创新研究院、清华大学、中国科技大学、深圳电信研究院	江苏、合肥、深圳	在建	工程技术领域	国家发展改革委
33	2.16米光学天文望远镜	中国科学院、北京天文台、南京天文仪器有限公司、自动化研究所	江苏	建成	空间与天文科学领域	中国科学院
34	大型光学红外望远镜LOT	中国科学院国家天文台	江苏	未开工	空间与天文科学领域	国家发展改革委
35	中国南极天文台	中国科学院紫金山天文台	江苏	在建	空间与天文科学领域	国家发展改革委
36	武汉脉冲强磁场实验装置	华中科技大学	湖北	建成	能源科学领域	国家发展改革委
37	脉冲强磁场实验装置优化提升	华中科技大学	湖北	在建	能源科学领域	国家发展改革委

序号	设施名称	建设单位	地址	建设状态	科学领域	批建方
38	高端生物医学成像设施	华中科技大学	湖北	在建	生命科学领域	湖北省发展改革委
39	武汉大学先进光源研究中心	武汉大学	湖北	—	材料科学领域	教育部
40	深部岩土工程扰动模拟设施	中国科学院武汉岩土力学研究所	湖北	在建	工程技术领域	国家发展改革委
41	农业微生物设施	华中农业大学	湖北	—	生命科学领域	教育部
42	磁约束氘氚聚变中子源预研装置	华中科技大学	湖北	—	能源科学领域	教育部
43	作物表型组学研究（神农）设施	中国科学院遗传与发育生物学研究所、中国科学院武汉植物园	湖北	在建	生命科学领域	国家发展改革委
44	武汉国家生物安全实验室	中国科学院武汉病毒研究所	湖北	建成	生命科学领域	—
45	精密重力测量国家重大科技基础设施	华中科技大学、中国科学院测量与地球物理所、中国科学院武汉物理与数学所、中国地质大学（武汉）和中山大学	湖北	在建	地球系统与环境领域	国家发展改革委
46	LAMOST 望远镜	中国科学院国家天文台	河北	建成	空间与天文科学领域	国家计委
47	空间环境地面模拟装置	哈尔滨工业大学与中国航天科技集团公司	哈尔滨	在建	空间与天文科学领域	国家发展改革委
48	500 米口径球面射电望远镜	中国科学院国家天文台和贵州省人民政府	贵州	建成	空间与天文科学领域	国家发展改革委
49	大亚湾反应堆中微子实验	中国科学院高能物理研究所	广东	建成	能源科学领域	科技部
50	中国散裂中子源	中国科学院高能物理研究所	广东	建成	能源科学领域	国家发展改革委
51	"实验1"科考船	中国科学院声学研究所	广东	建成	地球系统与环境领域	中国科学院
52	加速器驱动嬗变研究装置	中国科学院广州分院为法人单位，中国科学院近代物理研究所为共建单位，中国科学院高能物理研究所、中国科学院合肥物质科学研究院、中国原子能科学研究院、中国广核集团等为合作单位	广东	在建	能源科学领域	国家发展改革委
53	强流重离子加速器	中国科学院近代物理研究所为法人单位，北京大学为合作单位	广东	在建	粒子物理与核物理领域	国家发展改革委
54	国家基因库	深圳华大生命科学研究院	广东	建成	生命科学领域	国家发展改革委、财政部、工业和信息化部、卫生健康委员会（原卫生部）
55	兰州重离子研究装置	中国科学院近代物理研究所	甘肃	建成	粒子物理与核物理领域	国家计委
56	重大工程材料服役安全研究评价设施	北京科技大学、中国科学院金属研究所和西北工业大学	北京、陕西、哈尔滨	建成	材料科学领域	国家发展改革委
57	转化医学研究设施（北京）	上海交通大学医学院附属瑞金医院、北京协和医院、中国人民解放军总医院、空军军医大学和四川大学（华西医院）	北京	建成	生命科学领域	国家发展改革委

续表

序号	设施名称	建设单位	地址	建设状态	科学领域	批建方
58	北京正负电子对撞机	中国科学院高能物理研究所	北京	建成	粒子物理与核物理领域	国务院
59	北京同步辐射装置	中国科学院高能物理研究所	北京	建成	材料科学领域	国务院
60	高能同步辐射光源验证装置	中国科学院高能物理研究所、北京科技大学	北京	在建	材料科学领域	国家发展改革委
61	中国遥感卫星地面站	中国科学院遥感与数字地球研究所	北京	建成	地球系统与环境领域	1979年中美科技合作备忘录
62	遥感飞机	中国科学院遥感与数字地球研究所	北京	建成	地球系统与环境领域	国家计委
63	东半球空间环境地基综合监测子午链（子午工程一期）	中国科学院国家空间科学中心	北京	建成	空间与天文科学领域	国家发展改革委
64	陆地观测卫星数据全国接收站网	中国科学院遥感与数字地球研究所	北京	建成	地球系统与环境领域	国家发展改革委
65	航空遥感系统	中国科学院电子学研究所	北京	建成	地球系统与环境领域	国家发展改革委
66	综合极端条件实验装置	中国科学院物理所为法人单位，吉林大学为共建单位	北京	在建	材料科学领域	国家发展改革委
67	地球系统数值模拟装置	中国科学院大气物理所为法人单位，清华大学、中科曙光和中国气象局等为共建单位	北京	在建	地球系统与环境领域	国家发展改革委
68	空间环境地基综合监测网（子午工程二期）	中国科学院国家空间科学中心，中国地震局地球物理研究所，北京大学、中国科学技术大学、中国科学院地质与地球物理研究所等14家单位	北京	在建	空间与天文科学领域	国家发展改革委
69	高能同步辐射光源装置	中国科学院高能物理研究所	北京	在建	材料科学领域	国家发展改革委
70	HI-13串列加速器	中国原子能科学研究院	北京	建成	能源科学领域	—
71	农作物基因资源与基因改良国家重大科学工程	中国农业科学院作物科学研究所和生物技术研究所	北京	建成	生命科学领域	国家发展改革委
72	中国地壳运动观测网络	中国地震局、总参测绘局、中国科学院和国家测绘局联合申请建设	北京	建成	地球系统与环境领域	原国家科技领导小组
73	中国大陆构造环境监测网络	中国地震局、总参测绘局、中国科学院、国家测绘局、中国气象局和教育部共同承担建设	北京	建成	空间与天文科学领域	国家发展改革委
74	蛋白质科学研究（北京）国家重大科技基础设施	军事医学科学院、清华大学、北京大学等单位共同建设	北京	建成	生命科学领域	国家发展改革委
75	国家农业生物安全科学中心	中国农业科学院	北京	建成	生命科学领域	国家发展改革委
76	多模态跨尺度生物医学成像设施	北京大学	北京	在建	生命科学领域	国家发展改革委
77	极低频探地（WEM）工程	中国船舶集团有限公司、中国地震局和中国科学院	北京	建成	地球系统与环境领域	国家发展改革委
78	全超导托卡马克核聚变实验装置	中国科学院等离子体物理研究所	安徽	建成	能源科学领域	国家计委（"九五"）

续表

序号	设施名称	建设单位	地址	建设状态	科学领域	批建方
79	合肥 HT-6M 受控热核反应装置	中国科学院等离子体物理研究所	安徽	建成	能源科学领域	中国科学院
80	合肥 HT-7 托卡马克	中国科学院等离子体物理研究所	安徽	退役	能源科学领域	中国科学院
81	合肥同步辐射装置	中国科学技术大学	安徽	建成	材料科学领域	国家计委
82	稳态强磁场实验装置	中国科学院合肥物质科学研究院、中国科学技术大学	安徽	建成	能源科学领域	国家发展改革委
83	聚变堆主机关键系统综合研究设施	中国科学院等离子体物理研究所	安徽	在建	能源科学领域	国家发展改革委